本書為“全國高等院校古籍整理研究工作委員會直接資助項目《馬亮集輯箋》”（編號：1563）之前期成果。

本書由石河子大學“中西部高校綜合實力提升工程”資助出版。

伊犁將軍馬、廣奏稿校箋

杜宏春 校箋

中国社会科学出版社

圖書在版編目(CIP)數據

伊犁將軍馬、廣奏稿校箋/杜宏春校箋.—北京：
中國社會科學出版社，2016.6
ISBN 978-7-5161-8234-5

Ⅰ.①伊… Ⅱ.①杜… Ⅲ.①地主政府—史料—新疆—清代
Ⅳ.①K294.5

中國版本圖書館CIP數據核字(2016)第109449號

出 版 人 趙劍英
責任編輯 郭 鵬
責任校對 張艷萍
責任印製 李寡寡

出 版 中国社会科学出版社
社 址 北京鼓樓西大街甲158號
郵 編 100720
網 址 http://www.csspw.cn
發 行 部 010-84083685
門 市 部 010-84029450
經 銷 新華書店及其他書店

印刷裝訂 三河市君旺印務有限公司
版 次 2016年6月第1版
印 次 2016年6月第1次印刷

開 本 710×1000 1/16
印 張 22.25
插 頁 2
字 數 378千字
定 價 78.00圓

序　言

杜宏春博士的《伊犁將軍馬、廣奏稿校箋》即將付梓，這是他繼《遊蜀疏稿校證》、《劉錦棠集輯箋》、《陶模奏議遺稿補證》等著作之後的又一新作。顯然，無論對於文獻學的學術研究而言，還是對於清代戍疆史的具體探討而言，這些著作都將發揮重要作用。

我與宏春相識有年。2004 年前後，我供職于蘭州大學文學院。當時，宏春錄入中國古典文獻學專業，攻讀碩士學位。在平日交往與問學過程中，我深感其為人謙恭厚道，為學勤奮嚴謹。在他身上，既具南方人的和柔敏慧之性，又有北方人的豪邁質實之氣。他出生於安徽滁州，該地本有“儒風之盛，夙貫淮東”之譽。受儒風浸染，他酷愛傳統文化的學習與研究。進入石河子大學任教不久，他即有學術研究成果佈世。2009 年，他前往中央民族大學攻讀博士學位，學成返校後，氣象與前又有不同，連續獲批校級、省級、國家級科研課題多項，推出系列古籍整理成果。《伊犁將軍馬、廣奏稿校箋》即其一種。

我們知道，整理古籍者需要有多方面知識與能力的儲備，既要掌握專門的文獻學理論和方法，還要瞭解具體文獻的歷史沿革；既要有一定的政治、軍事、歷史、民族、地理、典章制度乃至自然科學方面的知識，更要有辨析是非、決斷疑難的能力。縱觀《伊犁將軍馬廣奏稿》一書，可知宏春博士在以上各個方面有着豐厚扎實的積累。以下幾點可見其一端：

一、首次對《伊犁將軍馬、廣奏稿》加以校勘、標點並補證，這顯示了作者的開拓精神及學術勇氣。目前，就文獻的整理與利用狀況而言，利用文獻整理成果者多，動手參與文獻整理者少；就文獻的地域狀況而言，整理研究廣大漢族地區文獻者相對較多，而整理研究民族地區文獻者顯然較少；就文獻的類別而言，整理研究文學文獻者居多，而整理研究政治文獻者極少。宏春博士發願整理近代新疆伊犁地區關乎政治的奏稿文獻，毅然克服重重困難，向學界推出其整理成果。無疑，這種創新精神和探討勇氣值得大力發揚。

二、對一些似是而非的問題，作者在依照材料的基礎上，考慮情理，決斷是非，令人信服。如《〇四〇、請准黑宰哈薩克台吉次子承襲摺》，底本有“前將軍長（庚）因查胡岱們都次子空古爾郭勒佳雖已早故，尚有長孫阿布勒堪例應承襲”的句子，作者在校勘記中指出：“底本作‘次子’，誤。”並以“長子”為是。這顯然是依據兩個條件：首先，前文說“據管理哈薩事務額魯特領隊大臣英裕轉據哈薩克千戶長等呈請，將胡岱們都次子阿喇巴特承襲”，表明次子尚在，若再說次子亡故，則前後矛盾；其次，職位承襲的方式一般是長子、長孫，而此折已說長子亡故，則承襲人應為長孫。但是，長孫阿布勒堪年紀幼小，難以行使權力，情願讓其胞叔阿喇巴特承襲。這樣處理，文從理順。

三、補寫奏稿所涉重點人物履歷，豐富了文獻整理的內容，也為史籍人物志的編寫提供了有價值的資據。如奏稿中有的人物不寫全名，作者在校勘時補出，且臚列此人事蹟，有效地充實了奏稿內容，《〇六七、奏請伊犁茶務改章開辦片》中有云“迭經咨請撫臣潘效借墊”，作者于校勘記中寫道：“【潘效】即潘效蘇，底本空名諱‘蘇’，茲據補，以下同。”又以小注的形式注明了潘效蘇的年齡籍貫、擢升過程、為官屬地等內容。再如奏稿中多處提及歷史人物瑞洵，但閱讀奏稿時，讀者未必知道此人的具體情況。作者綜合利用各類檔案、史志資料，於《〇九九、奏為遵旨會議籌防事宜摺》下，以小注的形式梳理了瑞洵的生卒年歲、科考等第、為官經歷、晚年著述等內容，為人們深入瞭解奏摺提供了重要線索。如果編寫有關史書，這些材料或可直接采入。

此外，書稿其他方面的優點，如體例謹嚴，校勘審慎，標點精確，補證有據，不再一一敍述。

是為序。

趙小剛

2015 年 11 月 15 日

凡　例

一、底本與校本

1. 底本:《清代新疆稀見奏牘彙編・伊犁將軍馬廣奏稿》下冊(馬大正、吳豐培等編,新疆人民出版社1996版)

2. 校本:以中國第一歷史檔案館藏《硃批奏摺》、《軍機處錄副奏摺》和臺北故宮博物院藏《軍機及宮中檔》為校本,並查照《上諭檔》和《清實錄》,採用對校、理校、補證及考辨之法,逐件逐字對照,相互校勘,以硃批(原件)為准。

二、標點。本書一律採用新式標點。

三、校勘。以校本校底本,採用校勘、補正及考辨之法,逐字校勘。凡需校釋之處,即於右上角用阿拉伯數字依次標識,并於文末[案]後對應出校。並於文末出校。

四、補證。對折件所涉之事件或文獻,查找出處,並補錄,以資參考;重要人物予以注釋;相關館藏文獻全文照錄,以保證文獻的准確與完整。

五、底本原分為六卷,為方便起見,對底本部分摺件具奏日期進行調整,按時間先後共分五卷。

六、原文順序欠規範統一,茲重新編排序號,並於標題下方附上中、西日期,俾資查照。

七、本文引用縮略語如下:

1. 中國第一曆史檔案館藏《硃批奏摺(片)》和《錄副奏摺(片)》,正文部分一律簡稱"原件"和"錄副",腳注一律用全稱。

2. 臺北故宮博物院藏《宮中檔》和《軍機處摺件》,統一簡稱為《軍機及宮中檔》。

凡 例

目　　錄

緒論 ……………………………………………………………………（1）
卷一，光緒二十八年（1902） ………………………………………（4）
卷二，光緒二十九年（1903） ………………………………………（38）
卷三，光緒三十年（1904） …………………………………………（143）
卷四，光緒三十一年（1905） ………………………………………（187）
卷五，光緒三十二年（1906） ………………………………………（266）
附錄 ……………………………………………………………………（326）
跋 ………………………………………………………………………（328）
參考文獻 ………………………………………………………………（329）

緒　論

本文是對時任伊犁將軍馬亮、伊犂副都統廣福會奏稿本《伊犁將軍馬廣奏稿》的標點、校勘與補證。馬亮（1845 - 1909），原隸漢軍正白旗，改隸滿州正白旗，哈豐阿巴圖魯。同治五年（1866），補驍騎校。八年（1869），加佐領銜。十二年（1873），升協領，晉副都統銜。光緒元年（1875），署巴里坤領隊大臣。九年（1883），充防禦。翌年，調補甯古塔佐領。十四年（1888），轉拉林佐領。二十一年（1895），署伊犁鎮總兵。二十六年（1900），補密雲副都統。二十七年（1901），遷伊犁將軍。三十一年（1905），調補烏里雅蘇臺將軍，兼廂黃旗漢都統。三十四年（1908），補授成都將軍。宣統元年（1909），卒於任。予謚勇僖。

廣福（？ - 1914），字介五，正藍旗蒙古麟昌佐領下人。同治元年（1862），入神機營當差，後隨同出征奉、直等省。十年（1871），赴伊犁，充洋操官並管帶伊犁滿營馬隊。光緒二十年（1894），充撫標教習。二十四年（1898），補伊犁漢隊營總。二十七年（1901），授拉禮副都統。同年，轉伊犁副都統，兼統錫伯、索倫、察哈爾、額魯特八旗練軍。三十四年（1908），奏請停辦養正學堂，改設興文學校。宣統元年（1909），署理伊犁將軍。次年，實授斯缺，設駐防滿營小學堂，奏派伊犁學生赴俄留學。三年（1911），調補杭州將軍。民國元年（1912），任伊犁鎮邊使。三年（1914），卒於任。

《伊犁將軍馬廣奏稿》凡 6 卷，共收摺片等 200 件，涉及伊犁地區政治，經濟、軍事、外交、民族、民生、地方治安以及宗教等一系列重大問題，真實地記錄馬亮、廣福在任期間，在抵禦外侮、發展交通、開發邊疆、推行教育、改善民族關係等方面所做的貢獻，真實地再現了清王朝與地方官吏對新疆的治理情況，其內容涉及廣泛，史料豐富翔實。因此，對《伊犁將軍馬廣奏稿》的整理與研究，不僅具有重要的現實意義，而且具有深遠的歷史意義。

我國邊疆距內地途程窵遠、民族雜居，風俗各異，治理非易。清代同治以降，階級矛盾激化，內憂外患不斷，尤其是在邊疆民族的雜居之處，中央王朝為鞏固自己在邊疆地區的統治地位，因地制宜地採取了一系列的特殊政策，包括武力鎮壓以及懷柔策略，以維護清王朝的統治。作為珍貴的重要官文書之一的奏摺，真實地記錄了當時中央王朝與地方官吏對地方治理情況，充分反映了各箇歷史事件的演變進程，是難能可貴的一次文獻，彌補了正史文獻之不足。因此，《伊犁將軍馬廣奏稿》的標點、校勘與補證，對於研究清末邊疆政治、經濟、軍事以及社會階層的變動，有著不可或缺的史料價值，對於地方史以及民族政策的研究，亦具有重要的文獻研究價值。

由於原稿尚未整理，閱讀極其不便，一般的研究者幾乎無從下手，兼之其原件（硃批奏摺）和錄副（錄副奏摺）珍藏於兩岸故宮，查考麻煩，傷財費時，苦心勞力，實屬非易，故研究者望而卻步。迄今為止，海內外尚未發現有關該書點校、考辨等方面的研究成果梓行。本課題即利用兩岸故宮之原始檔案，採用對校、理校、補證及考辨之法，逐件逐字校勘，以朱批奏摺為准。對於與折件相關重要人物加以注釋，必要文獻全文照錄，以期達到反映目前最新研究成果之目的，為清史研究者提供一部內容非常確信、資料極為豐富、內容相對完備的研究文本。因此，本書的研究，在推動中國近代史、新疆地方史、民族關係史以及民族政策等方面的深入研究，具有重要的史料價值。

本書以《清代新疆稀見奏牘彙編・伊犁將軍馬廣奏稿》下冊（馬大正、吳豐培等編，新疆人民出版社，1996）為底本，在全面調查相關文獻的基礎上，以中國第一歷史檔案館藏《硃批奏摺》、《軍機處錄副奏摺》和臺北故宮博物院藏《軍機及宮中檔》為校本，並查照《上諭檔》和《清實錄》，採用對校、理校、補證及考辨之法，以硃批（原件）為准，對原稿件折片進行標點、校勘與補正，詳細而系統的考證其在任期間對外交涉、發展生產、推行教育、捐資助賑、關注民生等方面的所做的貢獻和取得的成就，真實地再現當時中央王朝對邊疆地方治理情況以及各箇歷史事件的演變進程，以期達到反映目前最新研究成果之目的，為清史研究者提供一部內容非常確信、資料極為豐富、內容較為完備的研究文本。

本書的特點：

1. 採用宮中檔案還原奏稿的原始面貌，使文獻具有權威性；

2. 利用檔案、史志等材料對原稿進行校勘與注釋，對重要人物之履歷，則通過宮中檔案及史志材料重新編寫，糾正了一般史書、詞典許多舛誤，突破了傳統古籍整理的單一性；

3. 廣泛運用檔案、史志等文獻資料對原稿的來龍去脈進行梳理與補證，使內容更加豐富、翔實精當，以期提高古籍整理與研究的質量。

卷一，光緒二十八年（1902）

○○一、恭報接印日期摺

光緒二十八年八月二十日（1902 年 9 月 21 日）

奴才馬（亮）[1]跪奏，為恭報奴才接印任事日期，並感激下忱，叩謝天恩，仰祈聖鑒事。

竊奴才蒙恩補授伊犁將軍[2]，陛辭出京，於本年六月二十四日行抵新疆省城，業經具摺奏報在案[3]。七月十六日，由省起程而進，八月初七日，行抵伊犁。二十日，准前任將軍長（庚）[4]派委伊犁印務章京榮聯、軍標中軍副將周玉魁等，將同字第十四號伊犁將軍銀印一顆、令箭十二枝賫送前來。當即恭設香案，望闕叩頭，祗領任事，訖。伏念奴才漢軍世僕，知識庸愚，前在署伊犁鎮總兵任內奉旨調京，馳赴陝西行在，渥荷天恩簡放密雲副都統[5]，旋擢伊犁將軍。一年之間，疊承寵遇，受恩愈重，圖報愈難。

查伊犁地處西陲，緊鄰俄境，幅員遼闊，種類繁多。當茲時局孔艱，將軍責任綦重，舉凡整軍經武，用人理財，外圖邦交，內綏藩部，興屯牧以圖富庶，恤商旅以廣招徠，在在均關緊要。如[6]奴才檮昧，深懼弗勝，惟有隨時隨事，矢慎矢勤，以期仰答高厚鴻慈於萬一。所有奴才接印日期並感激下忱，謹繕摺具陳。伏乞皇太后、皇上聖鑒。謹奏。光緒二十八年八月二十日出奏。

十二月初二日，奉硃批：知道了。欽此[7]。

光緒二十八年十月十一日，奉硃批：知道了。欽此[8]。

【案】此摺原件[①]、錄副[②]均藏於臺北故宮博物院，茲據校勘。

1.【馬】即馬亮[③]，底本空名諱“亮”，茲據補，以下同。

2.【案】光緒二十七年七月，清廷任命馬亮為伊犁將軍，《清實錄》：“命伊犁將軍長庚來京當差，以密雲副都統馬亮為伊犁將軍。”[④]

3.【案】光緒二十八年七月初六日，新授伊犁將軍馬亮奏報行抵新疆省城日期等事曰：

> 頭品頂戴伊犁將軍哈豐阿巴圖魯奴才馬亮跪奏，為恭報奴才行抵甘肅新疆省城日期，並遵諭旨會商甘肅新疆督、撫臣，妥籌練兵節餉各事宜，繕摺仰祈聖鑒事。
>
> 竊奴才渥荷鴻慈，簡擢伊犁將軍，當即繕摺叩謝天恩，仰蒙召見，訓誨周詳，並奉懿旨飭令於沿邊晤商甘肅新疆督、撫臣，妥籌練兵節餉事宜，等因。敬聆之下，感激莫名！旋即遵例馳驛，由京起程，沿途風雨，稍有耽延，於三月十六日始抵甘肅省城，會晤陝甘總督奴才崧蕃，面商壹是。准崧蕃面稱：甘肅瘠苦甲於天下，歲收錢糧不及東南以大郡，額餉全恃協款接濟；轄境與蒙部、回番雜處，兵力單薄，難資彈壓。光緒二十年，因倭人滋事，將河湟隊伍抽調赴北防，遂致回匪煽亂，重煩征剿，兵營勢難再行裁減。惟值時局艱難，賠款過鉅，凡事總須力求節省。正在圖維函商新疆、伊犁、塔城會同辦理，應俟將軍到任，會商妥貼，再行會銜具奏，等語。茲於六月二十四日行抵新疆省城，會晤新疆巡撫臣饒應祺，面商壹是。准饒應祺面稱：新疆地處極邊，週廻二萬餘里，昨就現有之軍遵旨分別籌改常備、續備、巡警各軍，分佈尚形不足，蓋西北陸地專恃兵力為強弱，兵多固耗國用，兵少又啟戎心。論者每以耗中事西為疑，然考昔賢精於地學者，其論方輿、形勢，視建都之地為重，輕我朝定鼎葉都。蒙

---

① 臺北故宮博物院藏：《軍機及宮中檔》，文獻編號：408004100.

② 臺北故宮博物院藏：《軍機及宮中檔》，文獻編號：174311.

③ 馬亮（1845－1909），原隸漢軍正白旗，改隸滿州正白旗，哈豐阿巴圖魯。同治五年（1866），補驍騎校。八年（1869），加佐領銜。十二年（1873），升協領，晉副都統銜。光緒元年（1875），署巴里坤領隊大臣。九年（1883），充防禦。翌年，調補甯古塔佐領。十四年（1888），轉拉林佐領。二十一年（1895），署伊犁鎮總兵。二十六年（1900），補密雲副都統。二十七年（1901），遷伊犁將軍。三十一年（1905），調補烏里雅蘇臺將軍，兼廂黃旗漢都統。三十四年（1908），補授成都將軍。宣統元年（1909），卒於任。予謚勇僖。

④ 《德宗景皇帝實錄（七）》，卷四百八十五，光緒二十七年七月，第410頁。

古環衛北方，九邊皆成腹地；高宗削平准部，兼定回疆，重新疆所以保蒙古，保蒙古所以衛京師，指臂相連，形勢完整，是以近三百年永無烽燧之警，不似前代陝甘、山西各邊時有侵軼之虞，即直北。關山亦多震驚之患。新省邊防緊要，兵營勢難再減。道光年間，甘、新兩省每歲的餉五百餘萬，均係內地接濟。軍興以來，較前有減，近更時艱孔亟，敢不力顧大局！新疆無源可開，惟有節流一法，隨時斟酌會商，衷於至當，免至日後掣肘。一俟妥議，再行會奏，云云。

奴才伏思甘、新兩省，輔車相依，該督、撫等所稱各節本屬實在情形，伊犁則極邊地之區，與俄接壤，全在整飭戎行以杜外侮之心，滿、蒙兵丁萬無可裁，惟有提成發餉以資騰挪，亦非長久之計，應即隨時察酌情形，盡心經理，凡有可省之處極力撙節，以期仰體聖朝憂勤惕厲之懷，亦聊以紓各省關源源解濟之力。奴才馳赴伊犁接任後，應即盡心圖維，斟酌損益，會商陝甘總督、新疆巡撫，務期妥協，再行會奏，恭請訓示。再。奴才經過地方山西春雨霑足，陝西風調雨順，可卜豐收。甘肅雨水亦足。新疆哈密、奇臺、烏垣一帶麥苗暢茂，雖間有蝗飛，尚不為害。各省民情均極安謐，足以仰慰宸廑。所有奴才行抵新疆省城日期及會商督、撫臣各情形，謹繕摺具陳。伏乞皇太后、皇上聖鑒。謹奏。光緒二十八年七月初六日。① 光緒二十八年八月初十日，奉硃批：知道了。仍著會商崧蕃、饒應祺，妥籌辦理，以圖邊疆。欽此。②

4.【長】即長庚③，底本空名諱“庚”，茲據補，以下同。

5.【案】光緒二十六年十二月，清廷飭令馬亮任密雲副都統，《清實

① 臺北故宮博物院藏：《軍機及宮中檔》，文獻編號：408004099.

② 臺北故宮博物院藏：《軍機及宮中檔》，文獻編號：148679.

③ 長庚（1844－1914），字少白，伊爾根覺羅氏，滿洲正黃旗崇年佐領下人，監生。同治三年（1864），入烏魯木齊都統平瑞募。六年（1867），捐縣丞指分山西，旋保補缺後以知縣用。九年（1870），管解撥償俄國銀兩，加知州銜。次年，經伊犂將軍榮全奏調，充文案翼長，保山西知縣，賞戴花翎。十三年（1874），調金順軍營，總理營務。光緒元年（1875），經烏魯木齊都統景廉奏調，赴新疆軍營。二年（1876），保山西直隸州知州，晉知府銜。同年，保山西候補知府，升鹽運使銜。四年（1878），署伊犂巴彥岱領隊大臣。六年（1880），保升陝西題奏道員，加二品頂戴。七年（1881），補伊犂巴彥岱領隊大臣，加副都統銜。八年（1880），丁母憂，扶柩回旗安葬。十二年（1886），授伊犂副都統。十四年（1888），調補駐藏辦事大臣。十六年（1890），擢伊犂將軍。二十二年（1896），任鑲藍旗漢軍都統。翌年，調成都將軍。二十八年（1902），前往阿爾泰山，查勘科塔兩城借地。三十年（1904），遷兵部尚書。次年，充考驗改編三鎮新軍。宣統元年（1909），補授陝甘總督，兼會辦鹽政大臣。民國三年（1914），卒。謚恭厚。著《溫故錄》行世。

錄》：“以密雲副都統信恪為江甯將軍，前伊犁副都統馬亮為密雲副都統。”① 旋諭令馬亮暫留行在，派員先行護理，“戊申，諭軍機大臣等：信恪現已升補江甯將軍，所遺密雲副都統一缺，已有旨令馬亮補授矣。現在馬亮暫留行在，到任尚需時日，著信恪於該旗營協領中，揀派妥實之員，先行護理，以便交卸啟程。將此諭令知之。”②

6.【如】底本奪“如”，茲據原件補。

7.【案】此件底本奉旨日期應為接到兵部遞到原摺日期，並非硃批日期。

8.【光緒二十八年十月十一日】此硃批日期，據錄副校補。

〇〇二、預估二十九年伊犁軍需數目摺

光緒二十八年九月二十五日（1902年10月26日）

奴才馬（亮）、廣（福）[1]跪奏，為預估光緒二十九年分伊犁滿、蒙、標、練各營、旗、哨及軍臺、卡倫等一切支款實需餉銀數目，懇恩飭部照案指撥，以濟要需，恭摺仰祈聖鑒事。

竊查伊犁歲需新餉，經前將軍色楞（額）[2]會同前陝甘總督臣楊昌（濬）[3]、前護新疆巡撫臣魏光（燾）[4]，奏請每年分撥銀四十萬兩，定為常額，經戶部覈定，歷年照數估撥在案。前屆預估光緒二十九年分新餉之期，將軍長（庚）因值交卸，未及奏估，電請陝甘督臣崧（蕃）[5]彙辦。奴才馬亮[6]到任，因未接准部覆，誠恐請撥逾期，於九月初七電請戶部代奏，請照額定銀四十萬兩之數指撥，亦在案。茲准戶部咨：令迅速奏估，以便彙總指撥，並飭查照戶部前奏，將裁勇節餉辦法[7]專案聲覆，等因。奴才等查近年時勢[8]艱難，餉源支絀，苟有可以裁減之處，自應力求撙節，以紓承協省分之力，而省部臣籌撥之難。惟伊犁地處極邊，強鄰緊逼，從前原定營制已屬地廣兵單，近又承准政務處咨令改練新軍，款項尤虞不給。飭據糧餉處查明呈報：伊犁滿、蒙各營官兵並練軍馬隊、軍標漢隊以

---

① 《德宗景皇帝實錄（七）》，卷四百七十六，光緒二十六年十二月上，第269頁。
② 《德宗景皇帝實錄（七）》，卷四百七十六，光緒二十六年十二月上，第276頁。

及蒙古王公、軍臺、卡倫、喇嘛等應支俸餉、鹽糧、馬幹並一切雜支已經奏咨立案各款，歲共需銀四十萬兩有零，此外尚有京員、副都統銜、章京等移任開支京職俸廉、米折、告休、世職各官俸銀、孀婦、孤女養贍、致祭、蒙古王公羊、酒等項未能預計各款，亦皆由額餉內極力匀挪支給，並未另請撥給，支絀情形前於預估光緒二十八年新餉時，業經呈明奏報有案。現查各項支款仍屬如舊，所有光緒二十九年分需用新餉，應請仍照原定銀四十萬兩之數估撥，等情。呈請具奏前來。

奴才馬（亮）甫經到任，察看情形，預為籌度，按現在支款皆係計口授食必所需，委實難於驟裁。即將來遵照政務處來咨辦理，改練新軍，亦全賴餉需充裕，俾士馬得資飽騰，始足以固軍心而支邊局。奴才等思維再四，惟有徐圖撙節，另案奏報。其光緒[9]二十九年伊犁需用新餉，合無仰懇天恩敕下戶部，仍照原案四十萬兩指撥，以濟要需。除分咨外，理合將預估光緒二十九年分新餉緣由恭摺具陳。伏乞太后、皇上聖鑒，敕部覈議施行。謹奏。光緒二十八年九月二十五日[10]。

光緒二十九年正月接到，光緒二十八年十一月十四日，奉硃批：戶部知道。欽此[11]。

【案】此摺原件①、錄副②均藏於臺北故宮博物院，茲據校勘。

1.【廣】即廣福③，底本空名諱“福”，茲據補。以下同。

2.【色楞】即色楞額④，底本空名諱“額”，茲據補，以下同。

---

① 臺北故宮博物院藏：《軍機及宮中檔》，文獻編號：408004101.

② 臺北故宮博物院藏：《軍機及宮中檔》，文獻編號：151488.

③ 廣福（？－1914），字介五，正藍旗蒙古麟昌佐領下人。同治元年（1862），入神機營當差，後隨同出征奉、直等省。十年（1871），赴伊犁，充洋操官並管帶伊犁滿營馬隊。光緒二十年（1894），充撫標教習。二十四年（1898），補伊犁漢隊營總。二十七年（1901），授拉禮副都統。同年，轉伊犁副都統，兼統錫伯、索倫、察哈爾、額魯特八旗練軍。三十四年（1908），奏請停辦養正學堂，改設興文學校。宣統元年（1909），署理伊犁將軍。次年，實授斯缺，設駐防滿營小學堂，奏派伊犁學生赴俄留學。三年（1911），調補杭州將軍。民國元年（1912），任伊犁鎮邊使。三年（1914），卒於任。優卹。

④ 色楞額（？－1890）字石友，滿洲正白旗人，六品廕生。咸豐六年（1856），充藍翎侍衛。九年（1859），隨叔父荊州將軍都興阿出兵江南，升三等侍衛。十一年（1861），加二等侍衛。同治三年（1864），隨都興阿出兵甘肅，晉頭等侍衛。四年（1865），加副都統銜。七年（1868），賞戴花翎。光緒元年（1875），署興京副都統。次年，實授斯缺。三年（1877），調成都副都統。五年（1879），調補駐藏幫辦大臣，旋授駐藏辦事大臣。九年（1883），補庫倫掌印辦事大臣。十二年（1886），擢伊犁將軍。十六年（1890），卒於任。

3.【楊昌】即楊昌濬①，底本空名諱"濬"，茲據補，以下同。

4.【魏光】即魏光燾②，底本空名諱"燾"，茲據補，以下同。

5.【崧】即崧蕃③，底本空名諱"蕃"，茲據補，以下同。

6.【馬亮】底本奪"馬亮"，茲據原件校補。

7.【辦法】底本脫"辦"，茲據補。

8.【勢】底本奪"勢"，茲據補。

9.【光緒】底本作"定緒"，顯誤，茲據校正。

10.【光緒二十八年九月二十五日】此具奏日期底本未署，茲據原件補。

---

① 楊昌濬（1826－1897），湖南湘鄉人。咸豐二年（1852），從羅澤南練鄉勇。四年（1854），發布《討粵匪檄》。十年（1860），擢知縣。十二年（1862），隨左宗棠剿辦太平軍。同治三年（1864），遷浙江布政使。八年（1869），擢浙江巡撫。後因葛品連身死案革職。十年（1871），赴甯波籌辦海防。光緒四年（1878），授甘肅布政使。九年（1883）補漕運總督，因中法戰爭爆發，旋幫辦福建軍務，任閩浙總督，兼署福建巡撫。十四年（1888），調補陝甘總督，旋署福州將軍、副都統，賞太子少保銜。二十年（1894），加太子太保。二十一年（1895），循化民變，以"措置乖方"革職留任。十月，開缺回籍。二十三年（1897），卒於長沙，著有《平浙經略》、《平定關隴紀略》、《學海堂課藝》、《五好山房詩稿》等存世。

② 魏光燾（1837－1916），字午莊，湖南邵陽人，魏源族孫。咸豐九年（1859），保以從九品選用。次年，保以縣丞不論雙單月選用，並賞戴藍翎。十一年（1861），保以知縣選用，加知州銜。同治二年（1863），保免選本班，以知縣儘先選用，旋保以同知留於浙江補用，加運同銜，賞戴花翎。次年，保免補本班，以知府仍留浙江遇缺即補。四年（1865），保以道員留於福建、浙江，遇缺即題奏，加揚勇巴圖魯勇號。五年（1866），加鹽運使銜。七年（1868），保以道員改留陝西，歸侯補班儘先補用，旋改遇有陝西道員缺出，題奏補用，加西林巴圖魯勇號，並賞二品頂戴。次年，署甘肅平慶涇固道。光緒二年（1876），晉按察使銜。七年（1881），擢甘肅按察使。次年，署甘肅布政使。九年（1883）實授甘肅布政使。十年（1884），調補新疆首任布政使。十五年（1889），護理甘肅新疆巡撫。二十年（1894），隨幫辦軍務大臣湖南巡撫吳大澄赴遼東抗日，與日軍戰海城。二十一年（1895），擢雲南巡撫，同年，調陝西巡撫。二十五年（1899），署陝甘總督，次年（1900），實授陝甘總督。二十七年（1901），調雲貴總督。二十八年（1902），兼署雲南巡撫。十一月，調兩江總督。三十年（1904），調閩浙總督。三十一年（1905），褫職。宣統三年（1911），補授湖廣總督，以武昌兵變，未赴任。民國四年（1915），卒於里。曾出資刊印魏源《海國圖志》。有《勘定新疆記》、《湖山老人自述》等存世。

③ 崧蕃（1837－1905），字錫侯，滿洲鑲藍旗人，廩生。咸豐五年（1855），中式乙卯科舉人。同治四年（1865），捐吏部候補員外郎。十年（1870），任吏部驗封司員外郎。十三年（1874），兼內務府銀庫員外郎。光緒四年（1878），補吏部考功司郎中。次年，調補四川鹽茶道。六年（1880），署四川按察使。十一年（1885），調補湖南按察使。次年，遷四川布政使。十七年（1891），升授貴州巡撫。二十年（1894），署理雲貴總督，兼雲南巡撫。二十一年（1895），實授雲貴總督，兼雲南巡撫。二十六年（1900），補授陝甘總督。三十一年（1905），調補閩浙總督，未及赴任，卒。追贈太子少保。有《貴州巡撫任奏稿存簿》（收於《續編清代稿鈔本》）。

11.【案】底本之硃批日期與錄副一致。

〇〇三、請飭部換鑄關防圖記片

光緒二十八年九月二十五日（1902 年 10 月 26 日）

再，查接管卷内，據辦理伊犁滿營事務擋房呈稱：竊查前任伊犁將軍金（順）[1]於光緒十年初次規復伊犁滿營制時，曾經查照舊制奏請敕部頒發伊犁駐防惠遠城協領關防八顆、佐領圖記四十顆，分交該員等鈐用在案[2]。十五年，前任將軍色（楞額）遵照部議，將挑留錫伯歸入滿營官兵撥回原營，餘存舊滿營官兵分設左、右兩翼，編列八旗，設協領二員、佐領八員。十七年，前護將軍富（勒銘額）遵照部議，奏准挑留新滿營，分設左、右兩翼，編列八旗，設協領二員、佐領八員，均未另請鑄給關防、圖記，奏明即於前項部頒關防、圖記内，以鑲黃、正黃兩旗協領關防發交舊滿營左、右翼協領借用，以正白、正紅兩旗協領關防發交新滿營左、右翼協領借用，以八旗頭牛彔佐領圖記分發新滿營八旗佐領借用。其餘協領關防四顆、佐領之圖記[3]二十四顆，均飭交庫封存，聲明請俟更換時，再行一併繳鎖，等因。於光緒十七年十二月十三日附奏，奉硃批：該部知道。欽此。欽遵在案[4]。伏思舊、新兩滿營營制早經奏請改設，所有舊滿營左、右兩翼協領二員、佐領八員，新滿營左、右兩翼協領二員、佐領八員現在借用關防、圖記，均係從前滿營舊制，字樣體制均與現在改設舊、新兩滿營八旗字樣不合，自應呈請奏咨，另行更換，俾昭[5]信守，等情。前來。

奴才等覆查無異，相應請旨敕部換鑄伊犁駐防惠遠城舊滿營左翼協領關防一顆、右翼協領關防一顆、八旗佐領圖記八顆、新滿營左翼協領關防一顆、右翼協領關防一顆、八旗佐領圖記八顆，以昭[6]信守而垂久遠。理合附片具陳，伏乞聖鑒訓示。其舊、新兩滿營左、右兩翼協領、八旗佐領等現在借用並庫存關防、圖記，一俟換鑄關防圖記領發到日，再行飭令悉數送部銷燬。合併陳明。謹奏。

同日[7]，奉硃批：禮部知道。欽此。

【案】此奏片原件[①]、錄副[②]均藏於臺北故宮博物院，茲據校勘。

1.【金】即金順[③]，底本空名諱“順”，茲據補，以下同。

2.【案】光緒十年十一月初一日，伊犁將軍金順奏請補鑄協領等官關防曰：

幫辦軍務大臣革職留任伊犁將軍奴才金順跪奏，為伊犁駐防旗、綠各營現已整理規復舊制，請旨飭部補鑄協領、參將等官關防、圖記，以昭信守，恭摺仰祈聖鑒事。

竊查伊犁惠遠城駐防滿營，舊設八旗協領八員、佐領四十員、綠營參將一員、游擊二員、都司二員、守備五員，皆有部頒關防、圖記，以資辦公。自罹兵燹後，均已遺失無存。當規復舊制，整理營務，所有滿營協領、佐領、綠營參將、游擊、都司、守備等缺，前已分別揀員奏補委署，先後奉旨允准在案。伏查旗綠各營職官，均由管兵之責，凡遇呈報公務，非有印信不足以昭慎重而垂久遠。茲據滿、綠營官員合詞稟請具奏前來。

奴才覆核無異，相應請旨飭部將伊犁惠遠城駐防八旗協領關防八顆、佐領圖記四十顆、綠營參將關防一顆、游擊關防二顆、都司關防二顆、守備關防五顆，照例補鑄頒發，由驛賫送前來，俾資祗領啟用，以昭信守。謹將應鑄關防、圖記分別開具旗佐營標，另繕清單，恭呈御覽。所有伊犁駐防旗綠各營現已整理規復舊制，請旨飭部補鑄協領、參將等官關防、圖記緣由，理合恭摺具奏。伏乞皇太后、皇上聖鑒訓示。謹奏。光緒十年十一月初一日。[④] 光緒十年十二月十五日，軍機大臣奉旨：禮部知道，單併發。欽此。[⑤]

3.【佐領之圖記】原件無“之”字，底本疑衍。

---

① 臺北故宮博物院藏：《軍機及宮中檔》，文獻編號：408004101.

② 臺北故宮博物院藏：《軍機及宮中檔》，文獻編號：151489.

③ 金順（1831－1886），伊犁將軍，伊爾根覺羅氏，字和甫。世居吉林，隸滿洲鑲藍旗。初從征山東，授驍騎校，升佐領，因功賜圖爾格齊巴圖魯勇號。同治五年（1866），以署理甯夏將軍。九年（1870），下金積堡，平甯夏，擢烏里雅蘇臺將軍。十三年（1874），幫辦新疆軍務。光緒二年（1876），升伊犁將軍。八年（1882），率兵進駐伊犁，十二年（1886），回京述職，病逝於途。追封太子太保，謚忠介。

④ 中國第一歷史檔案館藏：《硃批奏摺》，檔號：04－01－01－0951－015.

⑤ 中國第一歷史檔案館藏：《錄副奏摺》，檔號：03－5830－035.

4.【案】光緒十七年十二月十三日[①]，護理伊犁將軍富勒銘額奏請頒發恵遠城滿洲協領、佐領等官關防、圖記，曰：

再，查前任將軍金順於光緒十年十一月初一日查明舊制，奏請飭部頒發伊犁駐防恵遠城滿洲協領關防八顆、佐領圖記四十顆，分交該員等鈐用在案。嗣因前將軍色楞額遵照部議將挑留錫伯營歸入滿營官兵三千二百員名撥回原營。其滿營官兵僅有一千員名，分設左右兩翼，編列八旗，擬請揀補協領二員、佐領、防禦、驍騎校各八員，於光緒十五年十二月十九日具奏，奉旨允准，欽遵辦理。當將前由部頒關防、圖記，以鑲黄旗協領關防一顆發交左翼協領，暫行備用；正黄旗協領關防一顆，發交右翼協領，暫行備用。八旗佐領即以各該旗頭牛彔佐領圖記八顆，發交祇領，暫行備用，俾昭信守。其餘悉令呈繳存庫。茲准兵部（咨）[②]：議覆護理伊犁將軍富勒銘額奏請挑留新滿營官兵一千二百六員名，准其如數挑留。

奴才遵將挑留新滿營官兵分設左右兩翼，編列下八旗，擬請揀補協領二員、佐領、防禦、驍騎校各八員，於光緒十七年十一月十八日繕摺，具奏請補。所有新滿營協領、佐領等官遇有公事，呈報無印，似不足以昭信守，擬將庫存部頒滿營正白、正紅兩旗協領關防二顆，發交新滿營左右翼協領祇領，暫行備用；滿營八旗二牛彔佐領圖記八顆，發交新滿營下八旗佐領祇領，暫行備用，俾資呈報公事，俱有信守。其餘協領關防四顆、佐領圖記二十四顆，均飭交庫封存，一俟另請更換時，再行一併繳銷。除咨部備查外，理合附片具奏。伏乞聖鑒。謹奏。光緒十八年正月二十七日，奉硃批：該部知道。欽此。[③]

5.【昭】底本誤用“照”，茲據校正。

6.【昭】底本誤用“照”，茲據校正。

7.【同日】錄副作“光緒二十八年十一月十四日，”與底本一致。

---

① 此片之具奏日期，錄副署“光緒十八年正月二十七日”，即硃批時間，未確。茲據《軍機處隨手登記檔》（檔案編號：03－0272－1－1218－026）補證。

② 據前後文意，此處疑奪“咨”，茲據補。

③ 中國第一歷史檔案館藏：《錄副奏片》，檔號：03－5885－065.

○○四、請賞給駐伊俄領事寶星摺

光緒二十八年十月二十九日（1902年11月28日）

奴才馬（亮）、廣（福）跪奏，為俄領事駐伊有年，辦事公允，守約敦睦，克顧邦交，據情籲懇天恩頒賞寶星，以示優異，恭摺仰祈聖鑒事。

竊維伊犁遠懸邊徼，緊接俄境。俄國向設領事官於甯遠城，專辦通商事務。自光緒八年收還伊犁後，纏回、哈薩克此逃彼越，混籍不清，遇有事故，則聳領事為護符，假俄籍以規避，以致大而命盜[1]、搶劫、小而錢債、婚姻，紛至沓來，奸詭百出。辦理一切交涉事件，固賴中國官員動中機宜，尤須該國領事守約持平，庶能稍息衅端，免滋口實。茲查俄領事斐多羅福，於光緒二十三年來駐伊犁，迄今已逾五載，每與中俄局會辦事務，無不化大為小，化小為無。前歲拳匪煽亂，奸徒生事造謠。其時，該領事先已請假回國，署領事博果牙楞調防護，人心因之驚惶，幾至釀成大禍。該領事斐多羅福聞信馳來，先即止兵續進，繼則輕騎減從入境，解釋辟疑，始得中外安堵。足見有膽有識，篤信邦交，非僅能遵守約章、辦事和好已也。

奴才到任，接准前將軍長（庚）移交，據署伊塔道黃丙焜稟請，奏懇賞賜寶星，等情。奴才查光緒二十二年總理衙門釐定寶星章程：各國總領事官准給二等第三等寶星。二十七、八兩年，駐塔城俄領事柏勒滿、駐喀什噶爾俄領事撇特羅富斯克，均經先後奏請，奉旨准其領賞有案。今該領事斐多羅富辦事公允，克顧邦交，既據伊塔道稟請前來，奴才前署伊犁總兵任內知之亦深，合無仰懇天恩頒賞二等第三寶星佩帶，由外務部製造，備具執照，交奴才轉發伊塔道，齎送該領事祇領，以示優異。是否有當？除咨外務部外，謹會同前伊犁將軍奴才長（庚）、新疆撫臣饒應（祺）[2]，恭摺具陳。伏乞皇太后、皇上聖鑒訓示，施行。謹奏。光緒二十八年十月二十九日。

光緒二十九年二月十四日接到。於二十八年十二月二十八日奉硃批：著照所請，外務部知道。欽此[3]。

【案】此摺原件①、錄副②均藏於臺北故宮博物院，茲據校勘。

1.【命盜】底本奪“盜”，茲據原件校補。

2.【饒應】即饒應祺③，底本空名諱“祺”，茲據補，以下同。

3.【案】此處所載之硃批日期與錄副記述一致。

〇〇五、請賞俄回游生春等寶星片

光绪二十八年十月二十九日（1902年11月28日）

再，查移交卷内，據署伊塔道黃丙焜④稟稱：伊犁自通商以來，俄商來此貿易者種類繁雜，稽查難周，兼之俄哈、俄纏語言文字皆與中國不通，遇事紛爭，有領事官所難周察者，全賴該國所派商約辦理息事。查有充當甯遠城總商約俄回游生春，綏定城商約俄回馬進財，心地明白，辦事持平，時或親往市面稽查，不憚煩勞；遇有爭斗事故，悉能秉公調處。十

① 臺北故宮博物院藏：《軍機及宮中檔》，文獻編號：408004102.

② 臺北故宮博物院藏：《軍機及宮中檔》，文獻編號：153122.

③ 饒應祺（1837－1903），字子維，號春山，湖北恩施人。幼穎悟好學，試作渾天儀，旋轉合度；入縣學，中秀才，選貢生，咸豐九年（1859），由候補訓導薦為國子監學正。同治元年（1862），中式舉人，任刑部江西司行走，授知縣。旋以丁父憂回鄉守制，後入湖廣總督李鴻章幕僚。同治六年（1877），至甘陝總督左宗棠軍中供職，隨左攻克金積堡、巴燕戎格等地，以軍功擢知府。光緒三年（1877），任同州（今陝西大荔）知府，興修水利。四年（1878），加鹽運使銜。十年（1884），授甘肅甘州（今甘肅張掖）知府，設紡織局、孤嫠所，捐廉俸購紡織機，州民穿用有餘。十一年（1885），升補蘭州道員，署按察使銜。十五年（1889），調補新疆喀什噶爾道員，後改鎮迪道，仍兼按察使銜。十七年（1891），署新疆藩司。十九年（1893），實授甘肅新疆布政使。二十一年（1895），以藩司署理甘肅新疆巡撫。二十二年（1896），擢新疆巡撫。二十八年（1902），調補安徽巡撫。次年，行抵哈密，因病出缺。賜恤如例。有《饒應祺文獻集成》存世。

④ 黃丙焜（1838－1919），字雲軒，湖南長沙縣人，附貢生。光緒二年（1876），隨前大學士左宗棠出關，歷保知州、直隸州知州。八年（1882），借補吐魯番同知。十二年（1886），調署疏勒直隸州知州。十五年（1889），調署迪化府知府。十七年（1891），升補伊犁府知府。十九年（1893），調署阿克蘇道。二十五年（1899），調署伊塔道。二十九年（1903），補阿克蘇道，調署鎮迪道兼按察使銜。經伊犁將軍長庚、馬亮兩次奏保，奉旨交軍機處記名，請咨併案送引。三十三年八月（1907），由吏部帶領引見，蒙恩召見一次。本年（1908）二月初九日，奉旨發交北洋大臣差遣委用。九月初三日，奉旨調補四川成棉龍茂道，蒙恩召見一次。九月二十七日，奉旨調補四川建昌道。辛亥後，去官，民國八年（1919），卒於里。

數年來，中俄人民均皆悦服。不獨該國領事官藉省繁難，即中國居民亦得以少受拖累。禀懇奏請賞賜寶星前來。

奴才查光緒二十二年總理衙門釐定寶星章程：五等給各國工商人等。今該俄商約游生春、馬進財在伊十餘年，心地明白，遇事能排難解紛，實於中國地方有益。既據該署道禀請，相應仰懇天恩，各賞五等寶星，以示鼓勵。惟伊犁僻處邊陲，並無匠工製造，擬請由外務部代製，並發給關防執照，交奴才轉發祗領，以示獎勵。除咨外務部外，理合附片具陳。伏乞聖鑒訓示，施行。謹奏。

同日[1]，奉硃批：著照所請，外務部知道。欽此。

【案】此奏片原件①、錄副②均藏於臺北故宮博物院，兹據校勘。

1.【案】錄副作"光緒二十八年十二月二十八日"，與底本一致

〇〇六、擬派領隊志鋭接管哈薩克事務摺

光緒二十八年十月二十九日（1902年11月28日）

奴才馬（亮）跪奏，為伊犁内附哈薩克事務殷繁，原管額魯特領隊大臣因病辭卸，擬改派索倫營領隊大臣接管，以資鎮服而靜邊疆，恭摺仰祈聖鑒事。

竊查伊犁各種哈薩克承平時原住外卡倫之外，歸附近領隊大臣兼轄。兵燹以後，阿爾班及黑宰兩部哈薩克頭目各率部眾投誠内附。光緒八年，經前將軍金（順）奏明收撫，安插察哈爾、額魯特兩游牧地面附牧，派佐領等官管理。該哈薩克負性冥頑，習俗強悍，往往勾結俄哈，搶竊為能。光緒十五年，前將軍色楞（額）以前額魯特領隊大臣春滿洞達邊情，奏請揀派管轄，以資駕馭，設哈薩克事務處，定筆帖式、毛拉、通事等津

① 臺北故宮博物院藏：《軍機及宮中檔》，文獻編號：408004103.

② 臺北故宮博物院藏：《軍機及宮中檔》，文獻編號：153124.

貼，均經奉旨允准。嗣額魯特領隊大臣英裕①接任，前將軍長（庚）因其在伊犁年久，於該部落[1]情形較熟，即令接管。旋因戶口日增，事務日繁，於二十五年奏請添設千戶長二名，加增領隊大臣等津貼，欽奉硃批：著照所請。欽此。欽遵。亦在案。

近今以來，該兩部人眾漸就馴良，於游牧、緝捕等事尚能為我所用。惟種類不齊，約束匪易。額魯特領隊大臣英裕前因觸發舊疾，呈由前將軍長（庚）奏奉諭旨開缺，現在新授額魯特領隊大臣徐炘②尚未到伊，英裕因病體未痊，難以兼顧，咨呈奴才改委接辦，前來。奴才查辦理哈薩克事務[2]，語言、文字均與滿、蒙[3]、漢、回不同，非熟習該夷性情，則鈐束不能馴服，是以歷前任將軍均經奏明，須擇洞達邊情之員管轄，且本屬兼差，自應随時[4]揀員奏派。

茲查索倫營領隊大臣志銳③，到任兩年有餘，留心夷務，且其才具開展，辦事認真。木年會辦中俄積案，督率随員人等，會議剖斷，事無鉅細，一律完結。該哈薩克之部眾交相悅服，即會辦俄官亦遇事就我範圍，曾經前將軍長（庚）奏明在案。該哈薩克部落平日與俄國交涉之事最多，改歸志銳兼管，於該處事務實有裨益。

奴才因照會該領隊大臣接管，以免貽誤而資鎮服。己據英裕將哈薩[5]處文卷移交索倫營領隊大臣接辦。該游牧人眾現均安謐如常，洵堪仰慰宸廑。所有哈薩[6]處事務現已改派接管緣由，是否有當？除咨理藩院及戶部外，理合恭摺具陳。伏乞皇太后、皇上訓示，施行。謹奏。光緒二十八年

---

① 英裕，生卒年不詳，正藍旗滿洲人，護軍。同治十年（1871），經神機營王大臣派赴伊犁，辦理營務。十六年（1890），充正藍旗護軍參領，保記名副都統。十九年（1893），署伊犁察哈爾領隊大臣，加副都統銜。是年，調伊犁額魯特領隊大臣。二十八年（1902），開缺。

② 徐炘（1840－?），正藍旗漢軍成瑞佐領下人。同治末，充印務筆帖式。十三年（1874），補驍騎校。光緒五年（1879），授印務章京。八年（1882），晉副參領。十六年（1890）升正藍旗漢軍參領。二十七年（1901），補印務參領。翌年，授伊犁額魯特領隊大臣，加副都統銜。三十年（1904），署塔爾巴哈臺參贊大臣。同年，署伊犁副都統。三十一年（1905），奏准回京當差。

③ 志銳（1852－1911），字伯愚、廓軒，號公穎、迂安、窮盦，滿洲正紅旗人。光緒二年（1876），鄉試中舉。六年（1880），中式進士，改翰林院庶吉士，散館，授編修，旋補翰林院侍讀。光緒十五年（1889），充詹事府詹事。二十年（1894），升禮部右侍郎，充會試朝考閱卷大臣。是年，調補烏里雅蘇臺參贊大臣。二十五年（1899），轉伊犁領隊大臣。三十二年（1906），授甯夏副都統。宣統二年（1910），遷杭州將軍。翌年，調伊犁將軍，加太子少保。三年（1911），卒於任。著有《同聽秋聲館長短句》1卷、《廓軒竹枝詞百首》、《甯西藏賦》、《魁城賦》等行世。

十月二十九日。

光緒二十九年二月十四日接到。於二十八年十二月二十八日奉硃批：知道了。欽此[7]。

【案】此摺原件①、錄副②均藏於臺北故宮博物院，茲據校勘。

1.【部落】底本奪“落”，茲據補。

2.【事務】底本作“事務處”，衍“處”字，茲據原件刪除。

3.【滿蒙漢回】底本僅作“滿漢回”，顯奪“蒙”，茲據補。

4.【隨時】底本奪“時”，茲據補。

5.【哈薩】底本作“哈薩克”，茲據原件改。

6.【哈薩】底本作“哈薩克”，茲據原件改。

7.【案】此處所載之硃批日期與錄副記述一致。

【案】此摺之允行，《清實錄》亦載之曰：“甲寅，伊犁將軍馬亮奏，兩部哈薩克內附，事務殷繁，請改派索倫營領隊大臣接管，以資鎮服。允之。③”

〇〇七、代為額魯特領隊大臣徐炘謝恩摺

光緒二十八年十一月十六日（1902年12月15日）

奴才马（亮）、廣（福）跪奏，為恭摺代奏，叩謝天恩事。

竊奴才等准新授額魯特領隊大臣徐炘咨呈：領隊接准兵部咨開：光緒二十八年二月十七日，內閣奏上諭：徐炘著賞給副都統銜，作為伊犁額魯特領隊大臣，照例馳驛前往。欽此。欽遵咨行前來。遵於四月初六日叩謝天恩，跪聆聖訓。陛辭後出都，於十一月初三日行抵伊犁。初八日，准前任額魯特领队大臣英裕派員將光字五百六十二號額魯特領隊大臣銅質圖記一顆並卷宗移交領隊，當即恭設香案，望闕叩頭，恭謝天恩，祇領接

---

① 臺北故宮博物院藏：《軍機及宮中檔》，文獻編號：408004103.

② 臺北故宮博物院藏：《軍機及宮中檔》，文獻編號：153125.

③ 《德宗景皇帝實錄（七）》，卷五百十，光緒二十八年十二月下，第733頁。

辦，訖。

伏思徐炘漢軍世僕，一介庸愚，毫無知識，仰蒙聖恩簡放斯缺。查伊犁額魯特安插蒙部，界接俄疆，卡倫之防守宜嚴，部眾之凋殘待撫，自維愚昧，深懼弗勝。惟有矢慎矢勤，於任內應辦一切事宜，隨同將軍、副都統竭力辦理，以期仰答高厚鴻慈於萬一。所有到任日期並感激下忱，呈請代奏，等因。前來。理合恭摺代奏，伏乞皇太后、皇上聖鑒。謹奏。光緒二十八年十一月十六日。

光緒二十九年三月初一日接到，於正月初九日奉硃批：知道了。欽此[1]。

【案】此摺原件①藏於臺北故宮博物院，錄副②藏於中國第一歷史檔案館，茲據校勘。

1.【案】此處所載之硃批日期與錄副記述一致。

〇〇八、請派員採運晉茶行銷伊犁各城摺

光緒二十八年十一月十六日（1902年12月15日）

奴才馬（亮）跪奏，為餉源支絀，擬請派員採運晉茶，行銷伊犁各城，便民裕課，以開利源而濟餉需，恭摺仰祈聖鑒事。

竊維伊犁僻處西陲，向無出產自然之利，是以歷年餉需全賴各省關協濟。近三、四年，欠解甚多，即設法借撥，散給各營官兵具領，而一切日用所需，採買價值，無不昂貴，故外來商民巧於謀利，本地官兵轉益困窮。奴才查《新疆識略》內載：伊犁承平時，綢緞調之江南，棉布調之和闐等處，茶葉調之陝甘，均各儲庫分買。現在額運章程早經停止，如綢布等類尚可從儉取用，惟茶葉一項則為居民日食所必需，伊犁各城從前本非湖茶引地，所食均悉內地商民販買，各色茶觔運伊行銷，定例官為設局，抽茶作稅，由伊犁將軍督察稽查，即以晉茶為大宗。迨

① 臺北故宮博物院藏：《軍機及宮中檔》，文獻編號：408004104.

② 中國第一歷史檔案館藏：《錄副奏摺》，檔號：03－5419－002.

收還伊犁後，始行改章，由甘肅招商給票，採運湖茶來伊發賣。雖經嚴禁晉茶不准入境，無如漢、蒙、纏、哈均不慣食，且因湖茶價昂，不如晉茶價賤，以致私茶不能禁止，湖茶不能暢行。上年茶商歇業，撤號去伊，私茶更行充斥。禁之則食茶無出，非所以厚民生；不禁則釐課虛懸，實無以裕國計。

方今時事多艱，餉項日竭，苟可為國家開一分利源，即可為部臣省一分籌慮。況伊犁別無生財之道，全恃仰給於人，殊非經久之計。奴才愚昧，因思此項茶觔與其任聽奸商私販漁利，莫若官為採辦行銷，藉收什佰之利，且可規復承平年收茶搭餉舊例，較之抽釐納稅、偷漏中飽者，獲利較多。屢與所属咨商，輿論悉合。第試辦之初，自應詳定章程，奏明請旨，庶免辦理掣肘，仍属無補時艱。謹擬章程八條，另繕清單，恭呈御覽。仰懇天恩俯准試辦，一俟命下，即行咨請山西撫臣酌撥額餉，抵解伊犁新餉，由奴才派員分限具領，在於張家口、歸化城擇地設局，陸續採買需用各色茶觔，僱募民駄，由草地運回伊犁行銷。每年年終覈計收獲盈餘若干，開支局費、運價若干，據實造冊具報，將所收長餘銀數留抵次年額餉，於國計民生洵属不無裨益。

奴才為餉項支絀、官兵交困、便民裕課、藉開利源起見，所有擬請派員試辦晉茶緣由，是否有當？除咨明戶部及陝甘督臣、山西、新疆各撫臣、綏遠城將軍、察哈爾都統、塔爾巴哈臺參贊大臣外，理合恭摺具陳。伏乞皇太后、皇上聖鑒訓示。謹奏。光緒二十八年十一月十六日。

光緒二十九年三月初一日接到。正月初九日奉硃批：該部議奏，單併發。欽此[1]。

☆呈採辦晉茶試辦章程清單

謹擬派員採辦晉茶、運伊行銷、搭放俸餉、藉開利源試辦章程，繕具清單，恭呈御覽。

計開：一、籌備成本。查伊犁庫儲空虛，實少閑款提充茶本。惟前將軍長（庚）任內奏明，提存前將軍色楞（額）收款封儲銀十萬兩，現在別無撥用之處，擬請試辦之初，在於此款內先行借用銀五萬兩，以資採運。俟茶到行銷後，變出成本，即行歸還原款。然此舉不過目前取備急用，未便久挪。此次辦理本為搭放俸餉起見，惟有以每年應收之餉，採每年應用之茶。查山西一省，近年歲蒙指撥協解甘、新、伊、塔新餉銀八十四萬兩，奴才現擬由張家口、歸化城擇地設局一處採茶，每年給咨出具兌票，派員就近在山西藩庫請領餉銀二十萬兩，歲分四季撥發，以備採茶成本。每遇撥發一批，即將奴才兌票咨報陜甘督臣一次，作為解到。仍由陜甘督臣飭司歸併各省協餉內，按照舊章，分攤扣抵伊犁應分新餉。如成本無須二十萬兩，即存不領[2]，仍由山西逕解甘庫。似此辦理，於新餉並無滯礙，於茶本可資周轉，且亦稍省山西解銀之繁、運腳之費也。

一、設局用人。查此次運行官茶，原為開源濟餉。賈豎之事，不得已而改歸官為經理，自應力從撙節，以省浮費。擬在張家口或歸化城設一採辦局，新疆古城設一轉運局，伊犁惠遠城設一官茶局，各局需用委員、管賬、司事、跟丁、門丁、更夫、火夫諸人，並遇有裝箱捆馱事冗之時，隨時添僱零工幫作。一切薪水、局費、押運、川資細數，俟設定後，另擬章程，報明立案，即由收獲盈餘項下支用，按年造冊報銷，以免浮費。

一、給發票照。查戶部則例內載：商人行銷官引一通，照茶百觔；茶數不及引者，官給由帖以奇零引論。又[3]，甘肅省每引照茶一百觔，按每茶一百觔准附帶茶十四觔，等語。迨兵燹後，甘肅行茶以票代引，每票一張，運正茶四千觔，附茶仍照例數佩帶，以備失耗。此次辦理，擬請仿照甘省茶票章程，飭令印房刊刷三連印票，每票一張額定工本辛紅銀一兩，發票時由奴才蓋印存根後，將執照、驗放二連發交採運委員，持票行運，將正、附茶數載入票內，以便經過古城稅釐局截驗放行。如果驗有茶票不符或票茶相離者，即以私茶論罪，以免私販夾帶之弊。

一、額定課釐。查戶部則例內載：伊犁地方茶觔，官為設局抽稅，委員經理，由伊犁將軍督察各官認真稽查。又，商民運茶到局，報明觔重數目，即抽茶作稅，每茶十分由局抽取一分五釐，所抽茶觔照例價搭放該處官兵俸餉，每年冬季預咨陜甘總督，於次年應解伊犁歲需茶觔內，如數扣除。又，內地販至伊犁各色茶觔，赴局報數，不論粗細，每百觔概征稅銀一兩，每年收稅銀若干，彙咨陜甘總督，於應伊犁兵餉內照扣，各等語。按此核計，每茶四千觔，祇應收稅銀四十兩，惟甘票章程每票征課釐銀二百二十二兩，每百觔合銀五兩五錢五分，現擬即按此數定額。除張家口或歸化城採辦稅課仍照各處行商完納外，其到伊犁行銷者，即由奴才提銀收充伊犁兵餉。經過新疆省城北路等廳縣並運赴塔城行銷者，即在行銷釐局照額繳完課釐，由各局報明該管上司存候撥用。至經過各處廳縣局卡並不落行銷票茶，概行驗票放行，避免重征稅釐，庶易稽查，而杜措勒中飽之弊。

一、採運價值。查伊犁行銷大小磚茶及米茶、紅茶，貨色不一，該處時價貴賤難齊。至官僱民馱運送，自張家口起，由小草地徑至古城，並不經過臺站，無里可計。及由古城至伊犁，均係計馱論價，駱駝起廠，如值水草茂盛，運價較低，倘遇水草乾枯之時，運價即漲。現在難於預定將來，惟有連應完課釐攤入成內科算，定價發銷，庶無虧累之患。

一、嚴禁私販。查此次試辦茶觔，雖為接濟伊犁各城民食起見，然新疆以北昌吉、綏來、庫爾喀喇烏蘇、精河以及塔爾巴哈臺等處，均與伊犁相距不遠。若不將伊犁運到官茶發銷，則私販易於侵越，官茶難期暢行。現在伊犁票茶在各該處行銷，既經照額在於該處完納課釐，擬即咨請新疆撫臣轉飭經過各廳、州、縣，並咨請塔城參贊轉行塔城廳各處稅局，分別查禁。如果甘票、湖茶仍願在省城北路行銷，亦聽其便，惟不准無票晉茶入境售賣。倘經查出，即將私茶充公，並治以應得之罪。

一、搭放俸餉。查戶部則例內載：搭放茶觔，例價每觔合銀一錢六分三釐二毫，現在額定應提課釐，每觔即須銀五分五釐五毫，採買地方繳稅尚不在內，加之成本有費，設局有費，運價有費，用人有費，例定價值斷難強合。擬俟將來運茶到局，核實攤定，總期較私茶價值減少，庶不失舉行始意。即搭放俸餉成數亦必須因地制宜，如察哈爾、喀魯特、土爾扈特各蒙部、普化寺各喇嘛，向以茶為養命之源，需食較多，擬按五成搭放舊、新兩滿營，錫伯營、索倫營成數次之，軍標又次之。所有收餉搭放數目，按季按月，由粮餉處會同官茶局辦理。其粮餉處[4]需用辛紅、紙張等項較前加增，擬每月酌給銀十兩，由盈餘項下開支，以資津貼。至哈薩克及各城商鋪、居民買食數目多寡，聽其自便，均由官茶局一手經理，惟不得任聽收買私茶，致干查究。

一、分別勸懲。查此次採辦茶觔地方，相距數千里，往來營運，經寒冒暑，實屬不免辛勞，薪貲既難從優，責成又復綦重，必須勸懲昭著[5]，庶用人之實可効可收。擬由奴才於投効人員內，慎選老成諳練者，分別派委，如有舞弊營私、侵吞中飽者，查出實據，立即參追。如果辦有成效，每年收獲盈餘除課釐外，能存銀一萬兩以上者，於報銷時隨案奏請給獎。似此破格鼓勵，庶辦理可期踴躍矣。

以上八條，謹就奴才管見所及，繕具清單，陳請辦試。如有未及賅載者，容當續行立案辦理。合併聲明。

覽[6]。

【案】此摺原件①、錄副②及清單③均藏於臺北故宮博物院，茲據校勘。

1.【案】底本所載之硃批日期與錄副所署相同。

2.【即存不領】底本作“即存下不領”，疑衍“下”，茲據原件校正。

3.【又】底本作“又有”，衍“有”，茲據校正。

4.【糧餉處】底本作“餉糧處”，未確，茲據校正。

5.【昭著】底本作“招著”，顯誤，茲據校正。

6.【覽】此硃批“覽”字，據清單校補。

【案】此摺清廷飭令戶部議奏，《清實錄》：“乙丑，伊犁將軍馬亮奏，餉源支絀，請派員採辦晋茶，行銷伊犁各城，便民裕課，謹擬章程八條。下部議。④”

〇〇九、揀選伊犁舊滿營協領等缺摺

光緒二十八年十二月二十七日（1903年1月25日）

奴才馬（亮）、廣（福）跪奏，為循例揀選伊犁舊滿營協領等缺，擬定正陪，恭摺仰祈聖鑒事。

竊奴才等據辦理伊犁滿營事務檔房呈稱：舊滿營右翼協領庫普素琿[1]於光緒二十八年十二月初六日病故，所遺協領等缺應請揀員補放，以資辦理旗務，等情。前來。奴才等當於該營應升人員內逐加考驗，庫普素琿遺出舊滿營右翼協領一缺，揀選得鑲黃旗佐領烏淩額堪以擬正，鑲白旗佐領布音多爾濟堪以擬陪。其烏淩額遞遺鑲黃旗佐領一缺，揀選得鑲紅旗襲騎

---

① 臺北故宮博物院藏：《軍機及宮中檔》，文獻編號：408004105.

② 臺北故宮博物院藏：《軍機及宮中檔》，文獻編號：153302.

③ 臺北故宮博物院藏：《軍機及宮中檔》，文獻編號：153302－0－A.

④ 《德宗景皇帝實錄（七）》，卷五百十一，光緒二十九年正月，第740頁。

都尉兼一雲騎尉烏勒西蘇堪以擬正，鑲藍旗防禦湍多圖堪以擬陪。謹將該員等履歷另繕清單，恭呈御覽，伏候欽定。其請補協領、佐領一俟遇有差便，給咨送部，補行帶領引見，以符定制。所有揀選伊犁舊滿營協領等缺擬定正、陪緣由，理合恭摺具陳。伏乞皇太后、皇上聖鑒，訓示。謹奏。光緒二十八年十二月二十七日。

光緒二十九年四月初三日接到，於二月十二日奉硃批：均著擬正之員補授，該衙門知道，單併發。欽此[2]。

☆呈揀選伊犁舊滿營協領等缺清單

謹將揀選伊犁舊滿營協領等缺擬定正、陪人員，繕具清單，恭呈御覽。

惠遠城舊滿營庫普素琿所出協領員缺。擬正之惠遠城舊滿營花翎儘先即補協領先換頂戴鑲黃旗佐領烏淩額，食俸餉四十六年，前在塔爾巴哈臺軍營當差，光緒二年克復瑪納斯南北兩城、六年勦辦陝回、八年收復伊犁各案內奮勉出力，疊經前將軍榮（全）[3]等奏保儘先即補協領先換頂戴，補缺後加副都統銜，並賞戴花翎。同治四年，補放[4]經制筆帖式。光緒四年，補放防禦。十年，補放佐領，揀選協領擬陪一次，現年六十八歲。舊滿洲張依喇氏，馬步箭平等。

擬陪之惠遠城舊滿營花翎協領銜鑲白旗佐領布音多爾濟，食俸餉二十六年，前[5]在庫爾喀喇烏蘇軍營當差，光緒三年屯種軍糧、六年勦辦陝回、八年收復伊犁、十七年搜勦竄匪各案內奮勉出力，疊經前任將軍金（順）等奏保補用佐領，加協領銜，並賞戴花翎。光緒八年，補放委筆帖式。十一年，補放防禦。二十三年，補放佐領，現年四十二歲。舊滿洲伊爾根覺羅氏，馬步箭平等。

擬補協領所遺佐領員缺。擬正之惠遠城舊滿營鑲紅旗世襲騎都尉兼一雲騎尉烏勒西蘇，食俸餉當差三十五年。光緒九年，承襲騎都尉，兼[6]一雲騎尉兼。十八年，奏派查勘中俄界牌一次。二十二年，奉派巡查額魯特邊卡一次，揀選佐領擬陪二次，現年五十七歲。舊滿洲李佳氏，馬步箭平等。

擬陪之惠遠城舊滿營鑲藍旗藍翎世襲騎都尉加一雲騎尉防禦湍多圖，食俸餉四十四年，前在庫爾喀喇烏蘇軍營當差，光緒八年收復伊犁、十七年搜勦竄匪各案內出力，疊經前任將軍金（順）等奏保儘先即補驍騎校，並賞戴藍翎五品頂戴。光緒十一年，補放驍騎校。二十二年，承襲騎都尉加一雲騎尉。二十三年，補放防禦，現年六十三歲。舊滿洲伊爾根覺羅氏，馬步箭平等。

覽[7]。

【案】此摺原件①現藏於臺北故宮博物院，錄副②及清單③現藏於中國第一歷史檔案館，茲據校勘。

1.【庫普素琿】底本作“庫普爾琿”，原件、錄副及清單均作“庫普素琿”，茲據校正。

2.【案】此奉硃批日期與內容與錄副同.

3.【榮】即榮全④，底本空名諱“全”，茲據補，以下同。

4.【補放】底本奪“放”，茲據原件補。

5.【前】底本脫“前”，茲據補。

6.【兼】底本奪“兼”，茲據原件補。

7.【覽】此硃批“覽”字，據清單補。

〇一〇、揀選伊犁新滿營佐領等缺摺

光緒二十八年十二月二十七日（1903年1月25日）

奴才馬（亮）、廣（福）跪奏，為循例揀選伊犁新滿營佐領等缺，擬定正、陪，恭摺仰祈聖鑒事。

---

① 臺北故宮博物院藏：《軍機及宮中檔》，文獻編號：408004109.

② 中國第一歷史檔案館藏：《錄副奏摺》，檔號：03－5957－004.

③ 中國第一歷史檔案館藏：《單》，檔號：03－5957－005.

④ 榮全（？－1880），瓜爾佳氏，滿洲正黃旗人。咸豐元年（1851），承襲一等威勇侯。翌年，充二等侍衛、大門上行走。四年（1854），晉頭等侍衛。六年（1856），補乾清門侍衛。次年，任侍衛副班長。九年（1859），署尚茶正。十一年（1861），授塔爾巴哈臺額魯特部落領隊大臣，加副都統銜。同治三年（1864），調補喀拉沙爾辦事大臣，同年，轉伊犁額魯特領隊大臣。四年（1865），補伊犁參贊大臣。次年，兼署鑲紅旗蒙古副都統、伊犁將軍。六年（1867），調烏里雅蘇臺參贊大臣。光緒四年（1878），補鑲紅旗蒙古副都統，兼鑲白旗護軍統領、右翼監督。五年（1879），補右翼前鋒統領，管理健銳營事務。同年，授三旗虎槍領。六年（1880），卒於任。

竊奴才等准接辦塔爾巴哈臺參贊大臣春（滿）[1]咨稱：前由伊犁咨調塔爾巴哈臺差委署協領伊犁新滿營鑲紅旗佐領花沙布，於此次奏請實授塔爾巴哈臺新滿營大小官缺摺内擬補左翼協領，奉硃批：著照所請，該部知道。欽此。欽遵咨照前來。當即恭錄行知在案。茲據辦理伊犁滿營事務檔房呈稱：花沙布遞遺佐領等缺，應請揀員補放，以資辦理旗務，等情。前來。

奴才等當於該營應升人員内逐加考驗，花沙布遞遺新滿營右翼鑲紅旗佐領一缺，揀選得正白旗防禦烏爾固春堪以擬正，鑲白旗防禦額勒德合恩堪以擬陪。其烏爾固春遞遺正白旗防禦一缺，揀選得鑲白旗驍騎校圖瓦謙堪以擬正，鑲紅旗驍騎校伊綿布堪以擬陪。其圖瓦謙遞遺鑲白旗驍騎校一缺，揀選得鑲白旗年滿委華帖式塔奇本堪以擬正[2]，正白旗委前鋒校伊伯蘇堪以擬陪。謹將該員等履歷另繕清單，恭呈御覽，伏候欽定。其請補佐領一俟遇有差便，給咨送部，補行帶領引見，以符定制。所有揀選伊犁新滿營佐領等缺擬定正、陪緣由，理合恭摺具陳。伏乞皇太后、皇上聖鑒訓示。謹奏。光緒二十八年十二月二十七日。

光緒二十九年四月初三日接到，於二月十二日奉硃批：均著擬正之員補授，該衙門知道，單併發。欽此[3]。

☆呈揀選伊犁新滿營佐領等缺清單

謹將揀選伊犁新滿營佐領等缺擬定正、陪人員，繕具清單，恭呈御覽。

惠遠城新滿營花沙布遞遺佐領員缺。擬正之惠遠城新满营花翎佐領銜補用佐領正白旗防禦烏爾固春，食俸餉三十一年，前在塔爾巴哈臺當差，光緒二年克復瑪納斯南北城、六年勦辦陝回、八年收復伊犁、十七年搜剿竄匪各案内奮勉出力，疊經前任將軍金（順）等奏保補用佐領，並賞戴花翎，加佐領銜，赴京護送貢馬七次。光緒十八年，補放防禦，揀選佐領擬陪一次，現年五十歲。錫伯郭絡羅氏，馬步箭平等。

擬陪之惠遠城新滿營鑲白旗藍翎防禦額勒德合恩，食俸餉三十一年，前在塔爾巴哈臺軍營當差，光緒二年克復瑪納斯南北兩城、六年勦辦陝回各案内奮勉出力，疊經前任將軍金（順）奏保儘先即補驍騎校，並賞戴五品藍翎，赴京護送貢馬二次。光緒十八年，補放驍騎校。二十年，補放防禦，現年五十歲。錫伯永托哩氏，馬步箭平等。

擬補佐領所遺防禦員缺。擬正之惠遠城新滿營藍翎儘先即補防禦鑲白旗驍騎校圖瓦謙，食俸餉五十一年，咸豐九年派赴喀什噶爾換防一次、同治元年派赴博羅呼吉爾防堵一次、十三年赴塔爾巴哈臺軍營當差，是年派赴布倫托海防堵一次、光緒五、七兩年[4]屯種軍糧各案內奮勉出力，疊經前將軍常（清）[5]等奏保儘先即補防禦，並賞戴藍翎，赴京護送貢馬二次。光緒十一年，補放防禦。十八年，改補委前鋒校。二十年，補放驍騎校，揀選防禦擬陪二次，現年六十七歲。錫伯伊爾根覺羅氏，馬步箭平等。

擬陪之惠遠城新滿營鑲紅旗五品藍翎驍騎校伊綿布，食俸餉當差三十三年，光緒八年，收復伊犁案內出力，經前任將軍金（順）奏保，賞戴五品藍翎。光緒十八年，補放驍騎校，現年五十四歲。錫伯瑚西哈哩氏，馬步箭平等。

擬補防禦所遺驍騎校員缺。擬正之惠遠城新滿營鑲白旗年滿委筆帖式塔奇本，食錢粮當差二十年。光緒十七年，搜勦竄匪單案內出力，經前護將軍富（勒銘額）[6]咨保六品頂戴。二十年，補放察哈爾營領隊檔房委筆帖式，揀選驍騎校擬陪一次，現年三十六歲。錫伯崇吉喇氏，馬步箭平等。

擬陪之惠遠城新滿營正白旗花翎佐領銜儘先即補防禦委前鋒校伊伯蘇，食錢粮三十一年，前在塔爾巴哈臺軍營當差，光緒二年克復瑪納斯南北兩城、六年勦辦陝回、八年收復伊犁各案內奮勉出力，疊經前將軍金（順）奏保儘先即補防禦，並賞戴花翎，加佐領銜，赴京護送貢馬五次。光緒十一年，補放驍騎校。十八年，改補委前鋒校。現年四十九歲。錫伯伊爾根覺羅氏，馬步箭平等。

覽[7]。

【案】此摺原件①現藏於臺北故宮博物院，錄副②及清單③現藏於中國第一歷史檔案館，茲據校勘。

---

① 臺北故宮博物院藏：《軍機及宮中檔》，文獻編號：408004108.

② 中國第一歷史檔案館藏：《錄副奏摺》，檔號：03－5957－006.

③ 中國第一歷史檔案館藏：《單》，檔號：03－5957－007.

1.【春】即春滿①，底本空名諱"滿"，茲據補，以下同。
2.【擬正】底本作"擬陪"，顯誤。茲據校正。
3.【案】此硃批日期與內容，與錄副所署相同。
4.【五七兩年】底本作"五六兩年"，疑誤。茲據清單校正。
5.【常】即常清②，底本空名諱"清"，茲據補，以下同。
6.【富】即富勒銘額③，底本空名諱"勒銘額"，茲據補，以下同。
7.【覽】底本無"覽"，茲據清單補。

〇一一、揀選伊犁舊滿營驍騎校等缺摺

光緒二十八年十二月二十七日（1903年1月25日）

奴才馬（亮）、廣（福）跪奏，為循例揀選伊犁舊滿營驍騎校員缺，擬定正、陪，恭摺仰祈聖鑒事。

竊奴才等接辦塔爾巴哈臺參贊大臣春滿咨稱：前經奏請實授塔爾巴哈臺臺新滿營大小官缺摺內，將伊犁舊滿營鑲黃旗驍騎校巴圖那遜擬補正紅旗佐領，奉硃批：著照所請，該部知道。欽此。欽遵咨照前來。當即恭錄

① 春滿（1839－1905），字少珊，滿洲鑲白旗人，伊爾根覺羅氏，克勇巴圖魯。同治二年（1863），任吉林伊通驍騎校。三年（1864），調三姓正白旗防禦。四年（1865），擢吉林滿洲正黃旗佐領。七年（1868），調補烏拉正黃旗佐領、烏拉鑲白旗佐領。光緒三年（1877），加副都統銜。九年（1883），署理伊犁索倫領隊大臣，旋實授。十二年（1886），調人額魯特領隊大臣，署理塔爾巴哈臺參贊大臣。十九年（1893），調補察哈爾領隊大臣。二十三年（1897），任伊犁副都統。三十一年（1905），卒。

② 常清（1801－1866），號靖亭，滿洲鑲藍旗人，愛新覺羅氏，又稱宗室常清。道光九年（1829），充三等侍衛。十七年（1837），升二等侍衛。二十一年（1841）晉頭等侍衛。二十三年（1843），授庫車辦事大臣。翌年，補正白旗蒙古副都統，旋署喀喇沙爾辦事大臣。二十七年（1847），補烏什幫辦大臣。咸豐三年（1853），調補喀什噶爾辦事大臣。次年，遷葉爾羌參贊大臣。六年（1856），擢伊犁將軍、鑲白旗蒙古都統。八年（1868），調熱河都統。十年（1860），轉烏魯木齊都統。同年，任正白旗漢軍都統。同治四年（1865），加雲騎尉，授恩騎尉。五年（1866），卒於任。謚勤毅。

③ 富勒銘額（？－1903）佚其氏，甘肅新疆古城人，隸滿洲鑲白旗。道光年間，任前鋒校。光緒九年（1883），署烏魯木齊滿營協領，兼署烏魯木齊領隊大臣。十二年（1885），署理烏魯木齊都統。十四年（1887），以都統恭鏜薦，遷伊犁副都統。十六年（1889），以伊犁副都統兼署伊犁將軍。十九年（1892），調補塔爾巴哈臺參贊大臣。二十三年（1896），乞歸。二十九年（1903），卒，恤如制。

行知在案。茲據辦理伊犁滿營事務檔房呈稱：巴圖那遜遞遺驍騎校員缺，應請揀員補放，以資辦理旗務，等情。前來。

奴才等當於該營應升人員內[1]逐加考驗，巴圖那遜遞遺舊滿營左翼鑲黃旗驍騎校一缺，揀選[2]得鑲白旗委前鋒校珠爾杭阿堪以擬正，正黃旗委前鋒校巴圖魯堪以擬陪。謹將該員等履歷另繕清單，恭呈御覽，伏候欽定。所有揀選伊犁舊滿營驍騎校員缺擬定正、陪緣由，理合恭摺具陳。伏乞皇太后、皇上聖鑒訓示。謹奏。光緒二十八年十二月二十七日。

光緒二十九年四月初三日接到。於二月十二日奉硃批：著擬正之員補授，該衙門知道，單併發。欽此[3]。

☆呈揀選伊犁舊滿營驍騎校員缺清單

謹將揀選伊犁舊滿營驍騎校員缺擬定正、陪人員，繕具清單，恭呈御覽。

惠遠城舊滿營巴圖那遜遞遺驍騎校員缺。擬正之惠遠城舊滿營鑲白旗委前鋒校珠爾杭阿，食錢糧當差十七年。光緒十七年，搜勦竄匪案內出力，經前護將軍富勒銘（額）咨保六品頂戴。光緒二十四年，由前鋒補放委前鋒校，現年三十一歲。舊滿洲格濟勒氏，馬步箭平等。

擬陪之惠遠城舊滿營正黃旗藍翎儘先即補驍騎校委前鋒校巴圖魯，食錢糧三十年，在庫爾喀喇烏蘇軍營當差。同治十三年，在軍營出隊打仗。光緒二年，克復瑪納斯南北兩城各案內奮勉出力，經前署將軍榮（全）等奏保儘先即補驍騎校，並賞戴藍翎。光緒二十七年，由前鋒校補放委前鋒校，現年五十一歲。舊滿洲烏佳氏，馬步箭平等。

覽[4]。

【案】此摺原件①現藏於臺北故宮博物院，錄副②及清單③現藏於中國第一歷史檔案館，茲據校勘。

1.【內】底本奪“內”，茲據原件校補。

2.【揀選】底本作“撿選”，誤。茲據校正。

3.【案】此硃批日期與內容，與錄副所載相同。

---

① 臺北故宮博物院藏：《軍機及宮中檔》，文獻編號：408004107.

② 中國第一歷史檔案館藏：《錄副奏摺》，檔號：03-5957-009.

③ 中國第一歷史檔案館藏：《單》，檔號：03-5957-008.

4.【覽】此硃批據清單校補。

〇一二、懇准章京吉罕泰留任片

光緒二十八年十二月二十七日（1903年1月25日）

再，查伊犁糧餉本處章京吉罕泰，前於光緒二十五年六月初四日兩次留辦期滿，經前任將軍長（庚）等以該員任事年久、款目素嫻，奏懇天恩准將該員吉罕泰再留三年，辦理糧餉事務[1]，光緒二十六年正月初二日，奉硃批：著照所請，該部知道。欽此。欽遵轉飭遵照在案。茲扣至光緒二十九年正月初二日，復屆三年期滿。據該章京吉罕泰呈報前來。

奴才等查伊犁糧餉事務殷繁，又值奴才馬（亮）接任伊始，自未便遽易生手。該章京吉罕泰辦理糧餉有年，素嫻款目，實為現辦糧餉必不可少之員。合無仰懇天恩俯准，將該員吉罕泰再留三年，仍令辦理糧餉事務，以資熟手。如蒙允准，俟留辦期滿，再由奴才等照例辦理。除咨部外，理合附片具陳[2]。伏乞聖鑒訓示。謹奏。

同日[3]，奉硃批：著照所請，該部知道。欽此。

【案】此片原件①現藏於臺北故宫博物院，錄副②藏於中國第一歷史檔案館，茲據校勘。

1.【案】光緒二十五年十一月十六日，伊犁將軍長庚、副都統恩祥片奏曰：

再，奴才等查伊犁糧餉本處章京一缺，前於光緒十四年十月經前任將軍色楞額等奏請，以經制筆帖式吉罕泰請補，經吏部議准覆奏，光緒十五年三月初八日奉旨：依議。欽此。欽遵咨行到伊，轉飭遵照在案。嗣因扣至光緒二十二年三月初八日七年限滿，經奴才查明該員吉罕泰辦事得力，援例奏懇天恩，准將該員吉罕泰再留三年，辦理糧

---

① 臺北故宫博物院藏：《軍機及宫中檔》，文獻編號：408004107－0－C.

② 中國第一歷史檔案館藏：《錄副奏片》，檔號：03－6166－001.

餉事務，以資熟手。六月初四日奉旨：著照所請，該部知道。欽此。欽遵亦在案。茲扣至本年六月初四日止，復屆三年期滿。據該糧餉章京吉罕泰呈報前來。

奴才等查伊犁糧餉事務殷繁，現在清理歷年奏銷，尤未便遽易生手。該章京吉罕泰任事年久，款目素嫻，勾稽精熟，實為現辦糧餉必不可少之員。合無仰懇天恩俯念該章京吉罕泰經手辦理銷案未完，准其再留三年，辦理糧餉事務。如蒙允准，俟留辦期滿，再由奴才等照例辦理。除咨部外，理合附片陳明。伏乞聖鑒訓示。謹奏。①

2.【具陳】底本作“陳明”，原件、錄副均作“具陳”，茲據校正。

3.【同日】錄副作“光緒二十九年二月十二日”，與底本一致。

○一三、土爾扈特南部盟長福晉病故照例致祭片

光緒二十八年十二月二十七日（1903 年 1 月 25 日）

再，查接管卷內，據護理烏訥恩素珠克圖舊土爾扈特南部落盟長札薩克卓哩[1]克圖汗布彥蒙庫之母福晉色哩特博勒噶丹呈稱：伊子汗布彥蒙庫之原配福晉德精羅勒莫於光緒二十七年二月初七日因病身故，等情。呈報前來。

奴才等伏查理藩院奏定章程：伊犁所屬蒙古汗王及福晉夫人病故，由將軍奏請致祭，有需用祭文者聲明，由院行文內閣撰擬滿、蒙祭文，由驛遞送至致[2]祭官員，由將軍[3]就近派員往祭，所需致祭物件價銀，即由公項銀內動用，咨部核銷，等因。歷經遵辦在案。今烏訥恩素珠克圖舊土爾扈特南部落盟長札薩克卓哩[4]汗布彥庫之福晉德精鄂羅勒莫病故，自應循例具奏。其應給滿、蒙祭文，一俟由理藩院行文內閣撰擬發交到日，奴才等再行派員齎赴該游牧，照例祭奠，以符定章。除咨明理藩院照例辦理外，理合附片具奏。伏乞聖鑒。謹奏。

同日[5]，奉硃批：該衙門知道。欽此。

---

① 中國第一歷史檔案館藏：《硃批奏片》，檔號：04－01－30－0079－007.

【案】此奏片原件①現藏於臺北故宫博物院，兹據校勘。

1.【哩】底本作“里”，兹據校正。

2.【致】底本脱“致”，顯誤，兹據補。

3.【將軍】底本奪“將軍”，兹據校補。

4.【哩】底本作“里”，兹據校正。

5.【同日】據上下文硃批日期應為“光緒二十九年二月十二日”。

〇一四、吐爾扈特貝子夫人病故照例致祭片

光緒二十八年十二月二十七日（1903年1月25日）

再，查接管卷內，據烏訥恩素珠克圖舊土爾扈特東部落盟長札薩克弼錫呼勒圖郡王帕勒塔呈稱：副盟長伊特格勒貝子德恩沁阿拉什之夫人里依札布，於光緒二十七年七月十一日因病身故，等情。呈報前來。

奴才[1]等伏查理藩院奏定章程：伊犁所属蒙古汗王、貝勒、貝子福晉、夫人病故，由將軍奏請致祭。其應給祭文者[2]，聲明由院行文內閣撰擬满、蒙祭文，由驛遞送至[3]致祭官員，由將軍就近派員往祭。所需致祭物件價銀，即由公項銀[4]內動用，咨部核銷，等因。歷經遵辦在案。今據烏訥恩素珠克圖舊土爾扈特東部落副盟長伊特格勒貝子德恩沁阿拉什之夫人里依札布病故，自應循例具奏。其應給满、蒙祭文，一俟理藩院行文內閣撰擬發交到日，奴才等再行派員齎赴該游牧，照例祭奠，以符定章。除咨明理藩院照例辦理外，理合附片具奏。伏乞聖鑒。謹奏。

同日[5]，奉硃批：該衙門知道。欽此。

【案】此奏片原件②現藏於臺北故宫博物院，兹據校勘。

1.【奴才】底本此處空白，兹據原件補。

2.【者】底本奪“者”，兹據補。

3.【至】底本奪“至”，兹據補。

---

① 臺北故宫博物院藏：《軍機及宫中檔》，文獻編號：408004107－0－A.

② 臺北故宫博物院藏：《軍機及宫中檔》，文獻編號：408004107－0－B.

4.【公項銀】底本僅作“公項”，脱“銀”，兹據補。
5.【同日】據上下文硃批日期應為“光緒二十九年二月十二日”。

〇一五、奏報特古斯塔柳兵屯獲糧數目摺

光緒二十八年十二月二十七日（1903年1月25日）

奴才馬（亮）、廣（福）跪奏，為恭報伊犁特古斯塔柳兵屯光緒二十八年分收穫粮石分數，繕具清單，恭摺[1]仰祈聖鑒事。

竊查伊犁將古斯塔柳地方前於光緒二十二年開辦兵屯，派撥練軍兩旗官兵墾種[2]，業經前將軍長（庚）將光緒二十七年收穫屯粮數目奏報在案[3]。本年春間，復經原撥練軍第一、第二两旗分領種籽，乘時播種，除營總、章京、筆帖式等或督催耕作、或經理錢粮未發種籽外，共兵二百四十名，每名原種地二十畝，內小麥地十一畝，青稞地一畝，大麥地一畝，均每畝給籽種一斗；穀子地七畝，每畝給籽種一升五合。統計種地四千八百畝，發給各色籽種三百三十七石二斗，由總理屯務委員錫伯營領隊大臣色普西賢暨第一旗營總錫伯營鑲紅旗佐領霍敏，督率各兵耕作。兹屆秋成事竣，據該委員將收穫粗粮數目具報前來。當飭糧餉處照章折合細粮，核算分數，計練軍第一旗種地一屯二分，收穫各色粗粮二千八十六石，折合細粮一千八百石四斗二升五合二勺；練軍第二旗種地一屯二分，收穫各色粗粮二千八十六石五斗，折合細粮一千八百八石八升一合八勺。每兵實交細粮十五石有奇，收成十五分以上。

奴才等查光緒二十三年奏定屯田收穫分數功過章程內開：收穫十五分，官員議叙，兵丁賞給一月鹽菜銀兩，等語。本年收成覈計[4]分數，實較定額有盈，在屯官兵終歲勤動，不無微勞，合無仰懇天恩俯准仍照定章分別議叙給賞，以示鼓勵。除飭將收穫粮石運送惠遠城倉妥為存儲，并造冊分咨戶部、兵部外，理合繕具清單，恭呈御覽。伏乞皇太后、皇上聖鑒。謹奏。光緒二十八年十二月二十七日。

光緒二十九年四月初三日接到，於二月十二日奉硃批：著照所請，該部知道，單併發。欽此[5]。

☆呈特古斯塔柳兵屯收穫各色粮石清單

謹將伊犁特古斯塔柳兵屯光緒二十八年分收穫各色粮石數目，核計分數，繕具清單，恭呈御覽。

計開：練軍第一旗官兵光緒二十八年分收穫各色粮石，内小麥一千七百二十二石，每石按九斗，折合細粮一千五百四十九石八斗；青稞八十五石，每石按八斗七升五合，折合細糧八十四石八斗七升五合；大麥一百零四石，每石按八斗四升六合七勺，折合細糧八十八石五升六合八勺；穀子一百五十四石五斗，每石按五斗，折合細糧七十七石二斗五升。以上共收穫各色粗粮二千八十六石五斗，折合細粮一千八百八石八升一合八勺。計兵一百二十名，每名合收細粮一十五石六升七合三勺四抄八撮。通計二屯四分，共收穫粗粮四千一百七十二石五斗，折合細粮三千六百八石五斗七合。核計收成分數在十五分以上。合併聲明。

覽[6]。

【案】此摺原件①、錄副②均藏於臺北故宫博物院，兹據校勘。

1.【恭摺】底本作“恭呈”，顯誤。兹據校正。

2.【墾種】底本作“墾種”，“墾”誤為“懇”。兹據校正。

3.【案】光緒二十七年十二月二十八日，伊犁將軍長庚等奏報特古斯塔柳兵屯光緒二十七年分收穫糧石分數，曰：

奴才長庚、廣福跪奏，為恭報伊犁特古斯塔柳兵屯光緒二十七年分收穫糧石分數，繕具清單，恭摺仰祈聖鑒事。

竊查伊犁將古斯塔柳地方前於光緒二十二年開辦兵屯，派撥練軍兩旗官兵墾種，所有收成分數每年年底開單奏報一次。光緒二十六年收穫屯糧數目，業經具奏在案。本年春間，復經撥給籽種，撥補牛馬、農具，飭令乘時播種。計原撥練軍第一、第二兩旗，除管總、章京、筆帖式等或督催耕作、或經理錢粮未發種籽外，共兵二百四十名，每名原種地二十畝，内小麥地十一畝，青稞地一畝，大麥地一畝，均每畝給籽種一斗；穀子地七畝，每畝給籽種一升五

---

① 臺北故宫博物院藏：《軍機及宫中檔》，文獻編號：408004106.

② 臺北故宫博物院藏：《軍機及宫中檔》，文獻編號：154069.

合。統計種地四千八百畝，發給各色籽種三百三十七石二斗，由總理屯務委員錫伯營領隊大臣色普西賢暨第一旗營總錫伯營鑲紅旗佐領新泰、第二旗營總錫伯營鑲紅旗佐領或霍敏，督率各兵耕作。現據總理屯務委員將本年收穫粗粮數目具報前來。當飭糧餉處照章折合細粮，核算收成分數，計練軍第一旗種地一屯二分，收穫各色粗粮一千九百八十三石，折合細粮一千七百一十二石七斗三合五勺；練軍第二旗種地一屯二分，收穫各色粗粮一千九百九十石五斗，折合細粮一千七百一十八石三斗九升。每兵實交細粮十四石有奇，收成十四分以上。

奴才等查光緒二十三年奏定屯田收穫分數功過章程內開：收穫細糧十二分者，功過相抵，等語。本年伊犁屯田應交糧石雖較上年略減，惟實因秋後陰雨太多，新糧甫經登場，不免潮濕發芽，以致收成稍歉。現據具報收成分數，覈較定額尚屬有盈無絀，所有在屯官兵合無仰懇天恩，俯准功過相抵，以符定章。除飭將收穫粮石運送惠遠城倉妥為存儲，并造冊咨部查核外，所有光緒二十七年分伊犁特古斯塔柳兵屯收穫糧石數目，理合繕具清單，恭呈御覽。伏乞皇太后、皇上聖鑒。謹奏。光緒二十七年十二月二十八日。[①] 光緒二十八年二月十五日，奉硃批：戶部知道，單併發。欽此。[②]

【案】同日，長庚等又隨摺附呈清單一件，曰：

謹將伊犁特古斯塔柳兵屯光緒二十七年分收穫各色粮石數目，核計分數，繕具清單，恭呈御覽。

計開：練軍第一旗官兵光緒二十七年分收穫各色粮石，內小麥一千六百三十七石，每石按九斗，折合細粮一千四百七十三石三斗；青稞八十五石，每石按八斗七升五合，折合細糧七十石；大麥一百五石，每石按八斗四升六合七勺，折合細糧八十八石九斗三合五勺；穀子一百六十一石，每石按五斗，折合細糧八十石五斗。以上共收穫各色粗粮一千九百八十三石，折合細粮一千七百一十二石七斗三合五勺。練軍第二旗官兵光緒二十七年分收穫各色粮石，內小麥一千六百四十三石，每石按九斗，折合細粮一千四百七十八石七斗；青稞八十

① 中國第一歷史檔案館藏：《硃批奏摺》，檔號：04－01－23－0217－011.

② 中國第一歷史檔案館藏：《錄副奏摺》，檔號：03－6731－051.

三石，每石按八斗七升五合，折合細糧七十一石；大麥一百一石五斗，每石按八斗四升六合七勺，折合細糧八十五石九斗四升；穀子一百六十四石，每石按五斗，折合細糧八十二石。以上共收穫各色粗粮一千九百九十石五斗，折合細粮一千七百一十八石三斗九升。計兵一百二十名，每名合收細粮一十四石三斗一升九合九勺。通計二屯四分，共收穫粗粮三千九百七十三石五斗，折合細粮三千四百三十一石九斗三合五勺。核計收成分數在十四分以上。理合登明。覽。①

4.【覈計】底本奪"覈"，茲據原件校補。

5.【案】此硃批日期與錄副所載一致。

6.【覽】因原清單查無下落，此"覽"字係據推補。

〇一六、奏報盤查伊塔道庫存餉銀無誤片

光緒二十八年十二月二十七日（1903年1月25日）

再，查光緒十四、十五兩年，前將軍色楞（額）任內應行封儲伊塔道庫湘平銀[1]十萬兩，經前將軍長（庚）催追足數，於光緒二十三年六月初九日附片奏明，封儲惠遠城糧餉處銀庫，不准擅動，每年年底由將軍、副都統會同盤查，具奏結報，以昭慎重[2]。所有光緒二十七年以前均經前將軍長（庚）等將盤驗無虧緣由奏報在案。茲屆光緒二十八年年底盤查之期，據兼署粮餉章京主事職銜吉罕泰等出具印結，呈報前來。奴才等即於十二月二十五日親赴該庫查驗，前項封儲湘平銀十萬兩，均係實存在庫，並無虧短。除將印結送部查核外，理合附片陳明。伏乞聖鑒。謹奏。

同日[3]，奉硃批：戶部知道。欽此。

【案】此奏片原件②、錄副③均藏於臺北故宮博物院，茲據校勘。

1.【湘平銀】底本作"平銀"，奪"湘"，茲據原件校補。

---

① 中國第一歷史檔案館藏：《單》，檔號：03－6731－052.

② 臺北故宮博物院藏：《軍機及宮中檔》，文獻編號：408004106－0－A.

③ 臺北故宮博物院藏：《軍機及宮中檔》，文獻編號：154071.

2.【案】光緒二十三年六月初九日，伊犁將軍長庚為奏報盤查庫銀，附片曰：

再，光緒十四、十五兩年應存封儲銀十萬兩，前由新疆藩司解交伊犁，經前將軍色楞額任內收到後，並未發交伊塔道儲庫。據色楞額管餉委員定啟、王琢章呈稱：此項銀兩業經搭放兵餉，動用無存，色楞額正擬具奏，適值出缺，未及辦理，懇請代奏，等情。奴才以此銀係戶部奏明封儲、不准動用之款，未便率為奏請，當經批駁，勒令設法呈繳，始據定啟、王琢章將色楞額任內應收各項並各營局借欠之款開單，呈請催收抵交。經奴才極力清釐，疊次勒限嚴催，除病故各員無從著追外，但能設法催繳者，無不竭力催追。直至本年五月，始行收有成數，計收到數伊犁府知府潘效蘇虧折錢局成本籌還銀三萬六千七百六十六兩九錢一分六毫三絲；又收色楞額任內派弁赴京採辦軍裝、藥料繳回銀一萬一千七百兩；又收軍、鎮兩標各營旗官在色楞額任內借欠銀六千七百兩；又收到新疆藩司解還色楞額任內裁遣勇丁並解運軍火各項車價銀九千九百兩二錢九分七釐九毫。又，自光緒十八年以後，奴才陸續收到伊犁並緩撤客軍應分江西、四川補解光緒十一、十二兩年欠餉共五批，申合湘平銀三萬五千二百八十兩四錢六分二釐五毫八忽。奴才於每批解到時，飭令糧餉處另款封儲，現均實存在庫。查十一、十二兩年欠餉，係前將軍金順、錫綸任內應收之款，經錫綸列入交代案內移交色楞額，抵作未發欠餉，即為色楞額應收之款。十四、十五兩年封儲銀兩係色楞額任內應行提存之款，既經色楞額搭放兵餉無存，據定啟、王琢章呈請，以色楞額任內應收之項抵色楞額任內應存之款，應以封存庫儲為重，先儘此項銀兩提存足數，免致日久無著。以上各項共計收到銀十萬三百四十七兩五錢七分一釐三絲八忽。除將尾數三百餘兩歸入色楞額任內流存項下儲庫外，所有收回湘平銀十萬兩應作為光緒十四、十五兩年封儲銀十萬兩，專款封儲，以備緊要軍需之用。查光緒十六年以後伊塔道庫應儲銀兩，業經升任撫臣陶模奏明，改歸新疆藩庫封存，以昭妥慎。又，查戶部例則內載：烏魯木齊道庫備用銀十五萬餘兩，內提撥銀十萬兩，分儲伊犁永遠存庫，等語。伊犁距烏魯木齊千數百里，遇有緊要軍務，需餉在急，派員赴省請領，往返需時，倘一遲滯，即誤戎機。此次收回光緒十四、十五兩年封儲銀十萬兩，既毋庸封儲道庫，擬請照例封儲伊犁惠遠城糧餉處銀庫，永遠不准擅動，並遵照戶部光緒十三年奏案，必須遇有緊急軍需，奏明聽候覆准，方准動用。每年年底由將軍、副都統會同盤查，具奏結報一次，以昭慎重而備緩急。理合附片具陳。伏乞聖鑒訓示。謹奏。①

光緒二十三年七月十八日，硃批：戶部知道。②

3.【同日】此硃批日期，錄副為“光緒二十九年二月十二日，”與底本所署一致。

① 中國第一歷史檔案館藏：《硃批奏片》，檔號：04－01－36－0840－049.

② 此硃批日期，據《軍機處隨手登記檔》（檔案編號：03－0293－1－1223－189）校補。

卷二，光緒二十九年（1903）

○一七、擬請自行派員請領以供支放摺

光緒二十九年正月二十日（1903年2月17日）

奴才馬（亮）、廣（福）跪奏，為擬請減成節餉，指撥的款，自行派員請領，以供支放，恭摺具陳，仰祈聖鑒事。

竊查接管卷内，光緒二十七年八月内曾准行在戶部咨：於援案預估光緒二十八年新餉案内附片具奏，請旨飭下伊犁將軍等悉心籌度，節省餉銀報部，等因。奉旨：依議。欽此。欽遵咨行到伊。前將軍長（庚）未及議辦卸事，奴才亮到任，接准移交。復准戶部咨催，當將甫經到任、未敢驟議更章情形於請估二十九年新餉摺内聲請展緩辦理在案。數月以來，多方籌畫，愧乏良謀，誠以伊犁滿、蒙、標、練各營官兵七千餘人，僅有額餉四十萬兩，蒙古王公、軍臺、卡倫、喇嘛人等一切雜支均在其内，況滿、蒙兵丁全賴錢粮養贍家口，裁退一兵，即窘一家之生計。近年各省協餉欠解甚鉅，前將軍長（庚）在任，多方挪借支放，業已極費經營。

奴才等自惟才力勿如，鎮茲邊局，不能藉此餉項羈縻人心。惟值此時局多艱，徒自坐食，不圖開源節流，亦實無以體部臣籌撥之艱，屢與各營領隊大臣暨寮属籌商，於無可設法之中極力籌畫，惟有共相撙節[1]，減成支領，庶兵不裁而餉可省。因即愷切開導，該兵勇等食毛踐土，均各具有天良，咸願遵照減成具領，俾資挹注。奴才等飭據粮餉處核計，每年按額撥新餉銀四十萬兩之數，一律減一成五發給，約可節省銀六萬兩，擬請即自光緒二十九年正月初一日起，將一切支款減成支放。本年額餉前經戶部

奏准，伊犁仍照原案估撥銀四十萬兩，如能全數解到，自應將節省銀六萬兩另款封儲，存候撥用。第恐各省協解不及，債欠更多，伊犁極邊寒苦，別無可以籌濟之方，則奴才等失信兵勇，督率無方，深恐難支邊局。惟有請撥的餉，庶免貽誤事機[2]。奴才亮前於奏請試辦晉茶摺內，聲請於山西省協解甘肅新餉內分撥銀二十萬兩，由伊犁[3]分期派員請領，作為成本，採茶搭餉。如蒙聖恩俯准，擬請敕部再於各省協解新餉內分撥銀十四萬兩，以足每年三十四萬兩之數，每年由伊犁派員分期請領清[4]款，俾資勻挪支放。如將晉茶辦有成效，盈餘若干，仍可封存若干，據實報明，以裕帑項，斷不敢稍任冒濫，致令虛糜。其二十八年以前借用商民匯兌甘肅藩庫湘平銀，除已由甘發給外，計尚欠發銀十一萬兩餘，均經退回。現擬換票，仍飭該商赴甘請領。

又，截至二十八年底止，先後借用新疆藩庫湘平銀四十萬一千八百三十一兩有奇。請甘、新兩省催收二十八年以前欠餉，分別撥發收還，不由二十九年指撥餉內扣抵。奴才等為節省額餉、慎重度支起見，所擬減成節餉並請指撥的款自行請領緣由，除咨戶部外，理合恭摺具陳[5]。伏乞皇太后、皇上聖鑒，訓示，敕部核覆。謹奏。光緒二十九年正月二十日。

光緒二十九年四月二十八日接到原摺，三月十三日，奉硃批：戶部議奏。欽此[6]。

【案】此摺原件①、錄副②均藏於臺北故宮博物院，茲據校勘。

1.【共相撙節】底本作“共撙節”，奪“相”，茲據原件校補。

2.【貽誤事機】底本作“貽無事機”，顯誤。茲據校正。

3.【由伊犁】此三字底本奪，茲據原件校補。

4.【清款】底本僅作“款”，脫“清”，茲據原件校補。

5.【具陳】底本奪“陳”，茲據原件校補。

6.【案】底本所載硃批日期及內容與錄副一致。

① 臺北故宮博物院藏：《軍機及宮中檔》，文獻編號：408004113.

② 臺北故宮博物院藏：《軍機及宮中檔》，文獻編號：155001.

〇一八、奏報裁勇改操並擬定營制餉章摺

光緒二十九年正月二十日（1903 年 2 月 17 日）

奴才馬亮跪[1]奏，為裁撤伊犁洋操漢隊，歸併軍標步隊，規復馬步勇額，改練新操，釐定營制、餉章，繕具清單，恭摺仰祈聖鑒事。

竊查伊犁軍標前經將軍色楞（額）、前護將軍富勒銘（額）先後奏請設立部隊一營、馬隊四旗、砲隊一哨，一切營制、餉章經戶、兵兩部議准有案。前將軍長（庚）因奏撥練軍經費，於光緒二十二年招募洋操步隊一營，教練洋操，屆滿三年，經費停撥，籌餉維艱。二十五年二月內，奏請裁減軍標步隊勇夫四棚、馬隊勇夫八棚，節省餉銀及騎操倒馬例價，並提用租馬價銀，改練洋操漢隊，亦經奉准改練有案。迄今又屆四年，奴才到任親加校閱，其洋操漢隊弁勇技藝嫺熟者固不乏人，而習於懶惰者亦屬不少。況伊犁邊界遼闊，輪番梭巡，步隊不如馬隊便捷。自前次裁減馬隊八棚之後，誠如前將軍長（庚）所奏，分佈實屬難遍[2]。上年，承准政務處咨令改練新軍。前將軍長（庚）即擬將所練洋操漢隊挑選精壯[3]，歸併軍標步隊，規復原裁勇額，未及辦理卸事，移交奴才。

數月以來，悉心籌盡，實宜斟酌損益，庶養一兵可得一兵之用。上年年底，飭令中軍副將詳加挑選，將軍標步隊及洋操漢隊各勇中老弱疲惰者全數裁汰，挑留洋操嫺熟各勇，歸併軍標步隊，以實營伍，規復原裁四棚勇額，除營哨、巡查各官已照額缺補署有人，擬請照章起支俸廉薪疏以及營書[4]、火勇、私夫均不加增薪糧、口分[5]外，其哨書、護兵、什長、親兵、正勇人等，新操較勞，擬請每名於原定口糧之外，月各加銀三錢，以示鼓勵。至新軍與防軍操演異式，動用新式槍械，亦宜隨時脩整，即將洋操漢隊所設總教習一名、小教習四名、脩槍匠一名挑留入伍，以資教練操演、脩整槍械，月支口分均照洋操漢隊原定銀數支給。洋操章程原設鼓號教習一名、鼓號兵六名，現在營制不同，人數即宜加增。惟餉項支絀，擬將原設鼓號教習一名裁去，於前、左、右、後四哨每哨各裁護兵二名，共挑留鼓號兵八名，按照原定護兵口糧，各月加銀三錢，以資挹注。

至軍標馬隊四旗原裁馬勇八棚，本為節省餉銀，撥充洋操漢隊勇餉。

此次歸併軍標步隊，練習洋操，應請照章規復舊額，挑募精壯，飭令分紮要隘，勤慎巡防。應支月餉、馬乾、馬夫雜費等項，悉仍其舊。計規復馬步勇額、挑留教習人等、加增練餉，無閏之年共需銀一萬二千六百八十兩六錢，即以裁省洋操漢隊餉項銀一萬五千五百四十餘兩抵支，尚節省銀二千八百五十九兩六錢。查二十五年前將軍長（庚）奏明改練洋操案內，裁省軍標勇餉並提用租馬變價，除支放洋操隊餉外，原長餘銀一千九百兩有奇，合之此次裁改，共餘銀四千七百餘兩，存備遇閏加增及添製衣褲、操靴、脩整槍砲、物料等款之用，尚屬有盈無絀。應請自光緒二十九年正月初一日起，分別裁撤、規復，認真操練巡防。所有裁撤洋操漢隊、歸併軍標步隊、規復馬步隊勇額、加增月餉、改練新操緣由，除咨部外，理合恭摺具陳。伏乞皇太后、皇上聖鑒訓示，敕部立案。謹奏。光緒二十九年正月二十日。

光緒二十九年四月二十八日接到，於三月十三日，奉硃批：該部知道，單、片併發。欽此[6]。

☆呈釐定伊犁營制章程清單

謹將裁撤伊犁洋操漢隊、歸併軍標步隊、規復馬步勇額、改練新操、釐定營制章程人數、銀數，繕具清單，恭呈御覽。

計開：裁省洋操漢隊員弁勇夫銀數：營官一員，月支薪水、公費銀一百兩；總教習一員，月支口分銀四十兩；排長即小教習三名，每名月支口分銀九兩；鼓號教習一名，月支口分銀九兩；鼓號兵六名，每名月支口分銀四兩五錢；親兵什長二名，每名月支口分銀四兩八錢；親兵十六名，每名月支口分銀四兩五錢；正哨官三員，每員月支口分銀十五兩；副哨官三員，每員月支口分銀九兩；哨書三名，每名月支口分銀四兩五錢；什長十八名，每名月支口分銀四兩八錢；正勇一百八十名，每名月支口分銀四兩二錢；火勇二十二名，每名月支口分銀三兩三錢；脩槍匠一名，月支口分銀十兩。以上裁撤洋操漢隊，無閏之年共裁銀一萬五千五百四十一兩二钱。

規復原裁軍標馬步勇額，改習新操，酌加練餉銀數：軍標中軍步隊一營，原存副將一員，除俸廉外，仍照原定月支公費銀六十兩，不再加增。原存營書四名，每名仍照原定月支銀六兩，不再加增。原存哨官四員，每員原定月支銀七兩二钱，現擬照章支領俸廉，不支薪糧。原存巡查二員，每員原定月支銀四兩五錢，現擬照章支領俸廉，不支薪糧。原存哨書、護兵二十名，每名原定月支銀三兩九錢，現擬每哨裁減護兵二名，改補鼓號兵，均每月加增銀三錢。原存親兵什長六名，每名原定月支銀四兩五錢，現擬每名每月加增銀三錢。原存各哨什長二十八名，每名原定月支銀四兩二錢，現擬每名每月加增銀三錢。

規復原裁四棚什長四名，每名擬定月支銀四兩五錢。原存親兵六十六名，每名擬定月支銀三兩九錢，現擬每名每月加增銀三錢。原存正勇二百八十名，每名擬定月支銀三兩六錢，現擬每名每月加增銀三錢。原存正勇二百八十名，每名原定月支銀三兩六錢，現擬每名每月加增銀三錢。規復原裁四棚正勇四十名[7]，每名擬定月支銀三兩九錢。原存火勇三十九名，每名仍照原定月支銀三兩，不再加增。

規復原裁四棚火勇四名，每月照章月支銀三兩。原存私夫二十八名，每名仍照原定月支銀二兩七錢，不再加增。挑留總教習一員，仍照洋操隊章程，月支銀四十兩。挑留小教習四名，仍照洋操隊章程，每名月支銀九兩。挑留脩槍匠一名，仍照洋操隊章程，月支銀十兩。軍標前、左、右、後馬隊四旗，原裁馬勇八棚：規復領旗八名，每名照章月支餉乾、馬夫、雜費銀八兩八錢五分。規復馬勇七十二名，每名照章月支餉乾、馬夫、雜費銀七兩九錢五分。規復火勇八名，每名照章月支口分銀三兩。

以上規復馬步各勇並加增練餉，無閏之年共需銀一萬二千六百八十一兩六錢，遇閏增加小建，仍按舊章分別扣除。較之原裁洋操漢隊銀數，實節省銀二千八百五十九兩六錢，即請同二十五年奏明長餘銀一千九百餘兩，存備閏月開支，及添製衣褲、操靴並脩整搶砲、物料等項之用，均自光緒二十九年正月初一日起支，按年據實造報。合併聲明。

覽[8]。

【案】此摺原件①、錄副②及清單③均藏於臺北故宮博物院，茲據校勘。

1.【奴才馬亮跪】底本無此前銜，茲據原件校補。

---

① 臺北故宮博物院藏：《軍機及宮中檔》，文獻編號：408004112.

② 臺北故宮博物院藏：《軍機及宮中檔》，文獻編號：155003.

③ 臺北故宮博物院藏：《軍機及宮中檔》，文獻編號：155003 – A.

2.【難週】底本作“不週”，疑誤。茲據校正。

3.【挑選精壯】底本作“挑選精壯者”，“者”疑衍。茲據原件刪除。

4.【曾書】底本奪“書”，茲據原件校補。

5.【口分】底本作“口之”，誤。茲據校正。

6.【案】此處所載硃批日期及內容與錄副一致。

7.【四十名】底本作“四十兵”，顯誤。茲據清單校正。

8.【覽】此硃批據原單校補。

〇一九、奏請伊犁軍標擬准起支俸廉片

光緒二十九年正月二十日（1903年2月17日）

再，查伊犁軍標副將、都、守、千、把、外委各官額缺，自光緒十六年前護將軍富勒銘（額）奏請設立，議定例支俸廉、薪蔬、馬乾，咨部議准在案[1]。嗣因各官尚未全請補署[2]，僅止副將一員、都司二員、守備二員，照例起支俸廉。其千總四員、把總七員、外委七員，均係按照坐糧章程支領哨官、巡查薪糧。現在各官弁額缺均已請補有人，據軍標副將[3]呈請照例起支俸廉等款前來。

奴才查該官弁等例支俸廉等項額數既經戶部議准有案，現在各缺均已補署有人，擬請准其自光緒二十九年正月起停止薪糧，起支俸廉。除咨部外，理合附片陳明。伏乞聖鑒訓示。謹奏。

同日[4]，奉硃批：覽。欽此。

【案】此奏片原件①、錄副②均藏於臺北故宮博物院，茲據校勘。

1.【案】光緒十六年十月十六日，護理伊犁將軍富勒銘額報明擬設軍標副將以下各官，並酌定兵額、餉章等事，奏請飭部議覆，曰：

護理伊犁將軍副都統奴才富勒銘額跪奏，為擬設伊犁軍標副將以

---

① 臺北故宮博物院藏：《軍機及宮中檔》，文獻編號：408004112－0－A.

② 臺北故宮博物院藏：《軍機及宮中檔》，文獻編號：154991.

下等官，暨酌定兵額、餉章，謹開單恭摺具陳，仰祈聖鑒事。

竊查伊犁漢隊改立標營，業經前將軍色楞額遵照辦理，分隸交割，並將餉項劃分清楚，先後奏明，奉旨允准在案。嗣色楞額以伊犁地方遼闊，非多設騎兵不可，仿照伊犁馬步各半成法，改設軍標步隊一營、左、右翼馬隊各一營、格林礮後堂開花礮隊一哨，計一千九十員名，額外私夫、伙夫並車馬各夫，照章設立，糧餉一切暨軍標統領、馬步營哨官月支薪水、公費等項，自十六年正月初一日起，均按坐糧章程支給。應設軍標副將以下等官，未及具奏，因病出缺。奴才接任後，體察刻下情形，若不多設騎兵，實屬萬難分布，現擬仍照馬步各半成法辦理。其軍標副將以下等官，亦應遵照新疆奏定章程議設。

查恵遠城滿營兵力甚單，擬設副將一員，作為軍標統領，都司一員、守備二員、千總二員、把總七員、經制外委四員，步隊一營、馬隊二旗。至開花礮隊最易攻剿，邊防緊要，未便裁撤，擬於恵遠城北關仍設開花礮隊一哨。惠甯城距恵遠城七十里，東連甯遠，西接綏定，為往來衝要，實後路關鍵，擬設都司一員、守備一員、把總四員、經制外委二員，馬隊二旗。至千、把分汛處所，俟視道路遠近酌定，再行報部查核。以上各營均歸副將管轄。計設副將一員、都司二員、守備三員、千總二員、把總十一員、經制外委六員，共官二十五員，步隊一營一哨、馬隊四旗，共設正勇一千六十九名，額外私夫、伙夫並車馬各夫在外。總共軍標各營旗官弁廉俸、薪蔬、紙紅、馬乾、料草、本折等項，歲需銀六千三百二十六兩八錢七分、京斗料四百九十三石七斗五升一合二勺，折價銀五百九十二兩五錢一釐四毫四絲，草二萬三千四十束，折價銀三百四十五兩六錢。勇丁餉項照依撫標章程，歲需銀八萬五十兩五錢六分。倒馬照章支領，分別繕具清單，恭呈御覽，仰懇飭下户、兵等部議覆遵行。

其餘未盡事宜，仍俟陸續察酌，隨時奏明辦理。除將未設副將各官以前開支坐糧章程咨部查核外，所有擬設伊犁軍標副將以下等官，暨酌定兵額、餉章緣由，謹會同陝甘督臣楊昌濬、護理新疆撫臣魏光燾，恭摺具奏。伏乞皇上聖鑒訓示。遵行。謹奏。①

① 中國第一歷史檔案館藏：《硃批奏摺》，檔號：04－01－03－0176－007.

光緒十六年十一月二十八日，奉硃批：該部議奏，單三件、片一件併發。欽此。①

2.【全請補署】底本僅作“請補署”，脫“全”，茲據原件校補。

3.【中軍副將】底本作“軍標副將”，疑誤。茲據校正。

4.【同日】錄副為“光緒二十九年三月十三日”。此處略。

〇二〇、酌定常備續備等軍改習新操摺

光緒二十九年正月二十日（1903年2月17日）

奴才馬（亮）、廣（福）跪奏，為遵旨酌定常備、續備、巡警等軍一律改習新操大略情形，恭摺覆陳，仰祈聖鑒事。

奴才亮到任，案查接管奏內承准政務處咨：光緒二十七年七月三十日，內閣奉上諭：前因各省制兵、防勇積獘甚深，業經通諭各督撫認真裁節，另練有用之兵。因念練兵必先選將，而將才端由教育而成，自非廣建武備學堂、挑選練習，不足儲腹心干城之選。但學堂成效既非旦夕可期，其各省之設有學堂者[1]，學成之員現尚不敷分調，惟有先就原有將弁，擇其樸實勤奮者，遴選擢用。著各省將軍、督撫將原有各營嚴行裁汰，精選若干營，分為常備、續備、巡警等軍[2]，一律操習新式槍礮，認真訓練，以成勁旅。仍隨時嚴切考校，如再沾染積習，窳惰廢弛，即行嚴參懲辦。朝廷振興戎政在此一舉，各該將軍、督撫務當實力整頓，加意脩明，期於日有起色，無負諄諄申儆之至意。所有改練章程如何更定餉章，著政務處咨行各省悉心核議，奏明辦理。將此通諭知之。欽此。欽遵行令將更定兵制、餉章詳細聲明，請旨辦理。各省駐防滿營官兵應如何革除[3]舊習，改練新軍，或就旗營添設武備學堂，或挑選精壯附入各省學堂練習之處，一併認真辦理，限期覆奏，等因。當經分行各領隊大臣暨滿營軍標營務處等籌議去後。茲據先後呈覆前來。

奴才等詳加查核，竊以為伊犁原設舊、新滿營及四愛曼兵額六千八百名、軍標弁勇一千餘名，自前將軍長（庚）先後裁改挑練，共存滿、蒙、

---

① 中國第一歷史檔案館藏：《錄副奏摺》，檔號：03－9421－048.

標、練兵勇六千二百餘名，祗因餉項不給，每歲僅儘額撥新餉銀四十萬兩，勻挪供支[4]，是以不能一律練習新操。然舊、新兩滿營自光緒二十三年奏明設立威遠隊，每營各挑選官兵二百八十餘員名，共成一營，練習洋操。錫伯、索倫、察哈爾、額魯特四愛曼各視兵丁之強弱，挑選精壯，共練馬隊八旗。均各輪番更換，講求武備，皆能有勇知方，痛改舊習。惟漢隊祗於二十五年奏明挑留洋操漢隊官兵二百六十員名[5]，均係客勇，並非土著，與軍標馬步礮隊各營、旗、哨營制既不一律，餉章又復不同，未能調換操習，故於新操之法，難使人人周知[6]。現在奉旨將原有各營改為常備、續備、巡警等軍，自應欽遵辦理。第駐防滿營官兵本與防、綠各軍迥異，而武備學堂又復無款設立，惟有仍照前章，斟酌改易，調募教習，輪換訓練，庶餉無糜費而兵可精強。

查滿營官兵本係朝廷世僕，承平時給錢糧養贍家口，既未便遽行裁汰，絕其生計，自不能聽其懶惰，致失立法之初心。現已另案奏請裁退舊滿營老弱馬甲一百二十名，規復新滿營馬步甲兵二百四十名，除挑選新滿營馬步甲兵二百四十名力能負苦耕作者，前赴特古斯塔柳接辦[7]屯田，兼資練習，以作該處屏蔽外，其餘兩滿營官兵仍留威遠隊一營，令其輪番[8]更換，練習新操，常備駐防，務使人皆可用。其軍標馬步、砲隊一營四旗一哨，原為惠遠城守並分防各要隘而設，自光緒二十五年裁減馬步勇額一百三十餘名，節省餉糈，改練洋操，即覺不敷分佈，現亦另案奏請裁撤洋操漢隊，歸併馬步勇額，同習新操，以充續備之軍，用備隨時征調。至若巡警一軍，按政務處來咨，專為巡防警察之用，現已另案奏請將前任將軍長（庚）所挑蒙古練軍八旗裁去二旗，仍留錫伯營二旗、索倫營一旗、察哈爾營一旗、額魯特營二旗，改定餉章，認真訓練，分巡各營邊界卡倫；每年仍按舊章，更番挑換，俾均勞逸，人盡知兵，即定為巡警之軍，庶邊界巡防各有專責。

惟是伊犁邊地瘠苦，籌款為難，新式槍礮自前將軍長（庚）請撥練軍經費購買德國馬步毛瑟槍枝及過山快砲、槍彈[9]，除已運回馬步槍各五百枝外，其二次續購槍砲因二十六年拳匪搆釁，尚經俄國阻留，限於本年八月始能解到。現在操演按照所練各營兵數核計，新式槍支尚屬不敷分發，況槍子不能自造，採買維艱。若令一概改習新式槍砲，則籌辦更難，擬將前購毛瑟馬步槍枝按營搭放，令其每期空演，各知新式利用。其演陣打靶仍用舊存來福槍練習，俾知准則而省糜費。奴才等忝任疆圻，責無旁貸，仰承聖訓，敢不力圖整頓，以副朝廷振興戎政之至意！如蒙聖恩准如所擬辦理，萬不敢稍存姑息，聽其廢弛。如查有積習相沿、缺額侵蝕不肖營員，自當隨時嚴參懲辦，務期武備脩明，保玆邊局。所有伊犁改設常備、續備、巡警等軍，是否有當？除分咨外，理合恭摺具陳。伏乞皇太后、皇上聖鑒訓示。謹奏。光緒二十九年正月二十日[10]。

光緒二十九年四月二十八日接到兵部火票遞回原摺，於三月十三日奉硃批：著即認真訓練，期[11]成勁旅，以固邊疆。欽此[12]。

【案】此摺原件①、錄副②均藏於臺北故宮博物院，玆據校勘。

1.【者】底本無“者”，疑衍。玆據原件校補。

2.【等軍】底本作“等事”，顯誤。玆據校正。

3.【革除】底本作“革去”，玆據校正。

4.【供支】底本作“支供”，玆據校正。

5.【員名】底本誤“名”為“各”，玆據校正。

6.【案】光緒二十五年二月二十一日，伊犁將軍長庚奏報裁省伊犁軍標勇餉、提用租馬價銀、改練洋操漢隊等事，曰：

> 奴才長庚跪奏，為欽遵諭旨節省伊犁軍標勇餉，提用租馬價銀，改練洋操漢隊，繕具營制、餉章清單，恭摺具陳，仰祈聖鑒事。
>
> 竊奴才恭讀光緒二十四年五月初一日上諭：戶部、兵部會奏，遵議御史曾宗彥奏請精練陸軍，改為洋操，並將各省兵數、餉數開單呈覽一摺。今日時勢，練兵為第一大政，練洋操尤為練兵第一要著，惟須選教習以勤訓課，覈餉力以籌軍實。各直省將軍、督撫統限六箇月內，將併釀練隊及分紮處所妥議覆奏，等因。欽此。奴才伏思伊犁強鄰逼處，轄境遼闊，除滿、蒙各營外，僅設軍標步隊一營、馬隊四旗、開花礮隊一哨，平時分布已屬難周，若遇有警，實係不敷防剿。光緒十九年，經升任新疆撫臣陶模奏請每歲撥銀九萬二千兩，以充伊犁辦理屯田牧廠、添設練軍、講求洋操等項經費之用，經部議准，定以三年為期，尚未立案之先，即值甘肅回匪竄擾出關。奴才先其所急，電請總理各國事務衙門代奏，請募洋操步隊一營，奉旨：著照所

---

① 臺北故宮博物院藏：《軍機及宮中檔》，文獻編號：408004114.

② 臺北故宮博物院藏：《軍機及宮中檔》，文獻編號：155006.

請行，月餉准由屯牧練軍經費內支用。欽此。遵即派員就地招募漢隊一營，於二十二年二月十三日成軍，遴選教習，督率訓練德國陸操之法，迄今居滿三年，時加閱看，該營弁勇於分排走隊、左旋右旋、分合進退、疾徐疏數之節，已皆嫻熟；裝槍發槍，亦俱敏捷。若再精練勤習攻守諸法，不難即成勁旅。無如原估餉項僅祇三年，現在限期已滿，當茲籌餉萬分為難之際，奴才曷敢續請撥款，上煩宸廑！而熟籌時計，誠如聖諭“洋操尤為練兵要著，各直省均次第舉辦”。伊犁為俄人眈眈虎視之邦，關繫尤重，若將已經練熟之隊全行遣撤，前功盡棄，未免可惜。再四思維，惟有將該洋槍漢隊內挑選尤為精壯、練習已熟者，編為一隊，仿照湖廣督臣張之洞所立湖北洋操護軍營制，變通辦理。擬請設立親兵二棚、中左右步隊三哨，雖正副哨官、排長、鼓號教習、鼓號兵等名目與湖北相同，而每弁勇月支薪水、公費、餉銀較湖北減少，名曰：伊犁洋操漢隊，派員管帶，督率教習認真訓練，自二十五年二月十三日前練洋槍隊三年限滿之日起，即行裁改。除營官一員、正負哨長各三員、總教習一員、鼓號教習一名外，計排長、哨書、什長、鼓號兵、親兵、正勇、火勇共二百五十人，內親兵什長二名、親兵十六名、排長三名、鼓號兵六名、哨書三名、什長十八名、正勇一百八十名、火勇二十二名。其向章需用長夫暫可概行節省，如遇有事征調，另行募補。餉章則仍照前次倣照北洋洋操章程，將營哨官薪公酌加增減。

至該隊逐日操演，洋槍、機簧等項易於損壞，查前護將軍富勒銘額光緒十七年立案時所設修理洋槍匠役一名，月支銀十兩。伊犁滿、蒙各營皆用洋槍，以一人供各營修整之役，實係不敷，擬照湖北章程，再設修槍匠役一名，口分仍照伊犁成案，月支銀十兩，歸併該隊月餉款內，估計每大建月共估需薪公、月餉銀一千二百九十五兩一錢。無閏之年，歲共需銀一萬五千五百餘兩，應行加閏扣建者，仍照定章辦理。其所需餉項本應欽遵併餉練隊諭旨，挹彼注茲，惟是伊犁轄境遡迴數千里，軍標原設官兵僅一千數十員名，若裁減過多，不免太形單薄，擬於軍標中營步隊前、左、右、後四哨內，每哨各裁一棚，計四棚，共裁勇夫四十八名歲共節省銀二千七十三兩六錢。又，軍標馬隊四旗額定各弁勇騎操馬五百一十二匹，現除裁減馬八十匹，尚應存額馬四百三十二匹，每年例倒馬一百二十九匹六分。開花礮隊一哨，額定車騾十六頭，每年例倒騾四頭八分，現已另案奏明改用馬匹駕車，便於戰陣。所有每年應補倒馬，擬一律改由備差馬廠撥補，將價扣存充餉，每歲共節省銀一千四十一兩六錢。統計各款，開支新練伊犁洋操漢隊月餉，每歲不敷銀數尚多。

查伊犁別無可以裁併餉款，惟哈薩克租馬一項，近年生息漸蕃，業已另案奏請自光緒二十五年起增收租馬七百匹，連原收租馬三百皮共一千匹，全數變價。除開支哈薩克事務處應發各款外，無閏之年尚可餘銀六千二百兩有奇。此款係在常年入款之外，將其提充洋操隊餉項，尚於額餉無虧，共計每歲裁省軍標勇餉、倒馬價值及增收租馬變價，共銀一萬七千四百餘兩，以之撥發新練洋操漢隊餉銀，無閏之年尚可餘銀一千九百兩有奇。查洋操朝夕演練，勇丁衣褲、鞋靴實較別項防軍為最費，擬請倣照湖北章程，將所餘銀兩作為該洋操漢隊製購衣褲、鞋靴之用，每歲給發一次，以壯軍容而示體恤。其修整槍礮需用物料並鋤鍬、擦槍油等項，亦於此款開支，按年造報。其歲需操演軍火亦尚需款購辦，擬即歸併滿、蒙標營操演軍火案內籌款製辦，以資練習。據營務、糧餉等處章京核議呈請前來。

奴才覆核無異，除造具營制、餉章清冊咨部外，所有擬請裁省伊犁軍標勇餉、提用租馬價銀、改練洋操漢隊緣由，理合繕具清單，恭摺由驛具奏。伏乞皇太后、皇上聖鑒訓示，飭部立案施行。謹奏。光緒二十五年二月二十一日。①

光緒二十五年四月十一日，奉硃批：著照所請，即著該將軍認真訓練，核實支銷，以固邊疆而節糜費，單一件、片三件併發。欽此。②

7.【接辦】底本作“丘辦”，誤。茲據校正。

8.【輪番】底本誤作“輪悉”，茲據校正。

9.【槍彈】原件無“槍彈”，據前後文，原件似奪之。

10.【光緒二十九年正月二十日】此具奏日期底本缺署，茲據校補。

11.【期】底本奪“期”，茲據原件、錄副校補。

12.【案】底本所載硃批日期與錄副一致。

【案】此摺之得清廷允行，《清實錄》亦載曰“伊犁將軍馬亮等奏，

---

① 中國第一歷史檔案館藏：《硃批奏摺》，檔號：04－01－18－0054－042.

② 中國第一歷史檔案館藏：《錄副奏摺》，檔號：03－6152－061.

現將常備各軍改練新操。得旨：著即認真訓練，期成勁旅，以固邊圉。”①

○二一、酌復滿營兵額改定練餉等由摺

光緒二十九年正月二十日（1903 年 2 月 17 日）

奴才馬亮、廣福跪[1]奏，為裁節舊滿營暨練軍銀糧，酌復新滿營四愛曼兵額，改定練餉，整頓屯田，擬就支款章程繕具清單，恭摺仰祈聖鑒事。

竊查伊犁自收還以後，光緒十六年，經前護將軍富勒銘（額）先後奏准，規復舊滿營錫伯、索倫兵額各一千名、察哈爾兵額一千三百名、額魯特兵額一千五百名，挑留新滿營兵額一千名，駐防邊徼[2]。光緒二十一年，前將軍長（庚）因伊犁防務緊要，奏請減兵加餉，就餉[3]練兵，裁退新滿營兵額三百六十名、錫伯營兵額二百名、索倫營兵額四百名、察哈爾兵額三百名、額魯特兵額五百名，節省銀糧，改設練軍八旗，以兩旗開墾屯田，以六旗分紮要隘操練。原議按年輪番[4]更換，數年之後，一律練成勁旅，仍可規復原額。欽奉硃批：著照所請。欽此。欽遵在案。

上年承准政務處奏咨，令各省改練新軍。前將軍長（庚）即擬酌量更章，因交卸在即，未及舉行。奴才亮到任，接准移交，疊經調閱操演，各旗練軍官兵技藝、營規，均屬嫻熟，換回原營兵丁亦皆精鋭可用。本應照章接續換操練，惟伊犁地方遼闊，緊逼強鄰，自裁兵額一千七百餘名之後，巡卡防邊[5]，兵力究嫌單薄，而裁退甲兵各無錢糧可支，情形亦覺困苦，況新滿營額兵係由錫伯營挑設，當日並未撥有地畝，耕牧無資，尤屬無可謀生。疊據該營協領等呈懇[6]，酌復舊額，撥地屯墾，以資效力，並准各營領隊大臣商請復額前來。奴才等詳加訪察，不能不審時度勢，挹彼注兹，汰老弱以節餉糈，選精壯以實武備。

查伊犁舊滿營自遭兵燹，孑遺僅存，近年生齒不繁，甲兵之內不無老弱充數之弊。飭據舊滿營協領等議於馬甲內挑選難資得力[7]者，裁退一百二十名，截至光緒二十八年底止，停支錢糧，令其自耕自牧，以圖生業。

① 《德宗景皇帝實錄（七）》，卷五百十三，光緒二十九年三月，第 778 頁。

該營向均分有旗地，不致無所依歸。所有節省銀糧合之原裁共銀五萬五千八百四十餘兩、糧九千四十餘石。即自二十九年正月初一日起，規復新滿營原裁馬甲二百名、匠役、養育兵四十名，照前定練軍章程，分為兩旗，每旗挑隊長十二名、隊兵一百八名，前赴特古斯塔柳官屯地方，接辦屯墾，照章支領原裁餉糈；設總理屯務委員一員，每旗設營總一員、帶隊章京二員、隊官二員、委筆帖式、教習各一員，參酌定例，按月給與[8]鹽菜，飭令督率各兵，携帶眷口[9]，刻期駐屯，分定地畝，預備春融，脩理渠道，乘時播種；農隙之時，仍勤操練。所撥兵丁如無事故，免其調換，俾得熟習屯務。

該處地界向歸額魯特營管轄，現在頭道渠尚未脩復，屯墾地畝僅借前次官為脩復二道渠之水灌溉，是以額魯特沙畢那爾閑散皆在三道渠以北耕牧。三道渠南荒地尚多，棄置可惜，擬請將二道渠北至三道渠止，二道渠南至南山腳止，撥歸新滿營經管。如該營兵丁眷口閑散以及將來退甲兵丁家口力能開渠墾種者，聽其報明領地，自耕自食，一俟開闢漸廣，另行奏請設法添屯四愛曼兵額，同時各按前裁兵餉之半，挑復錫伯營披甲一百五十名、額魯特一兩披甲一百名、五錢披甲二百名，以資巡防邊界。原設練軍八旗，撤回察哈爾、額魯特各一旗。仍留六旗內，錫伯營二旗係由屯田調回，同索伦營一旗、察哈爾一旗、額魯特二旗分佈各營駐紮要隘，照章認真操練。當此帑項支絀，公費、口分自應力從撙節。現與各營領隊大臣商定，自二十九年正月起，將統領二員、委筆帖式二員內各裁減一員，仍留統領一員、辦事委筆帖式一員。每旗隊官三員內各裁減一員。其餘官兵均照前次定額挑留，除底餉外，一律裁去口分，改支鹽菜、口糧。計加增各營兵額八百七十名，並改設滿蒙練軍八旗，無閏之年共需銀四萬六千六百三十三兩二錢八分、糧八千四百九十三石一斗三升六合[10]。即將原裁、續裁銀兩抵支，尚餘銀九千二百八兩三錢二分、糧五百五十石三斗六升八合。似此極力匀挪，於兵額較前增多，於銀糧較前減少，節省銀糧即存備閏月加增支款並製造、每年更換帳房、旂幟、號衣、操演軍火、脩整槍械之用，於邊局不無裨益。

除飭各營將復額兵丁花名造冊咨部立案外，理合將原裁、續裁兵額、銀糧暨現在規復兵額、改定練軍支款章程，繕具清單，恭摺具陳。伏乞皇太后、皇上聖鑒訓示，飭部立案施行。再各營裁復兵額，本應俟奉旨允准後再飭舉行，惟需接辦屯墾，恐誤農時，展轉耽延，徒滋糜費[11]，是以先已飭令分別辦理。合併聲明。謹奏。光緒二十九年正月二十日。

光緒二十九年四月二十八日接到兵部火遞回原摺，於三月十三日奉硃批：著照所請，該部知道。單片併發。欽此[12]。

☆呈改練兵額需用銀糧等項數目清單

謹將原裁、續裁各營兵餉、糧料、前練八旗旂應支口分、口糧並擬復額、改練兵額需用銀糧各數目，分晰開具清單，恭呈御覽。

計開：一、原裁新滿營四愛曼兵額節省糧餉數。新滿營原裁馬甲三百二十名，無閏之年，每名額餉銀二十四兩，每名家口米折銀二十三兩三錢一分二釐，每名料折銀一十四兩八錢一分二釐，每名草折銀一十二兩四錢七分四釐，每名本色小麥一十七石六斗四合，每名本色馬料二石三斗一升四合二勺。共銀二萬三千五百五十一兩三錢六分，共糧六千三百七十三石八斗二升四合。新滿營原裁匠役、養育兵四十名，無閏之年，每名額餉十二兩，每名家口米折銀四兩四錢六分二釐，每名本色小麥三石五斗二升八勺，每名口糧小麥三石四斗六升六合六勺。共銀六百五十八兩四錢八分，共糧二百七十九石四斗九升六合。錫伯營原裁披甲二百名，無閏之年，每名額餉銀二十四兩，共銀四千八百兩。索倫營原裁披甲四百名，無閏之年，每名額餉銀二十四兩，共銀九千六百兩。察哈爾營原裁披甲三百，無閏之年，每名額餉銀十二兩，共銀三千六百兩。額魯特營原裁一兩披甲三百名，無閏之年，每名額餉銀十二兩，共銀三千六百兩。額魯特營原裁五錢披甲二百名，無閏之年，每名額餉銀六兩，共銀一千二百兩。統共原裁銀四萬七千九兩八錢四分，統共原裁糧六千六百五十三石三斗二升。

一、現擬續裁舊滿營馬甲兵額節省糧餉數。舊滿營續裁馬甲一百二十名，無閏之年，每名額餉銀二十四兩，每名家口米折銀二十二兩三錢一分二釐，每名料折銀一十四兩八錢一分二釐，每名草折銀一十二兩四錢七分四釐，每名小麥一十七石六斗四合，每名本色馬料二石三斗一升四合二勺。共續裁銀八千八百三十一兩七錢六分，共續裁糧二千三百九十石一斗八升四合。以上原裁、續裁共銀五萬五千八百四十一兩六錢，原裁、續裁共糧九千四十三石五斗四合。

一、光緒二十一年奏明練軍八旗開支銀糧數。統領二員，每員月支公費銀五十兩。辦事委員筆帖式二員，每員月支口分銀六兩、口糧麪九十觔。每旗營總一員，月支口分銀十六兩、口糧麪二百一十觔[13]。每旗帶隊章京二員，每員月支口糧銀九兩、口糧麪一百五十觔[14]。每旗隊官三員，每員月支口分銀六兩、口糧麪九十觔。每旂委筆帖式一員，月支口分銀六兩、口糧麪九十觔。每旂教習一員，月支口分銀四兩五錢、口糧麪四十五觔。每旂隊長十二名，每名月支口分銀三兩五錢、口糧麪四十五觔。每旗隊兵一百八名，每名月支口分銀三兩、口糧麪四十五觔。每旂月支心紅銀五兩。歲共支銀四萬二千九百六十兩，歲共支麪六十萬八千四百觔。每一百八觔合小麥一石，共合小麥五千六百三十三石三斗三升三合三勺。

一、現擬規復前裁新滿營馬甲二百名、匠役、養育兵四十名，分立練軍兩旗，接辦屯田，並規復四愛曼兵額，改留練軍六旗，需用糧餉、鹽菜、口糧數。規復前裁新滿營馬甲二百名，無閏之年，照額共需糧三千九百八十三石六斗四升，共需銀一萬四千七百一十九兩六錢。規復前裁新滿營匠役、養育兵四十名，無閏之年，照額共需銀六百五十八兩四錢八分，共需糧二百七十九石四斗九升六合。總理兩旂屯務委員協領一員，月支辦公費銀二十兩。每旗營總兼管屯務一員，月支本身及跟役鹽菜銀一十一兩二錢。每帶隊章京二員，每員月支本身及跟役鹽菜銀六兩。每旗旗官二員，每員月支本身及跟役鹽菜銀三兩。每旗委筆帖式一員，月支本身及跟役鹽菜銀三兩。每旗教習一員，月支本身及跟役鹽菜銀三兩。每旗月支心紅銀五兩。

以上除總理屯務委員一員外，每旗照前定練軍章程，裁減隊官一員，設官七員，參酌駐防官兵及西路屯田支領鹽菜、口糧定例，支給鹽菜。因有家口，本色不支口糧、麪觔，照前章減省實多。所復兵額二百四十名，仍照章分為兩旗，每旗挑立隊長十二名、隊兵一百八名。因有例支糧餉，並不另支鹽菜、口糧。無閏之年，歲共需銀一萬六千五百八十二兩八錢八分、本色糧料四千二百六十三石一斗三升六合。農隙之時，定期操練。合併聲明。

規復前裁錫伯營披甲一百名，無閏之年，每名月支銀二兩，共需銀二千四百兩。規復前裁索倫營披甲二百名，無閏之年，每名月支銀二兩，共需銀四千八百兩。規復前裁察哈爾披甲一百五十名，無閏之年，每名月支銀一兩，共需銀一千八百兩。規復前裁額魯特一兩披甲一百名，無閏之年，每名月支銀一兩，共需銀一千二百兩，規復前裁額魯特五錢披甲二百名，無閏之年，每名月支銀五錢，共需銀一千二百兩。以上按前裁四愛曼兵餉一半，規復兵額七百五十名，共需銀一萬一千四百兩。改挑練軍馬隊六旗，內錫伯營兩旗、索倫營一旗、察哈爾營一旗、額魯特營兩旗。統領一員，月支公費銀五十兩。統領處辦事委筆帖式一員，月支本身及跟役鹽菜銀三兩、口糧麪九十觔。營總一員，月支本身及跟役鹽菜銀一十一兩二錢、口糧麪二百七十觔。帶隊章京二員，每員月支本身及跟役鹽菜銀六兩、口糧麪一百五十觔。隊官二員，每員月支本身及跟役鹽菜銀三兩、口糧麪九十觔。委筆帖式一員，月支本身及跟役鹽菜銀三兩、口糧麪九十觔。教習一員，月支本身及跟役鹽菜銀三兩、口糧麪九十觔。隊長十二名，每名月支本身及跟役鹽菜銀一兩七錢五分、口糧麪四十五觔。隊兵一百八名，每名月支本身及跟役鹽菜銀一兩七錢五分、口糧麪四十五觔。每旗月支心紅銀五兩。

以上每旗除統領處委筆帖式，歲需銀三千二兩四錢。六旗連統領委筆帖式共需一萬八千六百五十兩四錢。每旗除統領處委筆帖式，岁需麪七萬五千九百六十觔。六旗連統領處委筆帖式，共需麪四十五萬六千八百四十觔。按一百八觔合京斗小麥一石，共合小麥四千二百三十石。總共規復各營兵額、改設練軍八旗，歲共需銀四萬六千六百三十三兩二錢八分，均遇閏加增，照章分別扣建。總共規復各營兵額、改設練軍八旗，歲共需小麥八千四百九十三石一斗三升六合，均遇閏加增，照章分別扣建。前件查前項規復兵額、改設練軍，較原額實節省銀九千二百八兩三錢二分，節省糧五百五十石三斗六升八合。現除屯田、練軍已經盖有兵房外，其餘六旗練軍均須沿邊紮卡，應製帳房，擬請照章每年更換一次，以及每年更換旗幟、號衣並操演火药、鉛丸、銅帽、皮紙、修整槍械等項，均無閑款製造。請將節省銀兩存備遇閏加增及各項製造之用。合併聲明。

覽。[15]

【案】此摺原件①、錄副②及清單③均藏於臺北故宮博物院，兹據校勘。

1.【奴才馬亮、廣福跪】底本無此前銜，兹據原件校補。

2.【案】光緒十六年八月二十八日，護理伊犁將軍富勒銘額以恵遠城滿營兵力單薄，奏請挑留新滿營官兵，曰：

---

① 臺北故宮博物院藏：《軍機及宮中檔》，文獻編號：408004111

② 臺北故宮博物院藏：《軍機及宮中檔》，文獻編號：155000.

③ 臺北故宮博物院藏：《軍機及宮中檔》，文獻編號：155000－0－A.

護理伊犁將軍副都統奴才富勒銘額跪奏，為伊犁惠遠城滿營兵單，仍請挑留新滿洲官兵一千員名，以厚兵力而固邊防，恭摺仰祈聖鑒事。

竊查伊犁滿營官兵自兵燹後，死亡相繼，男婦丁口僅存一千三百有奇。光緒八年，原任將軍金順奏請由錫伯營挑選壯丁三千二百名，作為新滿洲，以補惠遠城滿營四千之額。光緒十四年，前將軍色楞額會奏，擬請減為三千五百四員名。嗣經部議覈駁：伊犁滿營光緒十三年，據錫綸奏報僅存男婦一千三百有奇。今該將軍請設官兵三千五百四員名，計丁口三萬三千一百餘名，是所設官兵浮於所存男婦之數幾三十倍，實未便率准支給俸餉，等因。

伏查伊犁舊滿營現存丁口一千三百餘名，金順奏請移撥錫伯新滿營九千五百餘名，合計新舊滿營丁口一萬有奇，並無三萬三千一百餘名之多。今部臣既經議駁，自應遵照辦理，惟滿營丁口僅存一千三百餘名，十六年正月起又陸續收回丁口三百餘名，以惠遠一城准定兵額一千名，不特勢顯空虛，即操防、巡邊、坐卡、差遣等事已實難於分布，勉強敷衍，設有貽誤，咎將誰歸！前撫臣劉錦棠等會議，奏請安設軍標馬步一千名，除填紮防邊而外，無餘兼顧。前將軍色楞額曾與奴才籌商滿營官兵擬設二千兵額，於舊滿營人數內挑足一千名，仍挑留錫伯新滿洲一千員名，共二千名，以資捍衛，未及具奏，因病出缺。

奴才渥荷聖恩，護理斯篆，斷不敢畏難緘默，稍涉因循，現擬先將旗營力求整頓，以期漸復舊制，而滿營甚覺兵單，萬難分布，再四思維，惟有籲懇天恩，俯念邊防緊要，俯准照色楞額原議滿營定為二千兵額，仍挑留錫伯新滿洲一千員名，以備不足，實於邊防大有裨益。所需俸餉，撙節匀放，總不逾四十萬餉之數。如蒙俞允，再將官兵銜名暨餉章等項造冊，咨部查核。其餘未盡事宜，容俟查明，再行具奏。所有伊犁惠遠城滿營兵單仍請挑留新滿洲官兵一千員名，以厚兵力而固邊防緣由，謹會同護理新疆巡撫臣魏光燾，恭摺具陳。伏乞皇上聖鑒訓示。謹奏。光緒十六年八月二十八日。①

光緒十六年十月初八日，奉硃批：該部議奏。欽此。②

---

① 中國第一歷史檔案館藏：《硃批奏摺》，檔號：04-01-03-0176-006.

② 中國第一歷史檔案館藏：《錄副奏摺》，檔號：03-6026-050.

3.【就餉】底本脫“就餉”二字，茲據原件校補。
4.【輪番】底本作“論番”，顯誤。茲據校正。
5.【巡卡防邊】底本僅作“巡防邊”，奪“卡”，茲據校補。
6.【呈懇】底本作“呈墾”，顯誤。茲據校正。
7.【難資得力】底本僅作“難得力”，奪“資”。茲據原件校補。
8.【給與】底本奪“與”字，茲據原件校補。
9.【攜帶眷口】底本作“攜帶其眷屬”，茲據校正。
10.【六合】底本脫“六”，茲據校補。
11.【徒滋糜費】底本誤“滋”作“茲”，茲據校正。
12.【案】此處所載硃批日期核與錄副相符。
13.【觔】底本作“兩”，茲據清單校正。
14.【觔】底本作“兩”，茲據清單校正。
15.【覽】此硃批據原清單校補。

〇二二、補發裁退舊滿營馬甲積欠糧料片

光緒二十九年正月二十日（1903 年 2 月 17 日）

再，查伊犁滿營官兵應支家口本色糧料，經部議准由新疆省在於各屬額徵糧內估撥供支。光緒十八年至二十一年應領本色糧料，因新疆撫臣每年僅止撥到一半，是以積欠，至今尚未撥給。此次裁退舊滿營馬甲一百二十名，均須各謀生業，據該裁兵等呈由該管協領等轉請補發，以清積欠而資餬口，前來。

奴才等查前項欠糧，業經糧餉處在於各年報銷案內造冊報明，前將軍長（庚）奏咨，復經戶部議令新疆撫臣飭司補發，前將軍長（庚）迭經咨領，尚未撥到。除仍由奴才等咨商新疆撫臣籌發外，所有現裁舊滿營馬甲一百二十名應領欠糧，自應先籌補發，俾資養贍家口。查光緒二十五、六兩年估撥舊、新兩滿營兵馬糧料，除支放外，共存截曠京斗糧二千四百餘石，二十七、八兩年亦存有截曠糧料，均據糧餉處於銷案內報明儲倉，以之發給該退甲兵丁，具領清欠，尚可移緩濟急。合無仰懇天恩俯念該兵丁應領此項本色欠發已久，現當裁退之時，准將截曠項下所存糧料如數補

發、以示體恤之處，理合附片陳請。伏乞聖鑒訓示。謹奏。

同日[1]，奉硃批：覽。欽此。

【案】此奏片原件①、錄副②均藏於臺北故宫博物院，兹據校勘。

1.【同日】錄副作"光緒二十九年三月十三日。"

○二三、奏陳屯田滿營練軍片

光緒二十九年正月二十日（1903年2月17日）

再，查特古斯塔柳屯田，每年應發籽種暨例補馬牛、農具，經前將軍長（庚）奏明照例覈發[1]，奉部覆准有案。此次接辦均係率由舊章，勿庸另請立案。該派撥滿營兩旗練軍，現均携眷赴屯，前已脩有營房可資棲止，如有不敷自行建造外，惟挑留四愛曼練軍六旗巡防邊界，並無一定住址，往來沙漠之中，時多風雨，每旗需用藍布夾帳房三頂、白布單帳房十二頂，最易損壞，應請照章每年更换一次。其八旗旗幟、號衣以及操演火藥、鉛丸[2]、銅帽、皮紙、脩整槍械一切價值，均經前將軍長（庚）飭估、奏報有案。此次應請邀免另行估報，嗣後開支即照前定價值，在於此次節省款内動用。製辦需用軍火，如有不敷，仍照前定章程，在於收廠變價款内撥補，按年據實造報請銷。除咨部外，理合附片陳明。伏乞聖鑒訓示。謹奏。

同日[3]，奉硃批：該部知道。欽此。

【案】此奏片原件③、錄副④均藏於臺北故宫博物院，兹據校勘。

1.【覈發】底本作"覆發"，誤。兹據校正。

2.【鉛丸】底本奪"丸"，兹據原件補。

3.【同日】錄副作"光緒二十九年三月十三日。"

---

① 臺北故宫博物院藏：《軍機及宫中檔》，文獻編號：408004111－0－B.

② 臺北故宫博物院藏：《軍機及宫中檔》，文獻編號：154992.

③ 臺北故宫博物院藏：《軍機及宫中檔》，文獻編號：408004111－0－A.

④ 臺北故宫博物院藏：《軍機及宫中檔》，文獻編號：155004.

〇二四、賞福字荷包等件會銜謝恩摺

光緒二十九年三月十三日（1903 年 4 月 10 日）

奴才馬（亮）、廣（福）等跪奏，為恭摺叩謝天恩，仰祈聖鑒事。

竊奴才等於光緒二十九年二月十二日承准軍機處咨開：由內交出恩賞伊犁將軍、大臣等福字荷包、銀錁、銀錢、食物等件，由驛齎送前來。奴才等當即恭設香案，望闕叩頭，謝恩祗領，訖。伏念奴才等才識庸愚，涓埃未效，撫躬循省，正切悚惶。茲復仰蒙軫念邊陲，優加賞賚，拜殊恩之逾格，益感激以難名！奴才等惟有將邊防營伍暨各愛曼應辦一切事務認真整頓，和衷商辦，斷不敢稍涉疎懈，以期仰答高厚鴻慈於萬一。

所有奴才等感激下忱，謹恭摺叩謝天恩。伏乞皇太后、皇上聖鑒。謹奏。光緒二十九年三月十三日。奴才馬（亮），奴才廣（福），奴才色普西賢，奴才志銳，奴才恩祥，奴才徐炘。

光緒二十九年五月二十五日，奉硃批：知道了。欽此[1]。

【案】此摺原件①藏於臺北故宮博物院，錄副②藏於中國第一歷史檔案館，茲據校勘。

1.【光緒二十五年五月二十五日，奉硃批：知道了。欽此】此硃批日期與內容，據錄副校補。

〇二五、蒙賞福字謝恩摺

光緒二十九年三月十三日（1902 年 4 月 10 日）

奴才馬亮跪奏，為恭摺叩謝天恩，仰祈聖鑒事。

---

① 臺北故宮博物院藏：《軍機及宮中檔》，文獻編號：408004115.

② 中國第一歷史檔案館藏：《錄副奏摺》，檔號：03－5957－032.

竊奴才於光緒二十九年三月初一日准兵部火票遞到軍機處交出特賞伊犁將軍馬（亮）福、壽字，由驛遞送前來。奴才當即恭設香案，望闕叩謝天恩祇領，訖。

伏念奴才渥蒙聖恩，畀以疆寄，任事半載，未立寸功，自愧庸闇無才，莫克涓埃自效，乃前荷優加恩賚，已屬感激難名，茲復蒙特賞榮施，更當竭蹶圖報。奴才惟有將邊疆一切應辦事宜虛衷體察，極力振興，以求仰副高厚生成於萬一。所有奴才感激下忱，謹恭摺叩謝天恩。伏乞皇太后、皇上聖鑒。謹奏。光緒二十九年三月十三日[1]。

光緒二十九年五月二十四日，奉硃批：知道了。欽此[2]。

【案】此摺原件①藏於臺北故宮博物院，錄副②藏於中國第一歷史檔案館，茲據校勘。再，底本第1269頁文字錯亂，致此件缺失甚多，茲據原件、錄副校補。

1.【案】劃線部分文字底本缺失，茲據原件校補。

2.【光緒二十九年五月二十四日，奉硃批：知道了。欽此】此硃批日期與內容，據錄副校補。

〇二六、揀選舊滿營佐領等缺摺

光緒二十九年三月二十七日（1903年4月24日）

奴才馬亮、廣福跪[1]奏，為循例揀選伊犁舊滿營佐領等缺，擬定正、陪，恭摺仰祈聖鑒事。

竊奴才等據辦理伊犁滿營事務檔房呈稱：舊滿營左翼正藍旗佐領訥勒和圖於光緒二十九年正月十九日病故，所遺佐領等缺應請揀員補放，以資辦理旗務，等情。前來。奴才等當於該營應升人員內逐加考驗，訥勒和圖遺出舊滿營左翼正藍旗佐領一缺，揀選得正白旗防禦烏勒木堪以擬正，鑲紅旗防禦塔奇本堪以擬陪。其烏勒本遞遺正白旗防禦一缺，揀選得鑲藍旗

① 臺北故宮博物院藏：《軍機及宮中檔》，文獻編號：408004116.

② 中國第一歷史檔案館藏：《錄副奏摺》，檔號：03－5957－030.

驍騎校伯奇春堪以擬正，正黃旗驍騎校訥爾特依堪以擬陪。其伯奇春遞遺鑲藍旗驍騎校一缺，揀選得正藍旗委催總唐武堪以擬正，鑲白旗委催總[2]烏勒蘇堪以擬陪。謹將該員等履歷另繕清單，恭呈御覽，伏候欽定。

其請補佐領一俟遇有差便，給咨送部，補行[3]引見，以符定制。所有揀選伊犁舊滿營佐領等缺擬定正、陪緣由，理合恭摺具陳。伏乞皇太后、皇上聖鑒，訓示．謹奏。光緒二十九年三月二十七日。

光緒二十九年六月初九日接到兵部火票遞回原摺，於五月十二日奉硃批：均著擬正之員補授，該衙門知道，單併發。欽此[4]。

☆呈揀選伊犁舊滿營佐領等缺清單

謹將揀選伊犁舊滿營佐領等缺擬定正、陪人員，繕具清單，恭呈御覽。

惠遠城舊滿營訥勒和圖所出佐領員缺。擬正之惠遠城舊滿營藍翎正白旗防禦烏勒本，食俸餉四十五年，前在庫爾喀喇烏蘇軍營當差，同治十二年隨隊勦賊、光緒元年在黃土岡地方打仗、二年克復瑪納斯南北兩城、六年勦辦陜回各案內奮勉出力，疊經前署將軍榮（全）等奏保儘先即補防禦，並賞戴藍翎。光緒十年，補放佐領。十六年，改補防禦，揀選佐領擬陪一次，現年六十七歲。舊滿洲闞佳氏，馬步箭平等。

擬陪之惠遠城舊滿營花翎儘先即補佐領鑲紅旗防禦塔奇本，食餉俸二十七年，前在庫爾喀喇烏蘇軍營當差，光緒二年克復瑪納斯南城、六年勦辦陜回、二十年收還巴爾魯克山各案内奮勉出力，疊經前任將軍金（順）等奏保儘先即補佐領，並賞戴花翎，護送貢馬赴京三次。光緒二十三年，補放驍騎校。二十七年，補放防禦，現年四十八歲。舊滿洲白佳氏，馬步箭平等。

擬補佐領所遺防禦員缺。擬正之惠遠城舊滿營花翎補用佐領鑲藍旗驍騎校伯奇春，食俸三十七年，前在塔爾巴哈臺軍營當差，光緒二年克復瑪納斯南北兩城、五年屯種軍糧、六年勦辦陜回、八年收復伊犁、十七年搜剿[5]竄匪各案内奮勉出力，疊經前任將軍金（順）等奏保補用佐領，先換頂戴，並賞戴花翎。光緒十六年，補放驍騎校，揀選防禦擬陪三次，現年五十五歲。舊滿洲馬佳氏，馬步箭平等。

擬陪之惠遠城舊滿營藍翎儘先即補防禦正黃旗驍騎校訥爾特依，食俸餉三十年，前在塔爾巴哈臺軍營當差，光緒六年勦辦陜回及屯種軍糧、八年收復伊犁各案內奮勉出力，疊經前任將軍金（順）奏保儘先即補防禦，並賞戴藍翎。光緒二十七年，由年滿委筆帖式補放驍騎校，現年四十五歲。舊滿洲鄂麴爾氏，馬步箭平等。

擬補防禦所遺驍騎校員缺。擬正之惠遠城舊滿營正藍旗花翎儘先即補防禦委催總唐武，食錢糧三十五年，前在庫爾喀喇烏蘇軍營當差，光緒二年克復瑪納斯南北兩城、六年勦辦陝回、八年收復伊犁各案內奮勉出力，疊經前任將軍金（順）奏保儘先即補防禦，並賞戴花翎。光緒二十二年，由領催補放委催總，揀選驍騎校擬陪一次，現年五十五歲。舊滿洲克木齊特氏，馬步箭平等。

擬陪之惠遠城舊滿營鑲白旗委催總烏勒蘇，食錢糧當差二十七年。光緒十七年，由領催補放委催總，現年五十七歲。舊滿洲博爾濟特氏，馬步箭平等。

覽[6]。

【案】此摺原件①藏於臺北故宮博物院，錄副②及清單③均藏於中國第一歷史檔案館，茲據校勘。再，底本第 1269 頁文字錯亂，致此件缺失甚多，茲據原件、錄副校補。

1.【奴才馬亮、廣福跪】底本無此前銜，茲據原件校補。

2.【委催總】底本僅作“委催”，茲據原件校補。

3.【補行】底本作“行補”，詞序顛倒。茲據校正。

4.【案】此處所載硃批日期與錄副一致。

5.【搜剿】底本僅作“搜”，奪“剿”。茲據原件校補。

6.【覽】此硃批據原清單校補。

○二七、揀選伊犁索倫營佐領等缺摺

光緒二十九年三月二十七日（1903 年 4 月 24 日）

奴才馬亮、廣福跪[1]奏，為循例揀選伊犁索倫營佐領等缺，擬定正、

---

① 臺北故宮博物院藏：《軍機及宮中檔》，文獻編號：408004117.

② 中國第一歷史檔案館藏：《錄副奏摺》，檔號：03－5957－025.

③ 中國第一歷史檔案館藏：《單》，檔號：03－5957－011.

陪，恭摺仰祈聖鑒事。

竊奴才等准[2]伊犁索倫營領隊大臣志銳咨呈：索倫營鑲黃旗佐領阿勒泰於光緒二十九年正月初三日病故，所遺佐領等缺應請揀員補放[3]，以資辦理旗務，等因。前來。奴才等當於該營應升之人員內逐加考驗，阿勒泰遺出索倫營鑲藍旗佐領一缺，揀選得正黃旗防禦薩勒噶蘇堪以擬正，鑲紅旗防禦業車本堪以擬陪。其薩勒噶蘇遞遺正黃旗防禦一缺，揀選得正紅旗驍騎校多倫布，堪以擬正，正白旗驍騎校額勒吉春堪以擬陪。其多倫布遞遺正紅旗驍騎校一缺，揀選得鑲紅旗空藍翎伊勒噶蘇，堪以擬正，正紅旗委前鋒校額爾格本堪以擬陪。謹將該員等履歷另繕清單，恭呈御覽，伏候欽定。

其請補佐領一俟遇有差便，給咨送部，補行引見，以符定制。所有揀選伊犁索倫營佐領等缺擬定正、陪緣由，理合恭摺具陳。伏乞皇太后、皇上聖鑒訓示。謹奏。光緒二十九年三月二十七日。

光緒二十九年六月初九日接到兵部火票遞回原摺，於五月十二日奉硃批：均著擬正之員補授，該衙門知道。單併發。欽此[4]。

☆呈揀選伊犁索倫應佐領等缺清單

謹將揀選伊犁索倫應佐領等缺擬定正、陪人員，繕具清單，恭呈御覽。

索倫營阿勒泰所出佐領缺。擬正之索倫營正黃旗防禦薩勒噶蘇，食俸餉三十四年，前在塔爾巴哈臺軍營當差，光緒二年克復瑪納斯南北兩城、五年屯種軍糧、十七年搜勦竄匪各案內奮勉出力，疊經前將軍金（順）等奏保補用防禦，先換頂戴。光緒十八年，補放驍騎校。二十七年，補放防禦，揀選佐領擬陪一次，現年五十二歲。達乎爾敖拉氏，馬步箭平等。

擬陪之索倫營鑲紅旗防禦業車本，食俸餉當差二十四年，光緒十五年，補放伊犁印務委筆帖式。十七年搜勦竄匪案內出力，經前護將軍富勒銘（額）奏保儘先即補經制筆帖式。二十二年，補放印務經制筆帖式。二十七年，補放驍騎校。二十八年，補放防禦，現年四十五歲。錫伯瓜勒佳氏，馬步箭平等。

擬補佐領所遺防禦員缺。擬正之索倫營正紅旗藍翎佐領銜驍騎校多倫布，食俸餉四十三年，前在塔爾巴哈臺軍營當差，光緒二年克復瑪納斯南北兩城、六、七兩年屯種軍糧、八年收復伊犁、十七年搜勦竄匪各案內奮勉出力，疊經前任將軍金（順）等奏保補缺後以防禦儘先即補，並賞戴藍翎，加佐領銜。光緒二十年，補放驍騎校，揀選防禦擬陪二次，現年六十三歲。錫伯固爾佳氏，馬步箭平等。

擬陪之索倫營正白旗驍騎校額勒吉春，食俸餉二十九年，前在塔爾巴哈臺軍營當差，光緒十七年搜勦竄匪案内出力，經前護將軍富勒銘（額）奏保補用驍騎校，先換頂戴。光緒二十二年，補放驍騎校，揀選防禦擬陪二次，現年四十六歲。達呼爾鄂諾恩氏，馬步箭平等。

擬補防禦所遺驍騎校員缺。擬正之索倫營鑲紅旗空藍翎伊勒噶蘇，食錢糧當差十六年。光緒十七年，補放空藍翎，揀選驍騎校擬陪一次，現年三十二歲。錫伯烏札拉氏，馬步箭平等。

擬陪之索倫營正紅旗委前鋒校額爾格本，食錢糧當差二十一年。光緒十七年，由前鋒補放委前鋒校，現年四十九歲。錫伯固爾氏佳氏，馬步箭平等。

覽[6]。

【案】此摺原件①藏於臺北故宮博物院，錄副②及清單③均藏於中國第一歷史檔案館，兹據校勘。

1. 【奴才馬亮、廣福跪】底本無此前銜，兹據原件校補。
2. 【准】底本誤作“惟”，兹據校正。
3. 【補放】底本奪“放”，兹據原件補。
4. 【案】此處所載硃批日期與錄副一致。
5. 【固爾佳氏】底本作“固爾氏氏”，顯誤，兹據原清單校正。
6. 【覽】此硃批據原清單校補。

〇二八、揀選額魯特營沙畢那爾佐領等缺摺

光緒二十九年三月二十七日（1903年4月24日）

奴才馬（亮）、廣（福）跪奏，為循例揀選伊犁額魯特營沙畢那爾佐

① 臺北故宮博物院藏：《軍機及宫中檔》，文獻編號：408004119.

② 中國第一歷史檔案館藏：《錄副奏摺》，檔號：03－5957－022.

③ 中國第一歷史檔案館藏：《單》，檔號：03－5957－024.

領等缺，擬定正、陪，恭摺仰祈聖鑒事。

竊奴才等[1]准額魯特營領隊大臣徐炘咨呈：額魯特營左翼沙畢那爾正藍旂頭牛彔佐領車林於光緒二十八年八月初五日病故，所遺佐領等缺應請揀員補放[2]，以資辦理旗務，等因。前來。奴才等當於該營應升人員內逐加考驗，車林遺出額魯特營左翼沙畢那爾正藍旗頭牛彔佐領一缺，揀選得正藍旗頭牛彔驍騎校穆克堪以擬正，正藍旗二牛彔驍騎校楚固拉堪以擬陪。其穆克遞遺正藍旗頭牛彔驍騎校一缺，揀選得鑲白旗二牛彔委筆帖式霍湍堪以擬正，鑲白旗二牛彔委官庫克新堪以拟陪。謹將該員等履歷另繕清單，恭呈御覽，伏候欽定。

其請補佐領一俟遇有差便，給咨送部，補行引見，以符定制。所有揀選伊犁額魯特營沙畢爾那佐領等缺擬定正、陪緣由，理合恭摺具陳。伏乞皇太后、皇上聖鑒訓示。謹奏。光緒二十九年三月二十七日。

光緒二十九年六月初九日接到兵部火票遞回原摺，於五月十二日奉硃批：均著擬正之員補授，該衙門知道，單併發。欽此[3]。

☆呈揀選額魯特營沙畢那爾佐領等缺清單

謹將揀選伊犁額魯特營沙畢那爾佐領等缺擬定正、陪人員，繕具清單，恭呈御覽。

額魯特營沙畢那爾車林所出佐領員缺。擬正之額魯特營左翼沙畢那爾正藍旗頭牛彔驍騎校穆克，食俸餉當差二十年，光緒十七年搜勦竄匪案內出力，經前護將軍富勒銘（額）奏保以驍騎校補用。光緒二十二年，補放空藍翎。二十六年，補放驍騎校，揀選佐領擬陪一次，現年四十八歲。舊沙畢那爾馬步箭平等。

擬陪之額魯特營左翼沙畢那爾正藍旗二牛彔驍騎校楚固拉，食俸餉當差二十二年，光緒十七年搜勦竄匪案內出力，經前護將軍（富）勒銘（額）咨保以空藍翎補用，先換頂翎。光緒二十五年，補放驍騎校，現年四十八歲。舊沙畢那爾馬步箭平等。

擬補佐領所遺驍騎校員缺。擬正之額魯特營左翼沙畢那爾鑲白旗二牛彔委筆帖式霍湍，食錢糧當差二十三年，揀選驍騎校擬陪二次，現年四十四歲。舊沙畢那爾氏，馬步箭平等。

擬陪之額魯特營左翼沙畢那爾鑲白旗二牛彔儘先即補驍騎校委官庫克新，食錢糧二十八年，前在塔爾巴哈臺軍營當差，光緒六年勦辦陝回案内出力，經前任將軍金（順）奏保儘先即補驍騎校，進京護送貢馬二次、戰馬一次。光緒二十五年，由領催補放委官，揀選驍騎校擬陪三次，現年四十六歲。舊沙畢那爾馬步箭平等。

覽[4]。

【案】此摺原件①藏於臺北故宮博物院，錄副②及清單③均藏於中國第一歷史檔案館，茲據校勘。

1.【等】底本奪“等”，茲據原件校補。

2.【補放】底本作“放補”，顯係顛倒。茲據校正。

3.【案】此處所載硃批日期與錄副所載一致。

4.【覽】此硃批據原清單校補。

〇二九、禮部員外郎錫拉蘇留伊犁改就武職片

光緒二十九年三月二十七日（1903年4月24日）

再，奴才等據開缺昌西陵禮部員外郎[1]錫拉蘇稟稱：竊錫拉蘇前於光緒二十六年三月在員外郎任内，援例呈請本衙門咨准吏部，給假四箇月，回伊犁脩墓，於閏八月十一日行抵伊犁。因祖塋坍塌，工程甚大，恐悞假期，稟請咨部開缺在案。嗣因祖塋尚未一律脩竣，兼以需費甚鉅，籌措維艱，伊犁距京寫遠，無力起程，呈經前伊犁將軍長（庚）奏留伊犁差遣，旋[2]奉札知：光緒二十七年四月十九日，奉硃批：著照所請，吏部知道。欽此[3]。並准吏部咨開：查昌西陵禮部員外郎錫拉蘇，於光緒十九年十月二十日六年期滿，例應以京缺調補之員，前因告假回伊犁脩墓，尚未脩竣，呈請開缺。今據伊犁將軍奏請留於伊犁差遣，按照本部奏定章程，應以此次奉旨之日停止銓選，俟差竣咨報赴部時，即以差竣赴部之日再與同班年滿人員比較日期先後，按班銓選，調補京缺[4]。

---

① 臺北故宮博物院藏：《軍機及宮中檔》，文獻編號：408004118.

② 中國第一歷史檔案館藏：《錄副奏摺》，檔號：03-5957-026.

③ 中國第一歷史檔案館藏：《單》，檔號：03-5957-023.

再，該員係奏留差委之員[5]，不准[6]干預地方事件。除入冊外，相應知照，等因。轉行遵照。奉此，理應遵章俟差竣請咨赴部，歸班銓選。無如伊犁距京萬里，資斧難籌，現實無力起程。伏思錫拉蘇原係伊犁駐防，自幼承襲世職，習武時多，在禮部員外郎任內一十四年[7]，自維愚拙[8]於文職，禮儀[9]、吏治均未敢自信稱職。現既無力進京，情願歸旗就武當差，以圖報效。理合稟懇據情奏請將錫拉蘇改就武職，仍歸伊犁滿營當差，等情。前來。

奴才等覆查該員錫拉蘇原係伊犁駐防，自幼文武兼習，雖該員自稱前在員外郎任內未敢自信稱職，而清、回文理均屬明白，於馬步騎射尤為嫻熟[10]，自經奏留派委各項差使，洵能踴躍從事。現在奴才等擬開設學堂，伊犁邊地，延師頗難，該員既願就武職[11]，合無仰懇天恩俯准該員改就武職，免其赴部候選，仍歸伊犁滿營當差，以資委用。惟該員錫拉蘇原係開缺員外郎兼雲騎尉世職，此次呈請改就武職，如蒙俞允，應以本旗何官補用之處，相應請旨敕部覈覆，以便飭遵。理合附片具陳[12]，伏乞聖鑒訓示。謹奏。

光緒二十九年六月初九日，接到兵部火票遞回原摺，於五月十二日奉硃批：該部議奏。欽此[13]。

【案】此片原件①、錄副②現均藏於臺北故宮博物院，茲據校勘。

1.【員外郎】底本僅作“員郎”，奪“外”。茲據原件校補。

2.【旋】底本誤作“族”，茲據校正。

3.【案】光緒二十七年三月十二日，伊犁將軍長庚等奏請准開缺昌西陵禮部員外郎錫拉蘇留伊犁差遣，曰：

> 再，奴才等據開缺昌西陵禮部員外郎錫拉蘇呈稱：竊錫拉蘇前於光緒二十六年三月在昌西陵禮部員外郎任內，援例呈請本衙門咨准吏部，除去往返程途，給假四箇月，回伊犁修墓。旋於二十六年閏八月十一日行抵伊犁，查看各處祖塋，因年久失修，被水沖刷坍塌③，工程甚大，修理需時，恐誤假期，復經稟請轉咨吏部，將昌西陵禮部員

① 臺北故宮博物院藏：《軍機及宮中檔》，文獻編號：408004118.

② 臺北故宮博物院藏：《軍機及宮中檔》，文獻編號：156435.

③ 錄副缺“塌”，茲推補。

外郎缺先行開去在案。茲查前項祖塋尚未一律修竣，兼以需費甚鉅，資斧早經告竭，籌措維艱。伊犁距京窵遠，實在無力起程。伏思錫拉蘇原係伊犁駐防，可否仰懇就近留於伊犁當差，以圖報效，等情。呈請奏咨前來。

奴才等覆查該員所呈各節，均係實情。現在伊犁邊防緊要，差遣需員，該員錫拉蘇原係伊犁駐防，可否仰懇天恩俯准，敕部將開缺昌西陵禮部員外郎錫拉蘇就近留於伊犁差遣之處，出自逾格鴻慈。除咨明吏部外，理合附片具陳。伏乞聖鑒訓示。謹奏。

光緒二十七年四月十九日，奉硃批：著照所請，吏部知道。欽此。①

4.【按班銓選，調補京缺】底本奪此句，茲據原件校補。

5.【再，該員係奏留差委之員】此句底本亦脫，茲據原件校補。

6.【不准】底本作"按准"，誤。茲據校正。

7.【一十四年】底本作"一十有四年"，衍"有"。茲據校正。

8.【愚拙】底本作"於拙"，顯誤。茲據校正。

9.【禮儀】底本作"禮部"，誤。茲據校正。

10.【嫻熟】底本作"嫻習"，茲據校正。

11.【武職】底本奪"職"，茲據補。

12.【具陳】底本作"具奏"，且未抬頭，顯誤。茲據校正。

13.【案】此處所載硃批日期與錄副所載一致。

〇三〇、代奏潘特索福謝賞寶星片

光緒二十九年三月二十七日（1903年4月24日）

再，查光緒二十八年，前將軍長（庚）會同新疆撫臣等附奏，俄員藩特索福辦理邊界交涉疊著勤勞，請賞給二等第三寶星一片，光緒二十八年九月十七日，奉硃批：著照所請，外務部知道。欽此[1]。旋准外務部製造寶星一座，並繕就執照一張，咨送前來。

① 中國第一歷史檔案館藏：《錄副奏片》，檔號：03－5950－054.

奴才當即發交署伊塔道黃丙焜，照送俄領事斐多羅福轉交該參議官潘特索福，祇領佩帶去後。茲據伊塔道詳：據該俄官潘特索福敬謹祇領，呈請代謝天恩前來。理合附片代陳。伏乞聖鑒。謹奏。

同日，奉硃批：知道了。欽此[2]。

【案】此片原件①、錄副②現均藏於臺北故宮博物院，茲據校勘。

1.【案】光緒二十八年八月初一日③，伊犁將軍長庚會同新疆巡撫饒應祺附奏曰：

再，奴才長庚前准俄國七河巡撫伊完諾伏咨稱：該巡撫參議官潘特索福前交還伊犁時即辦交涉事務，並與中國官員分界，及兩次辦理司牙孜。此二十餘年內，該員辦理伊犁邊界各事，皆身歷其難，應請貴將軍查照，等情。彼時，奴才長庚未敢遽行陳奏。本年曾辦俄積案事竣，復准索倫營領隊大臣志銳咨呈：潘特索福辦理交涉之事，知重邦交，能顧大局，剖斷公允，請為嘉獎，等因。前來。

查俄員潘特索福前於光緒八年隨同俄國七河巡撫斐里德來伊犁，辦理交還事務，奴才長庚隨同前任將軍金順接收伊犁，曾與晤面。嗣該俄員隨同斐里德與前辦勘分中俄邊界事務大臣升泰、長順等辦理分界事務④屬實。迨後該俄員於光緒十三年會同前護巴彥岱領隊大臣德克津布辦理司牙孜一次。奴才長庚到任後，該俄員於光緒二十三年又會同中國官員辦理司牙孜一次。二十六年，會同中國官員查勘中俄邊界牌博一次。本年，又辦司牙孜一次。該俄員人本明白，因辦理邊界事務年久，熟悉情形，故於會辦中俄積案不存偏見，能顧大體，一切商同中國官員准情，酌量秉公剖斷，兩國人民亦均悅服，遵依完結，洵屬兩得其平。其歷年辦理伊犁邊界交涉各事，亦屬疊著勤勞。既經俄國七河巡撫及索倫營領隊大臣志銳先後呈請，應請量予獎勵，以示優異而昭觀感。

查光緒二十二年總理各國事務衙門釐定寶星章程：各國頭等參贊

---

① 臺北故宮博物院藏：《軍機及宮中檔》，文獻編號：408004118－0－A.

② 臺北故宮博物院藏：《軍機及宮中檔》，文獻編號：157795.

③ 此奏片具奏日期未確，茲據《軍機處隨手登記檔》（檔案編號：03－0313－1－1228－249）校正。

④ "事務"，錄副作"世務"，誤，茲校正。

准請二等第三寶星。茲俄國七河巡撫參議官潘特索福，可否仰懇天恩俯准賞給二等第三寶星佩戴，由外務部代製，備具執照，寄交伊犁，轉送七河巡撫發交該俄員潘特索福，祗領佩用，出自鴻施。除咨外務部外，理合附片具陳。伏乞聖鑒訓示。謹奏。

光緒二十八年九月十七日，奉硃批：著照所請，外務部知道。欽此。①

2.【知道了。欽此】底本僅載“同日，奉硃批”，未署內容。原件、錄副作“光緒二十九年六月初三日，奉硃批：知道了。欽此。”茲據原件、錄副校補。

〇三一、俄屬哈薩克借地牧馬安靜回俄片

光緒二十九年三月二十七日（1903 年 4 月 24 日）

再，奴才前於光緒二十八年九月內，據署伊塔道黃丙焜詳稱：准駐伊犁俄領事斐多羅福照會：請租索倫營所管地，自霍爾果斯至阿克蘇止長五十里，牧放馬羊三年，等情。當經奴才以索倫廠地窄狹，實無餘地可租，批飭伊塔道轉覆領事[1]去後。旋據伊塔道覆稱：該領事援照二十七年借廠成案，聲稱該國哈薩因無草廠過冬，倒斃甚多，指借穆胡爾莫敦地方，放馬一萬匹，蘇勒臺地方放羊二萬五千隻。經該部再三商卻，該領事復事堅請，奴才因現在邦交為重，當飭議定借給穆胡爾莫敦牧地，祗准放馬一萬匹，限以六箇月，滿期仍須追還。一切章程悉照二十七年所定，會立合同。因時屆隆冬，一面照會額魯特領隊大臣徐炘，轉飭總管派委員弁，管帶兵丁保護。於二十八年十二月十二日，據俄哈阿依特博羅斯管帶牧馬哈薩克一百名，由那林郭勒卡倫放入馬一萬匹。經佐領哈爾蓋朝喀等督飭兵丁點驗，人馬數目相符，即將該哈薩馬群安插穆胡爾莫敦地方牧放，業將辦理情形先後電請外務部代奏在案。茲據額魯特領隊大臣咨呈：轉據該總管等呈報：該俄哈因雪消凍解，辭回該國，業經佐領哈爾蓋等護送該哈馬群於二十九年二月十六日由莫霍爾托羅海卡倫過界，交給俄官頗莫什克禮

① 臺北故宮博物院藏：《軍機及宮中檔》，文獻編號：149819.

罕諾福點收清楚，取有俄官印收，轉報前來。奴才查此次俄屬哈薩克借地牧放馬匹，尚屬安靜，期限未滿，即行出境，亦能遵守約章，洵堪上慰宸廑。除咨明軍機處暨外務部外，所有俄屬哈薩克借地牧馬現已安靜回俄緣由，理合附片陳明。伏乞聖鑒。謹奏。[2]

光緒二十九年五月十二日，奉硃批：外務部知道。欽此[3]。

【案】此片原件①、錄副②現均藏於臺北故宮博物院，茲據校勘。再，此片底本後半部分缺失，混入其他摺件內容，茲據原件、錄副校補。

1.【領事】底本奪“事”，茲據原件校補。

2.【案】劃線部分底本缺失，茲據原件校補。

3.【光緒二十九年五月十二日，奉硃批：外務部知道。欽此】此硃批日期等，據錄副補。

【案】此件之得獲允行，《清實錄》載之曰：“伊犁將軍馬亮等奏，俄屬哈薩克借地牧馬，現已安靜回俄。下外務部知之。”③

〇三二、奏報循例呈進貢馬摺

光緒二十九年五月初一日（1903年5月27日）

奴才馬（亮）、廣（福）跪奏，為循例呈進貢馬，恭摺具陳，仰祈聖鑒事。

竊維伊犁係產馬之區，自收還以來，歷年挑選馴良馬匹，呈進御用。茲屆光緒二十九年應進貢馬之期，奴才馬（亮）謹選得騸馬八匹，奴才廣（福）謹選得騸馬四匹，調習試驗，骨相雖非駿異，步驟尚屬安詳，專派防禦塔奇本、精吉那、驍騎校哲陳泰等帶領弁兵，於本年五月初一日由伊犁起程，照章取道草地行走。飭令攜帶麩料，沿途小心牧放餵養，護送進京，呈遞上駟院驗收試騎，敬備御用。

---

① 臺北故宮博物院藏：《軍機及宮中檔》，文獻編號：408004118－0－C.

② 臺北故宮博物院藏：《軍機及宮中檔》，文獻編號：156437.

③ 《德宗景皇帝實錄（七）》，卷五百十五，光緒二十九年五月上，第803頁。

除咨行科布多、烏里雅蘇臺將軍、參贊大臣、察哈爾都統等轉飭經過地方一體照料前進、以昭慎重外，謹將[1]所有正貢、備貢馬匹數目、毛色、口齒、腳步另繕清單，恭呈御覽。懇恩賞收，以遂奴才等敬獻微忱。理合恭摺具陳，伏乞皇太后、皇上聖鑒訓示。謹奏。光緒二十九年五月初一日。

光緒二十九年九月初七日，奉硃批：知道了。欽此[2]。

☆呈正貢備貢馬四匹清單

奴才馬（亮）謹呈正貢馬四匹：黑馬，小走，八歲口。

黑馬，小走，八歲口。

黑鬃黃馬，小走，八歲口。

黑鬃黃馬，小走，八歲口。

備貢馬四匹：海騮馬，小走，七歲口。

海騮馬，小走，七歲口。

煙熏棗騮馬，小走，七歲口。

煙熏棗騮馬，小走，七歲口。

奴才廣（福）謹呈正貢二匹：棗騮馬，小走，八歲口。

玉頂棗騮馬，小走，八歲口。

備貢馬二匹：棗騮馬，小走，七歲口。

玉頂棗騮馬，小走，七歲口。

覽[3]。

【案】此摺原件①藏於臺北故宮博物院，錄副②、清單③現均藏於中國第一歷史檔案館，茲據校勘。

1.【謹將】底本僅作“謹”，奪“將”。茲據原件校補。

2.【光緒二十九年九月初七日，奉硃批：知道了。欽此】此硃批日期等，據錄副校補。

---

① 臺北故宮博物院藏：《軍機及宮中檔》，文獻編號：408004120.

② 中國第一歷史檔案館藏：《錄副奏摺》，檔號：03－5569－050..

③ 中國第一歷史檔案館藏：《單》，檔號：03－5569－051. 又，此單呈報日期誤為硃批日期，茲據校正。

3.【覽】此硃批據《軍機處隨手登記檔》① 校補。

〇三三、領隊大臣遵例隨同呈進貢馬片

光緒二十九年五月十一日（1903 年 6 月 6 日）

冉，據錫伯營領隊大臣色普西賢、索倫營領隊大臣志鋭、察哈爾營領隊大臣恩祥、額魯特營領隊大臣徐炘，各選得騸馬二匹，呈請隨同呈進前來。除飭委員防禦塔奇本等一體護送上駟院驗收外，謹將馬匹數目、毛色、口齒、腳步另繕清單，恭呈御覽。伏乞天恩一併賞收。所有領隊大臣遵例隨同呈進貢馬緣由，理合附片陳明。伏乞聖鑒。謹奏。

光緒二十九年九月初七日，奉硃批：知道了。欽此[1]。

☆呈正貢備貢馬四匹清單

奴才色（普西賢）[2]謹呈正貢馬一匹，黑鬃黃馬小走，八歲口；

備貢馬一匹，黑鬃黃馬小走，七歲口。

奴才志（鋭）謹呈正貢馬一匹，黑馬小走，八歲口；

備貢馬一匹，黑馬小走，七歲口。

奴才恩（祥）謹呈正貢馬一匹，黑馬小走，八歲口；

備貢馬一匹，黑馬小走，七歲口。

奴才徐（炘）正貢馬一匹，棗騮馬小走，八歲口；

備貢馬一匹，棗騮馬小走，七歲口。

覽[3]。

【案】此奏片原件②藏於臺北故宮博物院，錄副③藏於中國第一歷史檔案館，玆據校勘。

1.【光緒二十九年九月初七日，奉硃批：知道了。欽此】此硃批日

---

① 中國第一歷史檔案館藏：《軍機處隨手登記檔》，檔案編號：03 -0317 -1 -1229 -269.

② 臺北故宮博物院藏：《軍機及宮中檔》，文獻編號：408004120 -0 -A.

③ 中國第一歷史檔案館藏：《錄副奏片》，檔號：03 -5742 -041.

期等，據錄副補。

2.【色普西賢】即色普西賢①，底本空名諱“普西賢”，茲據補，以下同。

3.【覽】此硃批《軍機處隨手登記檔》② 校補。

〇三四、揀選伊犂察哈爾營佐領等缺摺

光緒二十九年五月十一日（1903 年 6 月 6 日）

奴才馬亮、廣福跪[1]奏，為循例揀選伊犂察哈爾營佐領等缺，擬定正、陪，恭摺仰祈聖鑒事。

竊奴才等准察哈爾營領隊大臣恩詳咨呈：察哈爾右翼正黃旗頭牛彔佐領鄂奇爾於光緒二十九年二月二十二日[2]病故，所遺佐領等缺應請揀員補放，以資辦理旗務，等因。前來。奴才等當於該營應升人員內逐加考驗，鄂奇爾遺缺察哈爾營右翼正黃旗頭牛彔佐領一缺，揀選得鑲紅旗頭牛彔驍騎校鄂勒壂布彥堪以擬正，鑲藍旗頭牛彔驍騎校克達爾堪以擬陪。遞遺驍騎校一缺，揀選得鑲紅旗頭牛彔空藍翎吉克米特堪以擬正，正紅旗頭牛彔委筆帖式烏圖那遜堪以擬陪。謹將該員等履歷另繕清單，恭呈御覽，伏候欽定。

其請補佐領一俟遇有差便，給資送部，補行引見，以符定制。所有揀選伊犂察哈爾營佐領等缺擬定正、陪緣由，理合恭摺具陳。伏乞皇太后、皇上聖鑒訓示。謹奏。光緒二十九年五月十一日。

光緒二十九年七月二十六日接到。六月初三日奉硃批：均著擬正之員補授，該衙門知道，單併發。欽此[3]。

---

① 色普西賢（1838－1906），伊犁駐防錫伯營，滿洲人。光緒二年（1876），經伊犁將軍榮全檄委，調赴塔爾巴哈臺行營管理錫伯營官兵。同年，出征瑪納斯。旋任錫伯營總管，賞頭品頂戴，加果勇巴圖魯。二十五年（1899），保記名副都統。翌年，護理伊犁錫伯營領隊大臣。二十七年（1901），晉副都統銜，遷伊犂西伯營領隊大臣。三十年（1904），開缺以原品休致。三十二年（1906），卒於旗籍。

② 中國第一歷史檔案館藏：《軍機處隨手登記檔》，檔案編號：03－0317－1－1229－269.

☆呈揀選伊犁察哈爾營佐領等缺清單

謹將揀選伊犁察哈爾營佐領等缺擬定正、陪人員，繕具清單，恭呈御覽。

察哈爾營鄂奇爾所出佐領一缺。擬正之察哈爾營右翼鑲紅旗頭牛彔驍騎校鄂勒壂布彥，食俸餉當差十九年，光緒十七年搜勦竄匪案内出力，經前護將軍富勒銘（額）咨保六品頂戴。二十六年，由委官補放驍騎校，現年三十七歲。察哈爾蒙古馬步箭平等。

擬陪之察哈爾營右翼鑲藍旗頭牛彔驍騎校察克達爾，食俸餉三十九年，前在庫爾喀喇烏蘇軍營當差。光緒二年，克復瑪納斯南城案内出力，經前任將軍金（順）奏保儘先即補驍騎校，並賞戴五品花翎。光緒十二年，補放驍騎校，揀選佐領擬陪一次[4]，現年五十四歲。察哈爾蒙古馬步箭平等。

擬補佐領所遺驍騎校員缺。擬正之察哈爾營右翼鑲紅旗頭牛彔空藍翎吉克米特，食錢糧當差十七年。光緒二十六年，補放空藍翎，揀選驍騎校擬陪一次，現年三十一歲。察哈爾蒙古馬步箭平等。

擬陪之察哈爾營右翼正紅旗頭牛彔委筆帖式烏圖那遜，食錢糧當差十三年。光緒十七年搜勦竄匪案内出力，經前護將軍富勒銘（額）咨保六品頂戴。二十六年，補放領隊檔房委筆帖式，揀選驍騎校擬陪一次，現年三十三歲。察哈爾蒙古馬步箭平等。光緒二十九年五月十一日[5]。

覽[6]。

【案】此摺原件①藏於臺北故宫博物院，錄副②、清單③現均藏於中國第一歷史檔案館，兹據校勘。

1.【奴才馬亮、廣福跪】底本無此前銜，兹據原件校補。

2.【二十二日】底本作“二十三日”，兹據原件、錄副校正。

3.【案】此處所載硃批日期與錄副所載一致。

4.【一次】底本作“二次”，兹據原件、錄副校正。

---

① 臺北故宫博物院藏：《軍機及宫中檔》，文獻編號：408004125.

② 中國第一歷史檔案館藏：《錄副奏摺》，檔號：03－5957－042.

③ 中國第一歷史檔案館藏：《單》，檔號：03－5957－010.

5. 【光緒二十九年五月十一日】此日期僅見於底本。

6. 【覽】此硃批據原清單校補。

〇三五、土爾扈特東部落盟長赴京陛見片

光緒二十九年五月十一日（1903年6月6日）

再，准烏訥恩素克圖舊土爾扈特東部落盟長札薩克弼錫呼勒圖郡王帕勒塔咨呈：案准將軍照會：准理藩院咨開：柔遠司案呈：准軍機處交出軍機大臣面奉諭旨：九月十七日，據馬（亮）電稱：土爾扈特郡王帕勒塔奉調該值年班，因路遠限迫，呈請乘坐臺輪入都，等語。已有旨飭令毋庸前來，俟下屆再行來京。嗣後蒙古王公等年班屆期，著理藩院提前行文知照，以免遲悮。欽此。欽遵交出到院。相應咨行伊犁將軍，轉飭土爾扈特郡王帕勒塔遵照下屆來京補班，毋得遺悮可也，等因。照會前來。

伏思郡王仰荷天恩，賞襲郡王爵秩，久欲瞻仰天顏，曾於光緒二十七年呈經前將軍長（庚）轉咨理藩院覈准，俟恭值年班之期，赴京瞻覲[1]。上年因班期迫，未遂依戀之忱。茲准前因，自應早為起程，赴京引見，聽候調補。年班現擬定於五月內擇期起程，所有正盟長印信，擬請[2]將軍派員護理。其扎薩克之印信，移交管旗章京普爾布暫行代理，等情。呈請奏咨前來。

奴才等覆查該郡王帕勒塔呈請瞻仰天顏出於至誠，自應准其前往。除照覆將正盟長印信呈交管旗章京普爾布暫行代理，並咨明理藩院查覈外，理合附片陳明。伏乞聖鑒。謹奏。光緒二十九年五月十一日[3]。

同日，奉硃批：該衙門知道。欽此。

【案】此奏片原件①現藏於臺北故宮博物院，茲據校勘。

1. 【瞻覲】底本作“展覲”，茲據校正。

2. 【擬請】底本奪“請”，茲據原件補。

3. 【光緒二十九年五月十一日】此具奏日期僅見於底本。

---

① 臺北故宮博物院藏：《軍機及宮中檔》，文獻編號：408004125 - 0 - B.

〇三六、新滿營驍騎校芬陳開缺休致片

光緒二十九年五月十一日（1903年6月6日）

再，據辦理伊犁滿營事務檔房呈：據新滿營左翼協領錫濟爾琿呈：據正藍旗佐領蒙庫泰呈：據本旗驍騎校芬陳呈稱：竊芬陳現年六十五歲，前在塔爾巴哈臺軍營當差年久，身受潮濕，腰髎疼痛，時發時愈，現在年逾六旬，血氣漸衰，舊病復發，步履維艱，若不呈明告退，誠恐貽誤公差，理合呈請原品休致，等情。由該管協領等加結轉呈前來。

奴才等覆查無異，合無仰懇天恩俯准，將伊犁新滿營正藍旗驍騎校芬陳開去驍騎校員缺，以原品休致之處，出自鴻慈。除將該員履歷清冊咨部查覈外，理合附片具陳。伏乞聖鑒訓示。謹奏。光緒二十九年五月十一日[1]。

同日[2]，奉硃批：著照所請，兵部知道。欽此。

【案】此片原件①現藏於臺北故宮博物院，錄副②藏於中國第一歷史檔案館，茲據校勘。

1.【光緒二十九年五月十一日】此具奏日期僅見於底本。

2.【同日】錄副作“光緒二十九年六月初三日”，與底本一致。

〇三七、錫伯營防禦富善開缺休致片

光緒二十九年五月十一日（1903年6月6日）

再，准錫伯營領隊大臣色普西賢咨呈：據錫伯營總管富勒祜倫等呈：

① 臺北故宮博物院藏：《軍機及宮中檔》，文獻編號：408004125－0－C.

② 中國第一歷史檔案館藏：《錄副奏片》，檔號：03－5957－043. 又，此錄副未署具奏者，茲據底本、原件判斷，應為馬亮等所奏之件。

據正白旗防禦富善呈稱：竊富善現年五十歲，前在塔爾巴哈臺、庫爾喀喇烏蘇軍營當差年久，身受潮濕，現因感受風寒，致患半身不遂之症，實難騎馬當差，理合呈請原品休致，等因。由該管領隊轉呈前來。

奴才等覈查無異，合無仰懇天恩俯准，將伊犁錫伯營正白旗防禦富善開去防禦員缺，以原品休致之處，出自鴻慈。除將該員履歷清冊咨部查覈外，理合附片具陳。伏乞聖鑒訓示。謹奏。

同日[1]，奉硃批：著照所請，兵部知道。欽此。

【案】此片原件①現藏於臺北故宮博物院，錄副②藏於中國第一歷史檔案館，茲據校勘。

1.【同日】錄副作“光緒二十九年六月初三日”，與底本一致。

〇三八、擬設養正學堂酌議試辦章程摺

光緒二十九年五月十一日（1903年6月6日）

奴才馬（亮）跪奏，為擬設伊犁養正學堂，並派學生出洋肄業，就地儲才備用，酌議章程，繕具清單，恭摺仰祈聖鑒事。

竊以振興政教，首重人才；培養人才，端資學校。近年以來，欽惟我皇上更定科制，廣建學堂，頒發各等章程，兼講中外教法。凡此更新圖治之盛謨，興學作人之雅化，薄海臣民宜如何皷舞，幾研精學術，以求治本。查伊犁承平後，士風譾陋，師道寖微，滿營辦事人員通曉滿、漢、蒙、回文意者固不乏人，然兼通俄國語言文字、熟習交涉事務者，究難其選。現設義學所教子弟亦僅粗知滿、漢文義，未能會通中外文學，若不開通風氣、培養才能，誠恐繼起無人[1]。邊遠旗僕近接俄鄰，平時即未備通才，臨事更何資肆應？上年索倫營領隊大臣志銳於會辦司牙孜時，曾與俄參議官潘特索福商擬，派生出洋肄業，雖據覆[2]文照辦，旋因前任將軍長

① 臺北故宮博物院藏：《軍機及宮中檔》，文獻編號：408004125－0－A.

② 中國第一歷史檔案館藏：《錄副奏片》，檔號：03－5957－044. 又，此錄副未署具奏者，茲據底本、原件判斷，應為馬亮等所奏之件。

（庚）交卸，尚未奏請舉行。

奴才到任後，查度咨詢，僉以肄業洋學、開設學堂，事可並行，勢難再緩，當飭滿漢營務處妥議舉辦。茲據酌擬章程呈覆前來。奴才查核所擬十條，尚能仰體欽定蒙學堂章程意旨，並於因地因時制宜辦法可以次第推行。所議學生出洋擬在距伊一千八百里之阿拉穆圖地方俄堂肄業，取其就近，易於詢察。學無上進者，隨時調回另派，不致糜款曠時。其洋學以十人更番往返，以三年為卒業。本地學堂挑選滿、蒙子弟四十人入堂肄業，定以四年為期，按班挑換。除學堂房屋由滿、蒙各官自行捐建外，初辦之年購買書籍，製辦器具，出洋川資，約估需銀二千數百兩，額支束脩、膏火、獎賞等項經費，無閏之年約估需银七千五百餘兩。奴才詳加酌核，所定各款亦屬力從撙節，惟現在庫款支絀，請款為難。就地設籌，惟有牧廠孳生羊隻變價一款尚可動用，以之開支此項經費，尚屬有盈無絀[3]。

如蒙允准，擬俟奉旨後，即於滿、蒙官員及投效人員內，擇其品學兼優者，考充各項教習，並請旨即派索倫營領隊大臣志銳兼充總理堂事官。其副理各員即由滿、漢官員內擇其通文敬事者，分任其事。堂名即擬顏曰“養正”，以示蒙學之義。一切章程均照所擬十條，核實辦理，數年之後，於伊犁辦理中外交涉事宜冀可先收實效。如將來諸生有志上進，願赴京外各學堂以及各國游學者，准其隨時呈明，奏請咨送，俾諸生勉加上乘之功，得備匡時之選，以仰副朝廷培養人才之意於萬一。所有擬設伊犁養正學堂、酌議試辦章程，除咨外務部、大學堂暨戶、兵、工部外，理合繕具清單，恭摺具陳。伏乞皇太后、皇上聖鑒訓示，敕部立案。謹奏。光緒二十九年五月十一日[4]。

光緒二十九年七月二十六日接到。六月初三日，奉硃批：著照所請，該衙門知道，單併發。欽此[5]。

☆呈養正學堂出洋肄業章程經費清單

謹將擬設伊犁養正學堂并派生出洋肄業，酌定章程，籌備經費數目，繕具清單，恭呈御覽。

計開：一、立學綱目擬因地制宜也。查伊犁僻處西陲，文教不講，軍民繁雜，有滿、漢、蒙、哈、纏回之分，密邇俄鄰，尤多交涉。自光緒八年收還以後，求其能於各種文字、語言全行通識者，實無幾人，是以此次立學有必須仿照內地各學章程變通辦理者，擬於各營義學學生內挑選清、漢文義通順者十人，咨送俄國肄業；另選兩滿營四愛曼聰穎子弟，年過十五歲，曾讀清、漢小學及四子書者四十人入堂[6]，兼習清、漢、蒙、回文字，俟造就有成，按班挑派出洋學習，以期儲才備用。

一、出洋回國宜甄別錄用也。查現在中俄交涉事繁，熟習洋務情形人少，初年擬由兩滿營內挑選文理通順子弟十人，按名發給川資、膏火，送赴俄國學堂肄業，定限三年卒業，須將俄國語言文字學習精通，採訪俄國風土人情、輿地、算法，如能兼習英、法、德、美諸國文字者，更為優等。三年之後，志高向上或願再留學習一、二年，或願分赴各國游學增長功業者，臨時加給盤費。第一班回堂後，再選本堂生四年卒業之考列超等者，挑派十人作為第二班出洋，以後按班挑派。其由俄回國者，考驗功業果能出眾，事體果能明達，或選充本堂教習，或請補防、驍等官，兼派中俄局提調、繙譯等項差使，補缺時聲明洋學熟習，破格錄用，以期策勵，庶人皆奮學，易得成材。

一、教習員役擬酌定額數也。查本堂學生擬定四十，功課擬分四項。現在本地教習即難得各種文義全通之人，因地延請，語音又多不合。現擬分設清文教習兩人、漢文教習兩人、蒙文教習一人、回文教習一人，即由各營人員及投效人員內詳加考驗，擇其品學素優、能兼通兩種文字者，入堂教習。設總理堂事官一員，總理全堂事務；副總理官二員，一監督堂規，每日稽查功課，並經理月考、年考，登記分數；一專司全堂出入款項，存發書籍，照料什物。書識一名，貼寫一名，值日丁役十名，廚丁二名，大夫一名，更夫一名，掃夫一名，門丁二名，以備差遣之用。

一、學生功課宜循序漸近也。查此次挑選義學子第入學，智愚不一，各項教習先宜量其資質，分別教授。所有脩身、字課、習字、讀經、史學、輿地、算學、體操諸階級，均按頒發蒙學堂章程分年定課外，每日分定時刻，由漢文教習專授漢文，清、蒙、回文各教習各專授以清、蒙、回文，並講求洋文字母拼法及清、蒙文連字之法，繙譯文字，學習語言，毋期融會貫通，毋事貪多騖得。

一、考試章程宜分定期限也。查頒發蒙學堂章程，原有考驗積分之法，現擬分別日考、月考、年考，每日由各教習訂立考課薄，於背誦講解時考驗功課，每生名下註明分數，間三日比較一次，隨時戒勉。每月月考一次，由總理堂事官入堂考驗，一二年內大建月從二十八日起，小建月從二十七日起，以二日分考，所習各課以一百分為合格。三四年內大建月從二十七日起，小建月從二十六日起，以三日分考，所習各課以一百四十分為合格。將各生分數及日考薄比較，及分數者分別列等第給獎，如三次不及分數者戒飭，考畢准令回家休息一日。每年考一次，自臘月初十日停學開考，分五日考畢，亦照積分之法比較等第，及分數者獎賞從優。五日考畢，散學回家度歲。三考之外，每年不拘時令，仍由奴才調齊各生堂考一次，以昭核實。

一、勸懲諸生宜明定賞罰也。查選生入學原為培植人才，諸生年幼無知，全賴父兄勗勉，考驗各生，除每月月考超等五名，每名賞銀一兩；特等十名，每名賞銀八錢；一等十名，每名賞銀五錢。年考超等十名，每名賞銀四兩；特等十名，每名賞銀三兩；一等十名，每名賞銀一兩五錢外，如堂考查有資質聰敏、用功勤奮者，除分別等第捐給獎賞外，仍飭營務處記名，挑補甲缺錢糧，以為將來出身之階。如有始勤終墮者，仍行革退。儻有父兄縱容偷閑廢學、肆行犯規、希圖革退者，一經查出，即行將縱容之父兄官則記過革差，兵則罰停錢糧，庶免姑息而冀交相勸勉。

一、堂規、禮儀宜互相稽察也。查堂規、禮儀以及休假期限，除按照頒發蒙學堂章程釐定外，惟此設立教習六人，學分四項，更番教習。各教習務宜互相稽察，如有違犯堂規、錯亂禮儀者，輕則戒飭，重則革退出堂，各教習不得互相推諉。

一、學堂房屋擬捐資建造也。查此次設立學堂，堂屋擬容七十人，地位中設講堂、食堂各一所、教習住房六間、學生書房十間、藏書房、儲物房四間、體操場一所、丁役住房四間、廚役兩間、廁房兩間、門房兩間、頭門一座，現已勘定惠遠城西大街地址一處，址基寬爽，地方清靜，甚為合宜。傳匠估計需用銀兩，舊、新兩滿營及四愛曼各官情願自行捐建，不動公款，邀免造報。

一、書籍、器具擬官為購辦也。查伊犁地居邊界，全無書籍可購。各生平日讀本及所需一切書籍並紙筆、墨硯、算盤，算籌，均斟酌多寡，派員前赴京城及上海一帶採辦，回伊備用。其各堂房屋內需用几案、棹椅、簾帳、廚房器皿，均在本地製辦，需用價值細數未能預定，擬俟辦竣，核實造報請銷。

一、常年經費擬就地籌備也。查此次開創設立學堂[7]，規模一新。除學堂房屋擬由各營捐建毋庸核計經費外，初辦之年購買書籍、紙筆、墨硯等項，約需湘平銀一千餘兩；製辦器具、什物等項，約需湘平銀一千餘兩；出洋學生十人，約共發給往返川資三百餘兩。共需用湘平銀二千數百兩[8]。常年漢文教習二人，每人月支束脩銀三十兩；清文教習二人，每人月支束脩銀二十兩；蒙文教習一人，每月支束脩銀十五兩；回文教習一人，月支束脩銀十五兩；總理管事官[9]一員，月支薪水銀四十兩；副總理官二員，每月支薪水銀二十兩；書識、貼寫各一名，每名月支工食銀六兩；各項丁役十七名，每名月支工食銀三兩；辛紅、油燭月支銀三十兩；火食每日三餐，每餐六簋，月支銀一百八十兩；月考獎賞月支銀十八兩，年考獎賞一次支銀八十五兩；春、冬二季烤炭銀四百五十兩，出洋學生膏火每年需銀一千兩。無閏之年額支統共估需銀七千五百四十七兩，連購買書籍、製辦器具、出洋川資約估銀二千餘兩。初辦之年約需銀一萬兩上下，以後則額支七千五百餘兩之數尚敷支用，遇閏加增，不扣平建。現在庫款難籌，擬即由牧廠孳生羊隻變價款內動支，按年造報請銷，如有此次未經估計或有加增之款，俟續行估計，再行咨明立案。四年卒業之後，接續辦理，如有更改，屆時另行奏報。

以上各條，謹據滿、漢營務處等所擬，酌加釐定。如有未經賅載者，臨時斟酌損益，再行奏請辦理。合併聲明。光緒二十九年五月十一日[10]。

【案】此片原件①、錄副②、清單③現均藏於臺北故宮博物院，茲據校勘。

1.【繼起無人】底本作“斷起無人”，茲據校正。

2.【覆】底本作“復”，茲據校正。

3.【有盈無絀】底本作“有盈無拙”，誤。茲據校正。

4.【光緒二十九年五月十一日】此具奏日期據原件校補。

5.【案】底本所載硃批日期與錄副一致。

6.【入堂】底本脫“入”，茲據原單校補。

7.【學堂】底本奪“堂”，茲據補。

8.【兩】底本脫“兩”，茲據補，

9.【總理管事官】底本作“總理官事官”，茲據校正。

10.【光緒二十九年五月十一日】此日期僅見於底本。

① 臺北故宮博物院藏：《軍機及宮中檔》，文獻編號：408004124.

② 臺北故宮博物院藏：《軍機及宮中檔》，文獻編號：157796.

③ 臺北故宮博物院藏：《軍機及宮中檔》，文獻編號：157796 – 0 – A.

〇三九、試辦官茶以濟民食而顧國課摺

光緒二十九年五月十一日（1903 年 6 月 6 日）

奴才馬亮跪[1]奏，為遵旨議覆，先行派員設局，試辦官茶，嚴禁私茶，以濟民食而顧國課，仍一面咨商會奏，恭摺仰祈聖鑒事。

竊奴才前以餉源支絀，於光緒二十八年十一月十六日擬定章程八條，奏請派員採運晉茶，行銷伊犁各城，便民裕課，以開利源而濟餉需，業經欽奉硃批：該部議奏，單併發。欽此。欽遵在案。茲准戶部議覆，以於西北路茶務大局攸關，請旨飭下奴才會同陝甘總督、新疆巡撫、駐塔爾巴哈臺伊犁副都統，體察情形，公同商酌，一俟議定，即行奏明請撥餉項試辦，等因。光緒二十九年二月二十日，奉旨：依議。欽此。欽遵鈔稿咨行到伊。在部臣未能洞悉[2]邊地情形，以為茶務改章關係大局，自不能不詳慎從事。而奴才身膺邊寄，審時度勢，苟有碍於大局，亦何敢冒昧舉行！此次奉到諭旨，本應會商定議再行奏請試辦，無如官茶久已停運，私茶各處暢行，念國課之攸關，則私茶不能不立時嚴禁；計民食所需用，則官茶不能不亟於舉行。若再待往返會商定議始行試辦，誠恐迂緩稽延，於國計民生均無裨益[3]，思維再四[4]，惟有將奴才所應覆者先行酌擬覆陳，一面派員採運行銷，一面咨商再行會奏，請旨辦理。

據戶部原奏內稱：封儲銀兩係奏明不准挪移之款，原單所稱借用五萬兩以資採運，俟茶到行銷歸還原款，必須[5]確有把握一節。奴才查茶為民食所必需，現在湖茶不來，私茶宜禁，即無實在把握，民食所關，亦不能畏葸不辦，況前此迭經訪查伊犁茶價，除去採運成本及沿途運價、應繳課釐、開支局費，尚有盈餘。是辦理並非毫無把握也。惟封儲銀兩既難挪移，擬即就地[6]籌借商款，先行派員赴張家口採茶，運伊接濟，定於五月內起程，由俄臺前往，明春[7]當可辦茶到伊，獲有餘利，仍行報明充公。如成本有虧，即由奴才賠償。俟辦有成效，另行撥款。

原奏又稱：俸餉搭放茶觔，舊例久未舉行。所稱分成搭放，群情是否允洽一節。查伊犁改行湖茶，價值昂貴，且該官兵因其色味不合，遂多買食私茶，以至官商折本，撤號去伊。前此擬辦官茶時[8]，咨詢各營，皆稱

採辦晉茶，搭放俸餉，官兵均便。因於單內分定成數議請。是群情於改行湖茶多不願食、搭放晉茶尚無不允洽也。

原奏又稱：以票代引，歷有年所，改行晉茶，歸官試辦，甘商少此銷路，課釐亦恐減收一節。查伊犁地面甘商早經撤號，近年亦無一葉湖茶來伊。此次官辦晉茶，並不侵佔甘商銷路，即不能任聽甘商求減課釐，況奴才前奏曾經聲明甘商如願來伊，仍准其照舊行銷湖茶。是亦無慮甘商藉口請減課釐也。又，原奏內稱：甘票章程每票徵課釐二百二十二兩，出口之茶另於邊境設局，加完釐一次，原單未將加釐一項併計在內一節。查甘票章程：商運湖茶係在湖南採辦，由內地行走，沿途經過局卡甚多，概不完納釐稅，僅由甘肅總收，是以每票定課釐銀二百二十二兩，出口經過哈密始有加釐，落地行銷，概無釐稅。此次試辦晉茶，擬在張家口採辦，由口外草地行走，沿途本無經過局卡應完稅釐，且原單議請起運時仍在張家口照各處行商完納出口課釐，行銷時仍在各處銷地面完納落地釐稅。在部臣統收併計，當知較甘票出口所收課釐數目已屬有增，而變出盈餘仍擬[9]提充正餉，應請不再加釐，以昭公允也。

原奏又稱：新疆北路遼闊，若伊票晉茶與甘票湖茶一路行銷，則頭緒繁多，私販侵越，尤多不免，應如何查禁一節。查新疆北路昌吉、綏來、庫爾喀喇烏蘇、精河、塔爾巴哈臺一帶，久為私茶佔銷，伊犁運茶又須由昌吉一帶行走，若能一律改行晉茶，仍在各該處完納釐課，各地方官稽查私販必能認真。是於不分畛域之中仍寓互相查察之意，並非與甘票湖茶一路行銷，爭此微利。今部議既慮官辦反不免有私販侵越，擬即將伊票晉茶逕運伊犁、綏定、甯遠、惠遠[10]各城行銷，經過局卡，驗票放行，概不完納釐稅。行銷地面即由奴才派員認真緝私。其省城以北、精河以南並塔爾巴哈臺等處，即由新疆撫臣及塔城伊犁副都統轉飭甘商，運茶接濟，嚴禁私販，不得入境。如有私販故違不遵，或伊犁官茶有沿途洒賣者，無論何處查出，即將私茶充公，並治以應得之罪。如部臣及撫臣等仍准伊票晉茶通行新疆北路一帶，俟會商定議，再行奏明辦理。

原奏又稱用人一節。查伊票晉茶係由奴才創議試辦，委派經理之人更屬責無旁貸，自當謹遵部議，慎選老成諳練之員辦理，以免中飽虧挪。

以上各節係[11]就伊犁現在情形，熟思詳度。竊慮甘肅督臣、新疆撫臣既不知奴才是否確有把握，又難定群情是否盡能允洽，反覆咨商，徒延時日。滿、蒙各營，部落人衆，日食所需，難於久待，是以詳細陳請。除茶務大局有無窒礙仍俟咨商妥確、另案會奏，請旨撥款外，現在辦理既不挪移封儲公款，又未侵佔甘肅銷路，伏乞聖明獨斷，俯念邊地籌餉維艱，需茶孔急，准由奴才自行籌款，派員前赴張家口，先行試辦，免致坐失機宜，庶裕課便民，得以稍補時艱於萬一。所有遵旨議覆現已籌借商款，先行派員試辦官茶，嚴禁私茶，仍一面咨商會奏緣由，理合恭摺具陳。伏乞皇太后、皇上聖鑒訓示。謹奏。光緒二十九年五月十一日。

光緒二十九年七月二十六日接到兵部火票遞回原摺，六月初三日：奉硃批：仍著會商崧（蕃）、潘效（蘇），妥籌辦理。欽此[12]。

【案】此摺原件①、錄副②現均藏於臺北故宮博物院，茲據校勘。

1.【奴才馬亮跪】底本無此前銜，茲據原件補。

2.【未能洞悉】底本作“不諳”，茲據校正。

3.【裨益】底本作“補益”，誤。茲據校正。

4.【思維再四】底本作“思維在四”，顯誤。茲據校正。

5.【必須】底本作“必需”，茲據校正。

6.【就地】底本作“就正”，誤。茲據校正。

7.【明春】底本作“冬底明春”，茲據原件刪除“冬底”。

8.【時】底本奪“時”，茲據校補。

9.【擬】底本脱“擬”，茲據校補。

10.【惠遠】底本作“惠城”，顯誤。茲據校正。

11.【係】底本作“伊”，顯誤。茲據校正。

12.【案】底本所載硃批日期與錄副所署一致。

【案】此摺於十年六月初三日得允行，《清實錄》：“將軍馬亮奏請設局試辦官茶，嚴禁私茶，以濟民食而顧國課。得旨：仍著會商崧蕃、潘效蘇、妥籌辦理。③”

---

① 臺北故宮博物院藏：《軍機及宮中檔》，文獻編號：408004123.

② 臺北故宮博物院藏：《軍機及宮中檔》，文獻編號：157781.

③ 《德宗景皇帝實錄（七）》，卷五百十八，光緒二十九年六月，第838頁。

○四○、請准黑宰哈薩克臺吉次子承襲摺

光緒二十九年五月十一日（1903 年 6 月 6 日）

奴才馬亮跪[1]奏，為伊犁黑宰哈薩克臺吉病故，所遺臺吉一缺據情仰懇天恩，准其次子承襲，恭摺仰祈聖鑒事。

竊查哈薩克向分左、右、西三部，乾隆中戡定伊犁，遂成內附。各部設有汗王、公、臺吉等管理人眾，永作藩籬。同治年間，兵燹驟興，該部游牧地方多為俄國佔住。光緒八年，收還伊犁，黑宰哈薩克臺吉胡岱們都率所部眾投誠，經前將軍金（順）奏明，安插額魯特、察哈爾兩游牧境內。光緒十五年，前將軍色楞（額）於奏請額魯特領隊大臣春滿管理該哈薩克事務摺內，以該臺吉職分較崇，責成較重，請將該臺吉一名仿照回子伯克之例，歲給銀二百兩。嗣因原擬銀數較多，復經前護將軍富勒銘（額）於奏請歲收租馬案內，議定歲給該臺吉津貼銀一百兩。該部人眾約束有人，獷悍性情漸能變化。

光緒二十七年六月二十六日，臺吉胡岱們都因病出缺。據管理哈薩事務額魯特領隊大臣英裕轉據哈薩克千戶長等呈請，將胡岱們都次子阿喇巴特承襲。前將軍長（庚）因查胡岱們都長子[2]空古爾郭勒佳雖已早故，尚有長孫阿布勒堪例應承襲，飭令查覆，未及辦理卸事。茲據管理哈薩克事務索倫營領隊大臣志銳呈：據胡岱們都長孫百戶長阿布勒堪呈稱：伊父早故，自幼蒙胞叔阿喇巴特撫養成人，為立室家。今祖父胡岱們都病故，百戶長年少無知，不能管束游牧人眾，情願讓與胞叔阿喇巴特承襲臺吉。又據千戶長等五名聯銜呈稱：阿喇巴特充當千千戶長有年，向隨臺吉胡岱們都在游牧辦事，明白公允，能服眾情，現在胡岱們都病故，辦事無人，情願公舉[3]阿喇巴特承襲臺吉，各等語。

查承襲爵職，例應長子，長子已故，例及長孫。今黑宰哈薩克臺吉胡岱們都病故，尚有長孫阿布勒堪，自應令其承襲。惟哈薩克性情、風俗難與拘論例章，既據該千戶長等公舉胡岱們都次子阿喇巴特承襲臺吉，又據阿布勒堪情願讓其胞叔[4]，不若因勢利導，以資約束部眾。呈請奏明，請旨定奪，等情。前來。

奴才查黑宰哈薩克部落人衆，全賴辦事能幹、為衆悦服[5]之人管理，庶足以資鈐而就範圍。兹據查明阿喇巴特為衆悦服，堪以承襲，合無仰懇天恩，俯念管理哈薩克部衆全賴擇人，准將已故黑宰哈薩克臺吉胡岱們都所遺臺吉一缺給予阿喇巴特承襲之處，出自逾格鴻施。除飭取該哈薩克臺吉三代宗圖冊結咨送理藩院外，所有伊犁黑宰哈薩克臺吉病故遺缺懇給伊次子承襲緣由，是否有當，理合恭摺具陳。伏乞皇太后、皇上聖鑒訓示。謹奏。光緒二十九年五月十一日。

光緒二十九年七月二十六日接到。六月初三日，奉硃批：著照所請，該衙門知道。欽此[6]。

【案】此摺原件①、錄副②現均藏於臺北故宮博物院，兹據校勘。

1.【奴才馬亮跪】底本無此前銜，兹據原件校補。

2.【長子】底本作"次子"，誤。兹據校正。

3.【公舉】底本誤作"公衆"，兹據校正。

4.【讓其胞叔】底本作"讓與其胞叔"，衍"與"。兹據原件刪除。

5.【悦服】底本誤作"脱服"，兹據校正。

6.【案】底本所載硃批日期與錄副所署一致。

〇四一、伊犁牧廠老羊照額變價等事摺

光緒二十九年五月十一日（1903年6月6日）

奴才馬亮跪[1]奏，為伊犁牧廠孳生羊隻漸多，草場窄狹，請將口老羊隻遞年挑出變賣，將價存儲備用，整頓[2]牧務，以杜虧累，恭摺仰祈聖鑒事。

竊查伊犁牧場自前將軍長（庚）奏請經費，於光緒二十二年[3]購買兒騍馬四千匹、羝乳羊二萬四千隻。二十六年，復購買羝乳羊一萬六千隻。歸併以前，捐辦馬牛羊隻，興復孳生廠，照例取孳。二十四年，奏請分設

① 臺北故宮博物院藏：《軍機及宮中檔》，文獻編號：408004121.

② 臺北故宮博物院藏：《軍機及宮中檔》，文獻編號：157782.

備差廠，挑選不能取孳馬牛羊隻，撥廠備用，均經按年分案造報在案。上年奴才到任，接准移交，派員分赴各游牧查點。

現據駝馬主事等取具察哈爾、額魯特各部落總管等結報：除二十八年例應取孳倒斃各數目另案辦理外，截至光緒二十七年底止，計存孳生廠大小馬五千七百二十四匹，備差廠騸馬五百九十匹，孳生廠大小牛二百二十六隻，備差廠犍牛四十一隻，孳生廠大小羊八萬二千九百二十隻，備差廠羯羊二萬三千四百四十六隻。因歷年孳生蕃庶，該游牧草廠窄狹，其兵丁、閑散等全賴牧養為生，私立牲畜，漸有擁擠之勢，況孳生各廠照例不准報倒，按年均須計數。取孳馬、牛二項，原購數目不多，較羊隻尚能耐老，少免賠累。惟羊隻一項自光緒十四年捐辦起，迄今[4]已十五年，即二十二年購買發廠者，亦屆七年之久。歷年孳上取孳，數已增至十萬餘隻。口齒老者，不獨不能孳生，亦且時有倒斃。該經收官兵深恐虧短、難以賠累，呈請挑選變賣。其從前發給裁缺兵丁每名孳生羊三十隻，現在該裁兵等存者已能各自謀生，故者無人經管，誠恐年久孳多無著，並請收回，發交現食錢糧兵丁，隨缺經管，各等情。前來。

奴才查前將軍長（庚）在任時，亦曾將孳生羊隻於光緒二十四、五、六、七等年陸續挑選口老殘疾，每隻照章變價銀[5]六錢，造冊具報，並於奏估屯牧練軍經費案內聲明，將此項變價銀兩提充常年購製、操演、軍火等項之用，各在案。惟因所牧羊隻設廠未久，是以挑變數目無多，現據該總管等呈請各節，查屬實在情形，自不能不因時制宜，預防其漸。擬請自光緒二十九年起，將二十八年應取孳生羊隻照章收廠，按照新收羊數，挑出口老之羝羊、乳羊，照章每隻變價銀六錢，每年即以光緒二十七年孳生廠存羊數，定額取孳，以免年久倒斃，而省經牧官兵賠累，備差羊廠留存一年，應撥羊隻備用，將舊存羯羊全數按原購價值每隻變銀一兩，以免徒佔草場。所收價銀儲庫造報，存候撥用。嗣後按年照章挑變一次，庶於整頓牧務之中仍寓體恤經管官兵之意。

其裁缺兵丁原領羊隻，飭令收回，分發有缺各兵，隨缺牧放，以便稽查而免虧短。除咨明戶部外，所有牧廠口老羊隻擬請定章按年照額變價，並將原發羊隻改歸隨缺兵丁牧放各緣由，理合恭摺具陳。伏乞皇太后、皇上聖鑒訓示，敕部立案。謹奏。光緒二十九年五月十一日。

光緒二十九年七月二十八日接到。六月初三日，奉硃批：該部知道。欽此。

【案】此摺原件①、錄副②現均藏於臺北故宮博物院，茲據校勘。

1.【奴才馬亮跪】底本無此前銜，茲據原件校補。

2.【整頓】底本顛倒作“頓整”，茲據校正。

3.【二十二年】底本作“二十三年”，誤。茲據校正。

4.【迄今】底本脫“迄”，茲據補。

5.【變價銀】底本作“變銀價”，茲據校正。

6.【案】底本所載硃批日期與錄副所署一致。

○四二、揀補糧餉印務等處章京等缺摺

光緒二十九年七月初六日（1903年8月28日）

奴才馬亮、廣福跪[1]奏，為揀員請補伊犁糧餉、印務等處章京主事職銜各缺，恭摺具陳，仰祈聖鑒事。

竊奴才等據伊犁糧餉、印務嵩林等呈稱：伊犁糧餉本處章京主事職銜吉罕泰於光緒二十九年六月初六日因病身故，所遺之缺呈請揀員補放，前來。奴才查定例：伊犁糧餉章京四缺，一用京員，一用本處人員，二缺用在京廢員，各按底缺更換。如係本處之缺，由該大臣於本處筆帖士揀選，奏請賞銜頂補，七年期滿更換。如不得人，仍請以京員更換。又，例載：七年期滿之員，又經該處大臣以辦事得力奏請再留三年者，俟留辦期滿，果能始終奮勉，再行送部引見，各等語。

伊犁自收還以後，糧餉章京四缺經前將軍色楞（額）奏請裁去二缺，酌留二缺，一用京員，一用本處人員[2]。光緒二十七年，前將軍長（庚）以糧餉事務漸繁奏請酌復一缺，聲明京員到此，額支不敷，人地生疎，難期熟悉，懇照錄用本處人員之例，由本處經制筆帖士內揀員[3]，奏請賞銜頂補，均奉敕部議准在案[4]。今糧餉本處章京吉罕泰出缺，例應由本處筆帖士揀員請補，惟各處筆帖式非歷俸未滿，即款目未熟，若請以京員更

① 臺北故宮博物院藏：《軍機及宮中檔》，文獻編號：408004122.

② 臺北故宮博物院藏：《軍機及宮中檔》，文獻編號：157783.

換，則人地生疎，辦事尤難得力。

查伊犁印務本處章京主事職銜卓錦，自光緒二十二年六月初四日奉旨補放伊犁印務章京，扣至本年六月初四日，業已七年期滿。該員操守謹廉，辦事勤慎，以之調補糧餉本處章京，銜缺相當，辦事必能勝任。擬請比照七年期滿再留三年之例，仰懇天恩俯准，將印務本處章京卓錦調補糧餉本處章京，俟三年期滿，果能始終奮勉，再行送部引見。如蒙俞允，所遺印務章京一缺，查有歸部即選主事伊犁印務經制筆帖式伯奇善，辦事勤能，熟悉繙譯，擬請照例賞銜頂補。除飭取各該員等履歷清冊咨部查照，並將遞遺經制筆帖士各缺照例揀補咨部註冊外，所有揀員請補伊犁糧餉、印務等[5]處章京各缺緣由，理合恭摺具陳。伏乞皇太后、皇上聖鑒訓示。謹奏。光緒二十九年七月初六日。

光緒二十九年十月二十五日接到。八月二十三日，奉硃批：著照所請，該部知道。欽此[6]。

【案】此摺原件①藏於臺北故宮博物院，錄副②藏於中國第一歷史檔案館，玆據校勘。

1.【奴才馬亮、廣福跪】底本無此前銜，玆據原件校補。

2.【案】光緒十四年十月初一日，伊犁將軍色楞額等奏請擬補伊犁印務章京等缺，曰：

奴才色楞額、富勒銘額跪奏，為遵旨查明伊犁額設印務等處章京，酌覈裁留，擬援案揀員請補，以期漸復舊制，恭摺覆陳，仰祈聖鑒事。

竊於本年四月十三日准吏部咨：議覆伊犁將軍請補印房京缺主事等官，應令酌覈情形，再行奏明辦理，遵旨覆奏一摺，於光緒十四年二月二十四日具奏，奉旨：依議。欽此。黏單鈔錄原奏知照前來。查原奏內稱：內閣鈔出署伊犁將軍錫綸奏，伊犁旗隊現經奏明挑練，所有額設印務、糧餉、駝馬、營務、滿營檔房等處主事、筆帖式各員缺，擬將現在行營當差各營人員先行請補數員，以期漸復舊制，其餘委筆帖式、經書等照例咨部辦理。如蒙俞允，均請仍由營暫食行營口

① 臺北故宮博物院藏：《軍機及宮中檔》，文獻編號：408004126.

② 中國第一歷史檔案館藏：《錄副奏摺》，檔號：03－5422－050.

分，等因。於光緒十三年十二月十六日奉硃批：該部議奏。欽此。欽遵鈔出到部。

查定例：伊犁章京印務二缺，一用京員，一用本處人員；糧餉四缺，一用京員，一用本處人員，二缺用在京廢員；駝馬二缺，一用在京廢員，一用本處人員。各按缺底更換。如係京員之缺，由吏部於各衙門筆帖式內引見派往，作為委署主事。如係廢員之缺，由軍機處請旨派往。如廢員無人，由軍機處知照吏部於各衙門筆帖式引見派往。均三年期滿更換。如係本處之缺，由該大臣於本處筆帖士揀選，奏請賞銜頂補，七年期滿更換。如不得人，仍請以京員更換。又，本處駐防筆帖式內如有才具可以造就者，遇有相當缺出，亦准各該處大臣保奏，請旨賞給主事職銜，辦理章京事務，七年期滿，送部引見。又，由廢員賞給主事、小京官等職銜派往辦事並發往效力人員奏請賞銜頂補者，三年期滿，該管大臣專摺具奏，吏部無論從前公私情罪將該員革職原案詳敘事由，帶領引見，恭候欽定，各等語。

臣等查伊犁額設章京、筆帖式等缺，前於同治七年八月十九日據軍機處咨稱：新疆軍務未竣，各城額設章京之缺均應暫停簡派，俟軍務肅清，再行請旨辦理，等因。又，光緒十三年八月初八日，臣部會同兵部、戶部議覆陝甘總督譚鍾麟奏請裁撤伊犁、塔爾巴哈臺糧局、糧員摺內，聲明伊犁糧員應准其裁撤。至所請裁撤塔爾巴哈臺糧員是否即係糧餉章京，並伊犁額設糧餉章京是否一律裁撤，應令該督撫等分晰查明，再行辦理，等因。奏准咨行在案。今據署伊犁將軍錫綸奏稱，額設印房、糧餉、駝馬、營務、滿營檔房等處主事、筆帖式各員缺，擬將現在行營當差人員先行請補數員，以期漸復舊制。查印房京缺主事一缺，現有即選主事鍾齡擬補；糧餉處京缺主事一缺，現有即選主事廣恩擬補；印房本處主事職銜一缺，查有主事職銜作為部缺筆帖式景惠擬補；經制筆帖式二缺，查有儘先即補防禦卓錦、景秀擬補；糧餉處主事职銜一缺，查有主事職銜經制筆帖式吉罕泰擬補；經制筆帖式一缺，查有即補經制筆帖式富里善擬補；駝馬處主事職銜一缺，查有作為部缺筆帖式圖伽本擬補；經制筆帖式一缺，查有即補經制筆帖式豐紳泰擬補。其餘委筆帖式、經書等照例咨部辦理，等語。欽奉硃批，交部議奏。

臣等查伊犁額設印務、糧餉、駝馬章京等缺，例應由在京現任筆帖式並廢員及本處筆帖式各按缺底充補，由筆帖式派往者，作為委署主事；由廢員派往者，賞給主事、小京官等職銜；由本處筆帖式充補者，賞給主事職銜，辦理章京事務。是例內只設有印務、糧餉、駝馬章京缺分，並非設有主事額缺。如謂印房、糧餉、駝馬、營務、滿營檔房主事即係額設章京，伊犁舊制又無營務、滿營檔房章京缺額，均查與定例未符。至伊犁裁撤糧員，是否將額設糧餉章京一律裁撤，現在亦未據陝甘總督等聲覆到部。所有該將軍奏請先行變通請補之處，臣部礙難核議，應請旨飭下該署將軍詳細查明，仍會同陝甘總督，酌核情形，再行奏明辦理。在部臣慎重名器，體制不容稍率；而奴才等參酌時宜辦理，尤期歸至當。

伏查伊犁將軍衙門駐防旗營舊制，額設印務章京二缺，一用京員，一用本處人員，辦理印房事務，又設本處經制筆帖式二員、委筆帖式二員、經書五名以襄之。糧餉章京四缺，一用京員，一用本處人員，二用在京廢員，辦理糧餉事務，又設本處經制筆帖式一員、委筆帖式一員、經書八名以襄之。駝馬章京二缺，一用在京廢員，一用本處人員，辦理駝馬事務，又設本處經制筆帖式一員、委筆帖式一員、經書一名以襄之。其營務處額設委筆帖式二員、滿營檔房委筆帖式二員，亦係本處之缺，向由該將軍、大臣連上項經、委各缺，隨時揀選頂補。部臣原奏謂伊犁舊制無營務、滿營檔房章京缺額，蓋即此耳。伊犁承平年間滿、蒙旗丁不下十萬人、額兵一萬五千餘名。兵燹之後，丁口尚有五萬三千餘眾。現經臣等奏請酌設兵額八千人，係於萬難減少之中，遵照戶部增兵不增餉定章，體察情形，詳覈定擬。從前糧餉一處額設章京四缺，諒因兵額較多，事務較繁，用人自不能過少。今議設兵額八千，若仍照舊額派委章京，未免人浮於事，擬請將糧餉章京裁去二缺，酌留二缺，仍一用京員，一用本處人員，足資辦理。其印務、駝馬兩處章京仍請照舊額設復，以專責成而免貽誤。同治七年八月，吏部曾據軍機處咨稱：新疆軍務未竣，各城額設章京之缺均應暫停簡派，俟軍務肅清，再行請旨辦理，等語。現在全疆底定，軍務早經告蕆，旗營、兵制亦已漸就規模，所有額設章京、筆帖式等缺，自應及時分別請補，惟營制甫經整頓，事多創始，必須當差有年、熟悉伊犁情形之員，方期勝任。

奴才等詳加區畫，擬援照吉林章程由外揀補一次，以後即遵舊制辦理。茲請將緊要缺分先行酌補，用期漸復舊制。至經制筆帖式各缺相當人員現尚不敷揀選，擬由即補防、校人員內，擇其通曉文義、當差勤慎者，酌量變通擬補。伊犁印務處京員章京一缺，查有行營供差之藍翎先換頂戴選缺後儘先即補員外郎即選主事鍾齡，勤慎有為，堪以擬補。本處章京一缺，查有伊犁主事職銜作為部缺筆帖式景惠，老成歷練，堪以擬補。經制筆帖式二缺，查有花翎儘先即補防禦卓錦、藍翎儘先即補防禦景秀，堪以擬補。糧餉處京員章京一缺，查有行營供差之藍翎六部遇缺儘先前即選主事補缺後儘先即選員外郎廣恩，前經錫綸奏請擬補，茲查該員現有經手事件，例得聲明扣除。伊犁現無相當京員，應即請旨簡派。本處章京一缺，查有藍翎主事職銜經制筆帖式吉罕泰，小心謹慎，堪以擬補。經制筆帖式一缺，查有藍翎六品頂戴即補經制筆帖式富里善，堪以擬補。駝馬處京員章京一缺，伊犁現無相當京員，應即請旨簡派。本處章京一缺，查有藍翎主事職銜作為部缺筆帖式圖伽本，樸實耐勞，堪以擬補。經制筆帖式一缺，查有六品藍翎即補經制筆帖式豐紳泰，堪以擬補。

其餘委筆帖式、經書等缺，仍照例咨部核辦。如蒙俞允，均請暫食行營口分，一俟規復旗營兵制、餉額，奉准部覆，再按各缺支食俸糧、鹽菜。經此次由外揀補後，三年期滿更換。如京缺章京係筆帖式充補者，仍照舊例作為委署主事。廢員充補者，請賞給主事、小京官等職銜。本處筆帖式充補者，賞給主事職銜，由吏部、軍機處分別請旨定奪。本處各缺章京及經、委筆帖式仍隨時由伊犁將軍照例辦理。所有查明伊犁額設印務等處章京，酌覈裁留，擬援案揀員請補緣由，是否有當？謹會同陝甘督臣譚鍾麟，合詞恭摺覆陳。伏乞皇太后、皇上聖鑒，敕部核議施行。謹奏。①

光緒十四年十一月十三日，奉硃批：該部議奏。欽此。②

3.【揀員】底本作“揀選”，茲據校正。

4.【案】光緒二十七年三月十二日，伊犁將軍長庚等以伊犁糧餉事務漸繁，奏請酌復糧餉章京等缺，以資分理，曰：

奴才長庚、拉禮跪奏，為伊犁糧餉事務漸繁，擬請酌復章京額

---

① 中國第一歷史檔案館藏：《硃批奏摺》，檔號：04－01－12－0544－108.

② 中國第一歷史檔案館藏：《錄副奏摺》，檔號：03－5241－074.

缺，以資分理，恭摺具陳，仰祈聖鑒事。

竊查伊犁舊制：額設糧餉處掌關防司員一員、幫辦三員，專管錢糧支發，並關涉戶、工二部稿件，並未管理倉庫。其倉庫專歸恵遠城糧員管理，而巴彥岱、固勒札、綏定、塔勒奇等四城仍各設管倉糧員一員。自新疆改設行省，糧員俱未設復，其糧餉章京四缺，前伊犁將軍色楞額等因營制初復，兵勇皆在行營駐紮，當時收支糧餉皆由行營餉局經理一切，未能悉按舊章，且屯田未曾舉辦，兵糧全未估撥，是以將額設章京四缺裁去二缺，奏奉諭旨，飭部議准。雖經請補，而緊要事件仍係行營人員辦理。

奴才等自移入恵遠城後，建立銀庫，添蓋倉廒，興辦屯田，清釐積案。所有管理倉庫收支軍餉、收發官兵糧石、經管儲倉屯糧、稽查出入款目、覈算銷冊，在在需員，是昔年糧員、倉員承辦之事，今已概歸糧餉處一處辦理。該處前設章京二員，實係不能兼顧，擬請於前裁章京二缺內酌復一缺，以之辦理糧餉，庶免顧此失彼之虞。查定例：伊犁糧餉章京四缺，一用京員，一用本處人員，二缺用在京廢員。前此酌留二缺，原請一用京員、一用本處人員。其京員章京一缺，經部議定，先由在京筆帖式補放一次，次由軍機處於在京廢員補放一次。此次請復一缺，本應咨呈軍機處請指派用廢員，惟伊犁距京窵遠，京員到此三年期滿，照例即須更換，不獨每年額支鹽菜等項僅止三百數十金，往返川資以及辦公經費勢難敷用，而考察例案、勾稽款目，亦非素習者不能。且人地生疏，與錫伯、索倫、察哈爾、額魯特等營，未能通其語言，情形即難熟悉。縱使明幹之員補放斯缺，令其留心學習，於職事甫能粗知，即已瓜代及期。

查例載：本處駐防筆帖式內如有才具可以造就者，遇有相當缺出，亦准各該大臣保奏，請旨賞給主事職銜，辦理章京事務，七年期滿，送部引見，等語。此次請復缺額，本為辦事需人起見，擬懇天恩俯准將酌復糧餉處章京一缺，按照錄用本處人員之例，由本處經制筆帖式內揀員，奏請賞給主事職銜頂補，辦理章京事務，七年期滿更換。如蒙俞允，現在伊犁糧餉處筆帖式中積年學習，尚有堪以委用之人，俟奉諭旨後，奴才等即由本處現任經制筆帖式內揀員請補，以資熟手。

至該章京每月額支鹽菜銀十五兩、加增銀十兩、口糧麵二百一十觔、歲額俸銀六十兩，擬請悉照舊章支給，無閏之年需銀三百六十兩，遇閏照加，擬由額餉內匀挪支給，毋須另行籌款。歲需口糧二千五百二十觔，加閏扣建，照章按年咨由新疆撫臣飭司撥發，以資辦公。所有擬請酌復糧餉章京額缺緣由，理合恭摺具陳。伏乞皇太后、皇上聖鑒，敕部核覆施行。謹奏。光緒二十七年三月十二日。①

光緒二十七年四月十五日，奉硃批：該部議奏。欽此。②

5.【等】底本脱“等”，兹據原件校補。

6.【案】底本所載硃批日期與錄副所署一致。

〇四三、請留豐紳泰辦理駝馬處事務片

光緒二十九年七月初六日（1903年8月28日）

再，奴才等據伊犁駝馬章京豐紳泰呈稱：於光緒二十二年五月間，經前伊犁將軍長（庚）等奏請補放伊犁駝馬本處章京主事職銜員缺，於六月初四奉硃批：著照所請，該部知道。欽此。欽遵在案[1]。計自光緒二十二年六月初四日補缺之日起，扣至光緒二十九年六月初四日七年期滿，理合照例報滿，等情。

奴才等伏查前伊犁將軍色楞（額）等奏請擬補伊犁印務等處章京各缺，准吏部議覆：伊犁駝馬章京二缺，一用在京廢員，一用本處人員。如係本處章京之缺，由本處筆帖式奏請賞銜頂補，七年期滿更換。又，本處駐防筆帖式內如有才具可以造就者，遇有相當缺出，亦准各該處大臣保奏，請旨賞給主事職銜，辦理章京事務，七年期滿送部引見。如七年期滿之員又經該處大臣以辦事得力奏請再留三年者，係留辦期滿，果能始終[2]奮勉，再行送部引見，請補主事實缺，等語。該章京豐紳泰現屆七年期滿，自應送部引見，惟伊犁現當整頓牧務之時，孳生、備差各項牲畜全賴經理得人，該章京在駝馬處供差有年，辦理牧廠事務深資得力，未便遽易生手。

① 中國第一歷史檔案館藏：《硃批奏摺》，檔號：04－01－12－0602－021.

② 中國第一歷史檔案館藏：《錄副奏摺》，檔號：03－6162－049.

合無仰懇天恩俯准將伊犁駝馬章京豐紳泰再留三年辦理駝馬處事務，以資熟手。如蒙愈允，俟留辦期滿，再由奴才等照例辦理。謹附片具陳。伏乞聖鑒訓示。謹奏。光緒二十九年七月初六日[3]。

同日[4]，奉硃批：著照所請，該部知道。欽此。

【案】此片原件①藏於臺北故宮博物院，錄副②藏於中國第一歷史檔案館，茲據校勘。

1.【案】光緒二十二年五月初二日，伊犁將軍長庚等奏請以卓錦、豐紳泰補授章京，曰：

奴才長庚、鍾亮跪奏，為伊犁印務、駝馬等處章京年滿，額缺循例揀員請補，恭摺仰祈聖鑒事。

竊奴才等據伊犁印務章京京惠、駝馬處章京圖伽本呈稱：竊章京等於光緒十四年十月間經前任將軍色楞額等奏請，補放伊犁印務、駝馬等處章京員缺。嗣准吏部議覆：印務本處章京一缺，將主事職銜作為部缺筆帖式景惠擬補；駝馬本處章京一缺，將主事職銜作為部缺筆帖式圖伽本擬補。應准其補放，等因。於光緒十五年三月初八日具奏，奉旨：依議。欽此。欽遵在案。計自光緒十五年三月初八日補缺之日起，扣至二十二年三月初八日，七年期滿，自應照例請咨，歸部學習。惟章京等家素貧寒，實係無力赴京，擬請歸旗就武，等情。

奴才等伏查前任將軍色楞額等奏請補放伊犁印務、糧餉、駝馬等処章京各缺，准吏部咨開：伊犁印務章京二缺，一用京員，一用本處人員；駝馬章京二缺，一用在京廢員，一用本處人員。如係本處章京之缺，由本處筆帖式揀選，奏請賞銜頂補，七年期滿更換。又，本處駐防筆帖式內如有才具可以造就者，遇有相當缺出，亦准各該處大臣保奏，請旨賞給主事職銜，辦理章京事務，七年期滿，送部引見，等語。該章京景惠、圖伽本等現居七年期滿，自應照例辦理，惟該員等無力赴京，擬請就武。

查伊犁印務、糧餉、駝馬等處本處章京各缺，年滿後無力赴京者，請歸原旗就武，以防禦補用，歷經辦理有案，應如所請辦理。所出印務、駝馬等處本處章京之缺，奴才等於各該處應升人員內逐加揀

① 臺北故宮博物院藏：《軍機及宮中檔》，文獻編號：408004126－0－A.

② 中國第一歷史檔案館藏：《錄副奏片》，檔號：03－5422－051.

選，印務章京一缺，查有主事職銜該處經制筆帖式卓錦，當差年久，熟悉公事，堪以擬補。駝馬處章京一缺，查有該處經制筆帖式豐紳泰，當差勤慎，辦事明敏，堪以擬補。其遞遺經制筆帖式各缺，照例揀補，咨部註冊。

合無仰懇天恩准將伊犁印務章京一缺以筆帖式卓錦補放，駝馬處章京一缺以筆帖式豐紳泰補放，並請賞給主事職銜，以便辦理章京事務。除飭取各該員等履歷清冊咨部查核外，所有揀補伊犁印務等處章京各缺緣由，謹恭摺具陳。伏乞皇上聖鑒訓示。謹奏。光緒二十二年五月初二日。①

光緒二十二年六月初四日，奉硃批：著照所請，該部知道。欽此。②

2.【始終】底本奪“始”，兹據原件校補。

3.【光緒二十九年七月初六日】此具奏日期僅見於底本。

4.【同日】錄副作“光緒二十九年八月二十三日”，與底本所署一致。

○四四、預估歲需新餉懇恩援案指撥摺

光緒二十九年七月初六日（1903 年 8 月 23 日）

奴才馬亮、廣福跪[1]奏，為預估伊犁歲需新餉，懇恩敕部准照減定成數援案指撥，以濟要需，恭摺仰祈[2]聖鑒事。

竊查伊犁滿、蒙標練各營官兵俸餉以及一切雜支各款[3]，歷經各前將軍覈實裁減，歲定額支銀四十五萬兩，按年奏請估撥在案。奴才亮到任[4]後，檢查接管卷内，迭准[5]戶部咨令節省。仰體時局多艱，於無可撙節之中議將原定額支各款一律覈減一成五發給，約計歲省銀六萬兩，請自光緒二十九年正月初一日起，每年按三十四萬兩之數指撥的款，以供支放；並請催收二十八年以前欠餉，撥還二十八年以前借用甘、新兩省欠款，以清轇轕，於光緒二十九年正月二十日具奏在案。原慮協餉省分籌解為難，積

① 中國第一歷史檔案館藏：《硃批奏摺》，檔號：04-01-12-0574-001.

② 中國第一歷史檔案館藏：《錄副奏摺》，檔號：03-5342-010.

久不清，有名無實，貽悮邊局，責任匪輕。嗣奉部議，以指款還欠未便過於軒輊，行令陝甘督臣、新疆撫臣會商奏覆，再行核辦。

除俟咨商定議再行會奏外，茲屆預估光緒三十年新餉之期，查伊犁境接俄鄰，地方遼闊，原設滿、蒙標、練各營官兵，現已不敷分佈，既難再事裁撤，俸餉業已減成支放，又復[6]無可再裁。據糧餉處覈實估計，呈請仍照本年正月奏請減定銀三十四萬兩之數奏撥，前來。相應籲懇天恩，俯念邊防緊要，需餉孔殷，敕部准照減定銀三十四萬兩之數，援案指撥的款，以濟要需而顧邊局。除咨部外，所有預估光緒三十年伊犁餉數緣由，理合恭摺具陳。伏乞皇太后、皇上聖鑒訓示。謹奏。光緒二十九年七月初六日。

光緒二十九年十月二十五日接到。八月二十三日，奉硃批：戶部知道。欽此[7]。

【案】此摺原件①藏於臺北故宮博物院，錄副②藏於中國第一歷史檔案館，茲據校勘。

1.【奴才馬亮、廣福跪】底本無此前銜，茲據原件校補。

2.【仰祈】底本作“仰懇”，茲據原件、錄副校正。

3.【伊犁滿、蒙標練各營官兵俸餉以及一切雜支各款】底本作“伊犁成數援案各營官兵俸餉以及一切雜支各項”，文字錯亂。茲據校正。

4.【奴才亮到任】底本無“亮”字，疑脫。茲據原件補。

5.【迭准】底本作“迭經准”，衍“經”，茲據校正。

6.【復】底本脫“復”，茲據原件校補。

7.【案】錄副所署硃批日期與底本所署一致。

〇四五、請敕各省關補解歷欠新餉片

光緒二十九年七月初六日（1903年8月23日）

再，查伊犁餉項，奴才於上年八月到任，接准前任將軍長（庚）移

---

① 臺北故宮博物院藏：《軍機及宮中檔》，文獻編號：408004127.

② 中國第一歷史檔案館藏：《錄副奏片》，檔號：03－6166－040.

交，截至光緒二十八年六月止，各省歷年欠解新餉共已積至四十一萬七千餘兩之多，歷年支款無出，借欠甘、新兩省亦不下四十萬三千餘兩。前因歷年新餉向由甘肅統收分撥，各省欠餉未便逕行咨催，而甘、新借款積數過多，亦不能不設法清償，是以本年正月於議請減餉摺內有指撥的餉並由甘、新兩省催收欠餉、扣抵借款之請。原冀清從前之欠而杜後此之虧，未蒙部臣議准，本[1]不應再行瑣瀆，第伊犁地處極邊，自新疆改設行省以後，事權不屬，欲自圖立，苦於無源可開。前請試辦官茶，圖獲盈餘，稍濟餉源之不給，而[2]成效尚難預期[3]，此外則興屯辦牧，值此時勢[4]，經費無出，開廣亦難，仰食於人，支持甚屬不易。

現在時逾半載，據甘肅咨報：各省關解到新餉應分撥伊犁之數，尚止五萬餘兩。奴才等派員請領新餉，雖經新疆撫臣顧全大局[5]，多方湊墊，撥發銀十萬兩，祇足敷春季開支，而以前借銀四十餘萬，現尚無可撥還，以後更不堪設想。睹此邊軍嗷嗷待哺，既經減成支領，又令懸釜待炊，雖明知協餉各省籌解為艱，然邊疆將士枵腹從公，奴才等責有攸歸，實未敢再事緘默，致誤事機。惟有仰懇天恩敕部咨催協餉各省關，將歷年已撥未解新餉源源補解，俾支邊局，地方幸甚！所有各省歷年欠解新餉過多，擬請敕部分別催補緣由，理合附片陳請。伏乞聖鑒訓示。謹奏。

同日[6]，奉硃批：戶部知道。欽此。

【案】此片原件①藏於臺北故宮博物院，錄副②藏於中國第一歷史檔案館，茲據校勘。

1.【本】底本誤作“未”，茲據校正。

2.【而】底本作“而或”，衍“或”。茲據原件刪除。

3.【尚難預期】底本作“難預期”，奪“尚”。茲據原件校補。

4.【時勢】底本作“時局”，茲據校正。

5.【顧全大局】底本作“顧念全局”，茲據校正。

6.【同日】錄副作“光緒二十九年八月二十三日”，與底本一致。

---

① 臺北故宮博物院藏：《軍機及宮中檔》，文獻編號：408004127－0－B.

② 中國第一歷史檔案館藏：《錄副奏片》，檔號：03－6657－090.

〇四六、奏報遣送長子廣榮赴俄游學片

光緒二十九年七月初六日（1903年8月23日）

再，查光緒二十七年八月初五日欽奉上諭：造就人才實為當今要務，前據湖南、湖北、四川等省選派學生出洋游學，用意甚善，著各省督撫一律仿照辦理。其游學經費著各省妥籌發給，准其作正開銷。如有自備旅資出洋游學者，著各省督撫咨明該出使大臣，隨時照料。如果學成得有優等憑照回華，准照派出學生一體考驗獎勵[1]，以備任用而資鼓舞。欽此。奴才[2]現已奏請籌備經費，選派伊犁滿、蒙各營子弟十人，按班赴俄國之阿拉穆圖地方肄業在案。

查奴才[3]長子廣榮，現年二十二歲，曾於新海防捐案內報捐分發試用通判，上年隨來伊犁，在奴才[4]任內讀書。因邊地明師難得，現擬自備旅資，飭令前往俄都游學，倘能造就有成，俟將來領有憑照四華，再行咨送大學堂考驗，求賞差使，以圖報效。除咨請俄國出使大臣照料並咨明外務部、大學堂外，謹將遣子赴俄游學緣由附片具奏。伏乞聖鑒。謹奏。

同日[5]，奉硃批：知道了。欽此。

【案】此片原件①藏於臺北故宮博物院，錄副②藏於中國第一歷史檔案館，茲據校勘。

1.【獎勵】底本作“得獎勵”，衍“得”。茲據原件刪除。

2.【奴才】底本空缺，茲據原件補。

3.【奴才】底本空缺，茲據原件補。

4.【奴才】底本空缺，茲據原件補。

5.【同日】錄副作“光緒二十九年八月二十三日”，與底本一致。

---

① 臺北故宮博物院藏：《軍機及宮中檔》，文獻編號：408004127－0－A.

② 中國第一歷史檔案館藏：《錄副奏片》，檔號：03－7224－015.

○四七、奏報巡閱伊犁東南邊界摺

光緒二十九年七月十六日（1903 年 9 月 8 日）

奴才馬（亮）跪奏，為巡閱伊犁東南邊界情形，恭摺仰祈聖鑒事。

竊奴才前於閏五月初七日出巡額魯特等邊界，於六月十一日回署，業經先後電請軍機大臣代奏在案。查伊犁境宇遼闊，自各城改設縣治之後，其隸歸奴才所轄者，錫伯、索倫、察哈爾、額魯特四愛曼以及土爾扈特，地方綿延數千里，其中土爾扈特各部落均有盟長分部其眾，尚能安靜如常。錫伯、索倫、察哈爾三營雖各有毗連俄境卡倫，近年來交涉案件尚少，惟額魯特一部界鄰俄境之處最多，自哈薩克內附安插該營附近，而俄哈出沒無常，內外勾結，以致交涉之案日漸加多。

奴才因會同管理哈薩[1]事務索倫營領隊大臣志（銳），於閏五月初七日由巴彥岱出關里沁，過哈什河，直抵額魯特十蘇木游牧查看。該十蘇木在伊犁河北岸，形勢寬平，惟游牧內之阿布喇勒山、都圖嶺、呢勒哈庫森什克河等處，均有哈薩克駐牧。旋登烏圖、達坂、南望[2]崆谷斯河、昌曼河、西南特克斯河，均匯入為伊犁大河；東北抵精河一帶南山之陽，正東、東南抵[3]珠爾都斯，那拉特大山與土爾扈特連界，南山之北，地勢平曠，水草茂盛。折回過伊犁河南，越南山，至額魯特四蘇木、六蘇木之地。其間附近伊犁河南岸之察布察爾山、阿坦山，在在均係哈薩克與蒙古雜處，種類各異，積不相能，爭奪牧廠、偷劫牲畜之案幾於無日不有。奴才與管哈薩[4]大臣志（銳）熟商，惟有將額魯特六蘇木向東遷移，駐牧於崆谷斯河、哈什河上游，與四蘇木、十蘇木聯為一氣，與土爾扈特、蒙古亦能聲息相通，騰出特克斯川南北兩岸為哈薩克駐牧之所，則蒙古在內、哈薩在外，不獨交界可清，而特克斯一帶令哈薩駐牧嚴密，亦可免每年俄人借佔。已飭各營總管等熟商，奴才再與各領隊酌辦，必使有利無弊，再行另案奏明，請旨辦理。

至過伊犁河南，曾繞道赴特古斯塔柳官屯，詳細履勘，渠道齊整，屯堡、倉厫尚稱堅固。抵格登山，恭謁高宗純皇帝御碑，石質現均完潔，文字亦皆完好。惟停柱傾圮，雖經前將軍長（庚）勘估，奏請重脩，因值交卸，未及脩理[5]。查彼處山高風勁，亭以木脩總難經久，奴才派員趕緊購辦物料，以備擇期興工，通用磚石嵌砌，工竣核實開報，較原估尚可節省。隨復歷閱額魯特沿邊卡倫，堡卡均屬堅固，第邊界延長[6]，匪人處處可以踰越，實屬防不勝防。已諭飭駐卡官兵等傳籌會哨，勤走開齊，不准稍懈。回道巡查錫伯營，各牛彔人口繁庶，地土亦均肥沃。該營兵丁、閑散能耐辛勞[7]，種植得法。各旂練軍隨地調操，人馬精壯，步武亦極嫻熟。六月十一日，渡河回署，檢查案牘，並無積壓。現在地方安静如常，堪以仰慰宸廑。所有奴才巡閱伊犁東南邊界情形，理合恭摺具陳。伏乞皇太后、皇上聖鑒。謹奏。光緒二十九年七月十六日[8]。

光緒二十九年十一月初三日，接到兵部火票遞回原摺。九月初八日，奉硃批：知道了。欽此[9]。

【案】此摺原件①藏於臺北故宫博物院，錄副②藏於中國第一歷史檔案館，茲據校勘。

1.【哈薩】底本作“哈薩克”，衍“克”。茲據原件刪除。

2.【南望】底本奪“望”，茲據原件校補。

3.【抵】底本奪“抵”，茲據原件校補。

4.【哈薩】底本作“哈薩克”，衍“克”。茲據原件刪除。

5.【案】光緒二十六年三月十二日③，伊犁將軍長庚等以格登山御碑破敗附奏曰：

再，准額魯特領隊大臣英裕咨呈：據左翼總管博泰、副總管庫克呈稱：轉據格登山卡倫委官烏魯布吉爾報稱：上年冬季風雪過大，格登山上原建御碑亭被風吹紐，柱頭與檁木交榫處業已損壞，全亭向東南斜欹，傾圮堪虞，理合報明，候示辦理，等情。除飭先用大木數根搘撐以免傾圮外，擬請派員勘修，等因。前來。

奴才等恭查乾隆年間，高宗純皇帝平定准噶爾，禦製勒銘碑，立於格登山嶺。光緒八年收還伊犁時，經勘分邊界大臣長順查閱輿圖，此山業已劃歸俄境，遂於俄官佛哩德據碑力爭，始以格登山西蘇木拜水為界，

① 臺北故宫博物院藏：《軍機及宫中檔》，文獻編號：408004128.

② 中國第一歷史檔案館藏：《錄副奏片》，檔號：03－6038－031.

③ 此具奏日期據《軍機處隨手登記檔》（檔案編號：03－0304－2－1226－114）校正。

格登山仍屬中土。因碑亭無存，經前任將軍金順派員建修，於光緒十年六月工竣，先後均經奏報有案。伏讀碑文，不惟高宗純皇帝耆定武功，天章炳煥，足以昭垂億禩，且威靈所讋，疆索攸關。現據金順前修年分已逾保固例限，自應敬謹修理、守護，以昭慎重。黨派索倫營總管札拉豐阿前往，會同額魯特左翼總管博泰等勘驗估計。旋據覆稱：該處地勢高曠，風力尤勁，原建係四面起角明亭，有檻無壁，易於受風。該員等詳加履勘，與原報情形相符，且格登山本為天山疊嶂中特起之一峰，又與冰嶺相近，積雪素多，常年秋冬落雪，春暮夏初始能消化。碑亭處積雪之中，恒經數月濕氣所蒸，柱根俱已糟朽，堦石走錯，間有泐損磚瓦被風雪漬皺酥，不堪復用。今擬將碑亭基座添用石條，加寬修砌，亭身四面添砌磚牆，前留門戶出入，周圍出廊，以資捍蔽。其餘頂蓋、欞檻俱照舊式建造。所需料物除木料、石條、石灰採自霍諾海山內，其餘磚瓦、鐵釘、顏料、桐油並攜帶食糧，均係由恵遠城採辦運往，渡伊犁河，踰索果爾嶺，由霍諾海軍臺分路向西北，運至格登山麓，搬運山上。計工料、脚費食糧等項，共估需銀一千四百兩。

奴才等覆查所擬工程做法，自係為周密鞏固起見，估需銀兩亦屬無浮，擬請由伊犁裁存兵餉銀兩項下照數提撥，發交額魯特領隊大臣英裕，督飭該營總管、副總管敬謹修理，工竣核實造銷。除將估冊咨部查核外，所有擬請重修格登山碑亭緣由，理合附片陳明。伏乞聖鑒訓示，飭部立案施行。謹奏。①

光緒二十六年四月二十九日，奉硃批：著照所請，該部知道。欽此。②

6.【延長】底本作“沿長”，誤。茲據校正。

7.【辛勞】底本作“辛苦”，茲據校正。

8.【案】此具奏日期，底本作“光緒二十九年七月二十六日”，原件、錄副及《隨手檔》③均作“光緒二十九年七月十六日”，底本誤無疑。茲據校正。

9.【案】底本所載硃批日期、內容與錄副一致。

---

① 中國第一歷史檔案館藏：《硃批奏片》，檔號：04-01-37-0144-034.

② 中國第一歷史檔案館藏：《錄副奏片》，檔號：03-7164-041.

③ 中國第一歷史檔案館藏：《軍機處隨手登記檔》，檔案編號：03-0317-1-1229-270.

【案】此摺之允行，《清實錄》亦記之曰：

又奏，巡閱巡閱東南邊界，籌移額魯特、六蘇木駐牧於崆谷斯、哈什兩河上游，以免爭奪牧廠、偷劫牲畜之案，並籌修格登山高宗純皇帝碑亭。報聞。①

○四八、請獎赴陝護送鑾輿回京員弁片

光緒二十九年七月二十六日（1903年9月18日）

再，奴才前於光緒二十六年七月間在署伊犁鎮任奉旨調京，維時正聞拳匪滋事，京畿戒嚴，舊部文武莫不義憤同深，或請卸差，或請開缺，咸願自備資斧，隨行效力。奴才未便遏其忠誠，當即選帶文武員弁五十九員，兼程馳抵陝西。恭逢聖駕西巡，奴才渥蒙聖恩，補授密雲副都統，奉旨暫留行在[1]。因值直隸、山西兵禍未息，秦隴一帶荒旱侵頻，匪類飢民，深虞滋擾。

該員弁隨行奴才在陝，亟思竭力圖效，幸賴天威遠播，旋即轉危而安[2]。二十七年七月，奴才復蒙聖恩補授伊犁將軍，當經奏請護送鑾輿回京，該員弁仍隨奴才，於沿宿尖途各站盡夜巡警，無敢稍懈。二十七年十二月，奉旨飭赴新任，業將隨帶員弁無力回防情形奏奉諭旨，飭部酌發車輛，俾得仍回伊犁，留營效力。伏思該員弁駐陝經年，馳驅遠道，正當米珠薪桂之日，不避衝寒冒暑之勞，雖困苦艱難，為臣民職分所宜盡，而忠誠勇往，該員弁心跡實可嘉。此次隨扈各軍皆蒙特恩，准照異常勞績獎敘。該員弁等雖未敢妄冀與隨扈將士同膺懋賞，惟前曾在伊防戍出力有年，祇以仗義急公辭卸差缺，隨赴行在，轉未得列入邊防案內請獎，奴才目擊該員弁往返奔馳，勤勞奮勉，實較防戍出力為優。

合無仰懇天恩，俯准將藍翎同知銜儘先選用知縣陳天祿，免選知縣，以直隸州知州不論雙單月歸部即選；儘先前即選縣丞張世箴，免選縣丞，以知縣不論雙單月歸部即選；六品頂戴升缺用儘先選用從九品文炳章，免選本班，以縣主薄不論雙單月歸部選用；附生李治江以縣丞不論雙單月歸

① 《德宗景皇帝實錄（七）》，卷五百二十一，光緒二十九年九月，第882頁。

部選用；即補都司雲騎尉世職王金樞，免補都司，以游擊儘先即補；花翎三品頂戴儘先選用衛守備段祝三，免選衛守備，以營都司儘先補用；藍翎補缺後補用都司儘先補用守備王占元，免補守備，以都司儘先補用；藍翎守備銜拔補千總張得勝，免補千總，以守備即補；藍翎守備銜拔補把總朱貴，免補把總，以千總儘先拔補；六品軍功黃春、德赫、松亭、李沛、李富貴，均以把總儘先拔補；出自逾格鴻施。除將該員等履歷造冊分咨吏部、兵部外，理合附片陳請。伏乞聖鑒訓示。謹奏。

仝日[3]，奉硃批：該部議奏[4]。欽此。

【案】此摺原件①藏於臺北故宮博物院，錄副②藏於中國第一歷史檔案館，茲據校勘。

1.【暫留行在】底本誤作“暫行留在”，茲據校正。

2.【轉危而安】底本作“轉危為安”，茲據校正。

3.【仝日】錄副作“光緒二十九年九月初八日，”與底本一致。

4.【該部議奏】底本脫“奏”，茲據原件補。

〇四九、添設哈薩克兩部落千戶長等名目片

光緒二十九年七月十六日（1903年9月7日）

再，查伊犁所屬黑宰、阿勒班兩部哈薩克，自光緒八年接收伊犁時，由臺吉胡岱們都頭目薩三帶領三千餘戶投誠，經前將軍金（順）奏請，准其內附，設立頭目三名，放為阿哈拉克齊，並請賞戴三品頂翎，於光緒九年七月二十八日奉旨：著照所請，該衙門知道。欽此。前署將軍錫（綸）將阿哈拉克齊名目改為千戶長名目，經前護將軍富勒銘（額）奏明，請將臺吉、千戶長每年酌給津貼，於歲收租馬變賣項下開支，經部覆准有案。光緒二十五年，前將軍長（庚）查明，該黑宰哈薩克生齒日繁，僅止千戶長三名，管轄難期周密，奏請添設千戶長二名，並添設辦事筆帖

① 臺北故宮博物院藏：《軍機及宮中檔》，文獻編號：408004130－0－A.

② 中國第一歷史檔案館藏：《錄副奏片》，檔號：03－5958－077.

式毛拉等，各照章給予津貼、工食銀兩，由租馬項下支給，於二月二十一日具奏，四月十一日奉硃批：著照所請，該衙門知道，單併發。欽此。欽遵辦理在案。迄今又已五年，該兩部哈薩克生息日益繁庶。前准管理哈薩克事務索倫營領隊大臣志（銳）咨呈：據該千戶長等呈稱：戶口眾多，稽查難周，請添設千百戶長，以資分管。

此次奴才於巡閱邊卡之便，復偕該管大臣就近勘明，該兩部哈薩克共有八千九百餘戶，丁口至四萬五千餘名。據稱黑宰一部除已有千戶長五名外，應請[1]再[2]添設千戶長三名，每千戶長屬下應有百戶長、五十戶長等，均請照章添派。其臺吉阿勒巴特原有焉耆戶口四百餘戶，現已奏請承襲，應將焉耆戶口撥出，令其自行管轄外[3]，有百戶長昆布拉特一名，前因自帶四百餘戶由俄國投出，經俄皇准其作為中民，應賞給千戶長銜，令其管轄投出之戶。其阿勒班一部亦增有四百餘戶，原祗設百戶長一名，難資約束，應請賞給副千戶長銜，以便總理該部游牧事務，並添設百戶長三名，以資分管。至所添千戶長三名，應請照章每名歲支津貼銀六十兩；所添千戶長銜一名、副千戶長銜一名，辦公需資，擬請比照千戶長津貼之數酌減，千戶長銜歲支津貼銀五十兩，副千戶長銜歲支津貼銀四十兩，均由徵收該哈薩克租馬變賣項下支給，不另請款。奴才查哈薩克性情獷悍，全賴責成大小頭目嚴加約束，俾知守法，就我範圍。

現在休養生息，既增繁庶，原設千戶長五名稽查難周，均屬實情，既據呈請分別添設，惟有仰懇天恩准其添設千戶長三名、千戶長銜一名、副千戶長銜一名，並於每千戶長屬下各添設百戶長、五十戶長等頭目，責令遞相管束，俾各遵守法度；歲支津貼銀兩亦請准其於歲收租馬變賣項下支給。如蒙俞允，俟奉旨後，即當轉飭揀選充補，撥戶妥為分管。所支津貼按年照章造報請銷。除分咨部、院外，理合附片具陳。伏乞聖鑒訓示。謹奏。光緒二十九年七月十六日[4]。

仝日[5]，奉硃批：著照所請，該衙門知道。欽此。

【案】此奏片原件①現藏於臺北故宮博物院，茲據校勘。

1.【應請】底本奪“請”，茲據原件校補。

---

① 臺北故宮博物院藏：《軍機及宮中檔》，文獻編號：408004128－0－A.

2.【再】底本誤為“在”，茲據校正。

3.【案】劃線部分，底本錯亂為“應將焉耆戶口四百余戶現已奏請外”，茲據校正。

4.【光緒二十九年七月十六日】此具奏日期僅見於底本。

5.【仝日】據《隨手檔》①，此硃批日期為“光緒二十九年九月初八日”，與底本一致。

【案】此片於十年九月初八日得允行，《清實錄》亦載之曰：

添設伊犁黑宰、阿勒班兩部哈薩克千戶長三名、千戶長銜一名、副千戶長銜一名。從伊犁將軍馬亮請也。②

〇五〇、覆覈歷年防戍出力武職各員懇獎摺

光緒二十九年七月十六日（1093年9月7日）

奴才馬亮、廣福跪[1]奏，為覆覈伊犁歷年防戍出力武職各員，仰懇天恩俯准給獎，敕部註冊，以示鼓勵，恭摺具陳，仰祈聖鑒事。

竊奴才等於光緒二十九年四月初三日接准兵部咨開：議奏前伊犁將軍長（庚）等奏保伊犁邊防出力員弁[2]，欽奉硃批：該部議奏[3]。臣等悉心詳查，此次奏保武職至一百七十餘員之多，咨保外獎弁兵勇丁亦不下八百餘員，覈與奏定新章有逾限制，應請將全案駁回，令該將軍查照臣部奏定章程，按營聲明員數，覈實保奬，俟奏明後再行覈辦，等因。光緒二十八年十二月初二日具奏，奉旨：依議。欽此。等因。咨行前來。

奴才等查兵部光緒二十八年五月內奏定章程內開：邊防保奬應令於保奬時聲明[4]防營若干，向章五百人為一營，每營准保五人，等語。原議並未議定年限，其平時遇有緝捕獲匪及外國交涉、保護地方各案著有勞績者，仍另有酌保之條。此案前伊犁將軍長（庚）以滿、蒙標練各營官兵防戍出力，自前護將軍富勒銘（額）請奬之後至今越十餘年，前於光緒二十三年四月十六日奏請奬叙，欽奉硃批：准其擇尤酌保，毋許冒濫。欽

① 中國第一歷史檔案館藏：《軍機處隨手登記檔》，檔案編號：03-0317-1-1229-270.

② 《德宗景皇帝實錄（七）》，卷五百二十一，光緒二十九年九月，第882頁。

此。旋因外中多事，未及辦理。去歲又屆五年，復經奏請併案辦理，加以二十一年防堵甘肅河湟回匪、二十五年防勦新疆綏來回匪、二十六年拏辦天津拳匪，均未隨時請奬，是以前此併案列保，不免人數稍多。然按新疆塔城均已[5]兩次請奬先後出力人數合計，實尚未敢冒濫，況伊犁原定滿、蒙軍標官兵額數本有八千餘人，繼又添募洋操漢隊一營，續練滿營、威遠隊兩營，挑練四愛曼練軍八旗，加之節制鎮標各營旗以及軍臺、卡倫巡防官兵、滿漢營務、糧餉、印房、奏摺文案、駝馬各局處辦事官弁、護勇等，遇有勞績，均需酌覈請奬。若令按營聲明額定員數請奬，則有功者不無隅向，無功者轉得濫膺，似未足以彰公道而昭激勵。

惟既奉部議行令覈實保奬，奴才等覆加删減，將原請未合定章者斟酌覈改，除外奬各兵勇已由前將軍長（庚）發給功牌及奏咨案內已經覈删者不計外，現查尤為出力應請奬者三十四員，其次出力應請奬者九十三員[6]，應行咨奬者六十員，共奏保[7]、咨保一百八十七員[8]，相應籲懇天恩俯念該員弁等極邊防戍，出力有年，素著辛勞，久冀仰邀曠典，以圖效力，將來特沛鴻施，准予飭部一律註冊，則邊疆將士愈加奮勉，奴才等激勵有資，亦可收得人之效矣。除將咨[9]保各員造冊送部覈辦外，所有奴才等覆覈伊犁歷年防戍出力應行奏請給奬武職各員緣由，理合繕具清單，恭摺具陳。伏乞皇太后、皇上聖鑒訓示。謹奏。光緒二十九年七月十六日。

光緒二十九年十月初三日接到。九月初八日奉硃批：該部議奏，單二件併發。欽此[10]。

☆呈伊犁歷年防戍尤為出力武職清單

謹將酌保伊犁歷年防戍在事尤為出力武職各員，繕具清單，恭呈御覽。

計開：記名副都統花翎二品頂戴伊犁新滿營左翼協領錫濟爾琿，擬請遇有副都統缺出，開列在前，請旨簡放。

花翎二品頂戴世襲雲騎尉伊犁舊滿營左翼協領博貴、花翎伊犁索倫營總管札拉豐阿、花翎副都統銜即補協領伊犁新滿營正藍旗佐領蒙庫泰，以上三員，均擬請以副都統記名簡放。

花翎總兵銜伊犁軍標中軍副將穆特恩巴圖魯周王魁、總兵銜補用副將儘先即補參將伊犁鎮標中營游擊彥勇巴圖魯陳甲福，以上三員，均擬請以總兵記名簡放。

花翎協領銜伊犁舊滿營鑲白旗佐領布音多爾濟、花翎協領銜舊滿營鑲紅旗佐領穆特春、花翎協領銜新滿營正白旗佐領郭勒明[11]，以上三員，均擬請以協領即補，俟補協領後，賞加二品頂戴。

花翎伊犁新滿營正黃旗佐領賽沙春，擬請賞加協領銜。

花翎補用佐領新滿營伊犁正白旗防禦烏爾固春，擬請俟補佐領後，以協領補用，先換頂戴。

花翎主事職銜伊犁印務本處章京儘先即補防禦卓錦、藍翎補用佐領儘先即補防禦伊犁錫伯營鑲藍旗驍騎校尼克端，以上二員，均擬請免補防禦，以佐領補用，並賞加三品頂戴。

藍翎四品頂戴伊犁新滿營鑲藍旗防禦額勒德春、伊犁索倫營鑲紅旗防禦業車本，以上二員，均擬請以佐領即補，俟補佐領後，賞加總管銜。

藍翎主事職銜伊犁糧餉處本處章京富里善、主事職銜伊犁駝馬處本處章京豐紳泰，以上二員，均擬請以防禦即補，並賞加四品頂戴。

花翎補缺後總兵銜副將用儘先補用參將借補伊犁軍標左營都司揆勇巴圖魯向得紅、花翎副將銜補缺後副將儘先即補參將借補伊犁鎮屬霍爾果斯營左旗馬隊中軍守備王保清，以上二員，均擬請免補參將，以副將補用。

花翎游擊銜即補都司署伊犁軍標分防守備周壽山、花翎副將銜游擊用儘先即補都司軍標開花礮隊千總謝興有、署伊犁鎮標右營中軍馬隊左哨把總補缺後游擊陝甘即補都司周元、游擊用儘先即補都司軍標左旗左哨千總楊玉清、署軍標左旗右哨把總李萬年，以上五員，均擬請免補都司，以游擊補用。

藍翎屬伊犁軍標左營分防守備張德霖，擬請免補守備，以都司補用，並賞加三品頂戴。

花翎游擊銜都司用儘先即補守備軍標中營前哨千總王青龍[12]、軍標後旗左哨把總魏得勝、軍標後旗左哨外委莊建魁、署伊犁鎮標中營右旗馬隊左哨把總都司用儘先補用守備廖丙午、鎮標差遣委員花翎留甘肅新疆補用守備馬高陞，以上五員，均擬請免補守備，以都司補用。

拔補千總借補伊犁軍標開花礮隊把總滎金魁、花翎都司銜守備用儘先拔補千總軍標中營巡查外委孫開學、花翎都司銜守備用儘先拔補千總借補軍標中營右哨把總陳光生，以上三員擬均請免補千總，以守備補用，滎金魁並請賞加都司銜。

軍標差遣委員守備銜儘先拔補把總李毓榮，擬請免補把總，以千總拔補，並賞加四品頂戴。

覽[13]。

☆呈伊犁歷年防戍其次出力武職清單

謹將酌保伊犁歷年防戍在事其次出力武職各員繕具清單，恭呈御覽。

計開：花翎二品銜伊犁錫伯營總管富勒祜倫，擬請賞給二品封典。

花翎儘先即補總管伊犁索倫營副總管伊勒噶春，擬請賞加二品銜。

伊犁察哈爾營右翼副總管索托依，擬請以總管即補，先換頂戴。

花翎儘先即補協領伊犁舊滿營正紅旗佐領穆特春、花翎儘先即補協領伊犁舊滿營鑲藍旗佐領德克吉圖，以上二員，均擬請俟補協領後，賞加二品銜。

花翎補用總管伊犁錫伯營鑲紅旗佐領愛新泰，擬請俟補總管後，賞加二品銜。

花翎伊犁新滿營鑲白旗佐領札隆阿、伊犁新滿營鑲藍旗佐領內根泰，以上二員，均擬請以協領即補，先換頂戴。

花翎伊犁錫伯營鑲黄旗佐領圖瓦恰那、花翎錫伯營正黄旗佐領薩拉蘇、藍翎錫伯營正白旗佐領霍敏、錫伯營鑲白旗佐領勒登泰、藍翎錫伯營鑲藍旗佐領訥墨春、伊犁額魯特左翼鑲黄旗二牛彔佐領朝喀、額魯特左翼鑲白旗頭牛彔佐領巴圖蒙庫、額魯特右翼正黄旗頭牛彔佐領綽吉普、額魯特右翼正紅旗二牛彔佐領布拉，以上九員，均擬請以總管即補，先换頂戴。

補用佐領伊犁錫伯營正紅旗防禦訥依勒春，擬請賞加總管銜。

花翎補用佐領伊犁舊滿營正藍旗防禦達春，擬請俟補佐領後，以協領補用。世襲雲騎尉伊犁舊滿營鑲黄旗防禦景惠、花翎舊滿營鑲白旗防禦色勒特依、藍翎舊滿營正黄旗防禦精吉那、花翎伊犁新滿營鑲黄旗防禦吉拉敏、藍翎新滿營鑲白旗防禦額勒德合恩、花翎新滿營正紅旗防禦西林泰，以上六員，均擬請以佐領即補，先換頂戴。

藍翎伊犁舊滿營正紅旗世襲騎都尉景秀，擬請俟補佐領後，賞加協領銜。

藍翎儘先補用防禦伊犁舊滿營鑲紅旗驍騎校蘇勒春、花翎儘先即補防禦伊犁新滿營正黄旗驍騎校尚安泰、即補防禦索倫營鑲藍旗驍騎校德舍春，以上三員，均擬請俟補防禦後，以佐領補用，先換頂戴。

伊犁舊滿營正白旗驍騎校巴彥烏圖、新滿營正紅旗驍騎校貴達春、藍翎五品頂戴新滿營鑲紅旗驍騎校伊綿布、新滿營鑲藍旗驍騎校國西春、藍翎伊犁錫伯營正藍旗驍騎校佛羅春、伊犁索倫營鑲黃旗驍騎校烏爾滾泰、索倫營正藍旗驍騎校齊克塔善、索倫營鑲紅旗驍騎校業陳泰，以上八員，均擬請以防禦補用。

察哈爾營左翼鑲黃旗頭牛彔驍校騎圖爾固特，擬請以佐領即補。

六品藍翎儘先即補驍騎校伊犁舊滿營正白旗前鋒莫羅錦、儘先即補驍騎校伊舊滿營正紅旗前鋒校郭勒敏、儘先即補驍騎校伊犁錫伯營鑲白旗委筆帖式錫拉綳阿、藍翎儘先即補驍騎校錫伯營正紅旗委官固崇阿，以上四員，均擬請俟補驍騎校後，以防禦補用[14]，先換頂戴。

伊犁舊滿營正紅旗世襲雲騎尉景和、鑲紅旗藍翎世襲雲騎尉滿忠、鑲藍旗世襲雲騎尉策林多爾濟、伊博泰，以上四員，均擬請賞給四品頂戴。

六品頂戴伊犁印房經制筆帖式文明、六品藍翎伊犁駝馬處經制筆帖式尚阿春、六品頂戴伊犁營務處委筆帖式業車春、烏勒喜春，六品頂戴伊犁滿營檔房委筆帖式安福西喇布、伊犁錫伯營領隊檔房委筆帖式齊克騰額、永謙，六品頂戴伊犁察哈爾營領隊檔房委筆帖式舒津烏圖那遜、錫伯營鑲黃旗委官班吉素、六品頂戴錫伯營鑲紅旗委官烏勒吉巴圖、六品頂戴錫伯營鑲藍旗委官依勒春、索倫營正白旗委官巴圖鄂奇爾、額魯特左翼鑲黃旗二牛彔委官諾斯圖、額魯特左翼正白旗二牛彔委官布噶、額魯特左翼沙畢納爾[15]、鑲白旗二牛彔委官庫克信、六品藍翎額魯特左翼沙畢納爾正藍旗頭牛彔委官碩拉克、舊滿營鑲白旗催總烏勒蘇、正紅旗催總札拉豐阿、六品藍翎舊滿營鑲紅旗催總三音布拉克、新滿營鑲藍旗催總舒里春、六品頂戴舊滿營鑲黃旗領催那彥吉爾噶勒、六品頂戴舊滿營正白旗領催富勒渾、六品頂戴新滿營正黃旗領催通吉善、錫伯營鑲黃旗前鋒校巴爾本泰、索倫營正紅旗前鋒校額爾格本、業陳布，錫伯營正紅旗空藍翎倭西本、索倫營鑲白旗空藍翎斡克巴圖、索倫營鑲藍旗空藍翎富珠隆阿、察哈爾營左翼已裁正藍旗二牛彔空藍翎圖依衮、額魯特左翼正藍旗二牛彔空藍翎巴達瑪，以上三十三員，均擬請以驍騎校即補，並請賞給五品頂戴。

軍標差遣委員花翎湖廣督標補用都司胡家學、花翎游擊銜[16]山西撫標儘先補用都司張有才，以上二員，均擬請俟補都司後，以游擊補用，胡家學並請先換頂戴。

洋操漢隊哨長花翎都司銜補用守備孫德輝、花翎都司銜補用守備借伊犁軍標中軍左哨千總張兆杰、花翎都司銜補用守備請補伊犁軍標中營左哨把總朱得元、軍標稽查委員花翎留甘肅新疆儘先補用守備何得仁、藍翎補用守備周有鈞、儘先補用守備孫佩元，以上六員，均擬請俟補守備後，以都司補用，何得仁、周有鈞、孫佩元並請先換頂戴。

花翎四品頂戴儘先即補千總譚光前[17]，擬請俟補千總後，以守備補用。

伊犁軍標右旗馬隊左哨把總阮光福，擬請以千總儘先拔補，並賞加守備銜。

五品花翎儘先拔補把總稽查委員徐桂芳、藍翎拔補把總借補伊犁軍標右旂馬隊右哨外委余啟發、六品藍翎儘先拔補把總借補伊犁軍標後旗馬隊巡查額外外委楊文華，以上三員，均擬請俟補把總後，以千總拔補，並賞加守備銜。

藍翎五品頂戴儘先拔補把總沈喜，擬請賞給五品封典。

覽[18]。

【案】此摺原件①藏於臺北故宮博物院，錄副②、清單一③、清單二④現均藏於中國第一歷史檔案館，茲據校勘。

1.【奴才馬亮、廣福跪】底本無此前銜，茲據原件校補。

2.【案】底本“員弁”前衍“人”，茲據原件刪除。

3.【案】光緒二十八年八月初六日，伊犁將軍長庚會銜伊犂副都統廣福，具摺奏保伊犁歷年防戍出力文武員弁，曰：

> 奴才長庚、廣福跪奏，為遵旨酌保伊犁歷年防戍出力文武員弁，分別勞績等次，繕具清單，懇恩獎敘，以示鼓勵，恭摺仰祈聖鑒事。
>
> 竊奴才等前因伊犁滿、蒙標練各營防戍歷年既久，奏請將出力文武員弁併案給獎。本年七月初九日，准兵部遞回原摺，五月十二日，奉硃批：准其擇尤酌保，毋許冒濫。欽此。仰見我皇太后、皇上於慎重名器之中，仍寓激厲戎行之意。當即恭錄、分行遵照去後。茲據各營將出力文武員弁先後開單，呈請奏咨給奬，前來。

① 臺北故宮博物院藏：《軍機及宮中檔》，文獻編號：408004130.

② 中國第一歷史檔案館藏：《錄副奏片》，檔號：03－5958－078.

③ 中國第一歷史檔案館藏：《單》，檔號：03－5958－079.

④ 中國第一歷史檔案館藏：《單》，檔號：03－5958－060.

奴才等竊維懋賞勤功，朝廷以此獎勵群丁，微勞必錄，邊疆即藉此鼓舞軍心。伊犁地處極邊，強鄰接壤，自收還後，滿、蒙各營營制初復，生計未饒；漢隊皆前將軍金順舊部，籍隸楚、皖等省，由秦隴轉戰出關，離家萬里，久役邊陲，又值餉項艱難，邊地諸物昂貴，兵丁艱苦，迥與內地不同。伊犁土回、纏回皆昔年被誘為亂之人，俄國前收白燕虎[①]餘黨及投俄哈薩克、纏回，環處邊界，不時潛入搶劫。其服色、語言與中屬回哈無異，混跡俄人商販之中，盤詰甚難；執持俄國快礮，動輒拒捕傷人，擒獲尤屬不易。且沿邊卡倫四十余處，在平原者沙磧乏水，在險隘者冰雪盈山。卡兵逐日登樓瞭望，並至兩卡適中處所會哨換籌，風雨無間，瞥有賊蹤，即一面跟蹤捕捉，一面知會各營。各營聞信，立即派隊馳往，或追擒於嚴寒酷暑之時，或搜剿於叢棘深林之地。奴才等目睹艱辛，惟有時時宣布皇仁，策勵將士，訓以忠義，勖以功名。幸各將士咸知感激，莫不奮勉出力，迄今十有餘年，巡防緝捕，始終未敢稍懈。其曾經奏報有案者，如拏送俄屬逃犯一千餘名，捕斬造謠生事莠回以及疊次扼守要隘，防堵河湟、綏來等處竄回，未致蔓延勾結，並拏辦傳習邪教拳匪，均足保全地方，維持邊局。

其平時竭慮殫謀，臨事審機應變，使內憂外患消弭無形，實非尋常勞績可比，所有在事出力各員弁均經隨時分別存記。今蒙恩准擇尤酌保，在防將士無不欽感同深。奴才等將各處開呈清單覆加詳覈，固不敢稍涉冒濫，亦不忍稍有偏枯。謹就該文武員弁等平日所著勞績，分別尤為出力、其次出力，按照定章准保層次，酌擬請獎，繕具清單，恭呈御覽。合無仰懇天恩俯准如擬獎敘，以示激勵，出自逾格鴻慈。其餘應行咨獎、外獎出力各弁兵勇丁等，仍另行造冊，咨送兵部核辦，以昭公允。除飭取各員弁履歷分咨吏部、兵部外，所有遵旨酌保伊犁歷年防戍出力文武員弁緣由，理合恭摺具陳。伏乞皇太后、皇上聖鑒訓示。謹奏。光緒二十八年八月初六日。[②]

光緒二十八年九月二十七日，奉硃批：該部議奏。欽此。[③]

4.【聲明】底本奪“明”，茲據原件校補。

---

① 白燕虎，當為“白彥虎”。

② 中國第一歷史檔案館藏：《硃批奏摺》，檔號：04－01－16－0274－033.

③ 臺北故宮博物院藏：《軍機及宮中檔》，文獻編號：150181.

5.【已】底本誤作“以”，茲據校正。
6.【九十三員】底本作“九十四員”，茲據校正。
7.【奏保】底本奪“保”，茲據校補。
8.【一百八十七員】底本作“一百八十八員”，茲據校正。
9.【咨保】底本奪“咨”，茲據原件校補。
10.【案】底本所載硃批日期和內容與錄副所署一致。
11.【郭勒明】底本作“郭勒盟”，茲據原單校正。
12.【王青龍】底本作“王素龍”，茲據原單校正。
13.【覽】此硃批據原單校補。
14.【補用】底本奪“用”，茲據原單校補。
15.【沙畢納爾】底本作“沙畢那爾”，茲據原單校正。
16.【游擊銜】底本僅作“游擊”，奪“銜”，茲據原單校補。
17.【譚光前】底本作“譚光先”，茲據原單校正。
18.【覽】此硃批據原單校補。

〇五一、派員會同俄官查勘沿邊牌博摺

光緒二十九年七月十六日（1093年9月7日）

奴才馬亮、廣福跪[1]奏，為照約派員會同俄官查勘伊犁沿邊牌博事竣，恭摺具陳，仰祈聖鑒事。

竊查伊犁於光緒八年與俄人分界，南至那林哈勒噶山口起，北至喀喇達坂止，共設界牌、鄂博三十三處，議定條約三年各派官員會查一次，如有損壞，妥為補脩[2]，歷經照約辦理、隨時奏報在案。計上屆光緒二十六年查勘後，至今光緒二十九年復屆會查之期，當即飭由伊塔道照會俄領事，知照該國七河巡撫，互相訂定派員會面處所及起查日期。隨經[3]奴才等照章分派察哈爾營領隊大臣恩祥、錫伯營總管富勒祜倫，各帶官兵、通事人等，購備脩補牌樁物料，支給鹽菜、口糧，分別會查去後。旋據先後呈復：錫伯營總管富勒祜倫於五月二十八日馳抵邊界那林勒噶地方，與俄國查界官潘圖索福會面，即於是日自南段那林哈勒噶山口第一界牌查起，至伊犁河南岸第二十五界牌止，內有三處界牌樁木俱經朽壞。

又，察哈爾營領隊大臣恩祥接查北段，於閏五月十一日在邊界別珎島山，與俄官潘圖索福會面，自喀三達坂第二十六界牌起，至喀喇達阪第三十三界牌止[4]，共計八處牌樁亦均糟朽。所有朽壞之處，該員等將備帶牌春眼同俄官，在原立處所更換修補[5]，各照舊式書寫清、漢、俄文三體字樣，註明牌數、地名、脩補年月，加蓋桐油，以資經久。其餘牌博並無損壞，亦無更改挪動情弊。與俄官互換約結各一紙，並飭沿邊卡倫官兵用心防守巡查。呈請奏咨前來。

奴才等覆查無異，除將互換結約照鈔咨呈外務部外，理合恭摺具陳。伏乞皇太后、皇上聖鑒。謹奏。光緒二十九年七月十六日。

光緒二十九年十一月初三日接到。九月初八日，奉硃批：外務部知道。欽此[6]。

【案】此摺原件①藏於臺北故宮博物院，茲據校勘。

1.【奴才馬亮、廣福跪】底本無此前銜，茲據原件校補。

2.【補修】底本作“修補”，茲據校正。

3.【隨經】底本作“復經”，茲據校正。

4.【案】劃線部分底本脫，茲據校補。

5.【修補】底本誤作“休補”，茲據校正。

6.【案】底本所載硃批日期及內容與《隨手檔》② 一致。

【案】此摺於是年九月初八日下部知之，《清實錄》：“伊犁將軍馬亮等奏，恭報照約派員會同俄官查勘伊犁沿邊牌博事竣。下部知之。”③

○五二、會查沿邊牌博經費請飭照案報銷片

光緒二十九年七月十六日（1903年9月7日）

再，查會查伊犁沿邊牌博應需官兵鹽糧及各項經費，每屆酌定銀三百

① 臺北故宮博物院藏：《軍機及宮中檔》，文獻編號：408004129.

② 中國第一歷史檔案館藏：《軍機處隨手登記檔》，檔案編號：03－0317－1－1229－270.

③ 《德宗景皇帝實錄（七）》，卷五百二十一，光緒二十九年九月，第882頁。

兩，前曾咨報立案，經戶部核准照辦，歷屆均經查照開支奏明在案。本年派出察哈爾營領隊大臣恩祥、錫伯營總管富勒祜倫，分查南北兩段牌博，當經奴才等仍照向章發給湘平銀三百兩，行令該員等撙節支用。所有用過銀數應由糧餉處歸入光緒二十九年支款奏銷冊內，彙造請銷。除咨明戶部外，理合附片具陳。伏乞聖鑒。謹奏。

同日[1]，奉硃批：戶部知道。欽此。

【案】此奏片原件①藏於臺北故宮博物院，茲據校勘。

1.【同日】此硃批日期《隨手檔》② 作“光緒二十九年九月初八日”，與底本一致。

○五三、奏報揀選伊犁錫伯營副總管等缺摺

光緒二十九年九月二十八日（1903 年 11 月 16 日）

奴才馬亮、廣福跪[1]奏，為循例揀選伊犁錫伯營副總管等缺，擬定正、陪，恭摺仰祈聖鑒事。

竊奴才等准錫伯營領隊大臣色普西賢咨呈：錫伯營副總管葉普春泰於本年六月二十七日因病身故，所遺副總管等缺應請揀員補放，以資辦理營務，等因。前來。奴才當於該營應升人員內逐加考驗，葉普春泰遺出錫伯營副總管一缺，揀選得花翎補用總管先換頂戴鑲紅旗佐領愛新泰堪以擬正，藍翎鑲藍旗佐領訥墨春堪以擬陪。遞遺佐領一缺，揀選得藍翎鑲黃旗防禦伊伯訥堪以擬正，補用佐領先換頂戴正紅旗防禦訥依勒春[2]堪以擬陪。遞遺防禦一缺，揀選得藍翎補用佐領先換頂戴鑲藍旗驍騎校尼克湍堪以擬正，花翎五品頂戴鑲黃旗驍騎校塔蘭泰堪以擬陪[3]。遞遺驍騎校一缺，揀選得鑲白旗空藍翎巴哈春堪以擬正，鑲藍旗前鋒校固爾加善堪以擬陪。謹將該員等履歷另繕清單，恭呈御覽，伏候欽定。

其請補副總管、佐領，一俟遇有差便，給咨送部，補行引見，以符定

① 臺北故宮博物院藏：《軍機及宮中檔》，文獻編號：408004129－0－A.

② 中國第一歷史檔案館藏：《軍機處隨手登記檔》，檔案編號：03－0317－1－1229－270.

制。所有揀選伊犁錫伯營副總管等缺擬定正、陪緣由，理合恭摺具奏。伏乞皇太后、皇上聖鑒訓示。謹奏。光緒二十九年九月二十八日[4]。

光緒三十年正月初十日接到。二十九年十一月二十日，奉硃批：均著擬正之員補授，該衙門知道，單併發。欽此[5]。

☆呈揀選伊犁錫伯營副總管等缺清單

謹將揀選伊犁錫伯營副總管等缺擬定正、陪人員繕具清單，恭呈御覽。

錫伯營葉普春泰遺出副總管一缺。擬正之錫伯營花翎補用總管先換頂戴鑲紅旗佐領愛新泰，食奉餉三十五年，前在塔爾巴哈臺軍營當差，光緒二年克復瑪納斯南北兩城、五年、六年、七年三屆屯種軍糧、八年收復伊犁、十七年搜剿竄匪各案內均屬奮勉出力，疊經前將軍金（順）等奏保補用總管，先換頂戴，並賞戴花翎。光緒十年三月，補放驍騎校。是年十二月，補放佐領，揀選總管擬陪一次，現年五十四歲。錫伯瓜勒佳氏，馬步箭平等。

擬陪之錫伯營藍翎鑲藍旗佐領訥墨春，食俸餉四十三年。光緒八年收復伊犁案內出力，經前將軍金（順）奏保儘先即補驍騎校，並賞戴藍翎。光緒十年，補放驍騎校。十三年，補放防禦。二十三年，補放佐領，現年六十三歲。錫伯石佳氏，馬步箭平等。

擬補副總管所遺佐領員缺。擬正之錫伯營藍翎鑲黃旗防禦伊伯訥，食俸餉三十三年，前在塔爾巴哈臺軍營當差，光緒六年、七年兩屆屯種軍糧、八年收復伊犁各案內均屬奮勉出力，疊經前將軍金（順）奏保儘先即補驍騎校，並賞戴五品藍翎。光緒十三年，補放驍騎校。二十七年，補放防禦，揀選佐領擬陪一次，現年六十三歲。錫伯固爾佳氏，馬步箭平等。

擬陪之錫伯營補用佐領先換頂戴正紅旗防禦訥依勒春，食俸餉二十八年，前在塔爾巴哈臺軍營當差，光緒六、七兩年防勦竄匪、十二年屯種軍糧各案內均屬奮勉出力，疊經前塔爾巴哈臺參贊大臣錫（綸）奏保補用佐領，先換頂戴。光緒十二年，補放驍騎校。二十七年，補放防禦，現年四十八歲。錫伯科羅特氏[6]，馬步箭平等。

擬補佐領所遺防禦員缺。擬正之錫伯營藍翎補用佐領先換頂戴鑲藍旗驍騎校尼克湍，食俸餉三十六年，前在庫爾喀喇烏蘇軍營當差，光緒二年克復瑪納斯南北兩城、三年、五年兩屆屯種軍糧、八年收復伊犁、十七年搜勦竄匪各案内均屬奮勉出力，疊經前將軍金（順）等奏保儘先即補防禦，補用佐領，先换頂戴，並賞戴藍翎。光緒二十七年，補放驍騎校，現年五十一歲。錫伯瓜勒佳氏，馬步箭平等。

擬陪之錫伯營花翎五品頂戴鑲黄旗驍騎校塔蘭泰，食俸餉四十二年，前在塔爾巴哈臺軍營當差，光緒六年剿辦陝回、七年屯種軍糧、八年收復伊犁各案内均屬奮勉出力，疊經前將軍金（順）奏保儘先即補驍騎校，並賞戴花翎五品頂戴。光緒二十六，補放驍騎校，現年六十一歲。錫伯赫葉勒氏，馬步箭平等。

擬補防禦所遺驍騎校員缺。擬正之錫伯營鑲白旗六品頂戴空藍翎巴哈春，食錢糧當差三十九年，光緒十七年搜勦竄匪案内出力，經前[7]護將軍富勒銘（額）咨保六品頂戴。光緒二十四年，由領催補放空藍翎，揀選驍騎校擬陪一次，現年六十歲。錫伯巴雅拉氏，馬步箭平等。

擬陪之錫伯營鑲藍旗前鋒校固爾加善[8]，食錢糧當差三十二年。光緒十二年，由前鋒[9]補放前鋒校，現年四十九歲。錫伯固爾佳氏，馬步箭平等。

覽[10]。

【案】此摺原件①藏於臺北故宫博物院，録副②及清單③現均藏於中國第一歷史檔案館，兹據校勘。

1.【奴才馬亮、廣福跪】底本無此前銜，兹據原件校補。

2.【訥依勒春】底本作“訥伊勒春”，兹據校正。

3.【案】劃線部分正、陪次序顛倒，兹據校正。

4.【光緒二十九年九月二十八日】此具奏日期底本未署，兹據原件校補。

5.【案】底本所載硃批日期和内容與録副所署一致。

6.【科羅特氏】底本作“科羅氏特”，兹據原單校正。

7.【經前】底本作“前經”，兹據原單校正。

---

① 臺北故宫博物院藏：《軍機及宫中檔》，文獻編號：408004133.

② 中國第一歷史檔案館藏：《録副奏摺》，檔號：03－5960－038.

③ 中國第一歷史檔案館藏：《單》，檔號：03－5960－042.

8.【固爾加善】底本作“固爾佳善”，茲據原單校正。
9.【前鋒】底本作“前鋒校”，衍“校”，茲據原單刪除。
10.【覽】此硃批據原單校補。

〇五四、揀選伊犁錫伯營驍騎校員缺摺

光緒二十九年九月二十八日（1903年11月16日）

奴才馬亮、廣福跪[1]奏，為循例揀選伊犁錫伯營驍騎校員缺，擬定正、陪，恭摺具陳，仰祈聖鑒事。

竊奴才等准錫伯營領隊大臣色普西賢咨呈：錫伯營正白旗驍騎校色普奇春於本年九月初六日因病身故，所出驍騎校員缺應請揀員補放，以資辦理營務，等因。前來。奴才等當於該營應升人員內[2]逐加考驗，色普奇春所遺錫伯營正白旗驍騎校一缺，揀選得正紅旗空藍翎伊爾格春堪以擬正，正紅旗領催伯慶額堪以擬陪。謹將該員等履歷另繕清單，恭呈御覽，伏候欽定。所有揀選伊犁錫伯營驍騎校員缺擬定正、陪緣由，理合恭摺[3]具陳。伏乞皇太后、皇上聖鑒，訓示。謹奏。光緒二十九年九月二十八日。

光緒三十年正月初十日接到。二十九年十一月二十日，奉硃批：均著擬正之員補授，該衙門知道，單併發。欽此[4]。

☆呈揀選伊犁錫伯營驍騎校員缺清單

謹將揀選伊犁錫伯營驍騎校員缺擬定正、陪人員，繕具清單，恭呈御覽。

錫伯營色普奇春所遺出驍騎校員缺。擬正之錫伯營花翎儘先即補防禦正紅旗空藍翎伊爾格春，食錢糧三十二年[5]，前在塔爾巴哈臺軍營當差。光緒二年，克復輯懷、烏魯本齊等城、是年九月克復瑪納斯南城各案內均屬奮勉出力，疊經前將軍金（順）奏保免補驍騎校、儘先即補防禦，並賞戴花翎。護送貢馬赴京五次。光緒二十一年，由前鋒補放空藍翎，現年五十二歲。錫伯富察氏，馬步箭平等。

擬陪之錫伯營藍翎儘先即補防禦正紅旗領催伯慶額，食錢糧二十二年，前在庫爾喀喇烏蘇軍營當差，光緒六年屯種軍糧、八年收復伊犁各案

內均屬奮勉出力，疊經前將軍金（順）奏保免補驍騎校、儘先即補防禦，並賞戴藍翎。護送貢馬赴京一次。光緒二十一年，補放領催，現年四十歲。錫伯瓜勒佳氏，馬步箭平等。

覽[6]。

【案】此摺原件①藏於臺北故宮博物院，錄副②及清單③現均藏於中國第一歷史檔案館，茲據校勘。

1.【奴才馬亮、廣福跪】底本無此前銜，茲據原件校補。

2.【內】底本脫“內”，茲據原件校補。

3.【恭摺】底本奪“恭摺”，茲據原件校補。

4.【案】底本所載硃批日期和內容與錄副所署一致。

5.【三十二年】底本作“三十一年”，茲據校正。

6.【覽】此硃批據原單校補。

〇五五、索倫營總管札拉豐阿請咨赴部片

光緒二十九年九月二十八日（1903年11月16日）

再，前准兵部咨：各省協領、總管等六年任滿、並無事故者，出具考語，送部考驗，帶領引見，恭候欽定。其記名之員遇有應陞副都統缺出，照例開列，等因。當即行查去後。茲准伊犁索倫營領隊大臣志（銳）咨呈：據花翎二品頂戴[1]索倫營總管札拉豐阿呈稱：自光緒二十三年[2]補缺起，扣至本年九月，業已六年俸滿，任內並無降革、罰俸處分，現在總管奉派前赴俄都，領取[3]二十六年阻留購買德國槍砲，并購辦割麥等項機器，可否就此差便請給咨文送部帶領引見之處，造具履歷，轉呈給咨前來。

---

① 臺北故宮博物院藏：《軍機及宮中檔》，文獻編號：408004131.

② 中國第一歷史檔案館藏：《錄副奏摺》，檔號：03－5960－038.

③ 中國第一歷史檔案館藏：《單》，檔號：03－5959－036. 又，此單日期目錄署為“光緒二十九年十月二十日”，既非呈報日期，亦非硃批日期，誤。茲據原件、錄副應為“光緒二十九年九月二十八日”。

奴才等查伊犁距京寫遠，向章總管等官補缺後，遇有差使給咨赴部，帶領補行引見，歷經辦理有案。此次因伊犁購買德國槍礮，於光緒二十六年阻留俄境，業已兩年限滿，派委伊犁索倫營總管札拉豐阿前往領取，並購辦割麥等項機器。據該總管呈報六年俸滿，請於差便，給咨赴引。由該管領隊大臣轉呈前來。奴才等查該總管札拉豐阿留心邊務，明幹有為，現因差便請咨赴引，覈與例章相符。昨准出使俄國大臣胡惟德[4]電稱：被阻槍礮已經該總管到俄、會商俄外部議允，放入中境。該總管電稱機器亦已辦妥。

除由奴才等另行派員迎運外，擬令該總管即取道西比里雅，由東三省赴京，呈請兵部引見，藉資閱歷，擴充見聞。除分咨部、旗查照外，理合附片陳明。伏乞聖鑒。謹奏。

同日[5]，奉硃批：該衙門知道。欽此。

【案】此奏片原件①藏於臺北故宮博物院，錄副②藏於中國第一歷史檔案館，玆據校勘。

1.【頂戴】底本誤作“頂帶”，玆據校正。

2.【二十三年】底本作“二年三年”，誤。玆據校正。

3.【領取】底本脫“領”，玆據原件校補。

4.【胡惟德】底本作“胡維德”，查其他材料，均為“胡惟德③”。玆據校正。

5.【同日】錄副作“光緒二十九年十一月二十日”，與底本一致。

---

① 臺北故宮博物院藏：《軍機及宮中檔》，文獻編號：408004135－0－A.

② 中國第一歷史檔案館藏：《錄副奏摺》，檔號：03－5960－048.

③ 胡惟德（1863－1933），字馨吾、恭甫，浙江歸安縣人。光緒十四年（1888），中式舉人。十九年（1893），充駐英隨員內閣中書。二十二年（1896），任駐俄國使館參贊。翌年，授出使俄國大臣，加三品卿銜。三十三年（1907），補外務部右丞。次年，授出使日本國大臣。宣統二年（1910），遷外務部左、右侍郎，兼稅務處幫辦大臣。三年（1911），授外務部副大臣。同年，署外務部大臣。民國元年（1912），任稅務處督辦、外交部次長。同年，任法國公使兼駐西班牙、葡萄牙全權公使。三年（1914），授駐法國公使。九年（1920），調補日本公使。十一年（1922），免職回國，旋改任外交部太平洋會議善後委員會理事。十五年（1926），補內閣外交部總長，兼關稅特別會議全權代表。同年，兼署國務總理並攝行臨時執政。十六年（1927），任內閣內務部總長。同年，代理國務總理。是年，任平政院院長及高等文官懲戒委員會委員長。曾連任海牙國際法院常設仲裁法院仲裁員。二十二年（1933），卒於北平。

〇五六、揀員接署伊犁印務章京片

光緒二十九年九月二十八日（1903 年 11 月 16 日）

再，據伊犁印房呈：據印務章京榮聯遣丁具呈：光緒二十九年八月二十四日，接到京寓來信，知章京之父文貴於二十八年十二月十四日在京旗病故。章京係屬親子，例應丁憂穿孝。懇請轉呈賞假，並請分咨部、旗查考，等情。轉呈奏咨前來。

奴才等查例載：伊犁章京印務二缺，一用京員，一用本處人員，如係京員之缺，由吏部於各衙門筆帖式內引見派往，作為委署主事，等語。今伊犁印務章京榮聯具報丁親父憂，例應飭令開缺回旗守制。所遺京員之缺，應由吏部照例揀員，請旨簡派。其未經請旨簡派以前[1]，亟應先行派員接署，以重職守。查有留營之候補內閣中書祺源，辦事勤謹，堪以署理。除給委並分咨部、旗外，理合附片具陳。伏乞聖鑒訓示。謹奏。

同日[2]，奉硃批：該衙門知道。欽此。

【案】此奏片原件①藏於臺北故宮博物院，錄副②藏於中國第一歷史檔案館，茲據校勘。

1.【以前】底本誤作“已前”，茲據校正。

2.【同日】錄副作“光緒二十九年十一月二十日”。

〇五七、揀選伊犁錫伯營防禦等缺摺

光緒二十九年九月二十八日（1903 年 11 月 16 日）

奴才馬亮、廣福跪[1]奏，為循例揀選伊犁錫伯營防禦等缺，擬定正、

---

① 臺北故宮博物院藏：《軍機及宮中檔》，文獻編號：408004132－0－A.

② 中國第一歷史檔案館藏：《錄副奏摺》，檔號：03－5426－101. 再，此片錄副未署具奏者，茲據底本、原件可知，實屬馬亮等所奏之件。

陪，恭摺仰祈聖鑒事。

竊查伊犁錫伯營正白旗防禦富善，前因患病呈請原品休致，經奴才等附片奏奉硃批：著照所請，兵部知道。欽此。欽遵恭錄行知在案。茲准錫伯營領隊大臣色普西賢咨呈：富善所遺防禦等缺，應請揀員補放，以資辦理旗務，等因。前來。奴才等當於該營應升人員内逐加考驗，富善所遺錫伯營正白旗防禦一缺，揀選得正黄旗驍騎校德壽堪以擬正，鑲紅旗驍騎校達哈春堪以擬陪。遞遺驍騎校一缺，揀選得鑲藍旗空藍翎喀拉布堪以擬正，正藍旗委官德敏泰堪以擬陪。

謹將該員等履歷另繕清單，恭呈御覽，伏候欽定。所有揀選伊犁錫伯營防禦等缺、擬定正、陪緣由，理合恭摺具陳。伏乞皇太后、皇上聖鑒訓示。謹奏。光緒二十九年九月二十八日。

光緒三十年正月初十日接到。二十九年十一月二十日，奉硃批：均著擬正之員補授，該衙門知道，單併發。欽此[2]。

☆呈揀選伊犁錫伯營防禦等缺清單

謹將揀選伊犁錫伯營防禦等缺、擬定正、陪人員繕具清單，恭呈御覽。

錫伯營富善所出防禦員缺。擬正之錫伯營藍翎五品頂戴正黄旗驍騎校德壽，食俸餉當差三十二年，光緒六年勦辦陝回、八年收復伊犁各案内各案均屬奮勉出力，疊經前將軍金（順）奏保儘先即補驍騎校，並賞戴藍翎五品頂戴。光緒二十六年，補放驍騎校，現年四十八歲。錫伯伊拉哩氏，馬步箭平等。

擬陪之錫伯營藍翎補用防禦鑲紅旗驍騎校達哈春，食俸餉當差二十五年，光緒六年屯種軍糧、八年收復伊犁、十七年搜勦竄匪各案内均屬奮勉出力，疊經前將軍金（順）等奏保補用防禦，並賞戴藍翎。光緒二十四年，補放驍騎校，現年四十四歲。錫伯伊爾根覺羅氏，馬步箭平等。

擬補防禦所遺驍騎校員缺。擬正之錫伯營花翎四品頂戴儘先即補驍騎校鑲藍旗空藍翎喀拉布，食錢糧當差二十六年，光緒六年勦辦陝回、八年收復伊犁、十七年搜勦竄匪各案内均屬奮勉出力，疊經前將軍金（順）等奏保儘先即補驍騎校，並賞戴花翎四品頂戴。光緒二十六年，補放空藍翎，揀選驍騎校擬陪一次，現年四十五歲。錫伯石佳氏，馬步箭平等。

擬陪之錫伯營藍翎五品頂戴儘先即補驍騎校正藍旗委官[3]德敏泰，食錢糧三十一年，前在庫爾喀喇烏蘇軍營當差，光緒二年克復瑪納斯南北兩城、五年、六年兩屆屯種軍糧、八年收復伊犁各案內均屬奮勉出力，疊經前將軍金（順）奏保儘先即補驍騎校，並賞戴藍翎五品頂戴。光緒二十三年補放委官，現年五十六歲。錫伯瓜勒佳氏，馬步箭平等。

覽[4]。

【案】此摺原件①藏於臺北故宮博物院，錄副②及清單③現均藏於中國第一歷史檔案館，茲據校勘。

1.【奴才馬亮、廣福跪】底本無此前銜，茲據原件校補。

2.【案】底本所載硃批日期和內容與錄副所署一致。

3.【委官】底本誤作“委管”，茲據原單校正。

4.【覽】此硃批“覽”據前後清單推補。

〇五八、揀選伊犁新滿營驍騎校員缺摺

光緒二十九年九月二十八日（1903年11月16日）

奴才馬亮、廣福跪[1]奏，為循例揀選伊犁新滿營驍騎校員缺，擬定[2]正、陪，恭摺仰祈聖鑒事。

竊查伊犁新滿營左翼正藍旗驍騎校芬陳，前因患病呈請原品休致，經奴才等附片奏奉硃批：著照所請，兵部知道。欽此。欽遵恭錄行知在案。茲據辦理伊犁滿營事務檔房呈稱：芬陳所出驍騎校員缺，應請揀員補放，以資辦理旗務，等情。前來。奴才等當於該營應升人員內逐加考驗，芬陳所遺新滿營左翼正藍旗驍騎校一缺，揀選得鑲藍旗委催總舒里春堪以擬正，正紅旗委催總札勒幹泰堪以擬陪。謹將該員等履歷另繕清單，恭呈御覽，伏候欽定。所有揀選伊犁新滿營驍騎校員缺、擬定正、陪緣由，理合恭摺具陳。伏乞皇太后、皇上聖鑒訓示。謹奏。光緒二十九年九月二十八日。

---

① 臺北故宮博物院藏：《軍機及宮中檔》，文獻編號：408004132.

② 中國第一歷史檔案館藏：《錄副奏摺》，檔號：03－5960－043.

③ 中國第一歷史檔案館藏：《單》，檔號：03－5960－046.

光緒三十年正月初十日接到。二十九年十一月二十日，奉硃批：著擬正之員補授，該衙門知道，單併發。欽此[3]。

☆**呈揀選伊犁新滿營驍騎校員缺清單**

謹將揀選伊犁新滿營驍騎校員缺、擬定正、陪人員繕具清單，恭呈御覽。

惠遠城新滿營芬陳所出驍騎校員缺。擬正之惠遠城新滿營鑲藍旗委催總舒里春，食錢糧當差十三年。光緒十七年，補放前鋒。二十四年，補放[4]領催。二十六年，補放委催總，現年三十一歲。錫伯伊爾根覺羅氏，馬步箭平等。

擬陪之惠遠城新滿營正紅旗委催總札勒幹泰，食錢糧當差十三年。光緒十九年收還巴爾魯克山案內出力，經前將軍長（庚）咨保額外前鋒。二十年，補放前鋒。二十一年，調補領催。二十八年，補放委催總，現年四十九歲。錫伯伊爾根覺羅氏，馬步箭平等。

覽[5]。

【案】此摺原件①藏於臺北故宮博物院，錄副②及清單③現均藏於中國第一歷史檔案館，茲據校勘。

1.【奴才馬亮、廣福跪】底本無此前銜，茲據原件校補。

2.【擬定】底本奪“定”，茲據原件校補。

3.【案】底本所載硃批日期和內容與錄副所署一致。

4.【補放】底本作“調補”，茲據原單校正。

5.【覽】此硃批據原單校補。

○五九、選送幼童赴俄肄業請議給經費片

光緒二十九年九月二十八日（1903年11月16日）

再，查伊犁挑選滿、蒙幼童十名，派由索倫營領隊大臣志銳於八月

---

① 臺北故宮博物院藏：《軍機及宮中檔》，文獻編號：408004135.

② 中國第一歷史檔案館藏：《錄副奏摺》，檔號：03－5960－041.

③ 中國第一歷史檔案館藏：《單》，檔號：03－5960－044.

二十一日帶領，前往俄國七河省學堂肄業，面訂功課，前已電請外務部代奏在案。兹於九月二十日志鋭業已回國，具文咨呈：前帶幼童十名已於八月二十九日行抵俄國七河省，面見俄七河巡撫伊阿諾夫，將各幼童安置潘習溫，即俄幼童學堂[1]，先學語言文字，以後按照該國功課章程，循序漸進；議定學生十名，每月束脩需俄銀五十盧布，共歲需六百盧布；住居俄員舍巴林家，每月每名房、飯、衣服需俄銀十八盧布，十名共歲需[2]二千一百六十盧布；帶領幼童佐領一員、大學生二名、跟役一名，四人共需俄銀二百盧布。統共歲需俄銀二千九百六十盧布，隨時按照市價折合中銀付給。現在該學生尚能勤奮，似尚易於教習，等情。呈請奏報前來。

奴才[3]查伊犁附近俄邦，時有交涉，全賴熟習[4]該國文字語言，庶幾遇事不致隔閡。此次商據俄官議允，挑選幼童十名，均在十歲以下，資質尚屬聰穎，因慮無人照料，揀派通曉俄文之新滿營正紅旂佐領伊勒噶春，並隨帶大學生二名、跟役一名，駐俄照料，令其於各幼童學習俄文之暇，仍復講究滿、漢文義，俾其融會中俄文字，不忘上音。如能有成，則數年之後，自相傳教，人人皆知俄國情形。

惟原奏估報出洋肄業經費僅需千金，現除往返川資、製辦行裝及購買書籍、筆墨、紙張外，歲需俄銀二千九百六十盧布，每兩盧布合銀一兩，按現時市估易換中國市銀，尚需加水六錢，約須湘平銀二千三百六十八兩，較原估增逾一倍。惟既需[5]培植人才，亦萬難吝惜小費，請仍由伊犁牧廠變賣款内設法勻挪，據實造報請銷，不另請款。所有領隊大臣選送幼童赴俄肄業[6]、業已回國面訂功課及議給經費各緣由，除分咨大學堂、外務部、戶部備案外，理合附片具陳。伏乞聖鑒訓示。謹奏。

同日[7]，奉硃批：該衙門知道。欽此[8]。

【案】此奏片原件①藏於臺北故宫博物院，錄副②藏於中國第一歷史檔案館，兹據校勘。

1.【學堂】底本作“學校”，兹據校正。

---

① 臺北故宫博物院藏：《軍機及宫中檔》，文獻編號：408004132－0－B.

② 中國第一歷史檔案館藏：《錄副奏摺》，檔號：03－7205－126. 再，此片錄副未署具奏者，具奏日期亦未確。兹據底本、原件可知，實屬馬亮等所奏之件。

2.【歲需】底本奪“歲”，茲據原件補。
3.【奴才】底本此處空白，茲據原件校補。
4.【熟習】底本作“讀習”，茲據校正。
5.【須】底本作“需”，茲據校正。
6.【肄業】底本僅作“肄”，奪“業”。茲據原件校補。
7.【同日】錄副作“光緒二十九年十一月二十日”，與底本一致。
8.【欽此】底本未署“欽此”，茲據錄副校補。

〇六〇、參將柴天祿等留於伊犁軍標補用片

光緒二十九年九月二十八日（1903 年 11 月 16 日）

再，伊犁地處極邊，防務緊要，軍標漢隊各營、旗、哨補署需員，迭經前將軍長（庚）揀員奏留。現因陸續請假，不敷差遣，亟應揀選留營，以備委用。查有副將銜儘先即補參將柴天祿、留新疆遇缺儘先補用都司雲騎尉世職王金樞、花翎三品頂戴不論雙單月歸部即選衛守備段祝三、花翎留新疆儘先補用守備馬高陞、花翎儘先補用守備臧永順。

以上五員均在邊疆效力有年，熟習行伍，合無仰懇天恩俯准，將該員等留於伊犁軍標委用之處，出自鴻慈。除飭取該員等履歷咨送兵部外，理合附片陳請。伏乞聖鑒訓示。謹奏。

同日[1]，奉硃批：著照所請，兵部知道。欽此。

【案】此奏片原件①藏於臺北故宮博物院，錄副②藏於中國第一歷史檔案館，茲據校勘。

1.【同日】錄副作“光緒二十九年十一月二十日”，與底本一致。

---

① 臺北故宮博物院藏：《軍機及宮中檔》，文獻編號：408004135 －0 －B.

② 中國第一歷史檔案館藏：《錄副奏摺》，檔號：03 －5960 －047.

○六一、查覆伊犁防戍出力請奬文員捐案摺

光緒二十九年九月二十八日（1903年11月16日）

奴才馬亮、廣福跪[1]奏，為聲覆部查伊犁防戍出力請奬文職各員捐案及更正底銜，分晰繕具清單，仰懇天恩飭部照准註冊，以示鼓勵，恭摺具陳，仰祈聖鑒事。

竊奴才等於光緒二十九年四月二十五日接准吏部咨開：所有調任四川成都將軍前伊犁將軍長（庚）等奏保伊犁歷年[2]防戍出力員弁[3]請奬遵旨議奏一摺，於光緒二十九年二月二十八日具奏，奉旨：依議，欽此。粘單咨行到伊。除照准各員已由奴才等分行飭知外，查清單內開：選用縣丞劉華濬，查[4]該員之從九品底銜無案及後次之縣丞班次不符，應令查明覆奏，再行覈辦。

又，江西候補知縣賀家棟、分省試用縣丞庹聯鑣[5]、州同職銜鄭秉彝、雙月選用府經歷安履泰、鹽大使職銜焦沛南、譚嶽琳、黃錫慶、徐臻惠、雲漢、縣丞職銜錢體乾、陸繼昌、藍翎分省試用府經歷鄭丙昌、不論雙單月選用州判許熙霖、不論雙單月選用巡檢朱大華等十四員，或查戶部捐案因兵燹被焚無案，或因捐案覈准在後，令將原捐執照送部，再行覈辦，等因。當即分別行查去後。除鄭丙昌一員現已病故應毋庸議外，其劉華濬等十四員各將保札、捐照呈驗，均屬相符。

奴才等查伊犁地處極邊，強鄰接壤，歷年防戍，與內地情形迥不相同。該員等十餘年來分途防守，晝夜辛勤，始終奮勉，地方賴以乂安，實屬異常出力。前將軍長（庚）分別異常、尋常擇尤請奬，並未過優。捐納各員係遵新例報捐，領有執照、實收，均已到營呈驗。其戶部捐案雖被焚失，而該員捐照實有可憑。至捐案覈准在後，委因伊犁距京萬餘里之遙，未能依限赴部驗照，且外省報捐或局中收款錯誤，或造冊彙報遲延，實非該員等延誤之咎。若因戶部捐案被焚或捐案覈准在後不能仰邀奬叙，未免向隅。

其劉華濬一員兩次保案均呈有保札查驗，前由文童得奬從九品一案，實係克復金陵省城陸軍出力，經前兩江督臣曾國（藩）[6]奏保，於同治三年八月二十一日奉旨允准。今部單內開：查攻克江甯出力案內並無該員之名，或係克復金陵省城陸軍與攻克江甯出力另有一案，是以查無其名，否則克

復漳州等處續得保案即不能以從九品底銜例保也。至克復漳州等處、肅清全閩出力案內經前閩浙督臣左宗（棠）[7]奏保，於同治五年十月初七日奉上諭：著以縣丞歸部，遇缺即選。欽此。前次履歷漏敘“歸部遇缺”字樣，致奉行查，既據該員等先後呈覆繳到照札查驗，並請更正底銜，前來。

奴才等覆查防守各處，勦辦賊匪，論功行賞，實與軍功勞績無異。所有該員等原請獎敘，惟有仰懇天恩飭部一律照准註冊，出自格外恩施。除將該員等原捐執照送部外，所有奴才等聲覆部查伊犁防戍出力請獎文職各員捐案及更正底銜緣由，理合繕具清單，恭摺具陳。伏乞皇太后、皇上聖鑒訓示。謹奏。光緒二十九年九月二十八日。

光緒二十九年十一月二十日，奉硃批：該部議奏，單併發。欽此。

☆呈伊犁防戍出力文職各員捐案清單

謹將核覆吏部行查伊犁防戍出力保獎文職各員捐案及更正底銜，繕具清單，恭呈御覽。

計開：尤為出力者。一、部單內開：選用縣丞劉華濬，查該員之從九品底銜無案及後次之縣丞班次不符，是否聲叙舛錯，抑或另案保獎，應令該將軍查明覆奏，再行核辦，等語。飭據該員呈覆：係由文童於克復金陵省城陸軍出力，經前兩江督臣曾國（藩）會同前湖廣督臣官（文）[8]奏保，於同治三年八月二十一日奉上諭：著以從九品不論單雙月遇缺儘先選用，並賞戴藍翎。欽此。履歷內漏叙“省城”“陸軍”及“遇缺儘先”字樣。今部單係檢查江甯出力保案，是以無名。又，於克復漳州等處、肅清全閩案內出力，經前閩浙督臣左宗（棠）奏保，同治五年十月初七日，奉上諭：著以縣丞歸部遇缺即選。欽此。履歷內漏叙“遇缺”等字樣，以致部查班次不符，應請更正，等情。前來。當即調驗兩案行知，均屬相符，應請將底銜更正，仍照前請免選縣丞，以知縣不論雙單月選用。

一、部單內開：江西候補知縣賀家棟由縣丞報捐指分江西試用捐案，查據戶部覆稱：因兵燹被焚，無從查復，應將原捐執照送部，再行核辦，等語。飭據該員將原由縣丞報捐指分[9]江西試用實收呈驗，實係光緒二十一年十一月初十日在新疆藩庫遵新海防例報捐，因江西停止分發，經戶部於二十二年八月十四日議復具奏，應俟[10]限滿，再行核辦，復經該員呈明、新疆撫臣咨覆有案。且報捐後光緒二十二年於會勦甘肅北大通竄匪、連克十大回莊案內在事出力，經前陝甘督臣陶模①奏保免補本班，以知縣仍留原省，歸候補班補用。十月初五日，欽奉諭旨允准，奉發行知，亦有案。核與准保之例相符，未便因前此捐案被焚，致令向隅，應仍照前請俟補缺後以直隸州知州補用，先換頂戴。

一、部單內開：分省試用縣丞庹聯鑣[11]報捐縣丞分發捐案，查據戶部覆稱：因兵燹被焚，無從查覆，應將該員原捐執照送部，再行核辦，等語。飭據該員將原捐執照呈驗屬實，未便捐因案被焚，致令向隅，應仍照前請免補縣丞，以知縣仍分發[12]補用。

一、部單內開：州同職銜鄭秉彝捐案，查據戶部覆稱：因兵燹被焚，無從查覆，應將該員原捐執照送部，再行核辦，等語。飭據該員將原捐執照呈驗屬實，未便因捐案被焚，致令向隅，應仍照前請以州同歸部，不論雙單月選用。

其次出力單內。一、部單內開：雙月[13]選用府經歷安履泰，鹽大使銜焦沛南、譚嶽琳、黃錫慶、徐臻惠、雲漢，縣丞職銜錢體乾、陸繼昌。以上八員捐納之案，查據戶部覆稱：或因兵燹被焚，或按照聲叙檢查並無其名，應將該員等原捐執照送部，再行[14]核辦，等語。查安履泰一員，據稱所得捐案係該員之父綏定縣如縣安允升認繳股票銀兩移獎，已列入新疆第三次請獎案內由縣主薄移獎雙月選用府經歷，奉新疆藩司行知有案，未蒙發給執照，應仍請查新疆股票捐案辦理。其焦沛南、譚嶽琳、黃錫慶、徐臻惠、雲漢、錢體乾、陸繼昌七員，各將原捐執照呈繳前來。當即查驗屬實。是各該員捐案均確有可憑，應請仍照原請將雙月選用府經歷安履泰仍以府經歷不論雙單月即選；鹽大使職銜焦沛南、譚嶽琳、黃錫慶、徐臻惠、雲漢均以鹽大使歸部選用；縣丞職銜錢體乾、陸繼昌均以縣丞不論雙單月選用。

一、部單內開[15]：不論雙單選用州判許熙霖、不論雙單月選用巡檢朱大

① 陶模（1835－1902），字方之，一字子方，浙江秀水（今嘉興）人。同治七年（1868），中式進士，改翰林院庶起士。十年（1871），授甘肅文縣知縣。十二年（1873），補甘肅皋蘭縣知縣。光緒元年（1875），升甘肅秦州直隸州知州。五年（1879），署甘州府知府，調甘肅迪化州知州六年（1880），加鹽運使銜。七年（1881），擢甘肅甯夏府知府。八年（1882），任甘肅鄉試內監試。九年（1883），署蘭州府知府，遷甘肅蘭州道。十年（1884），署甘肅按察使，旋調補直隸按察使。十四年（1888），升補陝西布政使，護理陝西巡撫。十七年（1891），升授甘肅新疆巡撫。二十一年（1895），署陝甘總督。次年，實授陝甘總督。二十六年（1900），調補兩廣總督。二十八年（1902），卒於廣州行館。謚勤肅，贈太子少保。有《陶勤肅公奏議遺稿》12卷、《養樹山房遺稿》2卷存世。

華，查許熙霖捐案尚未核准，朱大華捐案核准日期係在保案奉旨交議之後，應毋庸議，等語。飭據該員等呈覆，均係二十七年遵秦晉賑捐例，在新疆藩庫上兌，距保案具奏之日早踰一年。該員許霖熙欠繳捐項係捐局核算錯誤，並非該員遲延未交。現在捐項早經補足，且已准補庫車直隸州廳照磨；朱大華捐案上兌日期實在[16]保案未經請旨以前。現在捐案業經議准，且該員等極邊防戍，均屬異常出力，所保並未過優，應請將許熙霖改為知縣在任候補，朱大華仍请賞加六品銜。以上十四員，均擬仰懇天恩，飭部照准註冊。合併聲明。

覽[17]。

【案】此摺原件①藏於臺北故宮博物院，錄副②及清單③現均藏於中國第一歷史檔案館，茲據校勘。再，底本將隨摺清單置於附片（〇六二）之後，為方便查照，茲移至於前。

1.【奴才馬亮、廣福跪】底本無此前銜，茲據原件校補。

2.【歷年】底本奪“歷”，茲據原件校補。

3.【員弁】底本於“員弁”前衍“人”，茲據原件刪除。

4.【查】底本誤作“呈”，茲據校正。

5.【庹聯鑣】底本作“度聯鑣”，茲據校正。

6.【曾國】即曾國藩④，底本空名諱“藩”，茲據補，以下同。

---

① 臺北故宮博物院藏：《軍機及宮中檔》，文獻編號：408004134.

② 中國第一歷史檔案館藏：《錄副奏摺》，檔號：03－5960－113.

③ 中國第一歷史檔案館藏：《單》，檔號：03－5426－114.

④ 曾國藩（1811－1872），初名子城、子成、子誠，字居武、伯涵、滌生，湖南長沙府湘鄉縣人。道光十四年（1834），中舉人。十八年（1838），中式第三甲第42名進士，改庶吉士。二十年（1840），授檢討。二十三年（1843），任試講，充四川鄉試正考官，補文淵閣校理。次年，授侍讀。二十五年（1845），任左、右庶子，充會試同考官、侍講學士、日講起居注官。次年，任文淵閣直閣事。二十七年（1847），授內閣學士，兼禮部侍郎銜。次年，任稽察中書科事務。二十九年（1849），調禮部右侍郎，署兵部左侍郎。次年，兼署工部左侍郎。咸豐元年（1851），署刑部右侍郎，充順天武鄉試正考官。次年，兼署吏部左侍郎，充江西鄉試正考官。是年，丁母憂。四年（1854），賞三品頂戴，旋晉二品頂戴，並賞戴花翎，以兵部右侍郎署湖北巡撫。七年（1857），丁父憂。次年，辦理浙江軍務。十年（1860），署兩江總督，加兵部尚書銜。同年，旋授欽差大臣、兩江總督。十一年（1861），封太子少保。同治元年（1862），擢協辦大學士。三年（1864），晉太子太保，封一等毅勇侯。五年（1866），補授兩江總督。次年，遷大學士，轉體仁閣大學士，賞雲騎尉。七年（1868），調武英殿大學士、直隸總督管巡撫事。九年（1870），以兩江總督充任辦理南洋通商事務大臣。十三年（1874），薨於位。贈太傅，謚文正。著有《曾文正公全集》等行世。

7.【左宗】即左宗棠[①]
8.【官】即官文[②]，底本空名諱“文”，兹據補，以下同。
9.【指分】底本奪“指”，兹據原單校補。
10.【俟】底本誤作“似”，兹據原單校正。
11.【庚聯鑣】底本誤作“慶”，兹據原摺及原單校正。
12.【分發】底本誤“分”作“令”，兹據原單校正。
13.【雙月】底本作“雙單月”，衍“單”。兹據原單校正。
14.【再行】底本奪“行”，兹據原單校補。
15.【內開】底本奪“開”，兹據校補。
16.【實在】底本誤作“實存”，兹據原單校正。
17.【覽】此硃批“覽”據原單校補。

〇六二、請將汪步端等十四員核實給獎片

光緒二十九年九月二十八日（1903 年 11 月 16 日）

再，奴才等接准吏部咨開：議覆調任四川成都將軍前伊犁將軍長

① 左宗棠（1812－1885），字季高，一字樸存，號湘上農人。道光十二年（1832），中式舉人。十七年（1837），任教湖南醴陵淥江書院。咸豐元年（1851），入湘撫張亮基、駱秉章幕。咸豐六年（1856），升兵部郎中。十一年（1861），補太常寺卿。同治元年（1862），擢浙江巡撫，次年，升閩浙總督。三年（1864），加太子少保，封一等恪靖伯。五年（1866），創辦福州馬尾船廠、求是堂藝局。同年，創蘭州製造局。六年（1867），補授陝甘總督、欽差大臣督辦新疆軍務。次年，晉太子太保。九年（1870），賞騎都尉。十二年（1873），授協辦大學士，加一等輕車都尉。次年，授東閣大學士。光緒元年（1875），授欽差大臣陝甘總督督辦新疆軍務。光緒四年（1878），晉二等恪靖侯。光緒七年（1881），入職軍機大臣，管理兵部事務，旋改授兩江總督。十年（1884），任軍機大臣，管理神機營事務。是年，改任欽差大臣，督辦閩海軍務。十一年（1885），卒於福州，追贈太傅。謚文襄。著有《左文襄公全集》等行世。

② 官文（1798－1871），字秀峰，王佳氏，內務府漢軍正白旗人。由拜唐阿補藍翎侍衛，累擢頭等侍衛。道光十八年（1838），加頭等侍衛。二十年（1840），兼管理養狗處養狗使。二十一年（1841 年），出任廣州漢軍副都統。二十七年（1847），調荊州右翼副都統。咸豐四年（1854），補荊州將軍。五年（1855），補授湖廣總督。次年，督師再克漢陽。八年（1858），調補湖廣總督，升協力大學士，加太子少保銜。十一年（1861），拜文淵閣大學士，仍留總督任。同治元年（1862），晋文華殿大學士。三年（1864），賜封一等果威伯，升入滿洲正白旗。四年（1865），坐剿捻不力，革職留任。次年，坐動捐款，解除總督，仍留大學士、伯爵、罰伯爵俸十年。召還京，管理刑部，兼正白旗蒙古都統。年底，署直隸總督。六年（1867），任玉牒館總裁。八年（1869），召京，管戶部三庫，授內大臣。九年（1870），任崇文門正監督。十年（1871），病卒。贈太子太保，謚文恭。有《蕩平发逆附记》存世。

（庚）等奏保伊犁防戍出力請奬一摺，清單內開不論雙單月選用同知汪步端等十四員，查光緒二十七年，經陝甘督臣崧（蕃）等於新疆七載防戍出力案內列保，今復由伊犁將軍長（庚）等於伊犁歷年防戍出力案內列保，雖事隔兩省，同一防務係屬重復，所請奬敘應毋庸議，等因。於光緒二十九年二月二十八日具奏，於四月二十五日咨行到伊。奴才等查請將軍長（庚）等原奏內稱：伊犁與新疆塔城事同一律，自西陲戡定以來，新疆塔城防軍均已兩次請奬，惟伊犁各營將士前因防戍十二年出力，蒙奏恩准酌保，祗以逾限，未能保奏。此次又屆五年，籲懇併案列保，奉旨：准其擇尤酌保，毋許冒濫。欽此。是在伊犁出力各員業已十餘年之久，奉有恩旨准其併案保奬。此次部駁重保各員，在部臣慎重名器，以為同一防務即不應兩處列保，然該員等極邊防戍，年分各有先後之殊，在事出力勞績亦有差等之別。

現查各員內除常永慶省保已准，又經自行報捐免補；李宗嶽出力係在七載之後，省保已准；熊鶴年應歸省保核辦，均應毋庸議外，其餘汪步端等十一員，伊犁防戍均在七載之前，與新疆出力勞績不同，較之重復列保者即屬迥異，況新疆防戍案內該員等雖經列保，或因捐案調照並未核准，或因尋常勞績奬勵未得從優。若以新疆列保有名，伊犁之案即行刪除，是該員等有因兩處效力轉未沐一案之酬，庸有因新疆僅保尋常轉不獲伊犁異常之奬敘，則原請併案列保徒有其名，尚不如一處出力者猶能仰邀曠典。據該員等分別繳驗捐照，呈請將新疆保奏咨銷前來。

奴才等身膺疆寄，辦事需人，奬前功即所以勵後進，既經核實查明均在應保之列，惟有仰懇天恩俯准，飭部一律照准給奬，出自[1]逾格鴻施。除分咨陝甘督臣、新疆撫臣並將捐照咨送吏部外，理合恭繕[2]清單，附片陳請。伏乞聖鑒，訓示。謹奏。

同日[3]，奉硃批：該部議奏。欽此。

☆呈防戍出力與重保文職各員清單

謹將議覆吏部覈駁伊犁歷年防戍出力與新疆重保文職各員，分別擬奬，仍請照准，繕具清單，恭呈御覽。

計開：尤為出力單內，一、部單內開：不論單雙月選用同知汪步端、藍翎鹽提舉銜不論雙單月選用通判方鋆、同知銜新疆候補知縣魯鼎緒、花翎同知銜伊犁府綏定縣知縣安允升、分省試用縣丞楊文濬、不論雙單月儘先選用訓導常永慶。以上六員，查光緒二十七年新疆七載防戍出力案內列保，今復由伊犁歷年防戍案內列保係屬重復，所請獎敘，應毋庸議，等語。

奴才當即分別詳查，除常永慶一員省保已准現已自行報銷免補本班、應毋庸議外，查不論雙單月選用同知汪步端一員，伊犁出力係在七載之前，事隔兩省，勞績不同，且該員於新疆七載防戍案內係照尋常列保，經部臣議令呈驗捐照，再行覈辦。現據該員呈請，將捐照查驗屬實，並稱不敢重邀新疆保獎，前來。是該員並未重保，應請仍照原請免選同知，以知府不論雙單月選用。

查藍翎鹽提舉銜不論雙單月選用通判方鋆一員，伊犁出力係在七載之前，事隔兩省，勞績不同，且該員於新疆七載防戍案內雖經列保，經部臣以該員所開坐銜不符，議令查明覆令奏，再行覈辦。現據該員呈稱：不敢仰邀新疆保獎，伊犁原保底銜與履歷並無不符，呈請覆奏，前來。是該員並未重保，應請仍照原請免選通判，以同知不論雙單月選用。

查同知銜新疆候補知縣魯鼎緒一員，伊犁出力係在七載之前，事隔兩省，勞績不同，新疆保案係屬尋常、伊犁出力實在異常之列。前按該員底銜照異常勞績請獎，並未於新疆所保之項加保，實與重保不同，應請仍照原請免補本班，以直隸州知州[4]仍留原省補用。

查花翎同知銜綏定縣知縣安允升一員，伊犁出力係在七載之前，事隔兩省，勞績不同，新疆保案係保尋常、伊犁出力實在異常之列。前按該員底銜照異常勞績列保，並未於新疆所保之項加保，實與重保不同，應請仍照原請以直隸州知州在任候補，並賞加四品銜。

查分省試用縣丞楊文濬一員，伊犁出力係在七載之前，事隔兩省，勞績不同，且該員於新疆七載防戍案內係照尋常列保，經部臣議令呈驗捐照，再行覈辦。現據該員呈請將捐照查驗屬實，並稱不敢重邀新疆保獎，前來。是該員並未重保，應請仍照原請免補縣丞，以知縣仍分省補用。

其次出力單內。一、部單內開：鹽運使銜道員用新疆候補知府潘震、花翎知府銜不論雙單月選用直隸州知州李宗嶽、同知銜留甘補用知縣陶甄、同知銜不論雙單月選用知縣羅俊傑、開缺伊犁府經歷候補知縣鴻勳、州同銜不論雙單月選用府經歷熊鶴年、不論雙單月選用縣丞成道乾、殷壽球。以上八員，查光緒二十七年新疆七載防戍出力案內列保，今復由伊犁歷年防戍出力案内列保，係屬重復，所請獎叙，應毋庸議，等語。

奴才當即分別詳查，除李宗嶽一員伊犁勞績係在七載之後，且新疆列保相同，已邀覈准，熊鶴年一員應歸省保核辦，均行删除外，查鹽運使銜道員用新疆候補知府潘震一員，伊犁出力係在七載之前，事隔兩省，勞績不同。若因新疆奏保與伊犁奏保之案相距經年議以重復，即將其後保之案删除，實不足以示鼓勵，應請改俟歸道員班後，賞加二品頂戴。

查同知銜留甘補用知縣陶甄一員，伊犁出力係在七載之前，事隔兩省，勞績不同。前按該員底銜列保，實與重保不同。若因新疆奏保與伊犁奏保之案相距經年議以重復，即將其後保之案删除，實不足以示鼓勵，應請仍照原請俟得缺後，以直隸州知州補用。

查藍翎同知銜不論雙單月選用知縣羅俊傑一員，伊犁出力係在七載之前，事隔兩省，勞績不同，且該員於新疆七載防戍案内雖經列保，經部臣議令呈驗捐照，再行覈辦。現據該員呈請將前照查驗屬實，並稱不敢重邀新疆保獎，前來。是該員並未重保，應請仍照原請俟得缺後，以直隸州知州補用。

查開缺伊犁府經歷後候補[5]知縣鴻勲一員，伊犁出力係在七載之前，事隔兩省，勞績不同。前按該員底銜開列，並未於新疆所保之項加保，實與重保不同。若因新疆奏保與伊犁奏保之案相距經年議以重復，即將其後保之案删除，實不足以示鼓勵，應請仍照原請俟得缺後，以直隸州知州補用。

查不論雙單月選用縣丞成道乾一員，伊犁出力係在七載之前，事隔兩省，勞績不同。若因新疆奏保與伊犁奏保之案相距經年議以重復，即將其後保之案删除，實不足以示鼓勵。惟新疆列保已准其俟得缺後以知縣用，與伊犁擬獎相同，應請改俟歸知縣班後，以隸州知州補用。

查不論雙單月選用縣丞殷壽球一員，伊犁出力係在七載之前，事隔兩省，勞績不同。若因新疆奏保與伊犁奏保之案相距經年議以重復，即將其後保之案删除，實不足以示鼓勵。惟新疆保案已請俟得缺後以知縣用，與伊犁擬獎相同。新疆保案已奉部臣議准，調驗捐照，再行覈辦。經該員將捐照呈由撫臣咨部查驗，應請改俟歸知縣班後，以直隸州知州補用。

以上十一員，均擬仰懇天恩，飭部照准註冊。合併聲明。

覽[6]。

【案】此奏片原件①藏於臺北故宮博物院，錄副②及清單③現均藏於中國第一歷史檔案館，兹據校勘。

1.【出自】底本奪“自”，兹據原件校補。

2.【恭繕】底本作“恭摺”，誤。兹據校正。

3.【同日】錄副作“光緒二十九年十一月二十日”，與底本一致。

4.【知州】底本“知州”前衍“之”，兹據原單刪除。

5.【候補】底本作“後補”，誤。兹據原單校正。

6.【覽】此硃批“覽”據原單校補。

〇六三、恭報兵屯二十九年收糧分數摺

光緒二十九年十二月二十七日（1904年2月12日）

奴才馬亮、廣福跪[1]奏，為恭報伊犁特古斯塔柳兵屯光緒二十九年分收糧分數，繕具清單，恭摺仰祈聖鑒事。

竊查伊犁特古斯塔柳地方，前於光緒二十二年開辦兵屯，派撥練軍兩旗官兵墾種，所有歷年收成分數均經分年奏報在案。二十九年正月，因裁節舊滿營暨練軍銀糧，酌復新滿營四愛兵額，曾經奏明規復新滿營馬甲二百名、匠役、養育兵四十名，按照練軍章程分為兩旗，設立營總、帶隊章京等官，派新滿營協領諾呢春總理屯務，帶赴特古斯塔柳官屯地方，接辦屯墾；分領籽種，乘時播種。除營總、章京、隊官、筆帖式、教習或督催耕作，或經理錢糧未發籽種外，共兵二百四十名，每名額定地二十畝，內小麥地十一畝、青稞地一畝、大麥地一畝，均每畝給籽種一斗；穀子地七畝，每畝給籽種一升五合。統計籽種地四千八百畝，發給各色籽種糧三百三十七石二斗，由總理屯務委員新滿營右翼協領諾尼春[2]，暨第一旗營總正黃旗佐領賽沙春、第二旗營總鑲藍旗佐領內根泰，督率各兵耕作。

---

① 臺北故宮博物院藏：《軍機及宮中檔》，文獻編號：408004134－0－A.

② 中國第一歷史檔案館藏：《錄副奏摺》，檔號：03－5960－039.

③ 中國第一歷史檔案館藏：《單》，檔號：03－5426－115.

茲屆秋成事竣，據該員等將收穫粗糧數目具報前來。當飭糧餉處照章折合細糧，覈算分數，計兵二百四十名，合[3]種地二屯四分，收穫各色粗糧三千四百八十五石一斗[4]，折合細糧三千八十三石七斗六升六合三勺。每兵實交細糧十二石、十三石以上不等，收成在十二分以上。奴才等查光緒二十二年前將軍長庚奏定屯田收穫分數功過章程內開：十二分功過相抵，等語。本年收成覈計分數在十二分以上。查詢該屯總理委員，據稱各兵丁初年奉調到屯，地方土性尚未熟習，是以種植未能如法，等語。奴才等查核收分雖較上年減少，而照章功過尚能[5]相抵，應請免其置議；來年仍即督飭認真耕作，不准稍有怠玩。除飭將收穫糧石運送惠遠城倉妥為存儲，並飭造收支糧數清冊分咨戶部、兵部外，理合繕具清單，恭呈御覽。伏乞皇太后、皇上聖鑒訓示，謹奏。光緒二十九年十二月二十七日。

光緒三十年四月十九日接到。二月二十三日，奉硃批：該部知道，單併發。欽此[6]。

☆呈伊犁屯兵二十九年收穫糧石清單

謹將伊犁特古斯塔柳屯兵光緒二十九年分收穫各色糧石數目，計分數，繕具清單，恭呈御覽。

計開：新滿營練軍第一旗官兵光緒二十九年分收穫各色糧石內：小麥一千四百九十石，每石按九斗折合細糧一千三百四十一石。青稞一千石，每石按八斗七升五合折合細糧九十六石二斗五升。大麥一百二十二石，每石按八斗四升六合七勺折合細糧一百三石二斗九升七合四勺。穀子四十二石三斗，每石按五斗折合細糧二十石六斗五升。以上共收穫各色粗糧一千七百六十三石三斗，折合細糧一千五百六十一石一斗九升七合四勺。計兵一百二十名，每名合收細糧一十三石九合九勺七抄八撮。

新滿營練軍第二旗官兵光緒二十九年分收穫各色糧石內：小麥一千四百二十餘石，每石按九斗折合細糧一千二百七十八石。青稞一百一十八石五斗，每石按八斗七升五合折合細糧一百三石六斗八升七合五勺。大麥一百四十六石，每石按八斗四升六合七勺折合細糧一百二十石二斗三升一合四勺。穀子四十一石三斗，每石按五斗折合細糧二十石六斗五升。以上共收穫各色粗糧一千七百二十一石三斗，折合細糧一千五百二十二石五斗六升八合九勺。計兵一百二十名，每名合收細糧一十二石六斗八升八合零七抄八撮。通計二屯四分共收穫粗糧三千四百八十五石一斗，折合細糧三千八十三石七斗六升六合二勺，覈計分數在十二分以上。

覽[7]。

【案】此摺原件①錄副②及清單③現均藏於臺北故宮博物院，兹據校勘。

1.【奴才馬亮、廣福跪】底本無此前銜，兹據原件校補。

2.【諾呢春】底本誤作“諾尼春”，兹據原件及前後文校正。

3.【合】底本作“各”，疑誤。兹據校正。

4.【八十五石一斗】底本作“八十四石六斗”，兹據校正。

5.【尚能】底本奪“尚”，兹據原件補。

6.【案】底本所載硃批日期及內容與錄副所載一致。

7.【覽】此御批據錄副校補。

〇六四、奏陳兵屯租糧折價繳銀片

光緒二十九年十二月二十七日（1904年2月12日）

再，查特古斯塔柳屯兵自光緒二十二年開辦以來，歷年收穫各粗糧已有三萬七千七百石有零，陳陳相因[1]，日久恐有霉變，且原建倉廒無多，分年分色收存，漸至無倉儲積，擬於來春青黃不接之時，擇其先年所存者，發給各營兵丁領食，按照估撥糧折價，繳銀儲庫，以後按年出陳易新，庶糧無紅朽之虞，而兵亦不致食貴矣。除咨各部外，理合附片陳明。伏乞聖鑒訓示。謹奏。

同日[2]，奉硃批：該部知道。欽此。

【案】此奏片原件④、錄副⑤均藏於臺北故宮博物院，兹據校勘。

---

① 臺北故宮博物院藏：《軍機及宮中檔》，文獻編號：408004138.

② 臺北故宮博物院藏：《軍機及宮中檔》，文獻編號：158965.

③ 臺北故宮博物院藏：《軍機及宮中檔》，文獻編號：158965－0－A..

④ 臺北故宮博物院藏：《軍機及宮中檔》，文獻編號：408004138－0－C.

⑤ 臺北故宮博物院藏：《軍機及宮中檔》，文獻編號：158951.

1.【陳陳相因】稿本作“陳陳相應因”，衍“應”。
2.【同日】錄副署為“光緒三十年二月二十三日,”與底本一致。

〇六五、奏報伊塔道庫封儲湘平銀兩片

光緒二十九年十二月二十七日（1904 年 2 月 12 日）

再，查光緒十四年、十五年前將軍色楞（額）任內，應行封儲伊塔道庫湘平銀十萬兩，經前將軍長（庚）崔追足數，於光緒二十三年六月初九日附片奏明，封儲惠遠城糧餉處銀庫，不准擅動。每年年底由將軍、副都統會同盤查，具奏結報一次，以昭慎重，業於光緒二十八年底將盤驗無虧緣由奏報在案。茲屆光緒二十九年盤查之期，據伊犁糧餉章京嵩林等出具印結具報前來。奴才等即於十二月二十六日，親赴該庫查驗，所有前項封儲湘平銀十萬兩均實存在庫，並無虧短。除將印加各結送部查覈外，理合附片陳明。伏乞聖鑒。謹奏。

同日[1]，奉硃批：戶部知道。欽此。

【案】此奏片原件①、錄副②均藏於臺北故宮博物院，茲據校勘。

1.【同日】錄副署為“光緒三十年二月二十三日,”與底本一致。

〇六六、變賣伊犁牧廠馬羊價銀挪墊正餉摺

光緒二十九年十二月二十七日（1904 年 2 月 12 日）

奴才馬亮跪[1]奏，為變賣牧廠馬羊收穫價銀，挪墊正餉，恭摺仰祈聖鑒事。

竊查伊犁牧廠自前將軍長（庚）奏請採買馬羊，設廠牧放，歷年孳

① 臺北故宮博物院藏：《軍機及宮中檔》，文獻編號：408004138－0－B.
② 臺北故宮博物院藏：《軍機及宮中檔》，文獻編號：158944.

生，漸見蕃庶。上年因孳生羊廠病斃甚多，照例不准報銷，兵丁賠累堪憐，當即飭令挑選口老殘廢羝乳羊六千七百三十隻，變價儲庫。本年春夏之交，倒斃更甚。據駝馬處呈報：草廠窄狹，難於牧放，等情。前來。

奴才當於五月內將伊犁牧廠孳生羊隻漸多、草廠窄狹、請將口老羊隻變價存儲各情具奏，六月初二日，奉硃批：該部知道。欽此。欽遵當復飭令挑出孳生廠口老殘疾羝乳羊六千三百七十三隻，備差廠羯羊三萬四千六百六十二隻[2]，發給各營官兵領買，照常繳價，共計先後收穫湘平銀四萬二千五百二十三兩八錢。又，孳生馬廠先後挑賣口老殘疾不能孳生兒騍馬九百四十五匹，備差馬廠因各營本年改設常備、續備、巡警等軍，需用馬匹，將廠存騸馬六百三十八匹一律發給各營官兵領買，按照例價共計收穫湘平銀一萬二千六百六十四兩[3]，連舊存牛羊變價兩款銀二百八十八兩六錢七分一釐，共存銀五萬五千四百七十六兩四錢七分一釐。除備差牛廠存牛不敷撥用、採買犍牛一百隻、照例價提用銀四百四十兩外[1]，下剩銀兩因各省協餉歷年欠解甚多，冬餉萬分緊逼，電明戶部暫行挪墊正餉五萬五千兩，一俟各省協餉解到，仍行撥還歸款。

除飭將各處馬牛羊隻孳生、撥用、倒斃、變價各數目並收支價銀照章分別造冊咨部外，所有牧廠馬牛羊隻變收價銀、挪墊正餉緣由，理合恭摺具陳。伏乞皇太后、皇上聖鑒訓示。謹奏。光緒二十九年十二月二十七日。

光緒三十年四月十九日接到，二月二十三日[5]，奉硃批：該部知道。欽此。

【案】此奏片原件①、錄副②均藏於臺北故宮博物院，茲據校勘。

1.【奴才馬亮跪】底本無此前銜，茲據原件補。

2.【六百六十二隻】底本作“六百四十二隻”，疑誤。茲據校正。

3.【六十四兩】底本作“六十兩兩”，顯誤。茲據校正。

4.【外】底本作“之外”，茲據校正。

5.【同日】錄副署為“光緒三十年二月二十三日，”與底本一致。

① 臺北故宮博物院藏：《軍機及宮中檔》，文獻編號：408004137.

② 臺北故宮博物院藏：《軍機及宮中檔》，文獻編號：158963.

〇六七、奏請伊犁茶務改章開辦片

光緒二十九年十二月二十七日（1904 年 2 月 12 日）

再，查伊犁滿蒙標練各營官兵以及蒙古王公、喇嘛、軍臺、卡倫歲額應支各款，全賴各省闕協濟。自遭庚子之變，各省協餉歷年欠解。上年奴才到任，接准前將軍長（庚）移交，總計各年欠收餉數已有四十餘萬兩[1]，幸賴借用新省銀二十六萬七千餘兩，匯借甘庫銀一十三萬六千餘兩，尚足以支持邊局。奴才因見各省賠款加增，協餉解難足額，本年奏請將應支各款覈減成半支放，原冀部臣指撥的餉得以自行派員請領，不致有欠解之虞，不意未蒙議准。復經奏請試辦官茶，以開利源，雖經欽奉諭旨飭令督臣、撫臣會同議奏，而督臣未悉邊地情形，至今未能商議畫一，徒事仰給於人，殊屬一籌莫展。

前因本年新餉尚衹分撥[2]銀十萬七千餘兩，又復撥還前任兌款銀三萬兩，開支萬分不敷，迭經咨請撫臣潘效（蘇）[3]借墊。而司庫以前任借款過多，庫儲亦復告竭，極力設法，始為籌墊銀十萬兩。查各營官兵俸餉，皆為計口授食之需。本年既經減成，又復欠發，嗷嗷待哺，實萬難以謀生，因即電請樞臣、部臣代奏，請將庫存封儲道庫銀十萬兩暫行挪借，得軍機處覆電：奉旨：戶部知道。欽此。正擬提用間，復奉戶部電開：以封儲銀兩，不准擅動。當又電請戶部將牧廠變價及二分減平等款暫為挪用，嗣接覆電允准。茲將牧廠馬羊變價銀五萬五千兩、二分減平銀二萬兩、前任將軍、領隊及蒙古王公等歸還部庫借款銀一萬一千兩、哈薩克馬租銀四千兩，共計提用湘平銀九萬兩，支發各營餉款。惟奴才身膺邊寄，目擊時艱，竊慮徒資協餉於鄰封終非善策，與其拘守成法，坐用堪虞，何如量為變通，俾得稍開利源，藉紓餉力！仰懇敕下戶部、商部，將伊犁茶務能否改章開辦，妥議具奏，以便切實舉行。愚昧之見，理合附片陳明。伏乞聖鑒訓示。謹奏。

同日[4]，奉硃批：該部議奏。欽此。

【案】此奏片原件①、錄副②均藏於臺北故宫博物院，兹據校勘。

1.【萬兩】底本作“兩兩”，誤。兹據原件校改。

2.【分撥】底本作“撥分”，兹據原件校改。

3.【潘效】即潘效蘇③，底本空名諱“蘇”，兹據補，以下同。

4.【同日】錄副署為“光緒三十年二月二十三日，”與底本一致。

〇六八、補鑄察哈爾營鑲黄旗牛彔佐領圖記片

光緒二十九年十二月二十七日（1904年2月12日）

再，查伊犁察哈爾營鑲黄旗頭牛彔佐領圖記，因兵燹遺失，經前將軍金（順）暫刻木質圖記一顆，發交鈐用。前准部咨於造送印模清冊案内曾經聲明在案。兹准該營領隊大臣恩（祥）[1]呈請奏咨補鑄前來。奴才等覆查無異，相應請旨敕部補鑄伊犁察哈爾營左翼鑲黄旗頭牛彔佐領圖記一顆，以昭信守而垂久遠。理合附片具陳。伏乞聖鑒訓示。謹奏。

同日[2]，奉硃批：禮部知道。欽此。

【案】此奏片原件④、錄副⑤均藏於臺北故宫博物院，兹據校勘。

① 臺北故宫博物院藏：《軍機及宫中檔》，文獻編號：408004137－0－A.

② 臺北故宫博物院藏：《軍機及宫中檔》，文獻編號：158961.

③ 潘效蘇（1839－1913），號重賢，字少泉，效蘇爲官名，湖南省湘鄉縣人，西林巴圖魯。同治二年（1863），加同知銜。同治八年（1869），授膚施縣知縣。九年（1870），調澄城縣知縣。十年（1871），署狄州知州。光緒五年（1889），署河州知州。八年（1891），補西甯府循化同知。九年（1883），調補迪化直隸州知州。十二年（1886），改和闐直隸州知州。十四年（1888），擢伊犂知府。十五年（1889），補授迪化府知府，旋加鹽運使銜。廿一年（1895），以道員歸甘肅新疆補用，入關總理行營勞務，賞戴花翎。廿二年（1896），鎮迪道尹兼按察使銜；廿三年（1897），擢補鎮迪道兼按察使銜。廿四年（1898），調補巴里坤道，署新疆藩司。廿七（1901），補授甘肅臬司，旋升新疆藩司。廿八年（1902），擢新疆巡撫，賞加頭品頂戴，三十一年（1905），因案褫職。民國二年（1913），卒於里。

④ 臺北故宫博物院藏：《軍機及宫中檔》，文獻編號：408004137－0－B.

⑤ 臺北故宫博物院藏：《軍機及宫中檔》，文獻編號：158946.

1.【恩】即恩祥①，底本空名諱“祥”，兹補足，以下同。

2.【同日】錄副署為“光緒三十年二月二十三日，”與底本一致。

〇六九、代奏舊土爾扈特盟長謝恩片

光緒二十九年十二月二十七日（1904年2月12日）

再，舊土爾扈特南部落盟長汗布彥蒙庫之福晉德精鄂羅勒莫病故，經奴才等循例具奏，聲明應用祭文一俟内閣撰擬發交到日，再行派員前往該游牧，照例祭奠，以符定章，等因。於光緒二十九年二月十二日奉硃批：該衙門知道。欽此。欽遵在案。嗣經内閣擬就滿蒙祭文一道，由理藩院於本年六月初十日咨送到伊。當經奴才等揀派舊滿營正白旗佐領穆克得春[1]，恭賫祭文，照例備帶祭品前往祭奠。兹據穆克德春呈報：行抵喀喇沙爾土爾扈特汗游牧，諏吉前赴該故福晉德精鄂羅勒莫塋前，宣讀祭文，遵照祭奠，訖。並據土爾扈特汗布彥蒙庫呈稱，以該汗襲爵以來毫無報稱，今其福晉故後，復蒙聖恩賜祭，惶悚感激，存歿同深，當即望闕叩謝天恩。所有感激下忱呈請代奏前來。奴才等覆查無異，理合附片代奏。伏乞聖鑒。謹奏。

同日[2]，奉硃批：知道了。欽此。

【案】此奏片原件②、錄副③均藏於臺北故宫博物院，兹據校勘。

1.【穆克得春】底本作“克德春”，兹據原件校改。

2.【同日】錄副署為“光緒三十年二月二十三日，”與底本一致。

---

① 恩祥（？–1906），正紅旗滿洲人。同治十三年（1874），承襲雲騎尉世職，旋以功保即補防禦，加四品頂戴，並戴花翎。光緒十二年（1886），充伊犁協領。是年，保記名副都統，旋因案革職。十四年（1888），開復原官銜翎，補伊犁滿營右翼協領。二十三年（1897），遷察哈爾營領隊大臣。同年，署伊犁副都統。三十二年（1906），因病出缺。

② 臺北故宫博物院藏：《軍機及宫中檔》，文獻編號：408004138–0–A.

③ 臺北故宫博物院藏：《軍機及宫中檔》，文獻編號：158953.

卷三，光緒三十年（1904）

〇七〇、奏報哈薩克臺吉等報效學堂經費摺

光緒三十年三月十八日（1904 年 5 月 3 日）

奴才馬（亮）跪奏，為哈薩克臺吉等報效伊犁養正學堂經費，擬請准其按年呈交，以備支用，邀免造報，恭摺仰祈聖鑒事。

竊（奴才）前於光緒二十九年五月十一日奏請設立伊犁養正學堂，原估常年經費，無閏之年需銀七千五百四十餘兩，請由牧廠孳生羊隻變價款內動支，欽奉硃批：著照所請。欽此。欽遵在案。旋准戶部咨：查伊犁奏設學堂，誠為儲才要務，每年所需經費擬由牧廠孳生羊隻變價款內開支，惟設立學堂嗣後勢難中止，所稱此項經費有盈無拙，是否年年實有此數，務當確有把握，免致將來籌欵為難，等因。又經奴才將所收價銀撙節開支、尚足敷學堂經費用項情形咨覆在案。嗣因各省協餉欠解甚多，二十九年各營應支餉項年近歲逼，無款開支，惟時學堂尚未開辦，不得不移緩就急，復經電請戶部代奏[1]，將收存牧廠變價銀兩等款挪墊正餉，原冀協餉解到即可歸還，不料各省協餉仍復遷延，現值開辦學堂，正在度支奇絀，據索倫營領隊大員志（銳）咨呈：據黑宰阿爾班兩部哈薩克臺吉及各千户長等呈稱：該部落人衆自歸內附以來，借地牧放牲畜，蒙定每年額取租馬一千匹，折交價銀八千兩，現在牲畜漸多，踐土食毛，情殷報效，因聞開設學堂，需款動用，自願於額定租馬之外，每年捐繳銀八千兩，自光緒三十年起，報效四年，俟學堂學生卒業之後，即行停繳，務求允准，並不敢仰邀獎勵，等情。由該大臣咨呈前來。

（奴才）查該哈薩克等沐化多年，一切差徭並無徵派。此次踴躍輸將，集款報效，不敢仰邀獎勵，係屬出於至誠，自應准其報捐，按年呈繳。查學堂經費，原估無閏之年需銀七千五百餘兩，現計該哈薩克每年報效銀八千兩[2]，以之添補閏月開支及原來估計學堂房屋歲脩等費，尚足敷用，四年之內即可無需提用牧廠變價銀兩。此案係以本地捐款辦本地公用，並請免其造冊報銷，以省案牘之繁。四年後如需動用牧廠變價，俟屆時再行奏明辦理。所有哈薩克臺吉等報效伊犁養正學堂四年經費，擬請准其按年呈繳，以備支用，邀免造報緣由，除分咨戶部及大學堂外，理合恭摺具陳。伏乞皇太后、皇上聖鑒訓示。謹奏。光緒三十年三月十八日。

光緒三十年七月初六日接到，五月初九日，奉硃批：該衙門知道。欽此[3]。

【案】此摺原件①、錄副②均藏於臺北故宮博物院，茲據校勘。

1.【代奏】底本作"代表"，原件、錄副均作"代奏"，底本誤。茲據校正。

2.【現計該哈薩克每年報效銀八千兩】此句底本缺，茲據原件、錄副校補。

3.【案】此摺奉旨日期與內容，與錄副記載一致。

〇七一、奏報伊犁養正學堂開設日期片

光緒三十年三月十八日（1904年5月3日）

再，奴才前於光緒二十九年五月十一日具奏擬設伊犁養正學堂，並派學生出洋肄業，就地儲才備用，於六月初三日欽奉硃批：著照所請，該衙門知道，單併發。欽此。當即選派幼童，於八月二十一日交索倫營領隊大臣志銳，送赴俄國七河省學堂肄業，於九月二十八日附片奏明在案。茲因脩建學堂工程完竣，按照前次奏定章程，委派各項教習，挑選

① 臺北故宮博物院藏：《軍機及宮中檔》，文獻編號：408004139.

② 臺北故宮博物院藏：《軍機及宮中檔》，文獻編號：160487.

滿、蒙各營子弟四十人，於三十年二月初二日開學。除隨時督令認真學習並分咨外，所有設立伊犁養正學堂開設日期，理合附片陳明。伏乞聖鑒。謹奏。

同日[1]，奉硃批：該衙門知道[2]。欽此。

【案】此奏片原件①、錄副②均藏於臺北故宮博物院，茲據校勘。

1.【同日】錄副作“光緒三十年五月初九日”，與底本一致。

2.【該衙門知道】底本作“知道了”。茲據原件、錄副校正。

○七二、揀選伊犁察哈爾營總管等缺摺

光緒三十年三月十八日（1904 年 5 月 3 日）

奴才馬（亮）、廣（福）跪奏，為循例揀選伊犁察哈爾營總管等缺，擬定正陪，恭摺仰祈聖鑒事。

竊奴才等准察哈爾營領隊大臣恩祥咨呈：察哈爾營右翼總管沙爾托勒海於光緒二十九年十二月二十日因病身故，所遺總管等缺，應請揀員補放，以資辦理營務，等因。前來。奴才等當於該營應升人員內逐加考驗，沙爾托勒海遺出察哈爾營右翼總管一缺，揀選得本翼副總管索托依堪以擬正，正黃旗二牛彔藍翎佐領哈達堪以擬陪。遞遺副總管一缺，揀選得鑲藍旗頭牛彔佐領巴哲依堪以擬正，正紅旗頭牛彔佐領巴達瑪堪以擬陪。遞遺佐領一缺，揀選得正紅旗頭牛彔驍騎校薩賽堪以擬正，鑲紅旗頭牛彔驍騎校吉克米特堪以擬陪。遞遺驍騎校一缺，揀選得察哈爾營領隊檔房委筆帖式烏圖那遜堪以擬正，鑲藍旗[1]頭牛彔委官巴彥察幹[2]堪以擬陪。謹將該員等履歷另繕清單，恭呈御覽，伏候欽定。

其請補總管、副總管、佐領等，一俟遇有差便，給咨送部，補行引見，以符定制。所有揀選伊犁察哈爾營總管等缺、擬定正陪緣由，理合恭摺具奏。伏乞皇太后、皇上聖鑒訓示。謹奏。光緒三十年三月十八日。

---

① 臺北故宮博物院藏：《軍機及宮中檔》，文獻編號：408004139－A.

② 臺北故宮博物院藏：《軍機及宮中檔》，文獻編號：160501.

光緒三十年七月初六日接到，五月初九日，奉硃批：均著擬正之員補授，該衙門知道，單併發。欽此。

☆呈揀選伊犁察哈爾營總管等缺清單

謹將揀選伊犁察哈爾營總管等缺擬定正陪人員，繕[3]具清單，恭呈御覽。

察哈爾營沙爾托勒海遺出總管一缺。擬正之察哈爾營右翼副總管索托依，食俸餉二十八年，前在庫爾喀喇烏蘇軍營當差。光绪六年屯種军糧、十七年搜勦竄匪各案内出力，經前任將軍金（順）等奏保補用驍騎校，先換頂戴。光緒十六年，補驍騎校。二十七年[4]，補放佐領。二十八年，補放副總管，現年四十二歲。察哈爾蒙古馬步箭平等。

擬陪之察哈爾營右翼正黃旗二牛彔蓝翎佐領哈達，食俸餉當差三十年。光緒八年收復伊犁、十七年搜勦竄匪各案内出力，經前任将軍金（順）等奏保補用副總管，並賞戴蓝翎。光緒十年，補放驍騎校。十二年，補放佐領。揀選副總管擬陪一次，現年四十七歲。察哈爾蒙古馬步箭平等。

擬補總管所遺副總管員缺。擬正之察哈爾營右翼鑲蓝旗頭牛彔佐領巴哲依，食俸餉當差二十二年。光緒二十年，補放驍騎校。二十八年，補放佐領，現年四十歲。察哈爾蒙古馬步箭平等。

擬陪之察哈爾營右翼正紅旗頭牛彔佐領巴達瑪，食俸餉三十一年，前在庫爾喀喇烏蘇軍營當差。光緒二年克復瑪纳斯南北兩城、六年勦辦陜回各案内出力，經前任將軍金（順）奏保免補驍騎校儘先即補佐領。光緒十三年，補放佐領，現年四十九歲。察哈爾蒙古馬步箭平等。

擬補副總管所遺佐領員缺。擬正之察哈爾營右翼正紅旗頭牛彔驍騎校薩賽，食俸餉四十四年，前在庫爾喀喇烏蘇軍營當差。光緒二年克復瑪納斯南北兩城案内出力，經前任將軍金（順）奏保五品頂戴。光緒二十年，補放驍騎校。揀選佐領擬陪一次，現年六十五歲。察哈爾蒙古馬步箭平等。

擬陪之察哈爾右翼鑲紅旗頭牛彔驍騎校吉克米特，食俸餉當差十六年。光緒二十九年，由空藍翎補放驍騎，現年三十二歲，察哈爾蒙古馬步箭平等。

擬補佐領所遺驍騎校員缺。擬正之察哈爾營領隊檔房委筆帖式烏圖那遜，食錢粮當差十四年。光緒十七年搜剿竄匪案内出力，經前護將軍富勒

（銘額）咨保六品頂戴。二十六年，補筆帖式，揀選驍騎校擬陪一次，現年三十四歲。察哈爾蒙古馬步箭平等。

擬陪之察哈爾營右翼鑲蓝旗頭牛彔委官巴彥察幹，食錢糧當差二十年[5]。光緒二十八年，由領催補放委官，現年三十歲。察哈爾蒙古馬步箭平等。

覽[6]。

【案】此摺原件①藏於臺北故宮博物院，錄副②及清單③現藏於中國第一歷史檔案館，茲據校勘。

1.【鑲藍旗】底本奪“藍”，茲據原件、錄副校補。

2.【巴彥察幹】底本作“巴彥察翰”。原件、錄副及清單均作“巴彥察幹”，茲據校正。

3.【繕】底本作“繚”，茲據原清單校正。

4.【二十七年】底本作“二十有七年”，衍“有”。茲據原單校正。

5.【二十年】底本作“二十九年”，茲據原單校正。

6.【覽】此御批據原單校補。

〇七三、揀選伊犁新滿營防禦等缺摺

光緒三十年三月十八日（1904年5月3日）

奴才馬（亮）、廣（福）跪奏，為循例揀選伊犁新滿營防禦等缺，擬定正、陪，恭摺具陳，仰祈聖鑒事。

竊奴才等據辦理伊犁滿蒙事務檔房呈稱：新滿營左翼鑲黃旗防禦吉拉敏於本年二月初五日病故，所遺防禦等缺，應請揀員補放，以資辦理旗務，等情。前來。奴才等當於該營應升人員內逐加考驗，吉拉敏遺出新滿營左翼鑲黃旗[1]防禦一缺，揀選得鑲紅旗驍騎校伊綿布堪以擬正，

---

① 臺北故宮博物院藏：《軍機及宮中檔》，文獻編號：408004141.

② 中國第一歷史檔案館藏：《錄副奏摺》，檔號：03－5962－085.

③ 中國第一歷史檔案館藏：《單》，檔號：03－5962－086.

镶蓝旗驍騎校國西春堪以擬陪。遞遺驍騎校一缺，揀選得镶白旗委催總吉忠堪以擬正，正蓝旗委催總那都堪以擬陪。謹將該員等履歷另繕清單，恭呈御覽，伏候欽定。所有揀選伊犁新満營防禦等缺，擬定正陪緣由，理合恭摺具陳。伏乞皇太后、皇上聖鑒訓示。謹奏。光緒三十年三月十八日。

光緒三十年七月初六日接到。五月初九日，奉硃批：均著擬正之員補授，該衙門知道，單併發。欽此。

☆呈揀選伊犁新满營防禦等缺清單

謹將揀選伊犁新満營防禦等缺擬定正陪人員，缮具清單，恭呈御覽。

惠遠城新满營吉拉敏遺出防禦員缺。凝正之惠遠城新満營五品藍翎镶紅旗驍騎校[2]伊綿布，食俸餉當差三十五年。光绪八年收復伊犁案内出力，經前任將軍金（順）奏保，賞戴五品藍翎。光緒十八年，補放驍騎校，揀選防禦擬陪一次，現年五十六歲。錫伯瑚西哈哩[3]氏，馬步箭平等。

擬陪之惠遠城新満營镶藍旗驍騎校國西春，食俸餉當差二十二年。光緒十七年，因搜剿竄匪案内出力，經前護將軍富勒銘（額）咨保六品頂戴。二十七年，由年满委筆帖式補放驍騎校，現年三十九歲。錫伯鄂托氏，馬步箭平等。

擬補防禦所遺驍騎校員缺。擬正之惠遠城新满營镶白旗五品藍翎儘先即補驍騎校委催總吉忠，食錢糧三十二年，前在庫爾喀喇烏蘇軍營當差。光緒二年克復瑪納斯南北兩城、六年剿辦陝回各案内出力，經前任將軍金（順）奏保儘先即補驍騎校，並賞戴五品藍翎，護送貢馬赴京一次。光緒二十七年，由領催補放委催總，現年六十歲。錫伯兀札拉氏，馬步箭平等。

擬陪之惠遠城新滿營正藍旗花翎儘先即補防禦委催總都那，食銭糧二十九年，前在庫爾喀喇乌蘇軍營當差。光緒二年克復瑪納斯南北兩城、五年、六年兩届屯種軍糧、六年剿辦陝回、八年收復伊犁各案内均屬奮勉出力，疊經前往將軍金（順）奏保儘先即補防禦，並賞戴花翎。光緒二十年，由領催補放委催總，現年四十八歲。錫伯瓜勒佳氏，馬步箭平等。

覽[4]。

【案】此摺原件[①]藏於臺北故宫博物院，錄副[②]及清單[③]現藏於中國第一歷史檔案館，茲據校勘。

1.【鑲黄旗】底本奪“黄”，茲據原件、錄副校補。

2.【驍騎校】底本作“繞騎校”，顯誤，茲據校正。

3.【哈哩】底本作“哈里”，茲據原單校正。

4.【覽】此御批據原單校補。

○七四、請准右翼總管蒙克原品休致片

光緒三十年三月十八日（1904年5月3日）

再，准額魯特營領隊大臣徐（炘）咨呈：據右翼總管蒙克呈稱：竊蒙克現年六十九歲，前在軍營當差。光緒二年，克復瑪納斯南北兩城，出征打仗，嗣又搜剿竄匪。在軍營年久，身受潮濕，現在年逾六旬，精力已衰，致患半身不遂，步履維艱，實難辦理旗務。若不呈明告退，誠恐貽誤公事，理合呈請原品休致，等情。由該管領隊大臣轉呈前來。

奴才等覆查無異，合無仰懇天恩俯准將伊犁額魯特營右翼總管蒙克開去總管，以原品休致之處，出自逾格鴻慈。除將該員履歷清冊咨部查覈外，理合附片具陳。伏乞聖鑒訓示。謹奏。

同日[1]，奉硃批：著照所請，該衙門知道。欽此。

【案】此摺原件[④]藏於臺北故宫博物院，錄副[⑤]現藏於中國第一歷史檔案館，茲據校勘。

1.【同日】錄副作“光緒三十年五月初九日”，與底本一致。

---

① 臺北故宫博物院藏：《軍機及宫中檔》，文獻編號：408004140.

② 中國第一歷史檔案館藏：《錄副奏摺》，檔號：03－5962－084.

③ 中國第一歷史檔案館藏：《單》，檔號：03－5964－026.

④ 臺北故宫博物院藏：《軍機及宫中檔》，文獻編號：408004140－A.

⑤ 中國第一歷史檔案館藏：《錄副奏摺》，檔號：03－5962－083.

〇七五、奏報循例呈進貢馬情形摺

光緒三十年四月初七日（1904 年 5 月 21 日）

奴才馬（亮）、廣（福）跪奏，為循例呈進貢馬，恭摺具陳，仰祈聖鑒事。

竊維伊犁係産馬之區，自收還以來，歷年挑選馴良馬匹呈進禦用。茲屆光緒三十年應進貢馬之期，奴才馬（亮）謹選得騸馬八匹，奴才廣（福）謹選得騸馬四匹，調習試驗，骨相雖非駿異，步驟尚屬安詳，專派佐領烏爾固春、穆特春等[1]帶領弁兵，於本年四月初七日由伊犁起程，照章取道草地行走，飭令攜帶麩料，沿途小心牧放餧養，護送進京，呈遞上駟院驗收試騎，敬備御用。

除咨行料布多、烏里雅蘇臺將軍、參贊大臣、察哈爾都統等轉飭經過地方一體照料前進，以昭[2]慎重外，謹將所有正貢、備貢馬匹毛色、口齒、腳步另繕清單，恭呈御覽，懇恩賞收，以遂奴才等敬獻微忱。理合恭摺具陳。伏乞皇太后、皇上聖鑒訓示。謹奏。光緒三十年四月初七日。

三十一年三月初一日接到，光緒三十年九月十三日[3]，奉硃批：知道了。欽此。

☆呈循例進貢馬匹毛色等項清單

奴才馬（亮）謹呈正貢馬四匹：黑鬃黃馬，小走，八歲口。

棗騮馬，小走，八歲口。

黑馬，小走，八歲口。

海騮馬，小走，八歲口。

備貢馬四匹：黑鬃黃馬，小走，七歲口。

棗騮馬，小走，七歲口。

黑馬，小走，七歲口。

海騮馬，小走，七歲口。

奴才廣（福）謹呈正貢馬二匹：棗騮馬，小走，八歲口。

棗騮馬，小走，八歲口。

備貢馬二匹：棗騮馬，小走，七歲口。

棗騮馬，小走，七歲口。

覽[3]。

【案】此摺原件①、錄副②及清單③均藏於臺北故宮博物院，茲據校勘。

1.【等】底本脫“等”，茲據校補。

2.【昭】底本誤為“照”，茲據校正。

3.【光緒三十年九月十三日】此硃批日期據錄副校補。

4.【覽】此御批據原清單校補。

〇七六、錫伯等營領隊大臣各呈貢馬片

光緒三十年四月初七日（1904年5月21日）

再，據錫伯營領隊大臣色普西（賢）、索倫營領隊大臣志（銳）、察哈爾營領隊大臣恩（詳）、額魯特營領隊大臣徐（炘），各選得騸馬二匹，呈請隨同呈進前來。除飭委員佐領烏爾固春[1]等一體護送上駟院驗收外，謹將馬匹數目、毛色[2]、口齒、腳步另繕清單，恭呈御覽，伏乞天恩一併賞收。所有領隊大臣遵例隨同呈進貢馬緣由，理合附片陳明。伏乞聖鑒。謹奏。

同日[3]，奉硃批：知道了。欽此。

☆呈錫伯等營領隊大臣各呈貢馬清單

奴才色（普西賢）謹呈正貢馬一匹，棗騮馬，小走，八歲口；

備貢馬一匹，棗騮馬，小走，七歲口。

奴才志（銳）謹呈正貢馬一匹，棗騮馬，小走，八歲口；

① 臺北故宮博物院藏：《軍機及宮中檔》，文獻編號：408004142.

② 臺北故宮博物院藏：《軍機及宮中檔》，文獻編號：163529.

③ 臺北故宮博物院藏：《軍機及宮中檔》，文獻編號：163529－A.

備貢馬一匹，棗騮馬，小走，七歲口。

奴才恩（祥）謹呈正貢馬一匹，粉嘴棗騮馬，小走，八歲口；

備贡馬一匹，粉嘴棗騮馬，小走，八歲口。

奴才徐（炘）謹呈正贡馬一匹，棗騮馬，小走，八歲口；

備贡馬一匹，棗騮馬，小走，七歲口。

覽[4]。

【案】此摺原件①、錄副②及清單③均藏於臺北故宮博物院，兹據校勘。

1.【烏爾固春】底本誤作“烏魯固春”，兹據校正。

2.【毛色】底本誤為“色毛”，兹據校正。

3.【同日】錄副作“光緒三十年九月十三日”，與其一致。

4.【覽】此御批據原清單校補。

〇七七、奏為賞賜福字荷包等件謝恩摺

光緒三十年四月初七日（1904 年 5 月 21 日）

奴才馬（亮）、廣（福）等跪奏，爲恭摺叩謝天恩，仰祈聖鑒事。

竊奴才等於光緒三十年二月十二日承准軍機處咨開：由內閣交出恩賞伊犁將軍、大臣等福字、荷包、銀錁、銀錢、食物等件，由驛賫送前來。奴才等當即恭設香案，望闕叩頭謝恩，祇領，訖。伏思奴才等才識庸愚，涓埃未效，撫躬循省，正切悚惶。兹復仰蒙軫念邊陲，優加賞賚，拜殊恩之逾格，益感激以難名。

奴才等惟有將邊防、營伍暨各愛曼應辦一切事宜，認真整頓，和衷商辦，斷不敢稍涉疎懈[1]，以期仰答高厚鴻慈於萬一。所有奴才等感激下枕，謹恭摺叩謝天恩。伏乞皇太后、皇上聖鑒。謹奏。光緒三十年四月初七

① 臺北故宮博物院藏：《軍機及宮中檔》，文獻編號：408004142 – A.

② 臺北故宮博物院藏：《軍機及宮中檔》，文獻編號：163530.

③ 臺北故宮博物院藏：《軍機及宮中檔》，文獻編號：163530 – A.

日。奴才馬亮、奴才廣福、奴才色普西賢、奴才志鋭、奴才恩祥、奴才徐炘[2]。

光緒三十年六月十四日[3]，奉硃批：知道了。欽此。

【案】此摺缺錄副，原件①藏於臺北故宫博物院，兹據校勘。

1.【疎懈】底本作“懈疎”，兹據校正。

2.【奴才馬亮……奴才徐炘】此銜名據原件校補。

3.【光緒三十年六月十四日】此奉旨日期據同批錄副（檔號：03－5962－100）校補。

〇七八、奏為特賞福字壽字謝恩摺

光緒三十年四月初七日（1904年5月21日）

奴才馬（亮）跪奏，爲恭摺叩謝天恩，仰祈聖鑒事。

竊奴才等於光緒三十年三月初三日承准兵部火票遞到軍機處交出特賞伊犁將軍馬（亮）“福”、“壽”字，由驛遞送前來。奴才當即恭設香案，望闕叩謝天恩祇領訖。

伏思奴才渥蒙聖恩，畀以疆寄，任事二載，未立寸功，自愧庸闇無才，莫克涓埃自效，乃前荷優加恩賚，已屬感激難名，兹復蒙特賞榮施，更當竭蹶圖報。奴才惟有將邊疆一切應辦事宜虚衷體察，極力振興，以求仰副高厚生成於萬一。所有奴才等感激下枕，謹恭摺叩謝天恩。伏乞皇太后、皇上聖鑒。謹奏。光緒三十年四月初七日。

光緒三十年六月十四日[1]，奉硃批：知道了。欽此。

【案】此摺原件②藏於臺北故宫博物院，錄副③現藏於中國第一歷史檔案館，兹據校勘。

---

① 臺北故宫博物院藏：《軍機及宫中檔》，文獻編號：408004143.

② 臺北故宫博物院藏：《軍機及宫中檔》，文獻編號：408004144.

③ 中國第一歷史檔案館藏：《錄副奏摺》，檔號：03－5962－100..

1.【光緒三十年六月十四日】此硃批日期據錄副校補。

〇七九、揀選額魯特營驍騎校員缺摺

光緒三十年六月初四日（1904年7月16日）

奴才馬（亮）、廣（福）跪奏，為循例揀選伊犁額魯特營左翼沙畢那爾驍騎校員缺，擬定正、陪，恭摺仰祈聖鑒事。

竊奴才等准額魯特營[1]領隊大臣徐（炘）咨呈：本營左翼沙畢那爾正藍旗頭牛录驍騎校霍湍，於光緒二十九年十一月初二日病故，所遺驍騎校員缺，應請揀員補放，以資辦理旗務，等因。前來。奴才等當於該營應升人員內逐加考驗，霍湍遺出額魯特營左翼沙畢那爾正藍旗頭牛录驍騎校一缺，揀選得鑲白旗二牛录委官庫克新[2]堪以擬正，正藍旗二牛录委官鄂拜堪以擬陪。

謹將該員等履歷另繕清單，恭呈御覽，伏候欽定。所有揀選伊犁額魯特營左翼沙畢那爾驍騎校員缺，擬定正、陪緣由，理合恭摺具陳。伏乞皇太后、皇上聖鑒訓示。謹奏。光緒三十年六月初四日。

光緒三十年九月十六日接到兵部火票遞回原摺。七月二十一日，奉硃批：著擬正之員補授，該衙門知道，單併發。欽此。

☆呈揀選伊犁額魯特營驍騎校清單

謹將揀選伊犁額魯特營左翼沙畢那爾驍騎校員缺擬定正、陪人員，繕具清單，恭呈御覽。

額魯特營左翼沙畢那爾霍湍遺出驍騎校一缺，擬正之額魯特營左翼鑲白旗二牛彔儘先即補驍騎校委官庫克新，食餉二十九年，前在庫爾喀喇烏蘇軍營當差。光緒六年勦辦陝回案內出力，經前任將軍金（順）奏保儘先即補驍騎校，護送貢馬赴京一次，護送戰馬赴京一次。十五年，由領催補放委官，揀選驍騎校擬陪三次，現年四十九歲。舊沙畢那爾馬步箭平等。

擬陪之額魯特營左翼正藍旗二牛彔委官鄂拜，食餉當差十八年。光緒二十九年，由領催補放委官，現年三十六歲。舊沙畢那爾馬步箭平等。

【案】此摺原件[①]藏於臺北故宮博物院，錄副[②]及清單[③]藏於中國第一歷史檔案館，茲據校勘。

1.【沓】底本奪“沓”，茲據原件校補。

2.【庫克新】底本作“庫克斯”，茲據原件、錄副及清單校正。

〇八〇、請准仍照原賜佑安寺名片

光緒三十年六月初四日（1904年7月16日）

再，准土爾扈特汗布彥蒙庫牘稱：承平時，本游牧內建有寺院一處，曾經奏蒙賜名佑安寺，以為各項喇嘛諷經誦典之所。同治間毀於兵燹，僅有石碑一塊，上刋滿、蒙、漢、唐古忒四體字，至今尚存。現在本游牧人眾自願捐資，在巴勒噶泰河地方重修新寺業已落成，聚集喇嘛，諷經誦典，祷祝聖主萬壽無疆，并藉以撫綏部眾。鈔摹石碑字跡，呈請代奏前來。奴才等伏查該汗布彥蒙庫所呈，重修新寺業已落成，聚集喇嘛，諷誦經典，係為撫綏部眾赴見。鈔呈碑刋寺名，查驗屬實，相應據情代奏，可否仰懇天恩俯准，仍照御賜佑安寺原名敬謹供奉之處，出自逾格鴻慈。除咨理藩院外，理合附片具陳。伏乞聖覽訓示。謹奏。

同日[1]，奉硃批：著照所請，該衙門知道。欽此。

【案】此片原件[④]、錄副[⑤]均藏於臺北故宮博物院，茲據校勘。

1.【同日】錄副作“光緒三十年七月二十一日”，與底本一致。

---

① 臺北故宮博物院藏：《軍機及宮中檔》，文獻編號：408004146.

② 中國第一歷史檔案館藏：《錄副奏摺》，檔號：03－5962－112.

③ 中國第一歷史檔案館藏：《單》，檔號：03－5962－113.

④ 臺北故宮博物院藏：《軍機及宮中檔》，文獻編號：408004146－A.

⑤ 臺北故宮博物院藏：《軍機及宮中檔》，文獻編號：162163.

○八一、奏報札拉豐阿回伊犁日期片

光緒三十年六月初四日（1904 年 7 月 16 日）

再，伊犁索倫營總管札拉豐阿，前因六年俸滿任內並無降等、罰俸處分，經奴才等循例出具考語，給咨赴部帶領補行引見，並附片陳明在案。茲該總管札拉豐啊引見事竣，於光緒三十年四月初八日旋回伊犁原營。除飭令該總管照舊供差外，理合附片具奏。伏乞聖覽。謹奏。

同日[1]，奉硃批：知道了。欽此。

【案】此片原件①、錄副②均藏於臺北故宮博物院，茲據校勘。

1.【同日】錄副作“光緒三十年七月二十一日”，與底本一致。

○八二、奏報揀補伊犁軍標都司等員缺摺

光緒三十年六月初四日（1904 年 7 月 16 日）

奴才馬（亮）跪奏，為揀員請補伊犁軍標都司、守備員缺，以重職守而裨操防，恭摺仰祈聖鑒事。

竊查伊犁軍標設立中軍都司一員，兼帶前旗馬隊；中軍分防守備一員，兼帶右旗馬隊；左營分防守備一員，兼帶後旗馬隊；均係題補之缺，由外揀員請補，五年俸滿，保題升用。自光緒十八年奏准設立之後，其中軍都司一缺，中軍分防守備一缺，均係委員署理，尚未請補有人。左營分防守備一缺，雖經前將軍長（庚）於光緒二十六年三月奏請以留標儘先補用守備張德霖補授，因未奉准部覆，旋將該員列入伊犁歷年邊防案內保陞開缺，至今亦係委員署理。當此整頓營伍之時，迭奉部咨，令揀合例人員請補。

---

① 臺北故宮博物院藏：《軍機及宮中檔》，文獻編號：408004146 - A.

② 臺北故宮博物院藏：《軍機及宮中檔》，文獻編號：162158.

奴才查伊犁軍標中軍都司一缺，現有署理中軍都司王保清，年五十四歲，由軍功歷保[1]至花翎儘先即補參將，補缺後以副將留陝甘儘先補用。光緒二十八年，經前新疆撫臣饒應（祺）奏請，借補伊犁霍爾果斯營中軍守備。是年十二月，經奴才調署伊犁軍標中軍都司。該員久歷戎行，諳習營伍。自調署以來，深資得力，以之借補[2]斯缺，人地實屬相宜。該員係參將借補都司，與新疆借補章程亦屬相符。

又，中軍分防守備一缺，查有現署[3]守備周壽山，年五十三歲，由軍功歷保至花翎遊擊銜，歸湖北督標儘先即補都司。光緒二十八年，前將軍長（庚）奏留伊犁軍標差遣。是年四月，委署中軍分防守備。伊犁歷年防戍案內，保准補都司後以遊擊補用。該員年富力強，邊情熟習，以之借補斯缺[4]，人地亦極相宜；以都司借補守備，與新疆借補章程亦合。

又，左營分防守備一缺，查有留伊犁軍標補用守備馬高陞，現年四十八歲，由軍功歷保至花翎留甘肅新疆補用守備，補守備後以都司補用。光緒二十九年，奏留伊犁軍標差遣。該員留心戎政，明幹有為，以之請補斯缺，洵堪勝任，銜缺亦屬相當。

以上三員，現在均無別項事故，亦無在別省參革、朦保情弊，合無仰懇天恩俯准，以儘先即補參將王保清借補伊犁軍標中軍都司、即補都司周壽山借補伊犁中軍分防守備、補用守備馬高陞補授伊犁左營分防守備。如蒙俞允，並懇敕部先行發給劄付。王保清一員俟防務大定，即行給咨送部引見。其周壽山、馬高陞二員，應請援照伊犁、烏魯木齊補放守備、毋庸送部之例，免其送部引見，以符定制。除飭取該員等履歷清册咨部查核外，謹會同陝甘督臣崧（蕃）、新疆撫臣潘效（蘇），恭摺具陳。伏乞皇太后、皇上聖鑒訓示。謹奏。光緒三十年六月初四日。

光緒三十年九月十六日接到，七月二十一日，奉硃批：兵部議奏。欽此。

【案】此摺原件①、錄副②均藏於臺北故宮博物院，茲據校勘。

1.【歷保】底本誤作“立保”，茲據校正。

2.【借補】底本誤作“調補”，茲據校正。

---

① 臺北故宮博物院藏：《軍機及宮中檔》，文獻編號：408004145.

② 臺北故宮博物院藏：《軍機及宮中檔》，文獻編號：162174.

3.【現署】底本誤作“現屬”，兹據校正。
4.【斯缺】底本誤作“新缺”，兹據校正。

〇八三、奏為隨扈出力各武職請獎片

光緒三十年六月初四日（1904 年 7 月 16 日）

再，（奴才）前於光緒二十九年七月十六日附奏伊犁文武員弁辭卸差委，随同護送鑾輿回京，未得列入邊防案内請獎，請將尤為出力之儘先選用知縣陳天禄等文武員弁酌給獎勵，欽奉硃批：該部議奏。欽此。所有擬保文職各員，業蒙吏部查與例章相符，全案核准，奏奉諭旨：依議。欽此。欽遵咨行轉飭遵照在案。惟擬保武職各員接准兵部咨送奏稿内稱，此案武職随同護送出力，自應随時奏明。今事隔三年始行請獎，並先期又未立案，臣部礙難議准，按照定章，應請全案駁回，等語。於光光緒二十九年十月二十八日具奏，奉旨：依議。欽此。钦遵鈔咨前来。

奴才查兵部原奏援引部章“無論何項保獎，必於事前將該員弁姓名咨部立案，不得開保時随案咨部”等語，係指平時例保而言。此次随扈出力並非事所常有，自難於事前立案，况奴才前此護送鑾輿到京，光緒二十七年十二月奉旨飭赴伊犁將軍新任時，曾將随帶員弁無力回防情形奏奉諭旨，飭部酌發車輛，俾資回營。原奏業經聲叙明晰，並非事前未將随帶員弁奏明，且此案武職雖因随扈出力，亦並因其在伊防戍出力有年，卸差随扈，未得列入邊防請獎，是以前於登覆部駁伊犁邊防案内附片陳請天恩獎勵。邊防請保之案，已經前將軍長（庚）奏准。

此案即與先期未經立案不同，今文職各員已經吏部議覆，奏蒙鴻施，照准獎勵。武職各員出力相等，事同一律，兵部將其全案[1]駁回，未免向隅，可否仰懇特沛恩施，俯准仍照原請，將即補都司雲騎尉世職王金樞免補都司，以遊擊儘先補用；花翎三品顶戴[2]儘先選用衛守備段祝三免選衛守備，以營都司儘先補用；藍翎補缺後補用都司儘先補用守備王占元免補守備，以都司儘先補用；藍翎守備衔拔補千總張得勝免補千總，以守備即補；藍翎守備衛拔補把總朱貴免補把總，以千總儘先拔補；六品軍功黃春德、赫松亭、李沛、李富貴均以把總儘先拔補之處，出自逾格鴻慈。除該員等履歷前已咨送兵部外，理合附片陳請。伏乞聖鑒訓示。謹奏。

同日[3]，奉硃批：著照所請，兵部知道。欽此。

【案】此摺原件①、錄副②均藏於臺北故宫博物院，茲據校勘。

1.【全案】底本奪“全”，茲據原件校補。

2.【頂戴】底本誤作“頂帶”，茲據校正。

3.【同日】錄副作“光緒三十年七月二十一日”，與底本一致。

○八四、俄屬哈薩克借廠牧放馬匹情形片

光緒三十年六月初四日（1904年7月16日）

再，奴才於光緒二十九年十一月初八日，據署伊塔道黃丙焜申稱：准駐伊俄領事科洛特科福[1]照會：俄属阿依托伏斯克博羅斯属下哈薩克請照[2]前二年成案，借給牧廠過冬，等情。經奴才飭令駁覆去後。旋因該哈薩克馬群業已赶到邊境，現在中俄邦交甚篤，勢難禁止，申請准其借牧前來。當即一面電請外務部代奏，一面札飭伊塔道黃丙焜，並照會額魯特領隊大臣徐（炘），選派官兵前赴那林郭勒卡倫，按照二十八年借廠辦法，與該哈薩克等照舊書立合約十一款[3]，蓋戳簽名，驗明俄官執照所載人、畜數目，指定借地界址，妥為保護。十一月二十二日，經該俄哈派牧夫一百名，管馬一萬匹，由那林郭勒卡倫入境，在於額魯特所属之木胡爾莫敦地方借給草廠牧放，於光緒三十年正月二十八日出境，仍回俄國，人、畜均属平安。據額魯特領隊大臣徐（炘）轉據總管等，取具俄博羅斯收條、印據，呈報前來。

奴才伏查属實，堪以上紓宸廑。除咨明軍機處、外務部[4]外，所有俄属哈薩克借廠牧放馬匹入境出境均属安靜緣由，理合附片陳明。伏乞聖鑒。謹奏。

同日[5]，奉硃批：外務部知道。欽此。

---

① 臺北故宫博物院藏：《軍機及宫中檔》，文獻編號：408004145－A.

② 臺北故宫博物院藏：《軍機及宫中檔》，文獻編號：162166.

【案】此摺原件①、錄副②均藏於臺北故宮博物院，茲據校勘。

1.【科洛特科福】底本作“科洛克科福”，茲據原件校改。

2.【照】底本奪“照”，茲據原件校補。

3.【十一款】底本作“十有一款”，衍“有”。茲據原件刪。

4.【外務部】底本奪“外務部”，茲據原件校補。

5.【同日】錄副作“光緒三十年七月二十一日”，與底本一致。

○八五、奏報續購槍砲復被俄人阻留片

光緒三十年六月初四日（1904年7月16日）

再，查光緒二十四年，前將軍長（庚）奏請續購德國克勞司毛瑟槍一千枝、槍彈一百一十萬顆、克魯伯過山快炮[1]二尊、炮彈二千顆，假道俄境，運赴伊犁。二十六年六月，行至俄属距薩瑪爾不遠之阿勒坦額粒地方，適值東省[2]拳匪滋事，俄國禁止軍器出境，將前項槍礮解回庫庫烏蘇扣留，業經前將軍長（庚）奏明在案。奴才到任，接准移交。上年，因原議禁限兩年期滿，咨請駐俄出使大臣胡維（德），轉商俄外部議允歸還，當即派員前赴阿拉穆圖，經俄七河巡撫將前項槍礮點交，雇車領運，詎料行至俄属薩瑪爾地方，又值東三省日俄開釁，俄稅局以一切軍器均應禁止出境，仍復阻留，疊經奴才咨請出使大臣胡維（德），復商俄外、兵等部。堅持前議，不允放行。

奴才竊思日俄戰事尚無已時，徒令委員坐守鄰邦，不獨徒糜費用，槍礮重件[3]且恐別生意外之虞，致啟外人口實，祇得[4]商令俄七河巡撫派人點驗，接收管理，取其收據在案。容俟日俄息戰，再行[5]領運回伊，將前後運價彙報請銷分咨立案外，所有續購槍礮復被俄境阻留情形，理合附片奏明。伏乞聖鑒。謹奏。光緒三十年六月初四日[6]。

同日[7]，奉硃批：該部知道。欽此。

---

① 臺北故宮博物院藏：《軍機及宮中檔》，文獻編號：408004145－C.

② 臺北故宮博物院藏：《軍機及宮中檔》，文獻編號：162157.

【案】此摺原件[1]、錄副[2]均藏於臺北故宮博物院，茲據校勘。

1.【快跑】底本作“跑快”，茲據原件校改。

2.【東省】底本作“直省”，茲據校正。

3.【重件】底本作“事件”，茲據校正。

4.【祇得】底本奪“得”，茲據原件校補。

5.【再行】底本奪“再”，茲據校補。

6.【光緒三十年六月初四日】此具奏日期原件、錄副未署如例。

7.【同日】錄副作“光緒三十年七月二十一日”，與底本一致。

〇八六、恭賀太后萬壽摺

光緒三十年七月十六日（1904年8月26日）

奴才馬（亮）、廣（福）等跪，叩賀慈禧端佑康頤昭豫莊誠壽恭欽獻崇熙皇太後萬壽聖節鴻禧！伊犁將軍奴才馬（亮），伊犁副都統奴才廣（福），錫伯營領隊大臣奴才色普西賢，索倫營領隊大臣奴才志銳，察哈爾營領隊大臣奴才恩祥，魯特營領隊大臣奴才徐炘。

【案】此件原件、錄副查無下落。

〇八七、奏為加級封廕謝恩摺

光緒三十年七月十六日（1904年8月26日）

奴才馬（亮）、廣（福）等跪奏，為恭逢恩詔，叩謝天恩，仰祈聖鑒事。

竊奴才等於光緒三十年六月二十六日接准兵部由驛咨送本年恭逢慈禧

① 臺北故宮博物院藏：《軍機及宮中檔》，文獻編號：408004145－B.

② 臺北故宮博物院藏：《軍機及宮中檔》，文獻編號：162155.

端佑康頤昭豫莊誠壽恭欽獻崇熙皇太后七旬萬壽慶典頒發恩詔到伊，當即率領文武僚屬，恭設香案，跪迎宣讀，仰沐迭沛鴻施，給予加級封廕。跪聆之下，敬謹望闕叩頭謝恩，訖。

伏念奴才等渥荷生成，同膺邊任，自愧毫無報稱，方期共矢慎勤，茲复欣逢皇太后萬壽慶典，我皇上尊養孝隆，顯揚立極，特頒恩詔，遍及臣民。聞命自天，感激無地！奴才等惟有同加奮勉，殫竭愚忱，遇有邊防應辦一切事宜，必當共體時艱，和衷商辦，內修政理，矢志以期自强；外守約章，講信而敦睦誼，藉以仰答高原鴻慈於萬一！所有奴才等感激下忱，謹合詞恭摺，叩謝天恩。伏乞皇太后、皇上聖鑒。謹奏。光緒三十年七月十六日[1]。伊犁將軍奴才馬（亮），伊犁副都統奴才廣（福），錫伯營領隊大臣奴才色（普西賢），索倫營領隊大臣奴才志（鋭），察哈爾營領隊大臣奴才恩（祥），魯特營領隊大臣奴才徐（炘）。

光緒三十一年二月初五日，奉到硃批：知道了。欽此。

光緒三十年九月十四日，奉硃批：知道了。欽此[2]。

【案】此摺原件①藏於臺北故宮博物院，錄副②藏於中國第一歷史檔案館，茲據校勘。

1.【光緒三十年七月十六日】底本僅作“光緒三十年七月”，茲據原件校補。

2.【光緒三十年九月十四日：奉硃批：知道了。欽此】此硃批日期等，據錄副校補。

〇八八、代奏領隊大臣色普西賢告休摺

光緒三十年八月初七日（1904 年 9 月 16 日）

奴才馬（亮）、廣（福）跪奏，為領隊大臣呈請告休，據情代奏，恭摺具陳，仰祈聖鑒事。

竊奴才等准頭品頂戴副都統銜伊犁錫伯營領隊大臣果勇巴圖魯色普

① 臺北故宮博物院藏：《軍機及宮中檔》，文獻編號：408004147.

② 中國第一歷史檔案館藏：《錄副奏摺》，檔號：03－5571－023.

（西賢）咨呈：領隊現年六十七歲，光緒二年經前署將軍榮（全）調赴塔爾巴哈臺行營，檄委管帶錫伯營官兵，在瑪納斯一帶出征一次，隨隊克復瑪納斯南北兩城，剿辦陝回，收復伊犁，歷保頭品頂戴、巴圖魯名號，洊擢總管，於光緒二十七年七月二十八日奉旨賞給副都統銜，作為錫伯營領隊大臣。領隊自顧何人，受茲恩遇！自應黽勉供職，力圖報效。無如前在軍營染受潮濕，得患咳嗽之症，雖經服藥療治，時發時愈，病根迄未全除。茲因年逾六旬，精力漸衰，自上年入冬以來，感受風寒，舊疾復發，兼之氣促心跳，步履維艱，節次延醫調治，病未少痊。伏思領隊病勢既已至此，若以年邁殘軀遷延戀棧，不特撫衷難安，誠恐貽誤公事，辜恩愈甚。再四思維，惟有呈請據情代奏，籲懇天恩俯准致仕，俾得回旗安心調養，實荷聖慈矜全，等情。呈請代奏前來。

查該領隊大臣到任以來，辦理該營一切公事，悉臻妥善，洵屬歷練老成，深資得力。惟因年邁力衰，加以宿疾復發，步履艱難，係屬實在情形，可否仰懇天恩俯准伊犁錫伯營領隊大臣色普西賢開缺，以原品休致之處，出自高厚鴻慈。所有領隊大臣呈請告休、據情代奏緣由，理合恭摺具陳。伏乞皇太后、皇上聖鑒訓示。謹奏。光緒三十年八月初七日。

光緒三十年十一月二十五日接到，九月二十六日，奉硃批：另有旨[1]。欽此。

【案】此摺原件①、錄副②均藏於臺北故宮博物院，茲據校勘。

1.【另有旨】此案業於是年九月二十六日得允行。《清實錄》："伊犁錫伯營領隊大臣色普西賢，因病解職。"③

〇八九、協領錫濟爾琿暫緩引見緣由片

光緒三十年八月初七日（1904年9月16日）

再，查前准兵部咨：各省協領等任滿並無事故者，出具考語，送部考

① 臺北故宮博物院藏：《軍機及宮中檔》，文獻編號：408004150.

② 臺北故宮博物院藏：《軍機及宮中檔》，文獻編號：163788.

③ 《德宗景皇帝實錄（八）》，卷五百三十五，光緒三十年九月，第128頁。

驗，帶領引見，恭候欽定。其記名之員遇有副都統缺出，照例開列，等因。咨行遵照在案。茲據滿營檔房呈稱：伊犁新滿營左翼協領錫濟爾琿，前於光緒十年二月補授惠遠城正藍旗協領，扣至光緒十八年閏六月，在任已逾八年。又，自光緒十八年閏六月改補新滿營左翼協領起，扣至光緒二十四年六月，歷俸已滿六年，前後共計十四年期滿，業經造具履册，呈請送部，並蒙前將軍長（庚）奏請暫緩引見在案[1]。茲自二十四年六月二次俸滿起，扣至三十年六月，三次六年[2]俸滿，造具履冊，呈請給咨前來。

奴才等查新滿營左翼協領錫濟爾琿，老成練達，辦事勤能，前因收還伊犁、勦辦竄匪案內出力，經前將軍金（順）於光緒十年十二月保奏，以副都統記名簡放，奉旨允准在案。嗣因協領二次俸滿，經前將軍長（庚）於光緒二十四年七月初七日奏請仍以副都統記名，遇有應升缺出，照例開列，請旨簡放，並請暫緩引見，欽奉硃批：著照所請，兵部知道。欽此。欽遵亦在案。茲屆該協領三次俸滿，共計前後供職已二十年，本應循例送部引見，俾得早沐恩施，量予遷擢。惟該員現兼營務、摺奏、印務各項差使，辦事多年，一切情形悉臻諳練，正資得力，未便遽易生手，且伊犁地處西陲，距京窵遠，往返經年，凡於整頓旗務，訓練士卒，尤屬臂助乏人，合無仰懇天恩俯准，將該協領暫緩送部引見，仍以副都統記名，遇有伊犁各營應升缺出，開列在前，破格錄用之處，出自鴻施。除將履歷咨部查核外，理合附片陳請。伏乞聖鑒訓示。謹奏。

同日[3]，奉硃批：著照所請，兵部知道。欽此。

【案】此摺原件①、錄副②均藏於臺北故宮博物院，茲據校勘。

1.【案】光緒二十四年七月，伊犁將軍長庚附奏曰：

再，准兵部咨：各省協領等任滿並無事故者，出具考語，送部考驗，帶領引見，恭候欽定。其記名之員，遇有副都統缺出，照例開列，等因。咨行遵照在案。茲據滿營檔房呈稱：協領錫濟爾琿自光緒十年二月補授惠遠城正藍旗協領起，扣至光緒十八年閏六月，在任已逾八年。又自光緒十八年閏六月改補新滿營左翼協領起，扣至光緒二十四年六月，歷俸前後共計十四年期滿，造具履歷冊籍，呈請給咨

① 臺北故宮博物院藏：《軍機及宮中檔》，文獻編號：408004150－A.

② 臺北故宮博物院藏：《軍機及宮中檔》，文獻編號：163793.

前來。

奴才等查新滿營左翼協領錫濟爾琿，精詳穩慎，辦事實心，堪勝副都統之任。前因收還伊犁、剿辦竄匪案內出力，經前將軍金順於光緒十年十二月保奏，以副都統記名簡放，奉旨允准在案。其補授協領之缺，前後已歷十四年，任內並無降革處分，核與送部引見之例相符。惟念伊犁新滿營營制初設，凡整頓旗務，訓練兵丁，在在均關緊要。該員熟悉情形，深資得力，未便遽易生手，合無仰懇天恩俯准，將伊犁新滿營左翼協領錫濟爾琿仍以副都統記名，遇有應升缺出，照例開列，請旨簡放，並准其暫緩引見之處，出自逾格鴻慈。除將履歷咨部查核外，理合附片具陳。伏乞聖鑒訓示。謹奏。

光緒二十四年八月二十五日，奉硃批：著照所請，兵部知道。欽此。①

2.【六年】底本誤作“六月”，茲據校正。

3.【同日】錄副作“光緒三十年九月二十六日”，與底本一致。

○九○、請將佐領達岱即行革職緣由片

光緒三十年八月初七日（1904年9月16日）

再，查察哈爾營鑲黃旗頭牛彔佐領達岱，上年派令帶領額兵，駐紮固爾班畢勒奇爾卡倫防守。本年夏季，經察哈爾左翼總管鄂裕泰巡卡查知，該佐領達岱業已擅離汛守，私回游牧[1]，經該總管呈報察哈爾領隊大臣恩祥傳查屬實，轉呈請參前來。

奴才等覆查固爾班畢勒奇爾卡倫係中俄交界要隘，該佐領達岱竟敢擅離汛守，廢弛巡哨，既經該管領隊查明請參，應請將察哈爾營鑲黃旗頭牛彔佐領達岱即行革職，以肅卡政而示懲儆。除咨部外，理合附片陳請伏乞聖鑒訓示。謹奏。

同日[2]，奉硃批：著照所請，該衙門知道。欽此。

---

① 中國第一歷史檔案館藏：《錄副奏片》，檔號：03－5927－064.

【案】此摺原件①、錄副②均藏於臺北故宮博物院，茲據校勘。

1.【私回游牧】底本作“私游牧回”，顯屬错亂。茲據校正。

2.【同日】錄副作“光緒三十年九月二十六日”，與底本一致。

〇九一、預估伊犁光緒三十一年新餉摺

光緒三十年八月初七日（1904年9月16日）

奴才馬（亮）、廣（福）跪奏，為預估伊犁光緒三十一年新餉，懇恩敕部准照減定成數，援案指撥，以濟要需，恭摺仰祈聖鑒事。

竊查伊犁滿蒙標練各營官兵俸餉以及一切雜支各款，歷經各前將軍核實裁減，歲定額支銀四十萬兩，按年奏請估撥在案。奴才等仰體時局艱難，於無可撙節之中，議將原定額支各款一律核減一成五發給，約計歲省銀六萬兩。請自光緒二十九年正月起，每年按三十四萬兩之數，指撥的款，以供支放，於光緒二十九年正月二十日奏具在案。二十九年，雖經部臣仍按四十萬兩指撥，各省關顧全大局，源源批解，甘省藩庫統收分撥，然核計伊犁收到銀數，按減成三十四萬之數，仍屬不能足額，加以歷年舊欠找解無多，前任借欠甘、新兩省餉銀又需由分到新餉內扣還，以致邊局支持拮据更甚於昔。伊犁界連俄境，幅員遼闊，防守宜嚴，節餉裁兵既難冒昧從事，奴才等虛名坐擁，舉凡農、工、商務，一經奏請試辦，即屬格於成法，興利亦復無權。目擊邊軍仰食於人，嗷嗷待哺，實屬寢饋難安！

茲屆預估光緒三十一年新餉之期，前已電請陝甘督臣、新疆撫臣會銜奏請，仍照奴才等上年奏減成數，請撥銀三十四萬兩在案。旋據糧餉處轉據各營官兵呈請，仍復四十萬兩舊額奏估前來。奴才等以現在庫儲[1]未裕，再三開導，該官兵咸允遵照上年奏減成數請撥，惟有仰懇天恩俯念邊疆要地，待餉孔殷，敕部將伊犁來年新餉按照減定銀三十四萬之數，援案指撥的款，以濟要需而維邊局。除咨部外，所有預估光緒三十一年伊犁餉數緣

① 臺北故宮博物院藏：《軍機及宮中檔》，文獻編號：408004149－A.

② 臺北故宮博物院藏：《軍機及宮中檔》，文獻編號：163789.

由，理合恭摺具陳。伏乞皇太后、皇上聖鑒訓示。謹奏。光緒三十年八月初七日。

光緒三十年十一月二十五日接到，九月二十六日，奉硃批：戶部知道。欽此。

【案】此摺原件①、錄副②均藏於臺北故宮博物院，茲據校勘。

1.【庫儲】底本奪“庫”，茲據原件校補。

○九二、請將本年取孳羊羔概予蠲免片

光緒三十年八月初七日（1904年9月16日）

再，查伊犁牧廠，自前將軍長（庚）任內奏請經費，於光緒二十二年購買兒騍馬四千匹、羝乳羊二萬四千隻。二十六年，復購羝乳羊一萬六千隻，歸併以前捐辦馬牛羊隻，興復孳生廠，照例取孳。二十四年，奏請分設備差廠，挑選不能取孳之馬牛羊隻，撥廠備用，均經按年分案造報在案。奴才到任後，查明各廠孳生日漸蕃庶，兵丁閑散，私立牲畜亦多，草場窄狹，牲畜擁擠，擬請以光緒二十七年孳生廠存羊數，定額取孳，按年挑出口老羝羊乳羊[1]以及備差羯羊，照章變價，存候撥用[2]，於光緒二十九年五月奏准，亦在案。自上年挑變以後，羊隻改歸隨缺兵丁牧放，倒斃漸少，民累稍紓，方冀牧務可興，蒙部生計充裕[3]，詎因去冬雪小，本年春夏之交，天氣亢旱，牧場水草枯乾，各廠馬牛設法移牧，受傷尚屬無多。惟羊隻一項，正當孳生之時，水草不旺，不獨羔羊缺乳，十難存一，即乳羊倒斃亦多。據承牧之官兵等報由各營總管呈報前來。

奴才當即委派駝馬章京等分途馳往各游牧，切實勘驗，官私各廠羊隻均屬相同。該蒙古官兵專賴牲畜為養命之源，值此天災，困苦情形，實難言狀。若不蠲免取孳、稍示矜卹，蒙民實難謀生。惟查定例向無牧廠被旱、

---

① 臺北故宮博物院藏：《軍機及宮中檔》，文獻編號：408004149.

② 臺北故宮博物院藏：《軍機及宮中檔》，文獻編號：163801.

孳生牲畜如何賑恤蠲免明文，奴才[4]當即仰體皇仁，飭令傳諭被災各戶，將倒斃羊隻皮毛趕緊變價，收穫銀兩，購買乳羊，補還倒斃額數[5]。其額魯特之十蘇木被災較重，大羊倒斃[6]尤多，不敷之數，由奴才籌借羊本，以資購足，限期即行繳還。所幸六月中旬得沾透雨，近日草場滋榮，蒙部人心借以安定。惟是孳生業已逾期，本年應收羊羔萬難責令賠繳，可否仰懇天恩俯念草場被旱、孳生羊羔受災，特沛鴻施，將本年應行取孳羊羔概予蠲免，以示矜卹而廣皇仁之處，理合附片陳請。伏乞聖鑒訓示。謹奏。

同日[7]，奉硃批：著照所請，該衙門知道。欽此。

【案】此片原件①、錄副②均藏於臺北故宮博物院，茲據校勘。

1.【羝羊乳羊】底本作“羝羊乳羊”，茲據原件校補。

2.【存候撥用】底本奪“用”，茲據原件校補。

3.【充裕】底本作“漸裕”，茲據校正。

4.【奴才】底本脫“奴才”，茲據原件校補。

5.【額數】底本奪“額數”，茲據原件校補。

6.【其額魯特之十蘇木被災較重，大羊倒斃】此部分文字底本脫，茲據原件校補。

7.【同日】錄副作“光緒三十年九月二十六日”，與底本一致。

○九三、恭賀皇太后新年鴻禧摺

奴才馬（亮）、廣（福）等跪叩，賀慈禧端佑康頤昭豫莊誠壽恭欽獻崇熙皇太后新年鴻禧！伊犁將軍奴才馬（亮），伊犁副都統奴才廣（福），錫伯營領隊大臣奴才色普西賢，索倫營領隊大臣奴才志銳，察哈爾營領隊大臣奴才恩祥，魯特營領隊大臣奴才徐炘。

【案】此件原件、錄副均查無下落。

---

① 臺北故宮博物院藏：《軍機及宮中檔》，文獻編號：408004149－A.

② 臺北故宮博物院藏：《軍機及宮中檔》，文獻編號：163803.

〇九四、揀選伊犁額魯特營總管等缺摺

光緒三十年九月二十一日（1904年10月29日）

奴才馬（亮）、廣（福）等跪奏，為循例揀選伊犁額魯特營總管等缺，擬定正、陪，恭摺仰祈聖鑒事。

竊查伊犁額魯特營右翼總管蒙克，前因年老呈請原品休致，經奴才等附片奏奉硃批：著照所請，該衙門知道。欽此。欽遵恭錄行知在案。茲准該營領隊大臣徐（炘）咨呈：蒙克所遺總管等缺，應請揀員補放，以資辦理旗務，等因。前來。奴才等當於該營應升人員內逐加考驗，蒙克所遺額魯特營右翼總管一缺，揀選得右翼副總管綽依敦堪以擬正，正紅旗二牛彔佐領布拉堪以擬陪。遞遺副總管一缺，揀選得鑲紅旗二牛彔佐領巴圖那遜堪以擬正，鑲紅旗頭牛彔佐領多爾吉堪以擬陪。遞遺佐領一缺，揀選得鑲藍旗[1]二牛彔驍騎校巴圖伯勒克堪以擬正，鑲紅旗頭牛彔驍騎校阿拉什堪以擬陪。遞遺驍騎校一缺，揀選得正黃旗二牛彔委官鄂里巴堪以擬正，正黃旗頭牛彔空藍翎圖魯蒙庫堪以擬陪。謹將該員等履歷另繕清單，恭呈御覽，伏候欽定。

其請補總管、副總管、佐領，一俟遇有差弁，給咨送部補行引見，以符定制。所有揀選伊犁額魯特營總管等缺擬定正、陪緣由，理合恭摺具奏。伏乞皇太后、皇上聖鑒訓示。謹奏。光緒三十年九月二十一日。

光緒三十一年正月初二日接到，三十年十一月十一日，奉硃批：均著擬正之員補授，該衙門知道，單併發。欽此。

☆呈揀選伊犁額魯特營總管等缺清單

謹將揀選伊犁額魯特營總管等缺擬定正陪人員，繕具清單，恭呈御覽。

額魯特營蒙克所出總管員缺。擬正之額魯特營右翼副總管綽依敦，食俸餉當差三十五[2]年。光緒十七年搜剿竄匪案內出力，經前護將軍富勒銘（額）奏保補用防禦。十四年，補放驍騎校。二十一年，補放佐領。二十八年，補放副總管。現年五十五歲。舊額魯特馬步箭平等。

擬陪之額魯特右翼正紅旗二牛彔藍翎候補副總管後以總管補用佐領布

拉，食俸餉二十四年，前在塔爾巴哈臺軍營當差。光緒八年收復伊犁、十七年搜剿竄匪、二十八年伊犁歷年防戍各案内均屬奮勉[3]出力，疊經前將軍金（順）等奏保，補副總管後以總管補用，並賞戴藍翎。十六年，補放驍騎校。二十七年，補放佐領。現年四十三歲。舊額魯特馬步箭平等。

擬補總管遞遺副總管員缺。擬正之額魯特營右翼鑲紅旗二牛彔藍翎佐領巴圖那遜，食俸餉三十年，前在塔爾巴哈臺軍營當差。光緒八年收復伊犁案内出力，經前將軍金（順）奏保，賞戴藍翎。十三年，補放驍騎校。十五年，補放佐領。揀選總管擬陪一次，現年五十歲。舊額魯特馬步箭平等。

擬陪之額魯特營右翼鑲紅旗頭牛彔藍翎佐領多爾吉，食俸餉二十七年，前在塔爾巴哈臺軍營當差。光緒二年克復瑪納斯南北兩城、六年剿辦陝回各案内均屬奮勉出力，經前將軍金（順）奏保，賞戴藍翎。十三年，補放驍騎校。二十四年，補放佐領。現年四十八歲。舊額魯特馬步箭平等。

擬補副總管遞遺佐領員缺。擬正之額魯特營右翼鑲藍旗二牛彔驍騎校巴圖伯勒克，食俸餉當差二十五年。光緒十七年搜剿竄匪案内出力，經前護將軍富勒銘（額）咨保，以空藍翎補用。二十七年，補放驍騎校，揀選佐領擬陪一次，現年四十八歲。舊額魯特馬步箭平等。

擬陪之額魯特營右翼鑲紅旗頭牛彔五品藍翎驍騎校阿拉什，食俸餉二十三年，前在庫爾喀喇烏蘇軍營當差。光緒八年收復伊犁、十七年搜剿竄匪各案内均屬奮勉出力，疊經前將軍金（順）等保奏，賞戴五品藍翎。二十四年，補放驍騎校，揀選佐領擬陪一次，現年四十一歲。舊額魯特馬步箭平等。

擬補佐領遞遺驍騎校員缺。擬正之額魯特營右翼正黄旗二牛彔委官鄂里巴，食錢糧當差三十一年。光緒十七年搜剿竄匪案内出力，經前護將軍富勒銘（額）咨保六品頂戴。二十九年，由領催補放委官，現年五十三歲。舊額魯特馬步箭平等。

擬陪之額魯特營右翼正黄旗頭牛彔空藍翎圖魯蒙庫，食錢糧當差十五年。光緒二十五年，由委領催補放空藍翎，現年五十三歲。舊額魯特馬步箭平等。

【案】此摺原件①現藏於臺北故宮博物院，錄副②及清單③均中國第一

① 臺北故宮博物院藏：《軍機及宫中檔》，文獻編號：408004151.

② 中國第一歷史檔案館藏：《錄副奏摺》，檔號：03－5963－026.

③ 中國第一歷史檔案館藏：《單》，檔號：03－5963－050.

歷史檔案館，兹據校勘。

1.【镶蓝旗】底本作“鑲藍”，奪“旗”，兹據原件校補。

2.【三十五年】底本作“三十年”，兹據原清單校正。

3.【奮勉】底本奪“勉”，兹據原件校補。

〇九五、揀選伊犁額魯特營左翼佐領等缺摺

光緒三十年九月二十一日（1904年10月29日）

奴才馬（亮）、廣（福）跪奏，為循例揀選伊犁額魯特營左翼沙畢那爾佐領等缺，擬定正、陪，恭摺仰祈聖鑒事。

竊奴才等准額魯特營領隊大臣徐（炘）咨呈：本營左翼沙畢那爾正藍旗二牛彔佐領綽固拉於本年六月初二日因病出缺，左翼鑲黃旗頭牛彔驍騎校瑪什於本年四月十九日因病出缺。所遺佐領等缺，應請[1]揀員[2]補放，以資辦理旗務，等因。前來。奴才等當於該營應升人員内逐加考驗，綽固拉遺出額魯特營左翼沙畢那爾正藍旗二牛彔佐領一缺，揀選得本牛彔驍騎校楚固拉堪以擬正，左翼沙畢那爾鑲白旗二牛彔驍騎校[3]達巴堪以擬陪。遞遺驍騎校一缺，揀選得[4]左翼沙畢那爾正藍旗二牛彔委官鄂拜堪以擬正，左翼沙畢那爾正藍旗頭牛彔委官額勒得依堪以擬陪。又，馬什遺出左翼鑲黃旗頭牛彔驍騎校一缺，揀選得鑲黃旗二牛彔補用驍騎校委官諾斯圖堪以擬正，鑲黃旗二牛彔領催圖魯巴圖堪以擬陪。謹將該員等履歷另繕清單，恭呈御覽，伏候欽定。

其請補佐領，一俟遇有差便，給咨送部補行引見，以符定制。所有揀選伊犁額魯特營左翼沙畢那爾佐領等缺擬定[5]正、陪緣由，理合恭摺具奏。伏乞皇太后、皇上聖鑒訓示。謹奏。光緒二十九年九月二十一日。

光緒三十一年正月初一日接到，於三十年十一月十一日奉硃批：均著擬正之員補授，該衙門知道，單併發。欽此。

☆呈揀選額魯特營佐領等缺清單

謹將揀選伊犁額魯特營沙畢那爾佐領等缺擬定正陪人員，繕具清單，恭呈御覽。

額魯特營左翼綽固拉遺出佐領員缺。擬正之額魯特營左翼沙畢那爾正

藍旗二牛彔驍騎校楚固拉，食俸餉當差二十九年。光緒十七年搜剿竄匪案內出力，經前護將軍富勒銘（額）奏保，以空藍翎補用。二十五年，補放驍騎校。揀選佐領擬陪一次，現年五十一歲。舊沙畢那爾馬步箭平等。

擬陪之額魯特營左翼沙畢那爾鑲白旗二牛彔驍騎校達巴，食俸餉當差三十五年。光緒二十五年，補放驍騎校。現年六十九歲。舊沙畢那爾馬步箭平等。

擬補佐領遞遺驍騎校員缺。擬正之額魯特營左翼沙畢那爾正藍旗二牛彔委官鄂拜，食錢糧當差二十七年。光緒二十九年，由領催補放委官。揀選驍騎校擬陪一次，現年四十一歲。舊沙畢那爾馬步箭平等。

擬陪之額魯特營左翼沙畢那爾正藍旗頭牛彔委官額勒得依，食錢糧當差二十六年。光緒三十年，由領催補放委官。現年四十九歲。舊沙畢那爾馬步箭平等。

額魯特營左翼鑲黃旗頭牛彔馬什遺出驍騎校員缺。擬正之額魯特營左翼鑲黃旗二牛彔補用驍騎校委官諾斯圖，食錢糧當差三十二年。光緒十七年搜剿竄匪、二十八年伊犁歷年防戍各案內奮勉出力，經前護[6]將軍富勒銘（額）等奏保，以驍騎校補用。二十三年，由領催補放委官。揀選驍騎校擬陪二次，現年五十三歲。舊額魯特馬步箭平等。

擬陪之額魯特營左翼鑲黃旗二牛彔領催圖魯巴圖，食錢糧當差二十五年。光緒十四年，補放領催。揀選驍騎校擬陪一次，現年四十四歲。舊額魯特馬步箭平等[7]。

覽[8]。

【案】此摺原件①現藏於臺北故宮博物院，錄副②及清單③均中國第一歷史檔案館，茲據校勘。

1.【應請】底本奪“請”，茲據原件校補。

2.【揀員】底本誤作“諫員”，茲據校正。

3.【驍騎校】底本奪“校”，茲據原件校補。

4.【得】底本脫“得”，茲據原件校補。

---

① 臺北故宮博物院藏：《軍機及宮中檔》，文獻編號：408004148.

② 中國第一歷史檔案館藏：《錄副奏摺》，檔號：03－5963－023.

③ 中國第一歷史檔案館藏：《單》，檔號：03－5964－131.

5.【擬定】底本奪“定”，茲據原件校補。
6.【護】底本奪“護”，茲據清單校補。
7.【舊額魯特馬步箭平等】此句底本缺，茲據清單校補。
8.【覽】此御批據清單補。

〇九六、奏報重修御碑亭工竣緣由片

光緒三十年九月二十一日（1904年10月29日）

再，查伊犁格登山上原建御碑亭，係乾隆年間高宗純皇帝平定准噶爾御制勒銘碑，立於山巔。光緒八年，收還伊犁，經前將軍金（順）查明碑亭無存，派員修建，光緒十年六月工竣，曾經奏報在案[1]。嗣因年久風雪漂零，磚木糟朽，經前將軍長（庚）派員勘估重修，約需經費銀一千四百兩。光緒二十六年三月，奏請在伊犁裁存兵餉項下動發銀兩[2]，發交前額魯特領隊大臣英裕，督饬該營總管等鳩工購料，擇吉興工，欽奉硃批：著照所請，該部知道。欽此。上年，（奴才）[3]巡閱東南邊界，親登格登山，恭謁高宗純皇帝御碑，石質現均完潔，文字亦皆完好，惟因地鄰俄境，詢據該副總管庫克聲稱，該處距[4]城窵遠，且連年積雪甚深，運料不易，以致尚未興工。（奴才）因見該處山高風勁，亭以未修，勢難經久，當飭趕緊購辦物料，通用磚石嵌砌，於光緒二十九年七月奏報巡閱邊界情形摺內聲明，亦在案。迨將磚石辦齊，山巔復經積雪。本年夏間，雪消冰化，始行恭詣興工重建。現據額魯特營副總管庫克具報：工程完竣，動用工料較原估有減無增。（奴才）復委舊滿營協領博貴，親往查勘，委屬工堅料實。除飭取保固、造具工料銀兩細數清冊，歸併新餉銷案送部核銷外，所有重修御碑亭工竣緣由，理合附片陳明。伏乞聖鑒。謹奏。

同日[5]，奉硃批：該部知道。欽此。

【案】此片原件①現藏於臺北故宮博物院，錄副②藏於中國第一歷史

---

① 臺北故宮博物院藏：《軍機及宮中檔》，文獻編號：408004148－A.
② 中國第一歷史檔案館藏：《錄副奏摺》，檔號：03－7166－003.

檔案館，兹據校勘。

1.【案】光緒九年五月二十八日，伊犁將軍金順附奏曰：

再，上年勘分伊犁中段界務，已將格登山畫隸中國界內，山巔舊有乾隆二十年高宗純皇帝平定准部御製碑銘口口，碑臺坍塌，亟應興修，以昭慎重。擬於今年天暖雪消，鳩工重建，曾經奏明在案。兹當山雪融化，奴才隨派額魯特領隊大臣依楞額率領工匠人等前往，敬謹重修，已於本年五月十六日開工，俾廟謨丕顯，永口山河。惟格登山距綏定城，計路途三百餘里，中隔大河，且山路崎嶇，車不能行，所需木料自四臺運赴山頂，想去百五十里。其餘磚瓦、石灰、人工、口食等項，皆由綏定城採辦，雇脚運去，以資應用。除將估計工料清册咨部查核外，所有開工日期，附片馳陳。伏乞聖鑒。謹奏。

光緒九年七月初七日，軍機大臣奉旨：知道了。欽此。①

【案】光緒十年七月十六日，伊犁將軍金順奏報重修碑亭工竣情形，曰：

幫辦軍務大臣革職留任伊犁將軍奴才金順謹跪奏，為重修碑亭工竣，造册報銷，恭摺仰祈聖鑒事。

竊據委辦伊犁善後局候補直隸州知州游春澤、總兵劉宏發呈稱：伊犁格登山御製碑應行重修碑亭工程曾奉奏明，派額魯特領隊大臣依楞額前往，敬謹重修在案。嗣因該領隊巡查卡倫，履勘游牧，未能兼顧，當經呈請加派即補游擊邢長春，幫同監修，於光緒九年五月十六日開工，已於六月二十八日一律完竣。計共用工料銀二千一百九十八兩五錢七分四毫五絲一微，開造做法並工料銀數清册，取具保固印結呈送，等情。前來。

奴才當即委員赴工勘驗，均係工監（堅）料實，並無草率偷減情弊。覆核用過銀數，尚無浮冒。除將册結咨送工部查覈外，理合恭摺具陳。伏乞皇太后、皇上聖鑒，敕部覈銷施行。謹奏。光緒十年七月十六日。②

2. 見〇四七號摺之注釋。

3.【奴才】底本未署，空兩格。兹據原件校補。本文以下同。

---

① 中國第一歷史檔案館藏：《錄副奏片》，檔號：03－6018－040.

② 中國第一歷史檔案館藏：《硃批奏摺》，檔號：04－01－35－0986－016.

4.【距】底本誤作“詎”，茲據校正。

5.【同日】錄副作“光緒三十年十一月十一日”，與底本一致。

〇九七、驍騎校巴圖吉爾噶勒開缺休致片

光緒三十年九月二十一日（1904年10月29日）

再，准額魯特營領隊大臣徐（炘）咨呈：據左翼總管博泰等呈：據鑲黃旗二牛彔驍騎校巴圖吉爾噶勒呈稱：竊巴圖吉爾噶勒現年七十二歲，當差年久，身受潮濕，腰髎疼痛，步履維艱，實難騎馬當差。若不呈明告退，誠恐貽誤公事，理合呈請原品休致，等情。由該管領隊大臣轉呈前來。

奴才等復查無異，合無仰懇天恩俯准，將伊犁額魯特營左翼鑲黃旗二牛彔驍騎校巴圖吉爾噶勒開去驍騎校員缺，以原品休致之處，出自鴻慈。除將該員履歷清册咨部查覈外，理合附片具陳。伏乞聖鑒訓示。謹奏。

同日[1]，奉硃批：著照所請，該衙門知道。欽此。

【案】此片原件①現藏於臺北故宫博物院，錄副②藏於中國第一歷史檔案館，茲據校勘。

1.【同日】錄副作“光緒三十年十一月十一日”，與底本一致。

〇九八、請將防禦西林泰等互相調補緣由片

光緒三十年九月二十一日（1904年10月29日）

再，據伊犁滿營檔房呈：據新滿營左翼協領錫濟爾琿、右翼協領諾呢春[1]呈稱：竊查新滿營正紅旗防禦西林泰、驍騎校貴達春均係正紅旗人，鑲藍旗

① 臺北故宫博物院藏：《軍機及宫中檔》，文獻編號：408004148－C.

② 中國第一歷史檔案館藏：《錄副奏摺》，檔號：03－5963－024.【案】此片未署具奏者，茲據内容判定。

防禦額勒德春係鑲藍旗人，鑲白旗驍騎校塔奇本係鑲白旗人，以本旗人辦本旗事，諸多掣肘，請將該員等互相對調，等情。由該檔房轉呈前來。

奴才等覆查，該防禦、驍騎校等以本旗人辦本旗事，諸多掣肘，均屬實情，合無仰懇天恩俯准，將伊犁新滿營正紅旗防禦西林泰、鑲藍旗防禦額勒德春互相調補，正紅旗驍騎校貴達春、鑲白旗驍騎校塔奇本互相調補，俾資辦理旗務之處，出自鴻慈。除咨部外，理合附片具陳。伏乞聖鑒訓示。謹奏。

同日[2]，奉硃批：著照所請，該衙門知道。欽此。

【案】此片原件①現藏於臺北故宮博物院，錄副②藏於中國第一歷史檔案館，兹據校勘。

1.【諾呢春】底本作“諾尼春”，兹據校正。

2.【同日】錄副作“光緒三十年十一月十一日”，與底本一致。

〇九九、奏爲遵旨會議籌防事宜摺

光緒三十年九月二十一日（1904 年 10 月 29 日）

兵部侍郎甘肅新疆巡撫臣潘效蘇、頭品頂戴伊犁將軍臣馬亮、駐塔爾巴哈臺伊犂副都統臣春滿[1]跪奏，爲遵旨會議具奏事。

竊臣等承准軍機大臣字寄：光緒三十年四月二十四日，奉上諭：瑞洵③奏，邊備宜嚴，請加意布置一摺[2]。西北一帶，毗連俄界，自應嚴密

① 臺北故宮博物院藏：《軍機及宮中檔》，文獻編號：408004148 – B.

② 中國第一歷史檔案館藏：《錄副奏摺》，檔號：03 – 5763 – 131.

③ 瑞洵（1858 – 1936），字信夫，號景蘇、井蘇，又號坦園，博爾濟吉特氏，滿洲正黄旗人，光緒元年（1875），取舉人，充戶部筆帖式。九年（1883），赴劉錦棠軍營差委。十二年（1886），中式進士，改庶吉士。十六年（1890），授翰林院編修，旋補右中允。二十年（1894），充國子監司業。二十三年（1897），升翰林院侍講學士。同年，充順天鄉試同考官，歷翰林院侍讀學士、日講起居注官、功臣館滿總纂、功臣館纂修、國史館協修、會典館漢文總校、會典館詳校、大學堂文案處總辦。二十五年（1899），擢科布多參贊大臣，兼伊犂副都統，加總理各國事務大臣銜。二十九年（1903），派辦阿爾臺山安輯事宜。後解職。晚年潛心修佛。民國二十五年（1936），卒。著有《犬羊集》、《犬羊續集》、《散木居奏稿》等行世。

防維，慎固封守。現在確守局外中立之例，尤當加意彈壓，不涉張皇，務令一切照常相安，毋滋口實。茲據瑞洵所奏各節，著馬亮、春滿、潘效蘇會商，悉心統籌，妥議具奏。將此各諭令知之。欽此。遵旨寄信前來。等因。承准此，臣等正咨商間，適准瑞（洵）[3]咨稱，該大臣前因科布多轄境綿遠，迤北一帶處處與俄接壤，蒙、哈雜處，守衛空虛，儻有事端，無法彈壓，必至不能相安，滋人口實。抑或外兵闌入，無從禁阻，均爲有背中立之條，必須預事綢繆，稍厚兵力，俾知早有戒備，方足在以杜窺伺，是必無實力充足，却有以自立而後可保中立。事關大局，詎容稍涉懈馳！爰將所屬昌吉斯臺、瑪尼圖嘎圖幹等八卡趕緊加派蒙兵，扼要川駐，遵旨加意嚴防，以期慎固封守。惟倉卒集事，經費無著，不得已竭蹶經營，摒擋挪湊，計員弁兵丁薪公、口分、軍火、氈房等項，月已需銀五千餘兩，自二月初一日起支，仍先借貸墊辦，一面專摺馳奏，請部接濟。此本自陳科防辦法，並非條奏鄰省防務。茲奉寄諭，仰見朝廷慎重邊要至意，欽佩難名！

至防勒臺防費，原爲接收以後、未經派員以前暫支一時之需要，當時以地尚未收，款亦無從再措，尚在候旨遵行，今該處已特簡大員駐辦，該大臣復經電奏，應俟錫恒到彼，竟行管理科城，毋庸再辦接收。其防費自應由錫恒查照長（庚）原奏，歸於全案估請。惟錫恒到任需時，究當如何辦理，因由臣等通籌妥議覆奏，等因。咨行前來。

臣等覆查瑞（洵）原奏，本係自陳科防辦法，因地制宜。臣等均相距寫遠，勢難懸揣代謀，况現在已欽奉特旨簡派錫恒駐紮該處，相機因應。即瑞（洵）所奏各節，將來錫恒到彼，亦難無免更章。若再由臣等參議其間，轉恐謀夫孔多，事無專責，擬懇天恩飭令錫恒①到任後，會同瑞（洵）和衷商辦，以一事權而重邊寄。所有遵旨會議緣由，是否有當？謹合詞恭摺具陳。伏乞皇太后、皇上聖鑒訓示。再此摺係臣馬（亮）主稿。合併陳明。謹奏。光緒三十年九月二十一日。欽命新疆甘肅巡撫部院

① 錫恒（1857－1910），字遠齋，內務府漢軍鑲黃旗人，貢生。光緒二年（1876），由議敘筆帖式充堂筆帖式。七年（1881），加委護軍參領銜。十年（1884），保員外郎。十二年（1886），升補員外郎。十三年（1887），考署奏事官。十五年（1889），賞戴花翎。十六年（1890），實授奏事官。翌年，題升郎中，仍充奏事官。二十年（1894），晉四品銜。二十五年（1899），京察一等。二十六年（1900），放直隸承德府知府。三十年（1904），擢科布多辦事大臣。宣統二年（1910），署塔爾巴哈臺參贊大臣。同年，卒於任。

潘（效蘇），欽命總統伊犁等處將軍馬（亮），欽命接辦塔爾巴哈臺參贊大臣事務伊犁副都統春（滿）[4]。

光緒三十一年正月初二接到，於光緒三十年十一月十一日奉硃批：俟錫恒到任後，仍著會商妥籌辦理，片併發。欽此。

【案】此摺原件①現藏於臺北故宮博物院，錄副②藏於中國第一歷史檔案館，茲據校勘。

1.【兵部侍郎甘肅新疆巡撫臣潘效蘇、頭品頂戴伊犁將軍臣馬亮、駐塔爾巴哈臺伊犂副都統臣春滿】此前銜底本未署，茲據原件、錄副校補。

2.【案】光緒三十年三月二十一日，科布多參贊大臣瑞洵具奏曰：

奴才瑞洵跪奏，為俄情叵測，邊備宜嚴，遵旨加意布置，情形緊要，辦理竭蹶，懇飭戶部速籌接濟，撥給庫款，俾重邊要而免疏虞，繕摺馳陳，仰祈聖鑒事。

竊奴才於光緒三十年正月十六日接奉諭旨：現在日俄兩國失和，非與中國開釁，京外各處地方均應照常安堵。本日業經明降諭旨，按照局外中立之例辦理。所有各省及沿邊各地方，著該將軍、督撫等加意嚴防，慎固封守，凡有通商口岸及各國人民財產、教堂，一體認真保護，隨時防範，等因。欽此。並先後准外務部密電，以西北一帶處處毗連俄界，俄人往來境內，蒙漢錯雜，恐滋事端，應嚴密防維，隨時稽查彈壓，務令照常相安，勿稍生事，總期邊界靖謐，毋使外人乘機藉口，致生他變，是為至要！又，各省及沿邊內外蒙古，均按照局外中立例辦理，兩國兵隊勿少侵越。儻闌入疆內，中國自當攔阻，各等因。

奴才於未經奉旨之先查閱中外報章，知日俄相持甚急，勢將交綏，盱衡時局，控揣鄰交，實已默籌防範。及恭奉諭旨，奴才已在行次，隨經飛咨幫辦英秀，轉飭蒙古各旗盟長、札薩克散秩大臣、總管及哈薩克頭目、總管等，各飭所屬，凡遇外人前來，無論經商、游歷，務須照常相待，加意保護，毋稍滋事，並嚴札各卡倫侍衛，督率

① 臺北故宮博物院藏：《軍機及宮中檔》，文獻編號：408004152.

② 中國第一歷史檔案館藏：《錄副奏摺》，檔號：03－6039－020.

卡兵，密事巡邏，勿得稍露張皇、傳駭眾聽，以冀稍紓朝廷北顧之憂，勉副部臣綏邊至計，顧無米之炊，巧婦所難；空拳徒張，志士所慨。現有迫不待請業已舉辦及必須舉辦，應請敕下部臣速籌的款接濟者，擇其要端，敬為皇太后、皇上覼縷陳之。

科布多轄境，自昌吉斯臺至瑪呢圖噶圖勒幹八卡倫，及兼管烏里雅蘇臺之索果克罕、達蓋圖等十六卡倫，統計與俄接壤不下三千餘里，沿邊苦寒，蒙部相率內徙，每卡倫守兵不過四十名，少止十名，此外絕匙人踪。轉視彼界，則隨在屯防，設備整嚴，疏密相形，大相懸絕，況彼在我各游牧內收販駝絨、羊毛以營生者，踵趾相錯。其於我之虛實久已瞭若指掌，至纖至悉。藩籬薄弱，易啟戎心，儻有數十騎託故涉境，我即無方阻禁。凡此情形，聖慈明燭萬里，無待喋陳。惟強鄰偪處，邊境綿延，彼則窺伺已深，我是鞭長莫及。徹桑之計，何可再涉緩圖！不得已將科布多所管八卡倫每各添派蒙兵馬隊一百五十名，扼要填紮，密加巡防，以杜侵軼。明知械敝兵單，難當大敵，要未便視若無睹，不備不虞，約計月需員弁兵丁薪公、口分、軍火、氈房等項，每月已需銀五千餘兩。此不得不勞部臣力籌接濟者也。

阿勒臺山、額爾齊斯河，凡山之陰面、水之下游，悉為俄境。其地土脈衍沃，水草豐饒，材木、魚鹽甲於西北諸部，久為彼族所歆羨。現在貿易往來業已走成熟路，河內時有小輪游弋。前年，俄人在克色勒烏雍克地方，潛來燒房割草，派隊駐紮。上年復來度地建房，並擬築城，雖經行文派員詰阻，暫允停工待勘。究其大欲，有加無已。彼國之齊桑斯克距阿勒臺之哈巴河僅百數十里。其斜米省距齊桑亦止七日程，形勢岌岌，萬不容再有袖視。現在促辦交收，且議設官分治，刻已咨商會奏。山河襟帶，自宜羅設大防，徐圖整理。然當接收以後、未經設官以前，何可不謀暫時防守之策？儻仍稍存得過且過之心，互相推諉，必有如長庚所言“恐一置之度外，後將補救無及”者。現擬酌委文武人員，權令暫駐該處，管理蒙哈及營務、交涉事宜。此次即由新疆招練壯勇二百名，遴員管帶，擇要屯紮，少張聲勢，以待後圖，庶不致留此大竅大卻，致生覬覦。計採購馬匹、槍枝、藥彈，計需銀一萬八千餘兩。其營務、文案、營哨各員弁薪水、辦公經費、勇丁口糧、製辦氈房、操衣、韡袴等項，每月約需銀二千餘兩，此更不得不勞部臣力籌接濟者也。

以上兩端，一為現今阻截設謀，一為將來布置張本，要皆盡我修備之實，以禦外侮，不為敷衍，不尚鋪張。本屬邊方應辦之事，即日俄未嘗開釁，亦應及早舉行。今則時異事殊，稍縱即逝，更不能再事稽緩。說者謂北路邊防相安已久，或無意外之虞，不知自同治八年分界，將阿勒臺山西北數千里地劃入俄界。光緒九年，重訂阿拉克別克界約，則浸淫又及山南矣。現方薦食未已，烏可以乾隆、嘉慶軍威正盛時相提並論。或又謂此次戰務，中國方自居局外中立，若遽添兵防卡，似涉張皇，恐貽外人口實，不知中國得設兵防堵本國疆界，不得視為失和。此條久經宣示，況此次日俄交戰，歐洲各國尚且整軍經武，以備非常。而我壤地與之相連，且素為彼所注意者，詎可轉忘戒備！

查伊犁、塔爾巴哈臺，均歲撥鉅款，悉力經營，而科布多形勝，實為新疆鎖鑰，本不宜視同甌脫。第常年經費止五萬餘兩，毫無餘蓄閑款可以騰挪。往者內省撥解偶延，輒須向市商通融告貸。奴才到任，適逢庚子辦防，復經借墊商款，迄今尚欠銀四萬九千餘兩，無力籌還。近因開辦屯田，收撫哈眾，又疊向挪借銀兩、茶、畜。科布多城商鋪無多，一再籌借，已同悉索。該商等雖尚曉急公，然每以成本有限、難資周轉為言，自係實情。此後不但無法再借，並須設法歸還，方足以昭大信而示體恤。

奴才忝竊邊符，媿無績效，連年抱病，心力已虧，極應早干罷斥，以免貽誤。茲復蒙恩賞价，實荷逾格優容，然疆埸之事瞚息萬變，一日當為百年之計，何敢偷安視息，冀省事而墮狡謀！惟兵械餉糈不能應手，雖有智者，亦將坐以待困，況奴才才力淺短，百不如人，此所以激切征營不得不呼田請命也。查防卡蒙兵，應俟時局大定，即當遣撤。所支口分等項，須按一年核算。阿勒臺暫防經費則應先以一年計，但止權顧一隅，尚容通籌詳擬，會摺陳奏。凡此皆一定機宜、刻不容緩之需。科布多財殫力竭，迥與鄰省他城不同，實已無從籌措，伏求聖慈俯念邊鎖重要，敕下部臣統籌接濟，無論如何為難，即行撥給庫款十萬兩，電知奴才派員，派員星馳赴領，速解濟急，邊局幸甚！奴才幸甚！

奴才志切憂時，非並不知惜費，顧念方域綦廣，蕃扞太疏，我不預防，彼將乘隙，實不能不稍為規畫，聊固吾圉。當與英秀往返函商，意見相同，謹將俄情叵測，邊備宜嚴，遵旨加意佈置，情形緊要，辦理竭蹶，懇飭戶部速籌接濟，撥給庫款，俾重邊要而免疏虞各緣由，繕摺馳陳，是否有當？伏乞皇太后、皇上聖鑒訓示，敕部施行。謹奏。光緒三十年三月二十一日。①

3.【瑞】即瑞洵，底本空名諱"洵"，茲據補，以下同。

4.【欽命新疆甘肅巡撫部院潘（效蘇），欽命總統伊犁等處將軍馬（亮），欽命接辦塔爾巴哈臺參贊大臣事務伊犁副都統春滿】此節僅存於底本，原件、錄副皆未署。

一〇〇、遵議科布多邊備事宜片

光緒三十年九月二十一日（1904年10月29日）

再，正繕摺間，承准軍機大臣字寄：光緒三十年七月十七日，奉上諭：前據瑞洵奏邊備布置事宜，當經諭令馬亮等妥籌具奏，茲復據該大臣奏稱，卡倫增兵，未便遂撤，等語。著馬亮等歸入前摺，一併妥議具奏，等因。欽此。臣等查瑞洵此次奏陳各節，與前咨臣等之意大致相同。此案現經臣等會商，以該大臣係自陳科防辦法，勢難懸揣代謀，擬請由該大臣自行商辦，以一事權。所有卡倫增兵既據奏稱而未便遂撤，該大臣身在局中，所見自較真切，所籌自屬周詳。誠如原奏云"有非鄰省可盡明者"，自可毋庸再由臣等擬議。其增兵應需經費，該大臣原請由戶部籌濟，應仍請旨飭下戶部覈議，以昭慎重。

至阿勒臺山借地，現在科城尚未接收，自應仍由春滿照舊管理，固不敢稍涉張皇、轉生枝節，亦不敢故存推諉、致昧機宜，仍俟錫恒到任後再行移交，以符原案。該大臣原擬募勇二百，本爲暫駐阿勒臺起見。該處借地現尚未辦接收，既據奏稱以無欵尚未舉辦，請即暫從緩議。所有遵旨續議科布多邊備事宜緣由，是否有當？謹合詞附片具陳。伏乞聖鑒訓示。謹奏。

同日[1]，奉硃批：覽。欽此。

---

① 臺北故宮博物院藏：《軍機及宮中檔》，文獻編號：160177.

【案】此片原件①現藏於臺北故宮博物院，錄副②藏於中國第一歷史檔案館，茲據校勘。

1.【同日】錄副作“光緒三十年十一月十一日”，與底本一致。

一〇一、代奏札拉豐阿署任領隊謝恩摺

光緒三十年十月二十六日（1904年12月2日）

奴才馬（亮）跪奏，為恭摺代奏叩謝天恩，仰祈聖鑒事。

竊奴才准新授塔爾巴哈臺領隊大臣札拉豐阿③咨呈：接奉將軍照會：光緒三十年十月十二日，承准軍機大臣電寄奉旨：索倫營總管札拉豐阿昨已有旨，作爲塔爾巴哈臺領隊大臣，著賞給副都統銜。欽此。欽遵照會前來。當即恭設香案，望闕碰頭，叩謝天恩，訖。

伏思札拉豐阿一介庸愚，知識譾陋。光緒二十三年，渥蒙聖恩，洊擢總管，方愧涓埃未效，撫躬循省，正切悚惶！茲復仰蒙鴻施，賞給副都統銜，作爲塔爾巴哈臺領隊大臣，自天開命，伏地感慚[1]！札拉豐阿擬俟交卸後由伊犁起程，前往到任，將營務、操防、訓練一切竭盡駑駘，遇事稟承伊犁將軍、塔爾巴哈臺參贊大臣，妥爲辦理，以期仰答高厚鴻慈於萬一。所有感激下忱，呈請代奏叩謝天恩，等情。前來。奴才理合恭摺代奏。伏乞皇太后、皇上聖鑒。謹奏。光緒三十年十月二十六日[2]。

光緒三十一年二月二十四日，准兵部火票遞回原摺。三十年十二月二十四日，奉硃批：知道了。欽此。

---

① 臺北故宮博物院藏：《軍機及宮中檔》，文獻編號：408004152 - A.

② 中國第一歷史檔案館藏：《錄副奏摺》，檔號：03 - 6039 - 021.

③ 札拉豐阿（1858 - 1910），異名扎拉豐阿，伊犁駐防索倫營鑲藍旗人，光緒十年（1884），由領催補驍騎校，加佐領銜，戴花翎。十二年（1886），派辦捕盜官兵糧餉事務。同年，派中俄局差使。十六年（1890），升正黃旗防禦，同年，遷正紅旗佐領。十七年（1891），加三品銜。十八年（1892），署索倫營總管。二十三年（1897），補伊犁索倫營總管。二十八年（1902），派辦營務處事務，晉二品頂戴。三十年（1904），隨往阿爾泰地方差委，同年，擢伊犁索倫營領隊大臣。同年，補授塔爾巴哈臺領隊大臣，兼副都統銜。三十三年（1907），補伊犁副都統，兼塔爾巴哈臺參贊大臣。三十四年（1908），兼署塔爾巴哈臺領隊大臣。宣統二年（1910），卒於任。

【案】此摺原件[①]現藏於臺北故宮博物院，錄副[②]藏於中國第一歷史檔案館，茲據校勘。

1.【感慙】底本誤作“感暫”，茲據校正。

2.【光緒三十年十月二十六日】此具奏日期底本未署，茲據原件校補。

一〇二、代奏錫濟爾琿署任領隊謝恩摺

光緒三十年十月二十六日（1904 年 12 月 2 日）

奴才馬（亮）跪奏，為恭摺代奏叩謝天恩，仰祈聖鑒事。

竊奴才准署額魯特營領隊大臣錫濟爾琿呈稱：接奉將軍照會：光緒三十年十月十九日，承准軍機大臣電寄奉旨：馬（亮）電奏悉。額魯特領隊大臣著錫濟爾琿署理。欽此。欽遵恭錄照會，並准徐炘將額魯特領隊大臣圖記移交前來。當即恭設香案，望闕叩謝天恩，祇領任事，訖。

伏思錫濟爾琿一介庸愚，毫無知識，前此渥荷聖恩，補授協領，以副都統記名。方愧涓埃未報，茲復仰蒙恩施，署理額魯特領隊大臣，聞命自天，感激無地！查額魯特游牧爲伊犁西南屏蔽，緊接俄境，凡整頓營務，訓練士卒，在在均關緊要！惟有矢勤矢慎，勉竭駑駘，遇事稟承將軍，妥為辦理，以期仰答高厚鴻慈於萬一。所有感激下忱，懇請代奏叩謝天恩，等情。前來。奴才理合恭摺代奏。伏乞皇太后、皇上聖鑒。謹奏。光緒三十年十月二十六日。

光緒三十一年二月二十四日，准兵部火票遞回原摺。三十年十二月二十四日，奉硃批：知道了。欽此。

【案】此摺原件[③]現藏於臺北故宮博物院，錄副[④]藏於中國第一歷史檔案館，茲據校勘。

---

① 臺北故宮博物院藏：《軍機及宮中檔》，文獻編號：408004154.

② 中國第一歷史檔案館藏：《錄副奏摺》，檔號：03－5964－101.

③ 臺北故宮博物院藏：《軍機及宮中檔》，文獻編號：408004153.

④ 中國第一歷史檔案館藏：《錄副奏摺》，檔號：03－5964－100.

一〇三、揀選額魯特營右翼佐領等缺摺

光緒三十年十一月二十八日（1905 年 1 月 3 日）

奴才馬（亮）、廣（福）跪奏，為循例揀選伊犁額魯特營右翼佐領等缺，擬定正、陪，恭摺具陳，仰祈聖鑒事。

竊奴才等准伊犁額魯特營領隊大臣徐（炘）咨呈：額魯特營右翼鑲藍旗二牛彔佐領蒙庫那遜奉派護送貢馬，於光緒三十年四月二十四日差次，因病出缺。又，右翼正黃旗頭牛彔佐領綽濟普，於光緒三十年九月初二日因病出缺。所遺佐領等缺，應請揀員補放，以資辦理旗務，等因。前來。奴才等當於該營應升人員内逐加考驗，蒙庫那遜遺出佐領一缺，揀選得鑲紅旗二牛彔驍騎校車林堪以擬正，正紅旗二牛彔驍騎校那遜巴圖堪以擬陪。遞遺驍騎一缺，揀選[1]得鑲藍旗二牛彔委官巴圖蒙庫堪以擬正，鑲藍旗頭牛彔委官阿里巴堪以擬陪。綽濟普遺出左領一缺，揀選得正黃旗頭牛彔驍騎校車訥依堪以擬正，鑲藍旗頭牛彔驍騎校達巴車林堪以擬陪。遞遺驍騎校一缺，揀選得正紅旗二牛彔空藍翎那遜堪以擬正，鑲藍旗二牛彔空藍翎蒙庫布林堪以擬陪。謹將該員等履歷另繕清單，恭呈御覽，伏候欽定。

其請補佐領，一俟遇有差便，給咨送部補行引見，以符定制。所有揀選伊犁額魯特營右翼佐領等缺擬定正、陪緣由，理合恭摺具陳。伏乞皇太后、皇上聖鑒訓示。謹奏。光緒三十年十一月二十八日。

光緒三十一年三月二十四日接到，正月二十七日[2]，奉硃批：均著擬正之員補授，該衙門知道，單併發。欽此。

☆呈揀選額魯特右翼佐領等缺清單

謹將揀選伊犁額魯特營右翼佐領等缺，擬定正、陪人員，繕具清單，恭呈御覽。

額魯特營右翼蒙庫那遜遺出佐領一缺。擬正之額魯特營右翼鑲紅旗二牛彔驍騎校車林，食奉餉當差二十五年。光緒二十八年，補驍騎校。現年五十四歲，舊額魯特馬步箭平等。

擬陪之額魯特營右翼正紅旗二牛彔驍騎校那遜巴圖，食俸餉當差二十

六年。光緒二十八年，補驍騎校。現年四十九歲，舊額魯特馬步箭平等。

擬補佐領遞遺驍騎校一缺。擬正之額魯特營右翼鑲藍旗二牛彔委官巴圖蒙庫，食錢糧當差十六年。光緒二十九年，由領催補放委官。現年二十九歲，舊額魯特馬步箭平等。

擬陪之額魯特營右翼鑲藍旗頭牛彔委官阿里巴，食錢糧當差二十二年。光緒十七年搜勦竄匪案內出力，經前護伊犁將軍富勒銘（額）咨保，給予六品頂戴。三十年，由領催補放委官。現三十八歲，舊額魯特馬步箭平等。

額魯特營右翼綽濟普遺出佐領一缺。擬正之額魯特營右翼正黃旗頭牛彔驍驍校車訥依[3]，食俸餉當差二十三年。光緒二十八年，補放驍騎校。現年四十三歲。舊額魯特馬步箭平等。

擬陪之額魯特營右翼鑲藍旗頭牛彔驍驍校達巴車林，食俸餉當差十五年。光緒十七年搜剿竄匪案內出力，經前護伊犁將軍富勒銘（額）咨保，給予六品頂戴。二十七年，補放驍騎校。現年二十九歲。舊額魯特馬步箭平等。

擬補佐領遺出驍騎校一缺。擬正之額魯特營右翼正紅旗二牛彔空藍翎納遜，食錢糧當差二十一年。光緒十七年搜剿竄匪案內出力，經前護伊犁將軍富勒銘（額）咨保，給予六品頂戴。二十七年，由委領催補放空藍翎，揀選驍騎校擬陪一次。現年三十八歲。舊額魯特馬步箭平等。

擬陪之額魯特營右翼鑲藍旗二牛彔空藍翎蒙庫布林，食俸餉當差八年。光緒二十八年，由委領催補放空藍翎。現年二十三歲，舊額魯特馬步箭平等。

覽[4]。

【案】此摺原件①現藏於臺北故宫博物院，錄副②及清單③藏於中國第一歷史檔案館，兹據校勘。

1.【揀選】底本作“撿選”，顯誤。兹據校正。

2.【正月二十七日】底本誤作“正月二十日”，兹據原件、錄副

① 臺北故宫博物院藏：《軍機及宫中檔》，文獻編號：408004155.

② 中國第一歷史檔案館藏：《錄副奏摺》，檔號：03－6001－022.

③ 中國第一歷史檔案館藏：《單》，檔號：03－6002－066.

校正。

3.【車訥依】底本作“車林訥依”，兹據校正。

4.【覽】此御批據清單補。

卷四，光緒三十一年（1905）

一〇四、揀選伊犁索倫營總管等缺摺

光緒三十一年二月初一日（1905年3月6日）

奴才馬（亮）、廣（福）跪奏，為循例揀選伊犁索倫營總管等缺，擬定正、陪，恭摺具陳，仰祈聖鑒事。

竊奴才等准索倫營領隊大臣志（銳）咨呈：查本營總管札拉豐阿於光绪三十年十月初七日奉旨：伊犁索伦營總管扎拉豐阿，著作為塔爾巴哈臺領隊大臣，照例馳驛前往。欽此。又，正黃旗防禦多倫布於光緒三十年十一月二十七日因病出缺。所遺總管、防禦等缺，應請揀員補放，以資辦理營務，等因。前來。

奴才當於該營應升之人員内逐加考驗，扎拉豐阿升遺索倫營總管一缺，揀選得副總管伊勒噶春堪以擬正，鑲紅旗佐領德里春堪以擬陪。遞遺副總管一缺，揀選得正藍旗佐領福善堪以擬正，正黃旗佐領尚安泰堪以擬陪。遞遺佐領一缺，揀選得鑲紅旗防禦業車本堪以擬正，正白旗防禦伊爾格本堪以擬陪。遞遺防禦一缺，揀選得正白旗驍騎校額勒吉春堪以擬正，鑲紅旗驍騎校業陳泰堪以擬陪。遞遺驍騎校一缺，揀選得正紅旗前鋒校額爾格本堪以擬正，正藍旗委官賽沙春堪以擬陪。多倫布遺出防禦一缺，揀選得鑲黃旗驍騎校烏爾滚泰堪以擬正，鑲藍旗驍騎校德舍春堪以擬陪。遞遺驍騎校一缺，揀選得鑲紅旗空藍翎慶壽堪以擬正，鑲藍旗領催富津泰堪以擬陪。謹將該員等履歷另繕清單，恭呈御覽，伏候欽定。

其請補總管、副總管、佐領，一俟遇有差便，給咨送部補行引見，以符定制。所有揀選伊犁索倫營總管等缺擬定正、陪緣由，理合恭摺具陳。伏乞皇太后、皇上聖鑒訓示。謹奏。光緒三十一年二月初一日。

光緒三十一年五月二十一接（到），於四月初一日奉硃批：均著擬正之員補授，該衙門知道，單併發。欽此。

☆呈揀選伊犁索倫營總管等缺清單

謹將揀選伊犁索倫營總管等缺擬定正、陪人員，繕具清單，恭呈御覽。

索倫營扎拉豐阿升遺總管員缺。擬正之索倫營副總管伊勒噶春，食俸餉三十六年，前在塔爾巴哈臺軍營當差。光緒二年克復瑪納斯南北兩城、六年勦辦陝回、十七年搜勦竄匪各案內，均屬奮勉出力，疊經前將軍金（順）等奏保補用總管，先換頂戴，並賞戴花翎。光緒七年，補放驍騎校。二十七年正月，補授防禦。是年四月，補授佐領。二十八年，補授副總管，現年四十九歲。錫伯兀拉札氏，馬步箭平等。

擬陪之索倫營鑲紅旗佐領德里春，食俸餉當差五十二年。光緒八年收復伊犁、十七年搜勦竄匪各案內，均屬奮勉出力，疊經前將軍金（順）等奏保補用佐領，並賞戴花翎。光緒十八年，補放驍騎校。二十三年，補授防禦。二十五年，補授佐領，揀選副總管擬陪一次，現年六十七歲[1]。錫伯伊爾根覺羅氏，馬步箭平等。

擬補總管所副總管員缺。擬正之索倫營正藍旗佐領福善，食俸餉二十五年。光緒八年，經幫辦軍務廣東陸路提督張（曜）[2]調赴喀什噶爾行營，充當繙譯委員，復經喀什噶爾道調充通商局繙譯委員，六載邊防、光緒十八年新疆邊防、二十八年伊犁辦理中俄積案各案內，均屬奮勉出力，疊經前督辦新疆軍務大臣劉錦（棠）[3]，陝甘總督楊昌濬①、伊犁將軍長（庚）

---

① 楊昌濬（1827－1897），字石泉，湖南湘鄉人，附生。咸豐二年（1852），從羅澤南練鄉勇，會集湘潭，出《討粵匪檄》，後隨湘軍進勦太平軍。四年（1854），選訓導。九年（1859），充教授。十年（1860），補知縣，並賞戴花翎。同治元年（1862），保同知。同年，補浙江衢州府知府。二年（1863），授浙江糧儲道。三年（1864），任浙江鹽運使，加按察使銜。同年，遷浙江按察使，署浙江布政使。五年（1866），升補浙江布政使。八年（1869），署浙江巡撫。次年，實授浙江巡撫。光緒二年（1876），因楊乃武案革職。四年（1878），赴陝甘，賞給四品頂戴。五年（1879），署甘肅布政使，加二品頂戴。六年（1880）晋頭品頂戴，護理陝甘總督。七年（1881），授甘肅布政使。九年（1883），遷漕運總督。十年（1884），幫辦福建軍務。同年，補授閩浙總督。十一年（1885），兼署福建巡撫。十四年（1888），調補陝甘總督。翌年，監臨鄉試。後因回民暴動革職。二十年（1894），加太子太保銜。二十三年（1897），卒於籍。著有《平浙紀略》、《平定關隴紀略》、《學海堂課藝》、《五好山房詩稿》等存世。

等先後奏保總管銜，並賞戴藍翎。光緒二十三年，補放驍騎校。二十五年，補授防禦。二十六年，補授[4]佐領。現年四十五歲。錫伯安佳氏，馬步箭平等。

擬陪之索倫營正黄旗佐領尚安泰，食俸餉三十二年，前在塔爾巴哈臺軍營當差。光緒五年屯種軍糧、六年勦辦陝回、八年收復伊犁各案內，均屬奮勉出力，疊經前將軍金（順）奏保儘先即補防禦，並賞戴四品藍翎。光緒十六年，補放驍騎校。十八年，補授防禦。二十三年，補授佐領。現年五十三歲。錫伯瑚西哈哩氏，馬步箭平等。

擬補副總管遞遺佐領員缺。擬正之索倫營鑲紅旗防禦業車本，食俸餉當差二十六年。光緒十五年，補放伊犁印務委筆帖式。二十二年，補放印務經制筆帖式。二十七年，補放驍騎校。二十八年，補授防禦。是年伊犁歷年防戍案內出力，經前將軍長（庚）奏保以佐領補用。三十年，川賑案內遵例報捐花翎，揀選佐領擬陪一次，現年四十七歲[5]。錫伯爪勒佳氏，馬步箭平等。

擬陪之索倫營正白旗防禦伊爾格本，食俸餉三十三年，前在塔爾巴哈臺軍營當差。光緒二年克復瑪納斯南北兩城、六年勦辦陝回案內，均屬奮勉出力，疊經前將軍金（順）奏保儘先即補防禦，並賞戴花翎。光緒十八年，補放驍騎校。二十四年，補授防禦，現年五十六歲。達呼爾鄂諾恩氏，馬步箭平等。

擬補佐領遞遺防禦員缺。擬正之索倫營正白旗驍騎校額勒吉春，食俸餉三十一年，前在塔爾巴哈臺軍營當差。光緒十七年搜勦竄匪案內出力，經前護將軍富勒銘（額）奏保補用驍騎校。光緒二十二年，補放驍騎校，揀選防禦擬陪三次，現年四十八歲。達呼爾鄂諾恩氏，馬步箭平等。

擬陪之索倫營鑲紅旗驍騎校業陳泰，食俸餉當差二十二年。光緒二十八年，補放驍騎校，現年四十二歲。錫伯爪勒佳氏，馬步箭平等。

擬補防禦遞遺驍騎校員缺。擬正之索倫營正紅旗前鋒校額爾格本，食錢糧當差三十二年。光緒十七年，由前鋒補放前鋒校，揀選驍騎校擬陪一次，現年四十九歲。錫伯瓜勒佳氏，馬步箭平等。

擬陪之索倫營正藍旗委官賽沙春，食錢糧三十四年，前在塔爾巴哈臺軍營當差。光緒二十八年，由領催補放委官，現年五十二歲。達呼爾鄂諾恩氏，馬步箭平等。

多倫布遺出防禦員缺。擬正之索倫營鑲黄旗驍騎校烏爾袞泰，食俸餉當差二十三年。光緒十七年搜剿竄匪案內出力，經前護將軍富勒銘（額）奏保補用驍騎校。光緒二十四年，補放驍騎校[6]。現年六十一歲。錫伯兀拉札氏，馬步箭平等。

擬陪之索倫營鑲藍旗驍騎校德舍春，食俸餉二十五年，前在塔爾巴哈臺軍營當差。光緒五年、六年兩屯種軍糧各案內奮勉出力，疊經前將軍金（順）奏保補缺後即補防禦。光緒二十五年，補放驍騎校，現年五十六歲。錫伯郭爾佳氏[7]馬步箭平等。

擬補防禦遞遺驍騎校員缺。擬正之索倫營鑲紅旗空藍翎慶壽，食錢糧當差三十六年。光緒二十九年，補放空藍翎，現年五十四歲。錫伯葛爾濟勒氏，馬步箭平等。

擬陪之索倫營鑲藍旗領催富津泰，食錢糧當差十八年。光緒二十八年，補放領催，現年三十五歲。錫伯安佳氏，馬步箭平等。

覽[8]。

【案】此摺原件①現藏於臺北故宮博物院，錄副②及清單③藏於中國第一歷史檔案館，茲據校勘。

1.【六十七歲】底本作"六十歲"，茲據清單校正。

2.【張】即張曜④，底本空名諱"曜"，茲據補，以下同。

---

① 臺北故宮博物院藏：《軍機及宮中檔》，文獻編號：408004161.

② 中國第一歷史檔案館藏：《錄副奏摺》，檔號：03－5966－001.

③ 中國第一歷史檔案館藏：《單》，檔號：03－5966－002.

④ 張曜（1832－1891），字亮臣，號朗齋，直隸大興人，原籍錢塘。咸豐初，以縣丞留河南補用。四年（1854），請假回籍。五年（1855），保知縣，加同知銜。次年，署固始縣知縣。七年（1857），保直隸州知州，賞換花翎，加霍欽巴圖魯名號。八年（1858），保知府，加道銜。九年（1859），署光州直隸州知州。次年，丁母憂，保道員，晋按察使銜。同年，丁父憂。十一年（1861），遷河南布政使，旋以"目不識丁"被劾。同治元年（1862），改保總兵。二年（1863），盡提督銜。四年（1865），乞假葬親。六年（1867），保提督，加騎都尉。九年（1870），補授廣東陸路提督，加騎都尉兼一雲騎尉，賞雙眼花翎。光緒二年（1876），隨左宗棠入疆，收復伊犁。三年（1877），晋一等輕車都尉兼一雲騎尉。六年（1880），署幫辦新疆軍務。十年（1884），加巡撫銜、頭品頂戴。次年，補廣西巡撫，晋兵部尚書銜。十二年（1886），調補山東巡撫。十五年（1889），晋太子少保。十七年（1891），卒於任。贈太子太保，謚勤果。前被劾後致力學業，工詩善書，兼通六法，有《河聲岳色樓集》行世。

3.【劉錦】即劉錦棠①，底本空名諱“棠”，茲據補，以下同。

4.【補授】底本作“補放”，茲據清單校正。

5.【四十七歲】底本作“四十七年”，顯誤，茲據清單校正。

6.【光緒二十四年，補放驍騎校】此句底本缺署，茲據清單校補。

7.【郭爾佳氏】底本作“瓜爾佳氏”，茲據清單校改。

8.【覽】此御批據清單補。

一〇五、揀員調署錫伯營事務緣由片

光緒三十一年二月初一日（1905年3月6日）

再，伊犁錫伯營領隊大臣色普西賢前因患病，呈由奴才代奏墾恩原品休致，光緒三十年九月二十六日，奉硃批：另有旨。欽此。同日，奉上諭：馬（亮）奏，領隊大臣因病墾請休致一摺。錫伯營領隊大臣色普西賢，著准其開缺，以原品休致。欽此。嗣於光緒三十年九月二十七日奉旨：希賢著賞給二等侍衛，作為伊犁錫伯營領隊大臣，照例馳驛前往。欽此。均經欽遵轉行在案。現在希賢到任尚屬無期，據色普西賢以病勢加

① 劉錦棠（1844－1894），字毅齋，湖南湘鄉人，其父親劉厚榮戰歿於岳州，以報其父仇，隨其叔父劉松山轉戰於江西，安徽、陝西等地，成爲老湘軍中後起的年青將領。同治三年（1864），幫辦老湘軍營務，遵例報捐縣丞。四年（1865），以軍功賞戴藍翎，擢知縣，加同知銜，旋賞換花翎。五年（1866），以同知直隸州遇缺即選。六年（1867），奉旨以知府遇缺即選，旋以道員遇缺儘先即選，加按察使、布政使銜，加法福靈阿巴圖魯勇號。同治九年（1870），其叔父廣東陸路提督劉松山陣亡，經陝甘總督左宗棠舉薦，加三品卿銜，總統劉松山舊部。十年（1871），破金積堡，捕殺馬化龍，得賞穿黄馬褂、雲騎尉世職。十三年（1874），署甘肅西甯兵備道。光緒元年（1875），升補甘肅甘凉道員，調甘肅西甯道。二年（1876），率部攻克烏魯木齊，殲滅天山北路的妥明等部，封騎都尉世職。三年（1877），攻占達阪、托克遜等城，迫使阿古柏懼罪自殺。隨後乘勝追殲阿古柏殘部，攻克庫車、拜城、喀什噶爾等地，賞雙眼花翎，以三品京堂候補。四年（1878），晋二等男爵，擢太常寺卿，授通政使司通政使。六年（1880），始幫辦新疆軍務，旋以左宗棠奉詔晋京，飭署欽差大臣督辦新疆軍務，統哈密及鎮迪道所屬文武地方官。七年（1881），擢欽差大臣督辦新疆軍務。八年（1882），收復伊犁，提出新疆建省方案。九年（1883），補授兵部右侍郎。十年（1884），清廷批准新疆建省，授首任新疆巡撫，加尚書銜，仍以欽差大臣督辦新疆事宜。擔任巡撫期間，執行左宗棠建設新疆的規劃，在修水利、獎勵農桑、改革軍事和田賦制度、修治驛道和城池等方面做出了重大貢獻。十三年（1887），署伊犁將軍。十五年（1889），回籍侍養，加太子少保銜。次年，晋太子太保。二十年（1894），晋一等男爵，贈太子太傅。未幾，卒於里。謚襄勤，予建祠。有《劉襄勤公奏稿》存世。

劇，呈請派員接署前來。

奴才查錫伯營事務緊要，自應先行派員署理，查有現任索倫營領隊大臣志銳，聲望素著，堪以調署。所遺索倫營領隊大臣篆務，查有滿營左翼協領博貴，才具有為，堪以兼署。除檄委並分咨外，理合附片陳明。伏乞聖鑒。謹奏。

同日[1]，奉硃批：知道了。欽此。

【案】此片原件①現藏於臺北故宮博物院，錄副②藏於中國第一歷史檔案館，茲據校勘。

1.【同日】錄副作"光緒三十一年四月初一日"，與底本一致。

一〇六、奏請賞食色普西賢全俸緣由片

光緒三十一年二月初一日（1905年3月6日）

再，頭品頂戴副都統銜伊犁錫伯營領隊大臣果勇巴圖魯色普西賢，前因患病呈由奴才代奏，懇恩原品休致。光緒三十年九月二十六日，奉上諭：馬（亮）奏，領隊大臣因病懇恩請休致一摺。錫伯營領隊大臣色普西賢，著准其開缺，以原品休致。欽此。業經欽遵恭錄轉行[1]在案。

奴才伏查該休致大臣曾經前將軍榮（全）帶隊出征瑪納斯等處，打仗殺賊，著有戰功，合無仰懇天恩俯念該大臣年老因病開缺，可否賞食副都統銜全俸、以示體恤之處，出自逾格鴻慈。除將該休致大臣履歷清冊咨部查覈外，理合附片具陳。伏乞聖鑒訓示。謹奏。

同日[2]，奉硃批：著照所請，兵部知道。欽此。

【案】此片原件③現藏於臺北故宮博物院，錄副④藏於中國第一歷史檔案館，茲據校勘。

---

① 臺北故宮博物院藏：《軍機及宮中檔》，文獻編號：408004161－D.

② 中國第一歷史檔案館藏：《錄副奏摺》，檔號：03－5966－003.

③ 臺北故宮博物院藏：《軍機及宮中檔》，文獻編號：408004161－E.

④ 中國第一歷史檔案館藏：《錄副奏摺》，檔號：03－5966－004.

1.【轉行】底本奪“行”，兹據原件校補。

2.【同日】錄副作“光緒三十一年四月初一日”，與底本一致。

一〇七、代奏扎拉豐阿起程赴任日期片

光緒三十一年二月初一日（1905年3月6日）

再，准新授塔爾巴哈臺領隊大臣札拉豐阿咨呈：承准照會：轉咨[1]兵部咨：內閣鈔出光緒三十年十月初七日奉旨：伊犁索倫營總管札拉豐阿，著作為塔爾巴哈臺領隊大臣，照例馳驛前往。欽此。欽遵咨行到伊，轉行遵照，等因。

札拉豐阿於光緒三十年十二月十九日已將總管事務交代清楚，本應遵旨馳赴新任，惟因冬雪封山，未能隨時赴任。現在春融雪消，山路開通，定於本年正月十八日束裝，由伊犁起程赴任。所有起程赴任日期，理合呈請代奏，等情。前來。奴才理合附片陳明。伏乞聖鑒。謹奏。

同日[2]，奉硃批：知道了。欽此。

【案】此片原件①現藏於臺北故宮博物院，錄副②藏於中國第一歷史檔案館，兹據校勘。

1.【轉准】底本作“轉准”，兹據校正。

2.【同日】錄副作“光緒三十一年四月初一日”，與底本一致。

一〇八、奏為恩賞福壽字等項謝恩摺

光緒三十一年二月十九日（1905年3月24日）

奴才[1]馬（亮）跪奏，為恭摺叩謝天恩，仰祈聖鑒事。

---

① 臺北故宮博物院藏：《軍機及宮中檔》，文獻編號：408004161－F.

② 中國第一歷史檔案館藏：《錄副奏摺》，檔號：03－5966－005.

竊於[2]光緒三十一年二月初五日，摺弁賫到由內交出恩賞“福、壽”字各一方、嵌玉如意一柄、刻絲蟒袍料一件，當即恭設香案，望闕叩頭祇領，訖。

伏念奴才渥蒙聖恩，畀以疆寄，任事三載，未立寸功，方愧庸陋無才，莫可涓埃自效，乃蒙温綸特沛，優賚[3]榮施，荷寵命於九天，實滋慚於五夜！奴才處強鄰緊逼之地，值東省有事之秋，惟有外顧邦交，內修治理，督率寅屬，勉竭駑駘，遇事振興，相機慎守，以求仰副高厚生成於萬一。所有奴才感激下忱，謹恭摺叩謝天恩。伏乞皇太后、皇上聖鑒。謹奏。光緒三十一年二月十九日。專差[4]。

光緒三十一年八月初五日接到，光緒三十一年四月二十三日[5]，奉硃批：知道了。欽此。

【案】此摺原件①現藏於臺北故宮博物院，錄副②藏於中國第一歷史檔案館，茲據校勘。

1.【奴才】底本未署，茲據原件、錄副校補。

2.【竊於】底本作“竊奴才於”，衍“奴才”。茲據校正。

3.【優賚】底本誤作“優春”，茲據校正。

4.【專差】此二字僅見於底本。

5.【光緒三十一年四月二十三日】此硃批日期，據錄副校補。

一〇九、揀選伊犁察哈爾營佐領等缺摺

光緒三十一年三月十五日（1905年4月19日）

奴才馬（亮）、廣（福）跪奏，為循例揀選伊犁察哈爾營佐領等缺，擬定正、陪，恭摺具陳，仰祈聖鑒事。

竊查察哈爾營左翼鑲黃旗頭牛彔佐領達岱，前經奴才等因案奏參革職，奉硃批：著照所請，該衙門知道。欽此。欽遵恭錄照會在案。茲准該

---

① 臺北故宮博物院藏：《軍機及宮中檔》，文獻編號：408004162.

② 中國第一歷史檔案館藏：《錄副奏摺》，檔號：03－5966－052.

營領隊大臣恩祥咨呈：達岱遺出左領等缺，應請揀員補放，以資辦理旗務，等因。咨呈前來。奴才等當於該營應升人員内逐加考驗，達岱遺出佐領一缺，揀選得鑲黄旗頭牛彔驍騎校圖爾固特堪以擬正，正白旗頭牛彔驍騎校車伯克達什堪以擬陪。遞遺驍騎校一缺，揀選得鑲白旗[1]頭牛彔空藍翎碩布蓋堪以擬正，正藍旗頭牛彔空藍翎圖依棍堪以擬陪。謹將該員等履歷另繕清單，恭呈御覽，伏候欽定。

其請補佐領，一俟遇有差便，給咨送部補行引見，以符定制。所有揀選伊犁察哈爾營佐領等缺擬定正、陪緣由，理合恭摺具陳。伏乞皇太后、皇上聖鑒訓示。謹奏。光緒三十一年三月十五日。

七月初三日接到，五月初二日，奉硃批：均著擬正之員補授，該衙門知道。單併發。欽此。

☆呈揀選察哈爾營左翼佐領等缺清單

謹將揀選伊犁察哈爾營左翼佐領等缺擬定正、陪人員，繕具清單，恭呈御覽。

察哈爾營達岱遺出佐領一缺。擬正之察哈爾營左翼鑲黄旗頭牛彔驍騎校圖爾固特，食俸餉當差十九年。光緒二十八年伊犁歷年防戍案内出力，經前將軍長（庚）等奏保補用佐領。二十四年，補放驍騎校。現年三十七歲。察哈爾蒙古馬步箭平等。

擬陪之察哈爾營左翼正白旗頭牛彔驍騎校車伯克達什，食俸餉當差二十八年。光緒二十七年，補放驍騎校。現年四十八歲。察哈爾蒙古馬步箭平等。

擬補佐領遞遺驍騎校一缺。擬正之察哈爾營左翼鑲白旗頭牛彔空藍翎碩布蓋，食錢糧當差十九年。光緒二十四，補放空藍翎。現年三十四歲。察哈爾蒙古馬步箭平等。

擬陪之察哈爾營左翼正藍旗頭牛彔空藍翎圖依棍，食錢糧二十九年。光緒二十八年伊犁歷年防戍案内出力，經前將軍長（庚）等奏保補用驍騎校。二十七年，補放空藍翎。揀選驍騎校擬陪一次，現年四十六歲。察哈爾蒙古馬步箭平等。

覽[2]。

【案】此摺原件①現藏於臺北故宮博物院，錄副②及清單③均藏於中國第一歷史檔案館，茲據校勘。

1.【鑲白旗】底本作“鑲黃旗”，茲據校正。

2.【覽】此御批據清單補。

一一〇、揀員對調佐領等缺緣由片

光緒三十一年三月十五日（1905年4月19日）

再，准調署伊犁錫伯營領隊大臣索倫營領隊大臣志（銳）咨呈：據總管富勒祜倫等呈稱：竊查錫伯營正黃旗佐領薩拉蘇、防禦塔蘭泰、正藍旗佐領巴西哩[1]、鑲黃旗防禦尼克湍等四員，人地均不甚相宜，請將該員等互相對調，以資辦理旗務，等情。呈請核辦前來。

奴才等覆查屬實，合無仰懇天恩俯准，將伊犁錫伯營正黃旗佐領薩拉蘇、正蓝旗佐领巴西哩互相調補，鑲黃旗防禦尼克湍、正黃旗防禦塔蘭泰[2]互相調補，俾資辦理旗務之處，出自鴻慈。除咨部外，理合附片具陳。伏乞聖鑒訓示。謹奏。

同日[1]，奉硃批：著照所請，該衙門知道。欽此。

【案】此片原件④現藏於臺北故宮博物院，錄副⑤均藏於中國第一歷史檔案館，茲據校勘。

1.【巴西哩】底本作“巴西里”，茲據校正。

2.【塔蘭春】底本作“塔爾春”，茲據校正。

3.【同日】錄副作“光緒三十一年五月初二日”，與底本一致。

---

① 臺北故宮博物院藏：《軍機及宮中檔》，文獻編號：408004164.

② 中國第一歷史檔案館藏：《錄副奏摺》，檔號：03－5966－056.

③ 中國第一歷史檔案館藏：《單》，檔號：03－5966－057.

④ 臺北故宮博物院藏：《軍機及宮中檔》，文獻編號：408004164－A.

⑤ 中國第一歷史檔案館藏：《錄副奏摺》，檔號：03－5966－060.

一一一、奏報俄屬哈薩克借廠牧馬安靜片

光緒三十一年三月十五日（1905年4月19日）

再，奴才前於光緒三十年十月內據伊塔道申稱：准駐伊俄領事斐多羅福照會：俄屬阿依托伏斯克博羅斯屬下哈薩克[1]請照[2]上三年成案，借給牧廠過冬，等情。前來。奴才當因該俄哈歷年借廠尚屬相安，近來邦交[3]益篤，未便禁阻，當即電請外務部代奏，一面札飭伊塔道，並照會署額魯特領隊大臣錫濟爾琿，選派官兵前赴那林郭勒卡倫，按照以前辦法，與該國哈薩克等書立合約十一款，蓋戳籤名，驗明俄官執照所載人畜數目，指給借地界址，妥為保護，於十月二十九日，據派俄哈薩克牧夫七十名，趕來馬一萬匹，由那林郭勒[4]卡倫入境，在於額魯特所屬之木胡爾莫敦地方借給草場牧放，茲於光緒三十一年正月二十九日出境，仍回俄國，人畜均屬平安。據該署領隊大臣錫濟爾琿轉據總管等，取具博羅斯收條、印據呈報前來。

奴才伏查屬實，除咨明外務部外[5]，所有俄屬哈薩克借廠牧放馬匹，入境、出境均屬安靜緣由外，理合附片陳明。伏乞聖鑒。謹奏。

同日[6]，奉硃批：外務部知道。欽此。

【案】此片缺錄副，原件①現藏於臺北故宮博物院，茲據校勘。

1.【哈薩克】底本作“給哈薩克”，衍“給”，茲據原件刪。

2.【請照】底本奪“照”，茲據原件校補

3.【邦交】底本誤作“那交”，茲據校正。

4.【那林郭勒】底本作“那倫郭勒”，茲據校正。

5.【外】底本脫“外”，茲據原件校補。

6.【同日】此硃批日期據前片應為“光緒三十一年五月初二日”。

【案】此奏片業已咨呈外務部查照施行，《外交檔案》：

光緒三十一年六月二十日，收伊犁將軍文稱：案照本將軍於光緒三十一年三月十五日，由驛附奏俄哈借牧草場限滿出境日期一片，除

① 臺北故宮博物院藏：《軍機及宮中檔》，文獻編號：408004164－B.

俟奉到硃批恭錄咨行外，相應鈔稿咨呈。為此咨呈大部，請煩查照施行。計黏片稿一紙：再，奴才前於光緒三十年十月內據伊塔道申稱：准駐伊俄領事斐多羅福照會：俄屬阿依托伏斯克博羅斯屬下哈薩克請照上三年成案，借給牧廠過冬，等情。前來。……。伏乞聖鑒。謹奏。①

一一二、揀選伊犁額魯特營驍騎校員缺摺

光緒三十一年三月十五日（1905 年 4 月 19 日）

奴才馬（亮）、廣（福）跪奏，為循例揀選伊犁額魯特營驍騎校員缺，擬定正、陪，恭摺具陳，仰祈聖鑒事。

竊查額魯特營左翼鑲黃旗二牛彔驍騎校巴圖吉爾噶勒前因年老患病乞休，經奴才等奏奉硃批：著照所請，該衙門知道。欽此。欽遵恭錄照會在案。茲准署理額魯特營領隊大臣錫濟爾（琿）[1]咨呈：額魯特右翼正紅旗二牛彔驍騎校那遜巴圖，於光緒三十年十二月十八日因病出缺。所遺驍騎校二缺，應請揀員補放，以資辦理旗務，等因。咨呈前來。

奴才等當於該營應升人員內逐加考驗，巴圖吉爾噶勒遺出驍騎校一缺，揀選得鑲黃旗二牛彔領催圖魯巴圖堪以擬正，正白旗二牛彔委官布噶堪以擬陪。那遜巴圖遺出驍騎校一缺，揀選得正黃旗頭牛彔空藍翎吐魯蒙庫堪以擬正，鑲紅旗二牛彔委官蒙庫那遜堪以擬陪[2]。謹將該員等履歷另繕清單，恭呈御覽，伏候欽定。所有揀選伊犁額魯特營驍騎校員缺拟定正、陪緣由，理合恭摺具陳。伏乞皇太后、皇上聖鑒訓示。謹奏。光緒三十一年三月十五日。

七月初三日接到，五月初二日，奉硃批：均著擬正之員補授，該衙門知道，單併發。欽此。

☆呈揀選額魯特營驍騎校員缺清單

謹將揀選伊犁額魯特營驍騎校員缺擬定正、陪人員，繕具清單，恭呈

① 臺北“中央研究院”近代史所藏：《外交檔案》，館藏號：02－10－018－01－021.

御覽。

額魯特營左翼巴圖吉爾噶勒遺出驍騎校一缺[3]。擬正之額魯特營左翼鑲黃旗二牛彔領催圖魯巴圖，食錢糧當差二十六年。光緒十四年，補放領催。揀選驍騎校擬陪二次，現年四十五歲。舊額魯特馬步箭平等。

擬陪之額魯特營左翼正白旗二牛彔委官布噶，食錢糧三十三年，前在庫爾喀喇烏蘇軍營當差。光緒二十八年伊犁歷年防戍案內出力，經前將軍長（庚）奏保補用驍騎校。二十五年，由領催補放委官。揀選驍騎校擬陪一次，現年五十一歲[4]。舊額魯特馬步箭平等。

額魯特營右翼那遜巴圖遺出驍騎校一缺。擬正之額魯特營右翼正黃旗頭牛彔空藍翎魯蒙庫，食錢糧[5]當差二十八年。光緒二十五年，由領催補放空藍翎。揀選驍騎校擬陪一次，現年三十六歲。舊額魯特馬步箭平等。

擬陪之額魯特營右翼鑲紅旗二牛彔委官蒙庫那遜，食錢糧三十一年，前在庫爾喀喇烏蘇軍營當差。光緒六年、七年兩屆屯種軍糧、十七年搜剿竄匪[6]各案內均屬奮勉出力，疊經前將軍金（順）等奏保儘先即補驍騎校，補防禦後補用佐領，護送貢馬赴京三次。三十年，由領催補放委官，現年四十七歲。舊額魯特馬步箭平等。

覽[7]。

【案】此摺原件①現藏於臺北故宮博物院，錄副②及清單③均藏於中國第一歷史檔案館，茲據校勘。

1.【錫濟爾】即錫濟爾琿，底本空名諱“琿”，茲據補，以下同。

2.【案】劃線部分，底本作“揀選得正黃旗頭牛彔空藍翎那遜堪以擬陪”，內容多脫且錯亂。茲據校正。

3.【一缺】底本奪“一”，茲據清單校補。

4.【五十一歲】底本作“五十二歲”，茲據清單校正。

5.【錢糧】底本脫“糧”，茲據清單校補。

6.【竄匪】底本奪“匪”，茲據清單校補。

7.【覽】此御批據清單補。

---

① 臺北故宮博物院藏：《軍機及宮中檔》，文獻編號：408004163.

② 中國第一歷史檔案館藏：《錄副奏摺》，檔號：03-5966-058.

③ 中國第一歷史檔案館藏：《單》，檔號：03-5966-059.

一一三、奏報伊犁茶局現籌停辦緣由片

光緒三十一年三月十五日（1905年4月19日）

再，奴才前因伊犁茶商撤號，私茶充斥，於光緒二十八年十一月十六日，奏請採辦官茶，行銷伊犁各城，便民裕課，以開利源而濟餉需，欽奉硃批：該部議奏。欽此。經戶部議覆，以於西北路茶務大局攸關，請旨飭下奴才會同陝甘督臣、新疆撫臣等，公同商酌議定，奏明試辦，奉旨：依議。欽此。欽遵咨行到伊。正咨商間，接准督臣崧（蕃）來咨，已到撫臣潘效（蘇）銜名奏請停辦。

奴才查督臣原奏，似尚未知伊犁茶商早經撤號情形。當因伊犁地面私茶不能不禁，民食不能無茶，復經奏請一面先行派員設局試辦官茶，一面咨商會奏，於光緒二十九年六月初三日奉硃批：仍著會商崧（蕃）、潘效（蘇），妥籌辦理。欽此。當即欽遵諭旨，電函互商。先接崧（蕃）電稱：甘肅茶票尚懸九十餘張，擬將甘肅應銷伊塔茶票若干張分撥官運，代為融銷，照完課稅，以杜南商之口。經奴才復允伊犁一處代為融銷四十票茶觔，照章認繳課釐，以復引額。繼[1]又接准崧（蕃）電覆：甘商自願改辦晉茶三十票，運赴伊、塔兩處復引。其晉茶未到以前[2]，即儘伊犁官茶行銷。奴才因念茶務係歸督臣主政，茶商認票既不如伊犁官運之多，銷路又復佔伊塔兩處之廣，得失既[3]判，不能不代為設籌，因復電商督臣，令其飭諭甘商將所辦三十票引茶專銷塔城一路，存此伊犁一隅之地歸官試辦。督臣未允，奴才亦未便強爭。意見不同，以致不能會銜奏覆。第商茶未到，私茶民食，未便置若罔聞。查私商歷年運到之茶，雖無甘省官票，均在古城完過稅銀，既未便遽行充公，亦難任私銷不禁，因即派員設局，籌借成本，按照該商等販運成本，發價收私，以免私商賠累。並派員前赴張家口採茶運伊，以資接濟民食。

計自光緒三十年二月開局起至年底至，私茶業已收盡，官茶業已暢行。除開支局費及成本認息[4]外，實獲餘利銀一萬二百餘兩。現在甘肅茶商已經運茶到伊設號，惟查所辦之茶僅止川塊一色，尚缺紅梅、米心、觔磚等茶。伊犁滿、蒙、漢、纏以及哈薩、俄商等種類不齊，食茶向均不一，茶色若不齊備，私販必將復來。所幸奴才茶局前收私茶及派員由張家

口採運在途之茶尚屬不少，現已咨明督臣、撫臣，請其飭令甘商措繳成本，將局存茶觔領去銷售，以歸一手經理而免茶色不全，一俟本繳茶完，茶局即行停撤。如果甘商不願承領，即須存茶銷竣，再行報明撤局。約按市價發賣，將來尚可收穫餘利萬金上下。擬於截數後，將款存庫，以備另案奏撥。皮毛公司股分，除分咨督臣、撫臣及戶部、商部外，所有甘肅茶商來伊復引，伊犁茶局現籌停辦，暨收穫餘利銀數提充公用緣由，是否有當？理合附片具陳。伏乞聖鑒訓示。謹奏。

同日[5]，奉硃批：著升允①查酌辦理。欽此。

【案】此摺原件②現藏於臺北故宮博物院，錄副③藏於中國第一歷史檔案館，茲據校勘。

1.【繼】底本奪“繼”，茲據原件校補。

2.【以前】底本誤作“已前”，茲據校正。

3.【既】底本誤作“即”，茲據校正。

4.【認息】底本作“認真”，茲據校正。

5.【同日】錄副作“光緒三十一年五月初二日”，與底本一致。

一一四、奏請招商集股設立皮毛公司片

光緒三十一年三月十五日（1905年4月19日）

再，奴才前因伊犁邊瘠，頻年用款全賴仰給於人，亟思籌開本地利源，借紓各省協濟之力，是以於光緒二十九年奏請試辦官茶，以濟民食而裕國課。原冀甘商撤號已久，無礙茶務、課釐，由此設法興商，必能增籌

① 升允（1858－1931），字吉甫，號素庵，蒙古鑲黃旗人。光緒八年（1882），中式舉人。十二年（1886），補總理各國事務衙門章京。十六年（1890），充出使俄國參贊。十八年（1892），報捐知府。二十年（1894），加布政使銜。二十四年（1898），署陝安道。二十五年（1899），授陝西督糧道。同年，遷陝西布政使。二十六年（1900），補山西按察使。同年，授甘肅布政使。是年，回任山西布政使。二十七年（1901），調補陝西布政使。同年，擢陝西巡撫。三十年（1904），調補江西巡撫。同年，授察哈爾都統。三十一年（1905），升授陝甘總督。民國二十年（1931），卒於津。贈謚文忠。

② 臺北故宮博物院藏：《軍機及宮中檔》，文獻編號：408004163－A.

③ 中國第一歷史檔案館藏：《錄副奏摺》，檔號：03－6515－046．03－7132－008.

公款，詎意甫經辦有成效，督臣崧蕃仍飭[1]甘商來伊，以致事廢半途，貽譏商賈，莫由報效，愧怍滋深！因不敢畛域稍分，現已另案奏明撤局。第當此時勢艱窘，若不早思變計，徒拘成法，萬難自強。不獨邊地兵民遇有緩急立見坐困，抑且迭奉諭旨振興商務，亦復成為具文。

奴才仰荷聖恩，膺兹疆寄，素餐尸位，心實難安！念自新疆改設行省以來，土地、人民，概歸巡撫管轄；興利除弊，自有撫臣設籌。其奴才所轄滿、蒙各營，沿邊數千里，苟有出產，亦足生財。查伊犁滿蒙各營[2]，比較各省駐防迥別，閑散人等向以耕牧為生。近來牧廠、兵屯業已[3]逐漸開辦，惟商務未立，利權不免外移。奴才派員查察蒙古、哈薩牧放馬牛羊隻歷年所收皮毛兩項，向均售與外來商民。每年外來商人前赴游牧收買，多以茶、布、雜貨互相易換，重利盤剥，蒙、哈愚蠢，時受欺朦。商人購獲各項皮毛，轉售俄商出卡貿易，得利較厚，計不若官為設局，興立皮毛公司，招商集股，由奴才派委熟悉蒙、哈情形之員，總司其事。蒙古部落即選總管、佐領老成穩練者，分旗發價收買。哈薩部落即選千、百戶長殷實可靠者，分部發價收買，定期交局，如法選製，轉發商民販運售賣，約計每年出產皮毛值價不下數十萬金。

現在籌款維艱，擬先招商集湊股本銀十萬兩，公中即以茶價所獲餘利二萬金收入股本，開局試辦，以辦茶之餘利作公司之本金，於公款無慮有虧，將來收穫盈餘，除各股主攤分並開支局費外，其餘概行按年報明，儲備本處緩急之用。似此辦理，在蒙、哈既免受奸商之剝削，論商務並無礙督撫之利權。商人販運總歸公司發賣，隨時公議定價，亦無壟斷之虞，風氣既開[4]，地方可因利而利，盈餘較厚，稅課亦不征自征。如蒙聖恩准其試辦，即請敕下部臣議覆，一俟奉到諭旨，再將一切章程另擬具陳，以免徒託空談，致蹈辦茶覆轍。奴才為振興商務、廣開利源起見，並非好為苟難，是否可行？理合附片奏請。伏乞聖鑒訓示。謹奏。

同日[5]，奉硃批：該部議奏[6]。欽此。

【案】此摺原件①現藏於臺北故宮博物院，錄副②藏於中國第一歷史檔案館，兹據校勘。

---

① 臺北故宮博物院藏：《軍機及宮中檔》，文獻編號：408004163 – B.

② 中國第一歷史檔案館藏：《錄副奏摺》，檔號：03 – 6515 – 047. 03 – 7132 – 007.

1.【仍飭】底本作“仍節”，茲據校正。

2.【案】劃線部分底本未署，茲據原件校補。

3.【業已】底本誤作“業以”，茲據校正。

4.【風氣既開】底本作“風氣漸開”，茲據校正。

5.【同日】錄副作“光緒三十一年五月初二日”，與底本一致。

6.【案】光緒三十一年六月初二日，商部尚書載振等具奏曰：

御前大臣商部尚書固山貝子銜镇国将军臣載振等跪奏，為遵旨會議具奏，仰祈聖鑒事。

光緒三十一年五月初二日，軍機處片交伊犁將軍馬亮奏，招商集股，設立皮毛公司等因一片，奉硃批：該部議奏。欽此。欽遵傳知到部。據原奏內稱，蒙古、哈薩牧放馬牛羊隻歷年所收皮毛兩項，均係外來商人前赴游牧收買，以茶、布、雜貨互相易換，重利盤剝。蒙哈愚蠢，時受欺朦。商人購獲皮毛，转售俄商，獲利較厚。計不若官為設局，興立皮毛公司，派委熟悉蒙哈情形之員，總司其事。蒙古部落即選總管、佐领老成穩練者，分旗發價收買。哈薩部落即選千、百戶長殷實可靠者，分部發價收買，定期交局，如法選製，轉發商民販運售賣，約計每年出產皮毛值價不下數十萬金。現在籌款維艱，擬先招商集湊股本銀十萬兩，公中即以茶價所獲餘利二萬金收入股本，開局試辦。將來收穫盈餘，除各股主攤分並開支局費外，其餘概行按年報明，儲備本處緩急之用，等語。

臣等查伊犁僻處西陲，俗尚樸僿，土產惟牲畜為大宗，歷年所出皮毛皆係外商收買，販運出邊，獲利甚厚。蒙哈愚蠢，不免受人盤剝，自失利權。該將軍擬湊集官商股本，設立皮毛公司，講求選製，發商販售，果能經營得宜，亦足藉開風氣。惟事歸官辦，重在得人，應慎選才守明潔、熟悉商務之員，總司其事，收支必求核實，交易尤貴公平。一切規則均按照奏定商律辦理，力除官場積習，事歸核實，款不虛糜，庶足開闢利源，蒙、商兩便。至該公司所獲盈餘，除各股主攤分並開支局費外，其餘應酌定成數，專款存儲，以備擴充之用。至公司開辦之先，並應由該將軍妥定派員招股、辦事各章程，詳細奏咨立案，並遵章赴商部註冊，以便隨時查核。

抑臣等更有進者，自來富國之原，畜牧與農桑並重。西人講求牧務，不遺餘力，北美、南澳用此富饒。即骨角、皮毛亦為製造必須之品。本年三月間，商部據出使俄國大臣胡惟德來咨，籌議仿織獸毛，抵制洋貨，等因。當經通行各省將軍、督撫酌度籌辦在案。天山北路自古為游牧行圍，沙土廣衍，水草肥饒，亟宜廣興牧政，為工商之基礎。即皮毛兩項產額亦可驟增，將來辦有成效，再將該公司所獲盈餘除擴充各項實業，在公中不必別籌鉅款，而要正可次第設施，且以商家之款專辦商務，於事理亦屬相合。

如蒙俞允，當由臣部咨行該將軍體察情形，飭屬認真舉辦，以興商業而擴利源。所有臣等會議緣由，理合恭摺具奏。伏乞皇太后、皇上聖鑒訓示。再，此摺係商部主稿，會同戶部辦理，合併聲明。謹奏。光緒三十一年六月初二日。

御前大臣商部尚書固山貝子銜镇国将军臣載振（留署），商部左侍郎臣陳璧，商部左侍郎臣顧肇新（留署），經筵講官太子少保大學士管理戶部事務臣王文韶，經筵講官戶部尚書臣榮慶，經筵講官戶部尚書臣張百熙，頭品頂戴戶部左侍郎臣景灃，戶部左侍郎臣陳邦瑞，戶部右侍郎臣鐵良，戶部右侍郎臣戴鴻慈。①

一一五、恭請皇太后聖安摺

光緒三十一年（1905 年）

奴才馬（亮）、廣（福）跪請，慈禧端佑康頤昭豫莊誠壽恭欽獻崇熙皇太后聖安！

一一六、奏報循例呈進貢馬情形摺

光緒三十一年三月二十四日（1905 年 4 月 28 日）

奴才馬（亮）、廣（福）跪奏，為循例呈進貢馬，恭摺具陳，仰祈聖鑒事。

---

① 中國第一歷史檔案館藏：《錄副奏摺》，檔號：03 -6171 -007.

竊維伊犁係產馬之區，自收還以來，歷年挑選馴良馬匹呈進御用。茲屆光緒三十一年應進貢馬之期，奴才馬（亮）謹選得騸馬八匹，奴才廣（福）謹選得騸馬四匹，調習試驗，骨相雖非駿異，步驟尚屬安詳，專派防禦塔奇本、額勒得合恩、驍騎校哲陳泰等，帶領弁兵，於本年三月二十四日[1]，由伊犁起程，照章取道草地行走，飭令攜帶麩料，沿途小心牧放餵養，護送進京，呈遞上駟院驗收試騎，敬備御用。

除咨行科布多、烏里雅蘇臺將軍、參贊大臣、察哈爾都統等轉飭經過地方一體照料前進，以昭慎重外，謹將所有正貢、備貢馬匹毛色、口齒、腳步，另繕清單，恭呈御覽，懇恩賞收，以遂奴才等敬獻微忱。理合恭摺具陳。伏乞皇太后、皇上聖鑒訓示。謹奏。光緒三十一年三月二十四日[2]。

光緒三十一年九月初七日，奉硃批：知道了。欽此[3]。

☆呈正貢備貢馬匹情形清單

奴才馬（亮）謹呈正貢馬四匹：黑鬃黃馬，小走，八歲口；

黑馬，小走，八歲口；

海騮馬，小走，八歲口；

棗騮馬，小走，八歲口。

備貢馬四匹：黑鬃黃馬，小走，七歲口[4]；

黑馬，小走，八歲口；

海騮馬，小走，七歲口；

棗騮馬，小走，七歲口[5]。

奴才廣（福）謹呈正貢馬二匹：黑鬃黃馬，小走，八歲口；

黑馬，小走，八歲口。

備貢馬二匹：黑鬃黃馬，小走，七歲口；

黑馬，小走，七歲口。

覽[6]。

【案】此摺原件①現藏於臺北故宮博物院，錄副②及清單③現均藏於中國第一歷史檔案館，茲據校勘。

1.【三月二十四日】底本作“四月日”，未詳。茲據校正。

---

① 臺北故宮博物院藏：《軍機及宮中檔》，文獻編號：408004165.

② 中國第一歷史檔案館藏：《錄副奏摺》，檔號：03－5573－032.

③ 中國第一歷史檔案館藏：《單》，檔號：03－5573－034.

2.【二十四日】底本底本委署具體日期，茲據原件校補。

3.【光緒三十一年九月初七日，奉硃批：知道了。欽此】此硃批日期與內容，據原件、錄副校補。

4.【七歲口】底本作“八歲口”，茲據校正。

5.【七歲口】底本作“八歲口”，茲據校正。

6.【覽】此御批據清單補。

一一七、領隊大臣遵例隨同呈進貢馬片

光緒三十一年三月二十四日（1905年4月28日）

再，據署理錫伯營領隊大臣索倫營領隊大臣志銳、察哈爾營領隊大臣恩祥，各選得騸馬二匹，呈請隨同呈進前來。除飭委員塔奇本、額勒得合恩等一體護送上駟院驗收外，謹將馬匹[1]數目、毛色、口齒、腳步另繕清單，恭呈御覽，伏乞天恩一併賞收。所有領隊大臣遵例隨同呈進貢馬緣由，理合附片陳明。伏乞聖鑒。謹奏。

光緒三十一年九月初七日，奉硃批：知道了。欽此[2]。

☆呈領隊大臣遵例呈進貢馬清單

奴才志銳謹呈正貢馬一匹，黑馬，小走，八歲口；

備貢馬一匹，黑馬，小走，七歲口。

奴才恩祥謹呈正貢馬一匹，粉嘴、黑棗騮馬，小走，八歲口；

備貢馬一匹，粉嘴、黑棗騮馬，小走，八歲口。

覽[3]。

【案】此片原件①現藏於臺北故宮博物院，錄副②及清單③現均藏於中

① 臺北故宮博物院藏：《軍機及宮中檔》，文獻編號：408004165－A.

② 中國第一歷史檔案館藏：《錄副奏片》，檔號：03－5573－033.

③ 中國第一歷史檔案館藏：《單》，檔號：03－5573－035.

國第一歷史檔案館，茲據校勘。

1.【馬匹】底本誤作“馬目”，茲據校正。

2.【光緒三十一年九月初七日，奉硃批……】此硃批日期與內容，據原件、錄副校補。

3.【覽】此御批據清單補。

一一八、奏聞賞福壽字謝恩摺

光緒三十一年四月十一日（1905年5月14日）

奴才馬（亮）跪奏，為恭摺叩謝天恩，仰祈聖鑒事。

竊奴才於光緒三十一年三月初五日，准兵部火票遞到軍機處交出特賞伊犁將軍馬（亮）“福、壽”字，由驛遞送前來。奴才當即恭設香案，望闕叩謝天恩祗領，訖。

伏念奴才漢軍世僕，吉省庸材，濫列戎行，未諳韜略，謬邀擢荐，愧乏功勳，渥蒙聖主特達之知，重畀奴才疆寄之任。權篆已逾兩載，報稱毫无，賞賚復永特頒，感慚交集，戴高厚生成之大德，非捐縻頂踵所能酬！奴才惟有益殚血誠，勉盡心力，務整軍经武之實濟，佐安內和外之聖謨，將邊疆[1]事宜虛衷體察，随時振興，以期仰答鴻慈於萬一。所有奴才感激下忱，謹恭摺叩謝天恩。伏乞皇太后、皇上聖鑒。謹奏。光緒三十一年四月十一日，專差[2]。

光緒三十一年十一月初七日接到，光緒三十一年六月十七日[3]，奉硃批：知道了。欽此。

【案】此摺原件①現藏於臺北故宮博物院，茲據校勘。

1.【邊疆】底本奪“疆”，茲據原件校補。

2.【專差】此二字僅存於底本。

---

① 臺北故宮博物院藏：《軍機及宮中檔》，文獻編號：408004168.

3.【光緒三十一年六月十七日】此硃批日期，據同日廣福錄副①校補。

一一九、賞賜福字荷包等件謝恩摺

光緒三十一年四月十一日（1905年5月14日）

奴才馬（亮）、廣（福）等跪奏，為恭摺叩謝天恩，仰乞聖鑒事。

竊奴才等於本年二月十五日承准軍機處咨開：由內交出恩賞伊犁將軍、大臣等福字荷包、銀錁、銀錢、食物等件，由驛賫送前来。除將額魯特領隊大臣徐（炘）應得恩賞轉送塔爾巴哈臺外[1]，奴才等當即恭設香案，望闕叩頭，謝恩祇領，訖。

伏念奴才等才識庸愚，涓埃未效，撫躬循省，正切悚惶！兹復仰蒙軫念邊陲，優加賞賚，拜殊恩之逾格，益感激以難名！奴才等惟有將邊防、營務暨各愛曼應辦一切事宜認真整頓，和衷商辦，斷不敢稍涉疎懈，以期仰答高厚鴻慈於萬一。所有奴才等感激下忱，謹恭摺叩謝天恩。伏乞皇太后、皇上聖鑒。謹奏。光緒三十一年四月十一日。伊犁將軍奴才馬（亮）、伊犁副都統奴才廣（福）、索倫營領隊大臣奴才志（銳）、察哈爾領隊大臣奴才恩（祥）。

光緒三十一年十一月初七日接到，光緒三十一年六月十七日[2]，奉硃批：知道了。欽此。

【案】此摺原件②現藏於臺北故宮博物院，兹據校勘。

1.【外】底本脱“外”，兹據原件校補。

2.【光緒三十一年六月十七日】此硃批日期，據同日廣福錄副③校補。

---

① 中國第一歷史檔案館藏：《錄副奏摺》，檔號：03－5966－147.

② 臺北故宮博物院藏：《軍機及宫中檔》，文獻編號：408004166.

③ 中國第一歷史檔案館藏：《錄副奏摺》，檔號：03－5966－147.

一二〇、恩賞臣長子二品蔭生謝恩摺

光緒三十一年四月十一日（1905年5月14日）

奴才廣（福）跪奏，為恭謝天恩，仰祈聖鑒事。

竊奴才長子恩秀於光緒三十年經兵部於第五次彙奏，給予二品廕生。十二月初三日，兵部帶領引見，奉旨：著以藍翎侍衛用。欽此。聞命之下，感激莫名！當即恭設香案，闕叩謝天恩，訖。

伏念奴才蒙古世僕，知識[1]庸愚，荷蒙高厚殊榮，畀副邊疆重任，既愧涓埃未效，祗凜析薪；尤慚家學无傅，敢云式穀！恭承丹詔，得邀任子之恩；入對彤廷，渥被重申之命！奴才已慙非分，在長子更切悚惶。奴才惟有矢志忠誠，以身作則，寓書訓誡，圖報將来，以求仰副鴻慈於萬一。所有奴才感激下忱、叩謝天恩緣由，謹恭摺具陳。伏乞皇太后、皇上聖鑒。謹奏。光緒三十一年四月十一日。

光緒三十一年十一月初七日接到，光緒三十一年六月十七日[2]，奉硃批：知道了。欽此。

【案】此摺原件①現藏於臺北故宮博物院，錄副②藏於中國第一歷史檔案館，兹據校勘。

1.【知識】底本誤作“知謝”，兹據校正。

2.【光緒三十一年六月十七日】此硃批日期，據錄副校補。

---

① 臺北故宮博物院藏：《軍機及宮中檔》，文獻編號：408004166.

② 中國第一歷史檔案館藏：《錄副奏摺》，檔號：03－5966－147.

一二一、代奏領隊博貴署任謝恩摺

光緒三十一年七月初一日（1905年8月1日）

奴才馬（亮）跪[1]奏，為恭摺代奏叩謝天恩，仰祈聖鑒事。

竊准兼署索倫營領隊大臣舊滿營左翼協領博貴呈稱：前准照會：奏請兼署索倫營領隊大臣，到任以来，竭力圖報。茲復奉照會：光緒三十一年五月二十一日，准兵部遞回原片，於四月初一日奉硃批：知道了。欽此。欽遵轉行知照前来。當即恭設香案，望闕叩謝天恩，訖。

伏思博貴一介愚庸，毫無知識，自光緒二十六年渥荷聖恩，補授協領權篆，已逾四載，職守未展一籌。上年既承保奏請以副都統記名，欽奉恩旨著交軍機處存記，方愧涓埃未報，茲復仰蒙恩命，兼署索倫營領隊大臣。聞命自天，感激無地！惟有益加謹慎，勉竭駑駘，遇有任內應辦一切事宜，隨時稟呈將軍，勤求治理，以期仰答高厚鴻慈於萬一。所有感激下忱緣由，呈請代奏叩謝天恩，等情。前來。奴才理合恭摺代奏。伏乞皇太后、皇上聖鑒。謹奏。光緒三十一年七月初一日。

光緒三十一年十月二十一日接到，於八月二十八日奉硃批：知道了。欽此。

【案】此摺原件①現藏於臺北故宮博物院，錄副②藏於中國第一歷史檔案館，茲據校勘。

1.【奴才馬亮跪】此前銜底本脫，茲據原件校補。

---

① 臺北故宮博物院藏：《軍機及宮中檔》，文獻編號：408004171.

② 中國第一歷史檔案館藏：《錄副奏摺》，檔號：03－5967－118.

一二二、預估來年新餉請照減成指撥摺

光緒三十一年七月初一日（1905 年 8 月 1 日）

奴才馬（亮）、廣（福）跪奏，為預估光緒三十二年新餉，懇恩敕部准照減定成數，援案指撥的款，以濟要需，恭摺仰祈聖鑒事。

竊查伊犁滿蒙標練各營官兵俸餉，以及一切雜支各款，歷經各前將軍核實裁減，歲定額支銀四十萬兩，按年奏請估撥在案。光緒二十九年，奴才等於無可撙節之中又復剴切開導，各營官兵再為減支，每年議定銀三十四萬兩，奏明請撥。旋於光緒三十年、三十一年[1]兩次援案奏請，均蒙聖恩敕部議准，照章由甘省藩庫總收分撥，具領供支，亦在案。無如伊犁邊瘠，百物價昂，俸餉減成，在各官兵拮据情形已甚於昔，而各省關應協餉銀不能如數解足，舊欠墊款既當設法勻還，新欠餉銀又需力籌挪借。

奴才等籌邊乏術，實屬寢饋難安。茲屆預估光緒三十二年新餉之期，據糧餉處呈請援案仍照上年請撥成數，奏撥銀三十四萬兩，以供支放。前來。已電請陝甘督臣、新疆撫臣會銜彙奏。合無仰懇天恩俯念邊疆要地，待餉孔殷，敕部將伊犁三十二年新餉，按照減定銀三十四萬兩之數，援案指撥的款，如數解到，以濟要需。除咨部外，所有預估光緒三十二年伊犁餉數緣由，理合恭摺具奏。伏乞皇太后、皇上聖鑒訓示。謹奏。光緒三十一年七月初一日出奏。

十月二十一日接到，八月二十八日，奉硃批：戶部知道。欽此。

【案】此摺原件①現藏於臺北故宮博物院，錄副②藏於中國第一歷史檔案館，茲據校勘。

1.【三十、三十一年】底本誤作“三十一、三十年”，茲據校正。

---

① 臺北故宮博物院藏：《軍機及宮中檔》，文獻編號：408004170.

② 中國第一歷史檔案館藏：《錄副奏摺》，檔號：03－6171－085.

一二三、奏報捐款興修菓子溝片

光緒三十一年七月初一日（1905 年 8 月 1 日）

再，查伊犁菓子溝為新疆省城北通伊犁最要門戶，距伊犁惠遠城百二十里，在塔勒奇山之中，兩山夾峙，險峻如關。自松樹頭至山南出口，計程約八十里[1]，林木茂密，溝水迴環，轉運餉糈，馳遞文報，以及行旅往來，皆由此經過。自收還伊犁以後，前將軍金（順）派員建設橋梁二十六道，開山鑿石，以利行人。每年冰雪融化，水沖橋塌，山圮[2]道梗，無不籌款隨時修理。迨新疆改設行省，該處道路劃歸地方官經管。

光緒十五年，前將軍色楞（額）因溝道壅塞，車馬難行，奏請每年由善後項下動款歲修[3]，經戶部議覆：伊犁已設道、府、廳、縣，業經新疆巡撫陸續奏報委員署理，所有地方修補橋梁等事，自應歸該管地方官查明，稟由新疆巡撫奏明辦理；一面在於本地征款項下籌修，不得仍照從前一切動用善後款項，行令新疆巡撫查明，報部[4]核辦。嗣後撫臣如何咨覆，伊犁無案可稽。惟歷年並未動款修理，僅止鎮標派令營勇伐木，脩搭橋梁，因無經費，未能大修，以致山路愈圮，愈形窄狹；溝道愈壅，愈覺不通。每遇雪消冰化之時，山水泛漲，橋梁被沖，往來行車延累，殊難言狀！間有冒險繞越者，傾車淹馬，層見疊出，聞之尤屬堪憐！本年五月，奴才電商撫臣及藩司，奏明籌款大修，接准覆電，以款項難籌，致未奏辦。

奴才近在咫尺，明知該處為伊犁緊要險隘，路雖劃歸地方官經管，地實居索倫、察哈爾、額魯特[5]交界之中，未便任其梗阻[6]，致令行旅難通。商之滿、蒙寅僚，咸願公同捐款，購辦食、羊、麪觔、鹽、茶及開山鐵器。當即電知撫臣，調派鎮標中營游擊陳甲福，選派勇丁入山，砍伐木料，並調蒙古、哈薩克四百名，派令軍標中軍都司王保清管帶，並雇木石鐵匠，自六月初一日起，督同分段興工。現經奴才輕騎減從，前往履勘。其中險阻有應改道開鑿[7]之處，約計三箇月可以蕆事，需用經費銀六七千兩，已經與各官公同捐助，具有端倪。即使稍有不敷，將來由奴才再行捐廉，以成此舉，斷不敢分釐取之兵民，工竣亦不敢仰邀議敘。除俟大工告成再行奏報外[8]，理合附片陳明。伏乞聖鑒。謹奏。

同日[9]，奉硃批：知道了。欽此。

【案】此片原件[①]現藏於臺北故宫博物院，録副[②]藏於中國第一歷史檔案館，兹據校勘。

1.【八十里】底本作“十八里”，兹據校正。

2.【山圮】底本誤作“山杞”，兹據校正。

3.【案】光緒十五年七月十二日，伊犂將軍色楞額以伊犂菓子溝山水漲發，橋梁斷塌，奏請趕修舊道，曰：

> 奴才色楞額跪奏，為伊犂果子溝山水漲發，衝斷橋梁，道路阻隔難行，先已設法開辟闢里沁小徑，暫通往來，仍趕修果子溝舊道，謹陳大概情形，仰祈聖鑒事。
>
> 竊伊犂地方自精河大河沿西來，向以果子溝為孔道，所有轉饋餉械、馳遞文報以及商旅往來，無一不由此行走。果子溝即塔勒奇山自松樹頭以達溝口，計程約六十里許，兩山夾束，一徑中通，險峻如關；林木茂密，嶺窪湧泉多處，益以雪水匯為溝流，廣仁、綏定一帶地畝資其灌溉。百餘年來，獲利良非淺鮮。兵燹之後，伊犂收還，該處建木橋二十六道，遇有毁壞，隨時設法籌款補修，並未照工程估報。詎去歲伊犂冬雪甚大，果子溝訔深至丈餘，道途為之壅塞，雖派有營兵推剷，奈竭數日之工力，不及頃刻之彌漫。溝内兩山壁削，嚴若列屏，雪積一厚，輒自崩摧，長至百數十丈不等，多年老樹，隨雪擁倒。中僅一線官路，時被堆壓，行走頗不易易。今年春雪較上冬尤甚，入夏以來，繼以連日傾盆大雨，天暖雪融，四山積水漲發，陡於五月初六、十三等日，破溝而出，橋梁全行拉毁，竟乏寸椽；道路悉被刷衝，直成巨壑。車馬雖通，徒步者亦無處繞越。詢諸父老，為曠世未有之險工。月餘之久，大雨時行，積雪日化，水勢未能稍減，人力實無法可施。果子溝以東西要道，現在饋運阻隔，商旅斷絶，遣撤勇隊，亦未能起程。驛路不可一日不通，如此情形，非趕緊另行設法，誠恐貽誤時局，所關匪細。
>
> 伏查闢里沁溝東出登努斯口，直達精河，山行約三四站，遠比果子溝尚覺便捷，略加修治，來往可通。惟中有數段地形低陷如釜，冬令積雪過深，斷難掃除，似非果子溝祇數十里程途稍易為力。且闢里沁相距

① 臺北故宫博物院藏：《軍機及宫中檔》，文獻編號：408004172－A.

② 中國第一歷史檔案館藏：《録副奏片》，檔號：03－7169－047.

精河明較果子溝為近，昔人舍近求遠，煞費經營。揆勢度時，良有一番深意。奴才以井蛙之見，成規舊制，何敢率事更張！遂揀派署瞻德城營參將賈逢寅，帶領匠夫，星夜先往闢里沁，相度路徑、形勢，趕速設法開辦。高阜者略剷平之；有溝壑者，支木為渡，餉項由此西來，撤勇由此東去，客商、人民藉此亦暫通來往。原因果子溝工程浩大，非旦夕所能奏功，不得不作權宜之舉，一俟水勢稍退，坑壍涸乾，即便修復故途，為久遠計。現據稟報，闢里沁業已工竣。適果子溝水亦漸消，當經批令該署參將，趕將前項匠夫人等移往果子溝，會同署鎮標左營游擊陳甲福所帶工役，建造橋梁，修治道路，併力合作，務令悉成坦途。其有應添橋道，四處亦須相度形勢，一律加修。此次山水陡發，既大且久。其衝刷者，非深澗長溝，即懸崖絕壁，為工不易，所費尤多。

奴才再四籌度，惟有飭派妥員，按照定例工程丈尺、做法，切實撙節，估計石木匠作，約需四千五六百工，日各給銀二錢五分；壯夫六萬二千餘工，日各給銀二錢。加以灰料、木石、器具、運脚等項，各計銀一萬六千數百兩。闢里沁工雖甫竣，所用款目尚未據詳細具報，約略計之，亦在二千兩上下。東西山口長二百五六十里，均擇其緊要處修治，暫利往來，聊顧目前之急，難期經久。若必一勞永逸，為數當更為不貲。以上兩款，明知乃意外所需，而反覆詳籌，萬難再事裁減。果子溝為自古衝途，驛遞與餉運攸緊，此次修竣後，一年之中，橋梁、道路，駝馬踏損，車輛碾磨及一切不及料之微工，時所必有，甚或兵丁冬令掃雪，墮指裂膚，情殊可憫！尤須籌以犒賞之資，惠以禦寒之具。通盤合算，擬儲歲修銀八百兩，暫由善後款內按年提用，俟地方稍形富庶，再行另籌。

除分別造具估冊咨部外，相應一併籲懇天恩，敕部立案，由善後項下如數動用，俟前項工程完竣，併案報銷，斷不任承辦人員稍涉欺冒，致滋虛糜，以仰副朝廷眷恤邊域、慎重庫儲之至意。所有伊犁果子溝山水漲發，衝斷橋梁，道路阻隔難行，現已設法開辟闢里沁小徑，暫通往來，仍趕修果子溝舊道緣由，是否有當？理合恭摺具奏。伏乞皇上聖鑒訓示。謹奏。七月十二日。

光緒十五年八月二十七日，奉硃批：該部知道。欽此。[①]

---

① 中國第一歷史檔案館藏：《錄副奏摺》，檔號：03-7081-027.

4.【報部】底本作“具報”，兹據校正。

5.【察哈爾、額魯特】底本作“額魯特、察哈爾”，次序相異。兹據校正。

6.【梗阻】底本作“阻梗”，兹據校正。

7.【開鑿】底本奪“開”，兹據原件校補。

8.【外】底本脱“外”，兹據原件校補。

9.【同日】録副作“光緒三十一年八月二十八日”，與底本一致。

一二四、請准王金樞暫緩送引緣由片

光緒三十一年七月初一日（1905年8月1日）

再，查前准新疆撫臣潘效（蘇）咨：准兵部議覆撫臣奏補伊犁鎮属甯遠營中軍守備員缺，請以留新儘先都司雲騎尉王金樞借補一案[1]。據兵部奏稱：查該員本係應行引見人員，仰蒙俞允俟補缺後再行送部，是以准其免先赴引即歸都司班。今以之借補守備，尚無不合，自應准其以儘先都司借補伊犁鎮屬甯遠營中軍守備。惟查臣部原奏業經聲明俟補缺時即行送部，該撫所請先給劄付俟有差便再行送引之處，碍難照准。恭候命下，臣部即行文該撫按照原奏，即行送部帶領引見後，再行給與劄付，以昭慎重，等語。咨令轉飭遵照前來。

奴才伏查該員王金樞，現留伊犁軍標差遣，尚稱得力，一時難以驟易生手。除俟選擇替人再將該員送部帶領引見、祗領劄付外，所有該員王金樞在伊犁軍標供差得力，辦事需人，擬請暫緩送引緣由，除咨部外，理合附片陳請。伏乞聖鑒訓示。謹奏。

同日[2]，奉硃批：著照所請，兵部知道。欽此。

【案】此片原件①現藏於臺北故宫博物院，録副②藏於中國第一歷史檔案館，兹據校勘。

---

① 臺北故宫博物院藏：《軍機及宫中檔》，文獻編號：408004172－B.

② 中國第一歷史檔案館藏：《録副奏片》，檔號：03－5967－119.

1.【案】光緒三十年二月初十日，新疆巡撫潘效蘇奏請以王金樞借補甯遠營守備，曰：

甘肅新疆巡撫西林巴圖魯臣潘效蘇跪奏，為揀員借補守備員缺，以重邊防，恭摺仰祈聖鑒事。

竊照新疆伊犁鎮屬甯遠營中軍守備曾殿明請假回籍，業經臣奏明開缺在案。茲查該守備員缺係邊遠題補要缺，亟應揀員請補，以專責成。臣於儘先合例人員內逐加揀選，查有留新疆儘先補用都司雲騎尉世職王金樞，年富力強，熟悉營務，以之借補斯缺，洵堪勝任，人地亦極相宜。合無仰懇天恩俯准以該員王金樞借補伊犁鎮屬甯遠營中軍守備員缺，以重邊防。如蒙俞允，並懇飭部發給劄付。王金樞應照烏魯木齊補放守備例，毋庸送部引見，以符定制。除飭取該員履歷清冊咨部查照外，謹會同伊犁將軍臣馬亮、陝甘總督臣崧蕃、喀什噶爾提督臣焦大聚，恭摺具陳。伏乞皇太后、皇上聖鑒訓示。謹奏。光緒三十年二月初十日。

（硃批）：兵部議奏。①

【案】又，光緒三十年十一月初十日，新撫潘效蘇仍請以王金樞揀補甯遠營守備，曰：

甘肅新疆巡撫西林巴圖魯臣潘效蘇跪奏，為守備員缺緊要，請仍以原揀之員准補，恭摺具陳，仰祈聖鑒事。

竊臣前因伊犁鎮屬甯遠營中軍守備員缺，奏請以新疆儘先補用都司雲騎尉王金樞借補，經兵部議覆，以該員原保都司以俟雲騎尉期滿引見後，再歸都司班序補。今以未歸都司班之雲騎尉借補守備，與例不符，仍另揀合例人員請補，等因。於光緒三十年五月十六日具奏，奉旨：依議。欽此。欽遵咨行前來。查部臣以該員王金樞未歸都司班借補守備與例不符，係指該員應俟雲騎尉學習期滿引見後方准以都司留新疆儘先即補而言。惟世職雲騎尉照例到營學習期滿，原准以守備補用。該員王金樞經前撫臣陶模咨留新疆，歸巴里坤鎮標差遣，於光緒十八年六月十三班日到標，扣算留營學習之期早經屆滿，即未得保都司，以雲騎尉請補守備，本與定例相符，銜缺亦屬相當。若因其續著戰功請獎升階未及過班不准請補守備，反不足以昭激勵，況該員曾

① 中國第一歷史檔案館藏：《硃批奏摺》，檔號：04－01－16－0281－022.

於光緒二十九年經伊犁將軍馬亮奏請，留於伊犁軍標差遣，欽奉硃批：著照所請。欽此。俟准兵部咨覆，應俟引見後歸班註冊。經馬亮以該員在營年久，現充要差，既經欽奉硃批照准，請照新疆變通章程，准其先行歸班註冊，咨覆在案。實與無故未經赴引者有間，且伊犁駐防世職雲騎尉因程途寫遠，無力赴京，歷經前任將軍咨部免其送部有案。

又，伊犁、烏魯木齊等處補放守備，照例毋庸送部，該員事同一律。若必俟引见后始准補缺，亦非朝廷體恤藎臣後嗣之意。合無仰懇天恩俯念極邊員缺緊要，與內地情形不同，該員王金樞在邊年久，熟悉情形，揀補伊犁鎮屬甯遠營守備，人地亦極相宜，飭部仍照原案核准，並先行發給劄付，俟有差便，再補行給咨送部引見，以符定制。是否有當？謹會同伊犁將軍臣馬亮、陝甘總督臣崧蕃、喀什噶爾提督臣焦大聚，恭摺具陳。伏乞皇太后、皇上聖鑒訓示。謹奏。光緒三十年十一月初十日。

（硃批）：兵部議奏。①

2.【同日】錄副作“光緒三十一年八月二十八日”，與底本一致。

一二五、補授烏里雅蘇臺將軍謝恩摺

光緒三十一年七月十一日（1905年8月11日）

奴才馬（亮）跪奏，為恭摺叩謝天恩，仰祈聖鑒事。

竊奴才恭閱電鈔：於光緒三十一年六月初八日奉上諭：奎順②著留京當差。烏里雅蘇臺將軍著馬（亮）調補。欽此。同日，又奉上諭：伊犁

① 中國第一歷史檔案館藏：《硃批奏摺》，檔號：04－01－16－0283－071.

② 奎順（1846－？），滿洲正藍旗人，監生，捐納貢生。同治九年（1870），再捐筆帖式。次年，保主事、員外郎。十二年（1873），籤分戶部員外郎。光緒元年（1875），監修普祥峪工程。三年（1877），補戶部員外郎，加四品銜。五年（1879），升補戶部郎中。九年（1883），充捐納房幫辦，調戶部江南司郎中。十一年（1885），放甘肅甘凉道。十三年（1887），署西甯辦事大臣。十八年（1892），遷西甯辦事大臣，加副都統銜。二十五年（1899），遷正黃旗漢軍副都統、馬蘭鎮總兵官兼總管內務府大臣。二十六年（1900），調鑲白旗漢軍副都統。同年，授察哈爾都統。三十年（1904），補烏里雅蘇臺將軍。三十一年（1905），調補正藍旗漢軍都統。

將軍著長（庚）補授。欽此。聞命自天，感愧無地！當即恭設香案，望闕叩謝天恩，訖。

伏念奴才漢軍世僕，知識庸愚，四十載荷戈從戎[1]，素鮮經世之略；萬餘里督師破虜，惟憑勇往之誠。迺蒙聖主特達殊恩，簡授伊犁疆寄。自光緒二十七年護駕入都，叩辭就道，到任三載，未立寸功。玆復仰荷優容，重申調補烏里雅蘇臺將軍之命，自顧何人，膺玆寵遇！撫躬循省，感激涕零。惟有將任內經手事件趕緊清釐，恭候命下，一俟長（庚）到任，即行交卸起程，馳詣闕廷，面聆聖訓，以盡奴才依戀之忱！所有奴才叩謝天恩並請陛見緣由，理合恭摺具陳。伏乞皇太后，皇上聖鑒訓示。謹奏。光绪三十一年七月十一日，专差。

光緒三十一年十月十五日接到，八月二十日，奉硃批：著来见。钦此。

【案】此摺原件①現藏於臺北故宮博物院，錄副②藏於中國第一歷史檔案館，玆據校勘。

1.【從戎】底本作“從軍”，玆據校正。

一二六、奏為給予臣子蔭生謝恩摺

光緒三十一年七月十一日（1905 年 8 月 11 日）

馬（亮）跪奏，為恭謝天恩，仰祈聖鑒事。竊（奴才）接准兵部咨開：本部第七次彙奏，伊犁將軍馬（亮）之嫡子馬廣孝等共三十員給予廕生一摺，光緒三十一年三月初五日，奉旨：依議。欽此。計單內開：伊犁將軍馬（亮），吉林正白旗漢軍人，長子、三子均有職，次子早故。嫡四子馬廣孝十一歲，應給予一品廕生，等因。欽遵咨行到伊。當即恭設香案，望闕叩頭謝恩，訖。

伏念奴才起自戎行，迭邀拔擢，既愧官箴忝竊，尤慚家學無傳！自問

---

① 臺北故宮博物院藏：《軍機及宮中檔》，文獻編號：408004174.

② 中國第一歷史檔案館藏：《錄副奏片》，檔號：03－5967－096.

疆寄謬膺，在奴才已逾非分；迺承恩綸迭沛，在童子更属無知。現在四子廣孝隨任讀書，奴才惟有教以忠誠，勉其造就[1]，以仰副聖主恩榮後裔之至意。除將四子廣孝名字應行更正緣由咨部辦理外，所有奴才感激下忱，謹繕摺叩謝天恩。伏乞皇太后、皇上聖鑒訓示。謹奏。光緒三十一年七月十一日。專差[2]。

光緒三十一年十一月十五日接到，八月二十日：奉硃批：知道了。欽此。

【案】此摺原件①現藏於臺北故宮博物院，錄副②藏於中國第一歷史檔案館，茲據校勘。

1.【勉其造就】底本作“免其造就”，顯誤。茲據校正。

2.【專差】此二字僅見於底本。

一二七、懇恩賞假回籍修墓緣由片

光緒三十一年七月十一日（1905年8月11日）

再，奴才自同治元年由吉林原旗奉派出征，維時奴才[1]父母在堂，當牽衣泣別之時，領移孝作忠之訓。及至轉戰秦、隴，正當髮、回各逆猖狂，勉竭馳驅，學習軍旅，先後接到家書，知父母相繼棄養，雖私心痛苦，幾不欲生，迭經稟求給假回旗終制，祇以軍務倥傯，未蒙批准。追隨前伊犁將軍金（順）出關，離家愈遠，回旗愈難。收還伊犁以後，奴才所統吉江各起馬隊官兵均已遣撤回旗[2]，獨奴才一人。蒙前署將軍錫（綸）[3]仍令留營差遣，未得一返故鄉。奴才因念邊疆多故，身受聖恩，不敢遽萌歸志；以身許國，曾未計及生入玉關。

光緒二十六年春，奉旨調京，行抵中途，適聞拳匪滋事，聖駕西巡。奴才晝夜兼程，馳詣行在，展覲天顏[4]，仰沐恩綸，先授密雲副都統，復蒙擢授伊犁將軍。受寵榮於無極，思圖報為尤難！二十七年，護送鑾輿回

---

① 臺北故宮博物院藏：《軍機及宮中檔》，文獻編號：408004173.

② 中國第一歷史檔案館藏：《錄副奏片》，檔號：03－5967－095.

京，私心自揣，行近梓桑，可以乞假回旗省墓，稍盡人子之心。無如畿輔甫安，邊寄任重，復未敢因私廢公、冒昧陳情，僅遣長子廣榮回吉，覓認先瑩，代為祭奠。據長子到署陳述，歷代先人墳墓因就近無人管理，坍塌甚多。

奴才默計自隨軍以迄服官，離家已四十餘載[5]，授室生子，現尚無家可歸！雖國爾忘家，不應以兒女私情上瀆天聽，然誰無父母？自念子職一日未盡，即臣道一日有虧。現幸仰沐聖恩，調補烏里雅蘇臺將軍，又值蒙藩安靜，業經奏請陛見，擬俟交代清楚、到京叩謝天恩後[6]，籲懇賞假[7]，俾得便道遄返吉林原旗，將先人塋墓妥為脩理，安定家室，逢時拜掃，稍報劬勞。（奴才）假滿即行馳詣闕廷請訓銷假，趕速[8]遵旨赴任，斷不敢稍耽安逸、自外生成。所有奴才擬俟交卸到京後仰懇天恩賞假回旗脩墓緣由，理合[9]附片陳請。伏乞聖鑒訓示。謹奏。

同日[10]，奉硃批：留中。欽此。

【案】此片缺原件，錄副①藏於中國第一歷史檔案館，茲據校勘。再，此片具奏日期錄副僅署“光緒三十一年”，未確。茲據底本補正。

1.【奴才】底本脫“奴才”，茲據錄副校補。

2.【回旗】底本誤作“回晉”，茲據錄副校正。

3.【錫】即塔爾巴哈臺參贊大臣署伊犁將軍錫綸，底本空名諱“綸”，茲據補，以下同。

4.【展覲天顏】此句錄副未署，僅見於底本。

5.【載】底本作“年”，茲據錄副校正。

6.【叩謝天恩後】底本作“請訓之後”，茲據錄副校正。

7.【籲懇賞假】底本作“籲懇天恩賞准給假”，茲據錄副校正。

8.【趕速】底本奪“趕”，茲據補。

9.【理合】底本奪“合”，茲據補。

10.【同日】《隨手檔》② 作“光緒三十一年八月二十日”，與底本一致。

---

① 中國第一歷史檔案館藏：《錄副奏片》，檔號：03－5969－118.

② 中國第一歷史檔案館藏：《軍機處隨手登記檔》，檔案編號：03－0321－1－1231－224.

一二八、恭賀皇太后萬壽摺

光緒三十一年（1905）

奴才馬（亮）、廣（福）等跪，叩賀慈禧端佑康頤昭豫莊誠壽恭欽獻崇熙皇太后，萬壽聖節鴻禧！

伊犁將軍奴才馬（亮），伊犁副都統奴才廣（福），署錫伯營領隊大臣奴才志鋭，署索倫營領隊大臣奴才博貴，察哈爾營領隊大臣奴才恩祥，署額魯特營領隊大臣奴才錫濟爾琿。

一二九、揀選伊犁錫伯營防禦等缺摺

光緒三十一年七月二十一日（1905年8月21日）

奴才馬（亮）、廣（福）跪奏，為循例揀選伊犁錫伯營防禦等缺，擬定正、陪，恭摺具陳，仰祈聖鑒事。

竊奴才等准署伊犁錫伯营領隊大臣志鋭咨呈：錫伯營鑲黄旗防禦塔蘭泰於光緒三十一年五月二十四日因病出缺，所遺防禦等缺，應請揀員補放，以資辯理旗務，等因。咨呈前來。

奴才等當於該營應升人員内逐加考驗，塔蘭泰遺出防禦一缺，揀選得鑲紅旗驍騎校達哈春堪以擬正，正藍旗驍騎校佛羅春堪以擬陪。遞遺驍騎校一缺，揀選得正紅旗領催伯慶額堪以擬正，正紅旗委官固崇阿堪以擬陪。謹將該員等履歷另繕清單，恭呈御覽，伏候欽定。所有揀選伊犁錫伯營防禦等缺擬定正、陪緣由，理合恭摺具陳。伏乞皇太后、皇上聖鑒訓示。謹奏。光緒三十一年七月二十一日。

光緒三十一年十一月初八日接到，九月初九日，奉硃批：均著擬正之員補授，該衙門知道，單併發。欽此。

☆呈揀選錫伯營防禦等缺清單

謹將揀選伊犁錫伯營防禦等缺擬定正、陪人員，繕具清單，恭呈御覽。

錫伯營塔蘭泰遺出防禦一缺。擬正之錫伯營藍翎補用防禦鑲紅旗驍騎校達哈春，食俸餉二十七年，前在庫爾喀喇烏蘇軍營當。光緒六年屯種軍糧、八年收復伊犁、十七年搜剿竄匪各案內均屬奮勉出力，疊經前將軍金（順）等奏保補用防禦，並賞戴藍翎。二十四年，補放驍騎校。揀選防禦擬陪一次，現年四十六歲。錫伯伊爾根覺羅氏，馬步箭平等。

擬陪之錫伯營藍翎補用防禦正藍旗驍騎校佛羅春，食俸餉二十八年，前在[1]塔爾巴哈臺軍營當差。光緒五、六兩年兩屆屯種軍糧、八年收復伊犁、二十八年伊犁歷年防戍各案內均屬奮勉出力，疊經前將軍金（順）等奏保補用防禦，並賞戴藍翎。二十七年，補放驍騎校，現年四十四歲。錫伯春吉爾氏，馬步箭平等。

擬補防禦遞遺驍騎校一缺。擬正之錫伯營藍翎儘先即補防禦正紅旗領催伯慶額，食錢糧二十四年，前在庫爾喀喇烏蘇軍營當差。光緒六年屯種軍糧、八年收復伊犁各案內均屬奮勉出力，疊經前將軍金（順）奏保儘先即補防禦，並賞戴藍翎。護送貢馬赴京一次。二十一年，補放領催。揀選驍騎校擬陪一次，現年四十三歲。錫伯瓜勒佳氏，馬步箭平等。

擬陪之錫伯營藍翎補缺後補用防禦正紅旗委官固崇阿，食錢糧當差三十九年。光緒八年收復伊犁、二十八年伊犁歷年防戍各案內均屬奮勉出力，疊經前將軍金（順）等奏保補缺後補用防禦，並賞戴藍翎。十九年，補放委官。現年五十七歲。錫伯伊爾根覺羅氏，馬步箭平等。

覽[2]。

【案】此摺原件①現藏於臺北故宮博物院，錄副②及清單③藏於中國第一歷史檔案館，茲據校勘。

1.【前在】底本奪“前”，茲據原件校補。

---

① 臺北故宮博物院藏：《軍機及宮中檔》，文獻編號：408004175.

② 中國第一歷史檔案館藏：《錄副奏摺》，檔號：03－5968－037.

③ 中國第一歷史檔案館藏：《單》，檔號：03－5968－038.

2.【覽】此御批據清單補。

一三〇、酌保歷年尤為出力員弁緣由摺

光緒三十一年七月二十一日（1905 年 8 月 21 日）

奴才馬亮、廣福跪[1]奏，為東省日俄搆釁，伊犁防務加嚴，所有歷年在事出力文武員弁，籲懇天恩准其從優保獎，以示鼓勵，恭摺仰祈聖鑒事。

竊維伊犁孤懸西域，緊鄰俄疆[2]，沿邊一千數百里，地廣兵單。伊犁河、特克斯河兩川，一望平原，無險可守。俄屬哈薩克各部環居邊界，平時常入中境搶刦，防不勝防。又有從前投俄逆回白彥虎餘黨在俄境薩瑪爾一帶，獷悍成性，即俄官烏牙孜約束，亦復冥頑梗化，往往勾結伊犁土回，往來滋事。歷年籌辦邊務，全賴各文武奮勉出力。光緒二十九年，日俄在東省旅順一帶構衅，奴才等欽奉諭旨，嚴守局外中立。維時俄國官兵赴調東行，近邊俄回時有蠢動之謠，伊犁人心惶惑，防守日益[3]加嚴。狡焉思逞匪徒，時虞擾我邊境。加以內地土回半多昔年叛逆未受懲創，一被勾結，輒易聽從，尤賴滿蒙標練各營晝夜巡緝，慎固防守。無如俄屬為匪回、哈皆用快馬利槍[4]，此追彼竄，出沒無常。上

年時有臨敵格殺者，俄官反多藉口齟齬，致令交涉繁難，往復磋磨，始得帖然了結，邊畔藉弭。各營武弁走奔於沙漠險阻之途，饑餐露宿，較之行營馳驟，出力有加。供差文員審慎乎權宜詐偽之情，舌敝唇焦，較之案牘勞形，用心尤苦！所幸奴才等於光緒二十九年正月奏明改設常備、續備、巡警等軍，各有專責，隨時撥調，先事預防，尚不致顧此失彼[5]。該文武員弁咸能相機因應，無敢憚勞。數年以來，足能使外侮無由相侵，內奸因而斂戢，邊境安堵，交涉[6]一切，消患無形。其勞績似較戰功為優。況伊犁地處極邊，諸物昂貴，額支俸餉原定本與內地無增，自二十九年節省餉需，俸餉等項又經奴才等核減一成五支發，與新疆塔城各處官兵支款比較，實不無相形見絀之譏。加以各省闗協餉解不足額，即減成領款亦難如期。奴才等處此時艱，膺茲邊寄，既無利權以隆懋賞，惟有餌以好爵，時以奮跡功名相勗使。各員弁遠役萬里，仰冀天恩，勉圖進取，藉得振興

士氣。現在日俄戰事已得外務部電報，和局將成。然邊界巡防正賴邊軍同心竭力，必宜有以償其前勞，始足以勉其後效。

奴才亮[7]已蒙恩命調授烏里雅蘇臺將軍，既曾勉勵於前，尤當踐言於后，庶有勞必錄，功賞維昭。查新疆塔城辦理邊防，每屆數年即請保獎。近今辦理洋務，又復奏明每居三年，酌保一次，均經[8]奉旨允准在案。伊犁自前將軍長（庚）於光緒二十八年四月因欽奉上諭去任有期，曾經將歷年防戍出力各員奏蒙聖慈准其酌保一次，今計前次保獎之後復已四年，況值東省多事之秋，伊犁防務更形加緊。

奴才亮[9]卸任在即，自應將[10]歷年存記出力各員請獎，以示鼓勵，是以不揣冒昧，籲懇天恩俯念伊犁邊瘠，各營文武員弁歷年辦理防務均屬異常出力，特沛鴻施，准其酌保。如蒙俞允，俟奉到諭旨，即當擇其尤為出力各員，分別異常、尋常勞績等次，開單彙奏，斷不敢稍涉冒濫，致負鴻慈。所有伊犁防守出力文武員弁懇恩准其從優給奬緣由，理合恭摺具奏。伏乞皇太后、皇上聖鑒訓示。謹奏。光緒三十一年七月二十一日。

光緒三十一年十一月初八日接到，九月初九日，奉硃批：著准其分別酌保數員，毋許冒濫。欽此。

【案】此摺原件①現藏於臺北故宮博物院，茲據校勘。

1.【奴才馬亮、廣福跪】底本無此前銜，茲據校補。

2.【緊鄰俄疆】底本作“緊鄰俄境”，茲據校正。

3.【日益】底本作“日亦”，顯誤。茲據校正。

4.【快馬利槍】底本作“快馬利創”，茲據校正。

5.【顧此失彼】底本作“顧此而失彼”，茲據校正。

6.【交涉】底本作“安堵”，顯衍。茲據校改。

7.【亮】底本脫“亮”，茲據校補。

8.【均經】底本脫“均經”，茲據校補。

9.【亮】底本脫“亮”，茲據校補。

10.【將】底本脫“將”茲據校補。

---

① 臺北故宮博物院藏：《軍機及宮中檔》，文獻編號：408004177.

一三一、請賞俄領事官斐多羅福寶星片

光緒三十一年七月二十一日（1905年8月21日）

再，查駐伊犁俄領事官斐多羅福，前在伊犁辦理中俄交涉，遇事公允，克顧邦交。光緒二十八年，奴才到任，接准前將軍長（庚）移交。據署伊塔道黄丙焜禀請，奏懇賞賜寶星，曾經會同長（庚）、饒應（祺）奏蒙天恩，頒賞二等第三寶星。俄領事官斐多羅福欽奉御賜寶星，當即敬謹祇領，呈由奴才代奏叩謝天恩，欽奉硃批：知道了。欽此。欽遵轉行[1]知照在案。嗣后斐多羅福因事回國，接署領事官辦理一切，非分吹求，諸形棘手。

奴才因慮遇事齟齬、致啟邊畔，曾經電請外務部商之俄國駐京公使，並電請出使俄國大臣胡維德商之外部，飭派斐多羅福仍回伊犁，以資熟手而全邦交。斐多羅福聞信馳來，凡有以前領事辦理未能允協事務悉皆平反，歷年辦事和好，遵守約章，不獨中外商民逐漸感化，消去猜嫌[2]，即辦理交涉之文武員弁亦省繁難，易於因應，是皆仰賴我朝廷恩施遠錫，遂足使外邦臣下感戴寵榮。現在俄屬回哈往來愈多，交涉案件辦理愈雜，加以新疆興辦稅務，中屬之奸商猾賈每多請領洋票，藉為護符，欺隱蠹稅。該領事不僅處事公直，且能約束俄國商賈，不准包庇華商。據伊塔道慶秀呈請奏明獎勵前來。

奴才查該領事官前此仰蒙賞賚，頗能就我範圍，若再特沛優榮，更當感激圖報。查光緒二十二年總理各國事務衙門奏定寶星章程：各國總稅務司准給二等第二寶星。今伊犁正當設立稅務司[3]之時，又值中俄通商之地，全賴俄領事極力維持，方免俄商護庇偷漏。所有駐伊俄領事官斐多羅福辦理通商、交涉、稅務一切頗資得力，擬倣稅務司章程，仰懇天恩賞給二等第二寶星佩帶，由外務部製造，備具執照，交奴才轉交伊塔道齊送該領事官祇領，以示優異，是否有當？除咨外務部外，理合會同新疆巡臣潘效（蘇），附片陳請。伏乞聖鑒訓示。謹奏。

同日[4]，奉硃批：外務部議奏。欽此。

【案】此片原件①現藏於臺北故宮博物院，茲據校勘。

1.【轉行】底本奪“行”，茲據校補。

2.【消去猜嫌】底本誤作“消取猜疑”，茲據校正。

3.【案】劃線部分底本缺署，茲據校補。

4.【同日】《隨手檔》② 作“光緒三十一年九月初九日”，與底本一致。

一三二、代奏色普西賢賞食全俸謝恩摺

光緒三十一年七月二十一日（1905 年 8 月 21 日）

奴才馬（亮）跪奏，爲恭摺代奏叩謝天恩，仰祈聖鑒事。

竊准原品休致伊犁錫伯營領隊大臣色普西賢呈稱：接奉將軍照會：於光緒三十一年二月初一日附奏，錫伯營領隊大臣色普西賢原品休致，懇恩賞食全俸以示體恤一片，接到兵部火票遞回原片，於四月初一日奉硃批：著照所請[1]，兵部知道。欽此。欽遵恭錄照會前來。色普西賢當即恭設香案，望闕叩謝天恩，訖。

伏思色普西賢錫伯世僕，才識庸愚，渥承恩命，洊擢領隊大臣。任事以來，報稱毫無。前因年老患病，已沐鴻施俯准原品休致，茲復仰荷聖恩賞食全俸，跪聆之下，感激涕零！色普西賢自顧何人，受此寵賚！撫躬循省，寢饋難安。此後有生之日，悉皆戴德之年，惟有訓戒子孫勤慎供差，報效朝廷，以補衰朽愚昧之所不及。所有感激下忱緣由，呈請代奏叩謝天恩，等情。前來。奴才理合恭摺代奏。伏乞太后、皇上聖鑒。謹奏。光緒三十一年七月二十一日。

光緒三十一年十一月初八日接到，九月初九日，奉硃批：知道了。欽此。

---

① 臺北故宮博物院藏：《軍機及宮中檔》，文獻編號：408004177 – A.

② 中國第一歷史檔案館藏：《軍機處隨手登記檔》，檔案編號：03 – 0321 – 1 – 1231 – 243.

【案】此摺原件①現藏於臺北故宫博物院，錄副②藏於中國第一歷史檔案館，玆據校勘。

1.【著照所請】底本作"著所請"，奪"照"。玆據校補。

一三三、代奏副將周玉魁謝恩緣由片

光緒三十一年七月二十一日（1905年8月21日）

再，據伊犁軍標中軍副將周玉魁呈稱：奉奴才[1]札飭，准兵部咨開：本部第七次彙奏給予廕生一摺，光緒三十一年三月初五日，奉旨：依議。欽此。計單内開：伊犁軍標副將周王魁，江蘇山陽人，嫡子周樹瓊年十二歲，應給二品廕生，等因。當即恭設香案，望闕叩謝天恩，訖。

伏思副將一介武夫，謬擢今職，韜鈐少習，尸素滋慚[2]，家學無傳，淵源莫溯。荷聖恩之給廕，益感激以悚惶！現在嫡子周樹瓊随任讀書，惟有教以義方、勉以忠勇，以圖報答高厚鴻慈於異日[3]。所有副將感激下忱、叩謝天恩緣由，呈請代奏前來。理合附片代奏。伏乞聖鑒。謹奏。

同日[4]，奉硃批：知道了。欽此。

【案】此片原件③現藏於臺北故宫博物院，錄副④藏於中國第一歷史檔案館，玆據校勘。

1.【奴才】底本脱"奴才"，玆據校補。

2.【尸素滋慚】底本作"尸素慚滋"，玆據校正。

3.【於異日】底本作"所異日"，玆據校正。

4.【同日】錄副作"光緒三十一年九月初九日"，與底本一致。

---

① 臺北故宫博物院藏：《軍機及宫中檔》，文獻編號：408004176.

② 中國第一歷史檔案館藏：《錄副奏摺》，檔號：03－5968－039.

③ 臺北故宫博物院藏：《軍機及宫中檔》，文獻編號：408004175.

④ 中國第一歷史檔案館藏：《錄副奏片》，檔號：03－5968－040.

一三四、核銷二十八年下半年收支銀糧摺

光緒三十一年十月初七日（1905 年 11 月 3 日）

奴才馬亮、廣福跪奏，為伊犁糧餉處造報光緒二十八年七月起至十二月底止收支銀糧數目，繕具清單，懇恩敕部照案准銷，恭摺仰祈聖鑒事。

竊查伊犁歷年收支銀糧數目，業經截至光緒二十八年六月底止造報，奏咨請銷在案。所有光緒二十八年七月以後應造報銷，經奴才亮接准前將軍長庚移交，將一切數目分任截清。現飭糧餉處截至二十八年十二月底止，造冊呈齎前來。

奴才等覆加查核，計舊管項下，共存各款湘平銀一十五萬九千二百九十七兩七錢八分三釐，共存京斗糧料一萬九千四十八石四斗八合四勺。其餘欠收借欠銀糧各數，均與上案實在項下列報數目相符。

新收項下，共收各款湘平銀二十二萬三千四百八十二兩六錢六分四釐，京斗糧料四千二百九十六石七升五合九勺七抄。

開除項下，共撥發湘平銀二十四萬七千九百九十八兩七錢三釐，内除撥發上案銷冊列報兑借甘肅藩庫湘平銀五萬三千九百三十七兩五錢外，本案實請銷湘平銀一十九萬四千六十一兩二錢三釐，又請銷京斗糧一萬八千六百五十六石六升四合一勺，均係照額支放，並無浮冒。其第二十四款所列漢洋操隊支數，上案係跟接屯牧、練軍經費銷案造報，歸入另案請銷。此案因所用銀兩內有動用裁省軍標勇餉應歸新疆開支，是以將提用馬租價銀收入此案辦理，以歸一律而免紛歧。

實在項下，除借發未還各款均經奏明有案，應俟扣收還款再行列存外，共實存各款湘平銀一十三萬四千七百八十一兩七錢四分四釐。其餘歷年欠收新餉各款，共湘平銀四十二萬四千七百三兩六錢一分一釐，借兑甘、新兩省藩庫湘平銀三十五萬四十二兩八錢五分，將來收清欠餉抵還借款，尚屬有盈無絀。共欠收欠發京斗糧料九萬七千八十石九斗二升五合八抄，已由新疆減成補撥散放。擬與此案共應存京斗糧料四千六百八十八石四斗二升二合七抄，歸入下案辦理。

其前項各款存銀，現均實儲在庫。覈計本案應銷銀糧數目，較之原估定額，有減無增，委係撙節開支，核實造報。相應仰懇天恩敕部照案核銷，以清款目。除將詳細總、散清冊咨部外，理合繕具簡明清單，恭呈御覽。伏乞皇太后、皇上聖鑒訓示。謹奏。光緒三十一年十月初七日。

光緒三十一年十一月二十六日，奉硃批：該部知道，單併發。欽此。

☆呈核銷二十八年下半年收支銀糧清單

謹將伊犁糧餉處造報光緒二十八年七月起至年底止伊犁歲額收支銀糧各款請銷数目，繕具清單，恭呈御覽。

計開：上案截至光緒二十八年六月底止。舊管：一、存光緒十四、十五兩年提存封儲湘平銀一十萬兩。一、存扣收二分減平湘平銀二萬二千三十二兩五分錢七分三釐。一、存扣收一分平餘湘平銀八百三十八兩四錢七分一釐。一、存扣還土爾扈特汗王等歸還部庫借款湘平銀六千二百八十一兩四錢。一、存扣收將軍、副都統、各領隊大臣、章京歸還部庫借款湘平銀四千八百七十六兩三錢三分三釐。一存支賸流存湘平銀二萬五千二百六十九兩六釐。以上各款共存湘平銀一十五萬九千二百九十七兩七錢八分三釐。

一、欠收光緒二十五年第十批止應分新餉湘平銀七千九百七十七兩九分二釐。一、欠收光緒二十六年第六批止應分新餉湘平銀十萬六千九百二十五兩八錢一分一釐。一、欠收光緒二十七年第六批止應分新餉湘平銀一十六萬七千二百四十一兩二錢六分八釐。一、欠收光緒二十八年六箇月第二批止應分新餉湘平銀一十三萬五千八百一十三兩九錢二分一釐。一、欠收陝西賑款攤借湘平銀一萬九千五百五十五兩二錢五分七釐。一、欠收索倫營借脩兵房未扣銀三千五百兩。一、欠收屯牧練軍經費借用銀一千一百六十七兩六錢六分一釐八毫。一、長任銷案借用新疆藩庫湘平銀二十六萬七千二百八十兩三錢五分。一、長任銷案兑借甘肅藩庫湘平銀一十三萬六千七百兩。以上共借用湘平銀四十萬三千九百八十兩三錢五分。

一、富任銷案欠收欠發京斗糧料二萬四千六百五十九石五斗六升五勺。一、長任銷案欠收欠發京斗糧料九萬七千八十石九斗二升五合八抄。一、光緒二十五、六兩年銷案應存六斗糧料二千四百八石九斗五升五合八勺。一、光緒二十八年六月以前銷案，應存京斗糧料一萬六千六百三十九石四斗五升二合六勺。以上共存京斗量料一萬九千四十八石四斗八合四勺。

新收：一、收光緒二十六年實撥到新餉湘平銀一千二百七十七兩四錢三分四釐。一、收光緒二十七年第六批止實撥到新餉湘平銀一萬七千八百一兩四錢五分。一、收光緒二十八年第六批止實撥到新餉湘平銀一十九萬七千三百九十八兩五錢一分六釐。一、收上案兵部駁造運餉腳價扣回支騰銀一百八十一兩九錢八分七釐。一、收本案各散册内收回二分減平銀二千七百一十六兩九錢一分三釐。一、收本案收回一分平餘銀八兩一錢八分四釐，内除上案運餉腳價多扣銀一兩八錢二分，實收銀六兩三錢六分四釐。一、收扣回索倫營歸還借脩兵房銀一千兩。一、收提用租馬變款湘平銀三千一百兩。一、收甯遠縣撥供京斗小麥四千二百九十六石七升五合九勺七抄。以上共收湘平銀二十二萬三千四百八十二兩六錢六分四釐，又收京斗糧四千二百九十六石七升五合九勺七抄。

開除：一、撥發第一册將軍、副都統、各領隊大巨支款湘平銀五千九百七十六兩一錢二分九釐，共京斗糧料一百八十一石七斗六升九合七勺。一、撥發第二册印房等五處支款湘平銀三千一百七十三兩一錢七分四釐，又京斗糧料一百二石一斗一合三勺。一、撥發第三册舊滿營官兵支款湘平銀三萬六千九十九兩二釐，又京斗糧料九千二百一十七石五斗四勺。一、撥發第四册新滿營官兵支款湘平銀二萬三千九百九十一兩三錢一釐，又京斗糧料五千九百二十二石一升九勺。一、撥發第五册錫伯營官兵支款湘平銀一萬九百一十一兩一錢一分，又京斗糧八石三斗三升四合八勺。一、撥發第六册索倫營官兵支款湘平銀八千五百七十九兩三分三釐，又京斗糧一十二石五斗二合二勺。一、撥發第七册察哈爾營官兵支款湘平銀七千五百六十八兩六錢三分三釐，又京斗糧十二石五斗二合二勺。一、撥發第八册額魯特營官兵支款湘平銀七千一百七十五兩九錢二分，又京斗糧一十二石五斗二合二勺。一、撥發第九册滿營世職告休各官支款湘平銀一千一百一十五兩七錢三分二釐，又京斗糧六十九石六斗四升八合。一、撥發第十册滿營孀歸孤女支款湘平銀一百四十四兩，又京斗糧六十六石六斗六升六合二勺。一、撥發第十一册普化寺喇嘛支款湘平銀六百二十二兩三分一釐，又京斗糧二百二十九石六斗四升五合四勺。一、撥發第十二册練軍馬隊支款湘平銀二萬一千八百八十兩，又京斗糧二千八百一十六石六斗六升六合六勺。一、撥發第十四冊軍標馬步各營旗哨支款湘平銀三萬六千七百二十七兩四錢。一、撥發第十五冊軍標行營各局處支款湘平銀六千四百五十兩八分五釐。一、撥發第十六冊軍臺支款湘平銀七百五十八兩四錢。一、撥發第十七冊沿邊卡倫支款湘平銀九千八百二十一兩七錢。一、撥發第十八冊分查卡倫支款湘平銀二百八兩三錢三分四釐。一、撥發第十九冊官醫生支款湘平銀三十兩，又京斗糧四石二斗一升四合二勺。一、撥發第二十冊軍器局等處支款湘平銀一百四兩三錢三分三釐。一、撥發第二十一冊蒙、哈、回、俄通事支款湘平銀一百四十四兩。一、撥發第二十二冊歲修倉庫等支款湘平銀二百七十五兩。一、撥發第二十三冊運餉腳價支款湘平銀四百四十三兩三錢八分一釐。一、撥發第二十四冊漢洋操隊支款湘平銀七千七百一兩四錢六分。一、撥發第二十五冊滿營威遠隊支款湘平銀二千五百五十四兩九錢二分。

以上二十五款，共開除湘平銀一十九萬四千六十一兩二錢三釐，內應請戶部准銷銀一十九萬三千二百四十四兩八錢二分二釐，又應請兵部准銷運餉腳費銀四百四十三兩三錢八分一釐，又應請工部准銷歲修倉庫等銀三百七十五兩。理合登明。共開除京斗糧料一萬八千六百五十六石六升四合一勺，應請戶部准銷。理合登明。又撥還上案兌借甘肅藩庫湘平銀五萬三十九百三十七兩五錢。統計此冊共開除湘平銀二十四萬七千九百九十八兩七錢二釐。

實在：一、存光緒十四、十五兩年提存封儲銀十萬兩。一、存新舊扣收二分減平，除撥發威遠隊外，實存湘平銀二萬二千一百九十四兩五錢六釐六分。一、存新舊扣收一分平餘湘平銀八百四十四兩八錢三分五釐。一、存原存土爾扈特汗王等歸還部庫借款湘平銀六千二百八十一兩四錢。一、存原存扣收將軍、領隊大臣、章京歸還部庫借款湘平銀四千八百七十六兩三錢三分三釐。一、存支賸流存湘平銀五百八十四兩六錢一分。

前件查前款上案冊報，尚有索倫營借修衙署、兵房銀三千五百兩，除本案收回銀一千兩列入新收外，下存未收銀兩千五百兩，容俟收清，歸入下案收報。又，上案屯牧練軍銷案借用銀一千一百六十七兩六錢六分二釐，容俟經費解到，歸入下案收還。釐合登明。以上共實存湘平銀一十三萬四千七百八十一兩七錢四分四釐。

一、欠收光緒二十五年第十批止應分新餉湘平銀七千九百七十七兩九分二釐。一、欠收光緒二十六年第七批止應分新餉湘平銀一十萬五千六百四十八兩三錢七分七釐。一、欠收光緒二十七年第八批止應分新餉湘平銀十四萬九千四百三十九兩八錢一分八釐。一、欠收光緒二十八年應分新餉湘平銀一十三萬八千四百一十五兩[1]四錢五釐。一、欠收陝西賑款攤借湘平銀一萬九千五百五十五兩二錢五分七釐。一、欠收索倫銀借修兵房銀二千五百兩。一、欠收屯牧練軍經費銷案借用湘平銀一千一百六十七兩六錢六分二釐。以上共欠收湘平銀四十二萬四千七百三兩六錢一分一釐。

一、上案借用新疆藩庫湘平銀二十六萬七千二百八十兩三錢五分。一、上案兑借甘肅藩庫除本案撥發還外，尚借用銀八萬二千七百六十二兩五錢。以上共借用湘平銀三十五萬四十二兩八錢五分。一、富任銷案內欠收欠發京斗糧料二萬四千六百五十九石五斗六升五勺。一、長任銷案內欠收欠發京斗糧料七萬二千四百二十一石三斗六升五勺八抄。以上共欠收、欠發京斗糧料九萬七千八十石九斗二升五合八抄。一、光緒二十五、六兩年銷案應存京斗糧料二千四百八石九斗五升五合八勺。一、本案應存京斗糧料二千二百七十九石四斗六升四合四勺七抄。以上共存京斗糧料四千六百八十八石四斗二升二勺七抄。

覽[2]。

【案】底本僅存清單，未見主摺。經查主摺原件①藏於臺北故宮博物院，錄副②及清單③均藏於中國第一歷史檔案館，茲將全文補錄。

1.【兩】底本誤作“萬”，茲據清單校正。

2.【覽】此御批據清單補。

一三五、揀選伊犁舊滿營佐領等缺摺

光緒三十一年十月初七日（1905 年 11 月 3 日）

奴才馬（亮）、廣（福）跪奏，為循例揀選伊犁舊滿營佐領等缺，擬

① 臺北故宮博物院藏：《軍機及宮中檔》，文獻編號：408004181.

② 中國第一歷史檔案館藏：《錄副奏摺，檔號：03－6172－071.

③ 中國第一歷史檔案館藏：《單》，檔號：03－6172－072.

定正、陪，恭摺具陳，仰祈聖鑒事。

竊奴才等據辦理伊犁舊滿營事務檔房呈稱：舊滿營右翼正紅旗左領穆特春，前於光緒三十年奉派呈進貢馬，差竣旋回，於十一月二十七日行抵甘肅涇州，在店居住，夜間自縊身死。經正差官新滿營佐領烏爾固春報由涇州直隸州知州鄧喬榮，驗係自縊身死，訊無別故，稟蒙行知該佐領家屬在案。所遺佐領等缺，應請揀員補放，以資辦理旗務，等情。前來。奴才等當於該營應升人員內逐加考驗，穆特春遺出右翼正紅旗佐領一缺，揀選得花翎補用佐領正藍旗防禦達春堪以擬正，花翎儘先補用佐領鑲紅旗防禦塔奇本堪以擬陪。遞遺防禦一缺，揀選得四品頂戴鑲藍旗雲騎尉伊博泰堪以擬正，鑲黄旗驍騎校珠爾杭阿堪以擬陪[1]。謹將該員等履歷另繕清單，恭呈御覽，伏候欽定。

其請補佐領一俟遇有差便，給咨送部補行帶領引見，以符定制。所有揀選伊犁舊滿營佐領等缺、擬定正、陪緣由，理合恭摺具奏。伏乞皇太后、皇上聖鑒訓示。謹奏。光緒三十一年十月初七日。

光緒三十二年正月十九日接到，三十一年十一月二十六日，奉硃批：均著擬正之員補授，該衙門知道，單併發。欽此。

☆呈揀選舊滿營佐領等缺清單

謹將揀選伊犁舊滿營佐領等缺擬定正、陪人員，繕具清單，恭呈御覽。

惠遠城舊滿營穆特春遺出佐領員缺。擬正之惠遠城舊滿營正藍旗遠達春，食俸餉四十五年，前在庫爾喀特烏蘇軍營當差。同治九年，在庫爾喀特烏蘇出隊打仗。光緒二年[2]克復瑪納斯南北兩城、五年屯種軍糧、六年剿辦陝回、十七年搜剿竄匪各案內均屬奮勉出力，疊經前署將軍榮（全）等奏保補用佐領，并賞戴花翎。光緒十五年，補放驍騎校。十六年，補放防禦。護送貢馬赴京五次，護送戰馬赴京一次，現年六十六歲。舊滿洲富察氏，馬步箭平等。

擬陪之惠遠城舊滿營鑲紅旗防禦塔奇本，食俸餉二十八年，前在庫爾喀喇烏蘇軍營當差。光緒二年克復瑪納斯南北兩城、六年剿辦陝回、二十年收還巴爾魯克山各案內均屬奮勉出力，疊經前將軍金（順）等奏保儘先即補佐領，并賞戴花翎。光緒二十三年，補放驍騎校。二十七年，補放防禦。護送貢馬赴京三次，揀選佐領擬陪一次，現年四十八歲。舊滿洲白佳氏，馬步箭平等。

擬補佐领遞遺防禦員缺。擬正之恵遠城舊滿營世襲雲騎尉伊博泰，食俸餉當差十三年，光緒[3]二十二年，承襲雲騎尉。二十八年，伊犁歷年防戍案内出力，經前將軍金（順）奏保四品頂戴，揀選防禦擬陪一次，現年三十二歲。舊滿洲李佳氏，馬步箭平等。

擬陪之恵城鑲黄旗驍騎校珠爾杭阿，食俸餉當差十九年。光緒十七年，搜勦竄匪案内出力，經前護將軍富勒銘（額）咨保六品頂戴。光緒二十八年，由委前鋒校補放驍騎校，現年三十四歲。舊滿洲葛濟勒氏，馬步箭平等。

覽[4]。

【案】此摺原件①現藏於臺北故宫博物院，錄副②及清單③均藏於中國第一歷史檔案館，兹據校勘。

1.【堪以擬陪】底本奪“以”，兹據校補。

2.【光緒二年】底本作“在光緒二年”，衍“在”。兹據校正。

3.【光緒】底本奪“緒”，兹據校補。

4.【覽】此御批據清單補。

一三六、奏明佐領穆特春自縊身死緣由片

光緒三十一年十月初七日（1905年11月3日）

再，查舊滿營佐領穆特春，於光緒三十年委派呈進貢馬，差竣旋回。十一月二十七日，行至甘肅涇州住店，自缢身死，曾據涇州直隸州知州邓喬榮禀報勘驗情形，實係自缢身死。提訊店户及随行兵丁人等，僉稱該佐領是日宿店並無别故，實係心迷自缢，等語。當經行知該旗轉飭家属，俟[1]屍棺到日再行查辦，並電請陕甘督臣撥墊[2]川資，飭令正差官佐領烏爾

① 臺北故宫博物院藏：《軍機及宫中檔》，文獻編號：408004179.

② 中國第一歷史檔案館藏：《錄副奏摺》，檔號：03－5968－186.

③ 中國第一歷史檔案館藏：《單》，檔號：03－5969－113.

固春妥為照料回旗在案。

現在該佐領屍棺業已解回，經奴才等派令舊、新兩滿營協領公同查訊，據隨行兵丁富勒和恩等均稱，該佐領自到京呈進貢馬之後，語言恍惚，似患心迷，沿途留心防範，先幸安靜。迨至涇州，因店内房間窄小，穆特春一人住宿一房，不料夜間乘人不防，悄用綑被蔴繩懸樑，自縊身死，等語。研诘至再，各供僉同。據該協領等呈覆前来。奴才等查該佐領穆特春無故自縊，實属與人無尤，應請毋庸置議。除飭属將屍棺妥為領埋並咨部外，理合附片陳明。伏乞聖鑒。謹奏。

同日[3]，奉硃批：知道了。欽此。

【案】此片原件①現藏於臺北故宫博物院，錄副②藏於中國第一歷史檔案館，兹據校勘。

1.【俟】底本誤作“係”，兹據校正。

2.【撥墊】底本作“墊發”，兹據校正。

3.【同日】錄副作“光緒三十一年十一月二十六日”，與底本一致。

一三七、孳生羊隻折價收繳以抒蒙困摺

光緒三十一年十月初七日（1905 年 11 月 3 日）

奴才馬（亮）跪奏，為蒙民生計貧乏，草廠窄狭，官牧受累，擬請將每年孳生羊隻定章折價收繳，以抒蒙困而廣皇仁，恭摺具陳，仰祈聖鑒事。

竊伊犁自乾隆、嘉慶間設立牧廠，官中馬駝牛羊均交察哈爾、額魯特兩部落蒙古官兵，分廠牧放，例定馬駝牛隻均齊限遠，取孳無多，管廠官兵尚無賠累。惟牛羊一項按年均齊，應交孳生數鉅，每遇冬间雪大，羊羔凍斃，常至不敷交官。定例不准報倒，應交羊隻每有購買交納者，官兵賠

① 臺北故宫博物院藏：《軍機及宫中檔》，文獻編號：408004178 - A.

② 中國第一歷史檔案館藏：《錄副奏片》，檔號：03 - 5573 - 102.

累無窮，是以《新疆識略》[1]內載前將軍松筠①有察哈爾、額魯特生計貧乏，請將應交孳生每隻[2]折交銀三錢，以裕蒙民生計之奏[3]，欽奉諭旨允准。迨遭兵燹，牧廠盡廢。光緒二十二年及二十六年，前將軍長（庚）奏明，先後購買羝乳羊四萬隻，發給察哈爾、額魯特兩部落官兵牧放，興復牧政。創辦之初，水草茂盛，孳生較繁，蒙古官兵尚無苦累。

近年来，蒙民生齒漸庶，全賴牧畜以謀生，草場既不如前，加以內附哈薩克安插兩部落内，所佔草場又去十成之五，牧廠更屬無餘，私立牲畜與官廠牲畜無已有加，遂致牧放愈形擁擠，冬窩夏窩無處可以移牧，羊隻時形倒

---

① 松筠（1754－1835），字湘浦，號百二老人，瑪拉特氏，蒙古正藍旗人，翻譯生員。乾隆三十七年（1772），考取理藩院筆帖式。四十年（1775），充軍機章京。四十二年（1747），選主事。次年，升員外郎。四十四年（1749），任三座塔理事司員。次年，轉戶部銀庫員外郎。四十八年（1753），遷內閣學士兼禮部侍郎銜。同年，授鑲黃旗蒙古副都統。次年，補正紅旗滿洲副都統。五十年（1755），授庫倫辦事大臣，翌年，調戶部右侍郎。五十六年（1761），轉工部左侍郎、正白旗滿洲副都統。五十七年（1762），署刑部右侍郎，補戶部左侍郎。同年，充蒙古繙譯考試官。五十八年（1763），授崇文門副監督、御前侍衛、內務府大臣。同年，擢軍機大臣、國史館副總裁。五十九年（1764），署吉林將軍，補工部尚書、鑲白旗漢軍都統。同年，授駐藏辦事大臣。嘉慶四年（1799），補授戶部尚書。同年，調補陝甘總督，加太子少保銜。五年（1800），授伊犁將軍（未赴任），署湖廣總督。同年，以忤旨降副都統銜，充伊犁領隊大臣。七年（1802），授伊犁將軍，加頭等侍衛。十三年（1808），以擅殺降喀什噶爾參贊大臣。十四年（1809），調補兩江總督。次年，署江南河道總督。十六年（1811），補授兩廣總督，擢協辦大學士。同年，任內大臣、吏部尚書。翌年，授國史館正總裁，管理武英殿、御書處、雍和宮、理藩院事務。十八年（1813），充御前大臣，升東閣大學士。同年，晉太子太保。十九年（1814），授武英殿大學士。二十一年（1816），任御前大臣上行走，總理諳達處，管理吏部事務。是年，補鑲藍旗滿洲都統，授崇文門正監督，管理健銳營事務，兼署兩江總督。二十二年（1817），補察哈爾八旗都統。二十三年（1818），調正白旗漢軍都統，署綏遠城將軍、兵部尚書。同年，調補禮部尚書，管理樂部、太常寺、鴻臚寺事務。二十四年（1819），署理藩院尚書，充繙譯會試正考官、總理工程值年大臣，調補兵部尚書，總理行營事務。同年，授盛京將軍。二十五年（1820），以兵部遺失行印，降山海關副都統。複迭降驍騎校。是年，補左副都禦史，擢左都禦史，授熱河都統。道光元年（1821），補授吏部尚書、會典館副總裁、正黃旗漢軍都統、鑲黃旗蒙古都統、實錄館正總裁。二年（1822），充閱兵大臣，管總理行營大臣事務，署直隸總督。同年，被劾，降六部員外郎，尋授光祿寺卿，遷左都禦史。三年（1823），補盛京將軍，署正紅旗蒙古都統。四年（1824），署鑲紅旗蒙古都統，充繙譯筆帖式考試官、八旗值年大臣。五年（1825），署兵部尚書、烏里雅蘇台將軍。六年（1826），署正藍旗滿洲都統、鑲黃旗漢軍都統。同年，授禮部尚書，署左都御史。七年（1827），補經筵講官，充玉牒館副總裁，署鑲白旗漢軍都統。八年（1828），署熱河都統。次年，署吏部尚書。十年（1830），署正黃旗滿洲都統。十一年（1831），署鑲白旗蒙古都統。同年，補鑲白旗漢軍都統。旋因案罷職。十二年（1832），複頭品頂戴，署正黃旗漢軍副都統。同年，授理藩院侍郎。十三年（1833），進正黃旗蒙古都統。十四年（1834），以都統銜休致。十五年（1835），卒．贈太子太保，謚文清。著述有《新疆識略》、《西陲總統事略》、《綏服紀略》、《臺規》等。

斃，蒙民即日見窮困。奴才到任以来，察看該蒙民貧乏情形，曾於光緒二十九年五月十一日奏明羊隻漸多，草場窄狭，請將口老羊隻遞年挑出變賣，並將備差廠不能取孳之羯羊按年變價，儲庫報撥，以杜虧累。嗣於光緒二十九年十二月二十七日奏報變賣牧廠馬羊、收獲價銀挪墊正餉摺内，亦經聲明兵丁賠累堪憐情形，均經先後欽奉硃批：該部知道。欽此。欽遵在案。

光緒三十年，因羊廠被灾，復於三十年八月初七日附片奏請蠲免一年孳生，欽奉硃批：著照所請，該衙門知道。欽此。欽遵行令駝馬處轉飭知照去後。詎自被災以後，孳生羊羔雖免收取，而該蒙民原氣未復，生計益窮。訪聞本年收取孳生羊隻，甚至有鬻賣子女購羊呈交者。奴才身膺邊寄，去任有期，目擊情形，深為憫惻，當飭展緩，設法交收。現據駝馬處轉據該察哈爾、額魯特總管等呈明以上困苦各情，請將羊廠每年應繳孳生羊隻改章折價呈交，以除積累。前来。

奴才查前將軍長（庚）原發庫帑[4]四萬兩，購買羊四萬隻，設廠孳生，歷年變賣，先後收回價銀五萬八千餘兩，已逾原本銀数，而存廠羊隻截至光緒三十一年止，核計連應取孳生羊羔，尚有八萬三千餘隻之多，是以後每年之孳生已属利中取利。邊疆瘠苦，極待撫綏，體蒙部困乏之情，寓藏富於民之意，應請准其按年計孳繳價，以廣皇仁而抒民力。惟現在時局艱難，折交羊隻若如《新疆識略》内載“每隻定銀三錢”，則辦公之資又無從出，惟有按照《户部則例》内載“塔爾巴哈臺餘剩好羊，每隻價銀六錢，收銀儲庫”，尚属酌中。擬令承牧官兵嗣後將每年應交孳生羊每隻按六錢價銀呈交，如蒙聖慈俯念蒙民困苦，特沛鴻施俞允，當即飭令自光緒三十一年起，除去應用祭祀、賞需羊隻外，餘均如数照價呈交，倘有虧短，即由該承牧官兵等應領俸餉内坐扣，庶該蒙民生計得以饒裕，而牧政亦不致廢弛矣。是否有當？理合恭摺具陳。伏乞皇太后、皇上聖鑒訓示，敕部立案。謹奏。光緒三十一年十月初七日。

光緒三十二年正月十九日，准兵部火票遞回原摺，三十一年十一月二十六日，奉硃批：著長（庚）到任後，體察情形，奏明辨理。欽此。

【案】此摺原件①現藏於臺北故宫博物院，錄副②藏於中國第一歷史

---

① 臺北故宫博物院藏：《軍機及宫中檔》，文獻編號：408004180.

② 中國第一歷史檔案館藏：《錄副奏摺》，檔號：03－6053－106.

檔案館，茲據校勘。

1.【新疆識略】底本作"新疆略識"，茲據校正。

2.【每隻】底本作"每羊隻"，衍"羊"。茲據校正。

3.【案】嘉慶十四年二月十五日，伊犁將軍松筠具奏曰：
奴才松筠跪奏，為請旨事。

伏查伊犁察哈爾、額魯特兩營官兵，原領孳生本羊共一十四萬零六百九十五隻，每一年本羊十隻取孳三隻，統計一年共取孳生一歲羊羔四萬二千二百一十一隻，俱係隨年搭放官兵口食，報部核銷。後於乾隆五十三年，將軍保甯因按年所取孳生羊羔不堪搭放官兵口食，當曾奏明以另廠牧放之原買哈薩克大羊，於乾隆五十四、五十五、八等年，代察哈爾、額魯特搭放過兩城滿營官兵，共哈薩克羊八萬六千三百四十五隻。此項羊隻係察哈爾、額魯特兩營官兵應還之項。茲據察哈爾、額魯特兩營總管、佐領等稟稱：前項應還羊隻俱係官兵分牧，年久恐多倒斃，懇乞按照例價每隻折交價銀四錢，即於該官兵俸餉內分年坐扣歸款，等情。經該管領隊大臣色爾觀、楊桑阿具報前來。

查此項代放大羊，本係應還之項，所有搭放大羊八萬六千三百四十三隻內，察哈爾官兵應還羊三萬二千五百七十四隻，額魯特官兵應還羊五萬三千七百六十九隻。兩營按照例價四錢一隻，通共應交價銀三萬四千五百三十七兩二錢。兩營官兵每年換防坐卡，差使繁多，此項應還羊隻，與其分牧年久徒滋倒斃，莫若折價歸款，以資實用。如蒙皇上恩允，其察哈爾、額魯特兩營官兵共應交銀三萬四千五百三十七兩零，可否分限五年，各於俸餉坐扣貯庫歸款之處，恭候命下遵辦。為此，繕摺請旨，是否有當？伏乞皇上聖鑒訓示。謹奏。二月十五日。嘉慶十四年三月十一日，奉硃批：軍機大臣會同該部議奏。欽此。①

4.【庫帑】底本誤作"庫努"，茲據校正。

① 中國第一歷史檔案館藏：《錄副奏摺》，檔號：03－1704－025.

一三八、揀選伊犂察哈爾營佐領等缺摺

光緒三十一年十月初七日（1905 年 11 月 3 日）

奴才馬（亮）、廣（福）跪奏，為循例揀選伊犂察哈爾營佐領等缺，擬定正、陪，恭摺仰祈聖鑒事。

竊奴才等准察哈爾營領隊大臣恩祥咨呈：察哈爾營右翼正紅旗二牛彔佐領巴彥於光緒三十一年三月初二日因病出缺，所遺佐領等缺，應請揀員補放，以資辦理旗務，等因。前來。奴才等當於該營應升人員內逐加考驗，巴彥遺出佐領一缺，揀選得正紅旗二牛彔驍騎校達西堪以擬正，鑲紅旗頭牛彔驍騎校吉米特堪以擬陪。遞遺驍騎校一缺，揀選得鑲藍旗頭牛彔委官巴彥察幹堪以擬正，正黃旗頭牛彔空藍翎巴圖那遜堪以擬陪。謹將該員等履歷另繕清單，恭呈御覽，伏候欽定。

其請補佐領一俟遇有差便，給咨送部補行引見，以符定制。所有揀選伊犁察哈爾營佐領等缺，擬定[1]正、陪緣由，理合恭摺具陳。伏乞皇太后、皇上聖鑒訓示。謹奏。光緒三十一年十月初七日。

光緒三十二年正月十九日接到，三十一年十一月二十六日，奉硃批：均著擬正之員補授，該衙門知道，單併發。欽此。

☆呈揀選伊犁察哈爾營佐領等缺清單

謹將揀選伊犁察哈爾營佐領等缺擬正、陪人員，繕具清單，恭呈御覽。

察哈爾營巴彥所出佐領員缺。擬正之察哈爾營右翼正紅旗二牛彔驍騎校達西，食俸餉當差二十四年。光緒二十八年，補放驍騎校。揀選佐領擬陪一次，現年四十五歲。察哈爾蒙古馬步箭平等。

擬陪之察哈爾營右翼鑲紅旗頭牛彔驍騎校吉克米特，食俸餉當差十九年[2]。光緒二十九年，補放驍騎校。揀選佐領擬陪一次，現年三十五歲。察哈爾蒙古馬步箭平等。

擬補佐領遺驍騎校一缺。擬正之察哈爾營右翼鑲藍旗頭牛彔委官巴彥察幹，食錢糧當差二十五年。光緒二十八，由領催補放委官。揀選驍騎校擬陪一次，現年四十歲。察哈爾蒙古馬步箭平等。

擬陪之察哈爾營右翼正黄旗頭牛彔空藍翎巴圖那遜，食錢糧當差十七年。光緒二十八年，由披甲補放空藍翎。現年三十五歲。察哈爾蒙古馬步箭平等。

覽[3]。

【案】此摺原件①現藏於臺北故宮博物院，錄副②及清單③均藏於中國第一歷史檔案館，兹據校勘。

1.【擬定】底本僅作“擬”，奪“定”。兹據校補。

2.【十九年】底本作“二十四年”，兹據清單校正。

3.【覽】此御批據清單補。

一三九、佐領烏勒本原品休致緣由片

光緒三十一年十月初七日（1905 年 11 月 3 日）

再，據伊犁滿營檔房呈稱：舊滿營左翼協領博貴呈：據正藍旗佐領烏勒本呈稱：竊烏勒本現年六十九歲，前在庫爾喀喇烏蘇軍營當差年久，身受潮濕，腰骽疼痛，步履艱難。現在年愈六旬[1]，氣血俱衰，加以喘促，誠恐貽誤公事，理合呈請原品休致，等情。由該檔房轉呈前來。

奴才等覆查無異，合無仰懇天恩俯准將伊犁舊滿營正藍旗佐領烏勒木開缺，以原品休致之處，出自鴻慈。除將該員履歷清册咨部查覈外，理合附片具陳。伏乞聖鑒訓示。謹奏。

同日[2]，奉硃批：著照所請，兵部知道。欽此。

【案】此片原件④現藏於臺北故宮博物院，錄副⑤藏於中國第一歷史

① 臺北故宮博物院藏：《軍機及宮中檔》，文獻編號：408004178.

② 中國第一歷史檔案館藏：《錄副奏摺》，檔號：03 - 5968 - 185.

③ 中國第一歷史檔案館藏：《單》，檔號：03 - 5969 - 114.

④ 臺北故宮博物院藏：《軍機及宮中檔》，文獻編號：408004178 - 0 - A.

⑤ 中國第一歷史檔案館藏：《錄副奏片》，檔號：03 - 5968 - 187.

檔案館，茲據校勘。

1.【六旬】底本作“六十”，未確。茲據校正。

2.【同日】錄副作“光緒三十一年十一月二十六日”，與底本一致。

一四〇、造報二十九及三十兩年收支銀糧摺

光緒三十一年十月初七日（1905 年 11 月 3 日）

奴才馬亮、廣福跪[1]奏，為糧餉處造報光緒二十九、三十兩年收支銀糧數目，繕具清單，籲懇天恩敕部准銷，恭摺仰祈聖鑒事。

竊查伊犁歷年收支銀糧，業經截至光緒二十八年底止造報在案。所有光緒二十九年以後收支銀糧各數，業經奴才等於光緒二十九年正月二十日奏明減成節餉摺內，擬請按照舊額減爲八成五支放，每年指撥的款，以供支放。其滿蒙標練各營因遵旨酌定常備、續備巡警等軍，亦經奴才等同日奏明將洋操漢隊裁撤，規復軍標馬步勇額，並分別裁復滿蒙兵額，改定練餉，前[2]已將人數、餉數開單，恭呈御覽，欽奉諭旨允准，欽遵辦理在案。現經飭令糧餉處將光緒二十九、三十兩年收支銀糧數目造册，呈賫前來。

奴才等覆加查核，計舊管項下，共存各款湘平銀一十三萬四千七百八十一兩七錢四分四釐，共存京斗糧料四千六百八十八石四斗二升二勺七抄。其欠收、欠借銀糧各數，均與光緒二十八年底止册報實在列報數目符合。

新收項下，共收各款湘平銀七十八萬四千五百二十兩九錢二分五釐，京斗糧料一十一萬五千四百三十四石八斗三升二合九勺七抄。開除項下，共撥發湘平銀七十九萬九千一百八十九兩四錢四釐，內除第三十款解過各部書吏核銷飯食，並歸還舊管借用甘、新兩省藩庫共三款湘平銀一十萬二千八百四十四兩五錢一分五釐外，本案實請銷湘平銀六十九萬六千三百四十四兩八錢八分九釐，又請銷京斗糧一十一萬八千五百六十九石五斗四升五合八勺七抄，均係照額減成支放，極力撙節，祇以各省協餉愈欠愈多，甘、新借款催還甚急，各營官兵七千餘眾，枵腹從公，計授無出，不得已於光緒二十九年十二月二十七日，奏請變賣牧場馬羊，收獲價銀，並設法勻挪庫儲二分減平等款共銀九萬兩，借墊正餉，稍資挹注，應俟收到欠餉

再行歸還。

實在項下，共計實存湘平銀一十二萬一百一十三兩二錢六分五釐，實存京斗糧料一千五百五十三石七斗七合三勺七抄，折合價銀均經實存在庫[3]。其歷年欠收新餉銀四十六萬七百七兩二錢二分二釐，舊欠甘、新借款未還銀二十四萬九千三百一十一兩七錢六分七釐，容俟收獲欠餉，歸還借墊，歸入下屆列報。核計本案應報銷銀糧數目，均悉核實動支，委無浮冒，合無仰懇天恩敕部照案准銷，以清款目。除將詳細總、散清冊分別咨部外，理合繕具清單，恭呈御覽。伏乞皇太后、皇上聖鑒訓示。謹奏。光緒三十一年十月初七日。

光緒三十二年正月十九日接到，三十一年十一月二十六日，奉硃批：該部知道，單併發。欽此。

☆呈造報二十九及三十兩年收支清單

謹將伊犁糧餉處造報光緒二十九年正月起至三十年底止收支銀糧各款請銷數目，繕具清單，恭呈御覽。

計開：上案截止光緒二十六年底止，舊管：一、存光緒十四、五兩年提存封儲湘平銀一十萬兩。一、存扣收二分減平湘平銀二萬二千一百九十四兩五錢六分六釐。一、存扣收一分平餘湘平銀八百四十四兩八錢三分五釐。一、存土爾扈特汗王等歸還部庫借款湘平銀六千二百八十一兩四錢。一、存扣收將軍、領隊大臣、章京等歸還部庫借款湘平銀四千八百七十六兩三錢三分三釐。一、存支賸流存湘平銀五百八十四兩六錢一分。以上共舊存湘平銀一十三萬四千七百八十一兩七錢四分四釐。

一、欠收光緒二十五年第十批止應分新餉湘平銀七千九百七十七兩九分二釐。一欠收光緒二十六年第七批止應分新餉湘平銀一十萬五千六百四十八兩三錢七分七釐。一、欠收光緒二十七年第八批止應分新餉湘平銀一十四萬九千四百三十九兩八錢一分八釐。一、欠收光緒二十八年第六批止應分新餉湘平銀一十三萬八千四百一十五兩四錢五釐。一、欠收陝西賑款借新餉湘平銀[4]一萬九千五百五十五兩二錢五分五釐。一、欠收索倫營借修兵房銀二千五百兩。一、欠收屯牧、練軍經費銷案借用湘平銀一千一百六十七兩六錢六分六釐。以上舊管共欠收湘平銀四十二萬四千七百三兩六錢一分一釐。

一、長任銷案借用新疆藩庫湘平銀二十六萬七千二百八十兩三錢五分。一、長任銷案兑借用甘肅藩庫短還湘平銀八萬二千七百六十二兩五錢。以上舊管共借用湘平銀三十五萬四十二兩八錢五分。一、富任銷案内欠收錢、欠發京斗糧料二萬四千六百五十九石五斗六升五勺。一、長任銷案内欠收、欠發錢發京斗糧料七萬二千四百二十一石三斗六升四合五勺八抄。以上舊管共欠收、欠發京斗糧料九萬七千八十石九斗二升五合八抄。一、光緒二十五、六兩年銷案應存京斗糧料二千四百八石九斗五升五合八勺。一、上案支存京斗糧料二千二百七十九石四斗六升四合四勺七抄。以上共舊存京斗糧料四千六百八十八石四斗二升二勺七抄。

新收：一、收光緒二十八年實撥到新餉湘平銀六萬九千三百二十八兩五錢三分一釐。一、收光緒二十九年實撥到新餉湘平銀三十四萬九千九百六十六兩八錢一分七釐。一、收光緒三十年實撥到新餉湘平銀二十六萬二千六百四十五兩七錢八分四釐。一、收陝西賑款歸還借用新餉湘平銀一萬九千五百五十五兩二錢五分七釐。一、收扣收領隊大臣、章京等歸還部庫借款湘平銀一千三百三十八兩七錢七分。一、收本案各散册内扣回二分減平湘平銀九千七百三十二兩三錢九分三釐。一、收本案各散册内扣回一分平餘湘平銀一百三十九兩一錢七分三釐。一、收索倫營歸還借修兵房湘平銀兩二千五百兩。一、收提用光緒二十九、三十兩年馬租變價款湘平銀一萬三百一十四兩二錢。一、收奏明借用庫儲各款湘平銀五萬九千兩。以上共收湘平銀七十八萬四千五百二十兩九錢二分五釐。一、收光緒二十九年連閏一歲新疆省撥發本色糧料折價湘平銀二萬三千四百八十兩，按小麥一石折價七錢，抵支京斗小麥三萬八百石；包穀一石折價六錢，抵支京斗包穀三千二百石。又由甯遠縣撥供本色京斗小麥七千一百三十八石七斗五升七合，共收京斗糧料四萬一千一百三十八石七斗五升七合。一、收光緒三十年一歲新疆省撥發本色糧料折價湘平銀二萬三千四百八十兩，按小麥一石折價七錢，折支京斗小麥三萬八百石；包穀一石折價六錢，抵支京斗[5]包穀三千二百石。又由甯遠縣撥供本色京斗小麥四千二百九十六石七升五合九勺七抄，共收京斗糧料三萬八千二百九十石七升五合九勺七抄。一、收新疆省補撥前任銷案造報歷年欠糧折價銀二萬五千二百兩，按小麥一石折價七錢，抵支京斗小麥三萬六千石。以上共收京斗糧料一十一萬五千四百三十四石八斗三升二合九勺七抄。

開除：一、撥發第一册將軍、副都統、各領隊大臣支款湘平銀二萬一千二百七十八兩一錢九分七釐，又京斗糧料七百四十二石六斗七升四合三勺。一、撥發第二册印房等五處支款湘平銀一萬一千四百八兩五錢一分六釐，又京斗糧料四百二十石三斗六升九合一勺。一、撥發第三册土爾扈特蒙古汗、王公、扎薩克等支款湘平銀一萬五千三百兩。一、撥發第四册舊滿營官兵等支款湘平銀一十萬九千五百八十六兩一錢五分，又京斗糧料三萬三千九十三石四斗九升五合。一、撥發第五冊新滿營官兵等支款湘平銀一十萬九千五百六十兩六錢三分二釐，又京斗糧料三萬三千九十四石三斗二合四勺。一、撥發第六册錫伯營官兵支款湘平銀四萬二千四百五十七兩四錢七分三釐，又京斗糧三十四石五斗九合八勺。一、撥發第七册索倫營官兵支款湘平銀三萬八千三百九十三兩七錢六分四釐，又京斗糧五十一石七斗六升四合六勺。一、撥發第九册額魯特營官兵支款湘平銀二萬九千七百二十二兩四錢八分七釐，又京斗糧五十一石七斗六升四合六勺。一、撥發第十册滿營世職、休各官支款湘平銀三千二百五十五兩三錢六分五釐，又京斗糧二百五十五石二斗一升四合二勺。一、撥發第十一册滿營孀婦孤女支款湘平銀六百三十二兩六錢一分八釐，又京斗糧二百九十四石三斗二升七合八勺。一、撥發第十二册普化寺嘛喇支款湘平銀二千二百一十二兩五錢五分，又京斗糧九百六十一石五斗八升二合四勺。一、撥發第十三册練軍馬隊支款湘平銀三萬五千一百六十兩二錢五分，又京斗量八千八百一十二石五斗。一、撥發第十四册軍標副將、都、守、千、把、外委支款湘平銀一萬一千一百一十三兩三錢一分。一、撥發第十五册軍標馬步各營、旗、哨支款湘平銀一十四萬八千五百九十一兩七錢八分一釐。一、撥發十六册軍標行營各局、處支款湘平銀二萬二千八百七十三兩三錢九分八釐。一、撥發第十七册軍臺支款湘平銀二千六百五十八兩八錢。一、撥發第十八册沿邊卡倫支款湘平銀三萬四千四百五十七兩五錢一分二釐。一、撥發第十九册分查卡倫支款湘平銀七百八兩三錢三分六釐。一、撥發第二十册辦解貢馬官兵支款湘平銀一千一百九千兩。一、撥發第二十一册官醫生支款湘平銀一百二兩，又京斗糧一千六石八斗五升六合八勺。一、撥發第二十二册蒙、哈、回、俄通事支款湘平銀五百一十兩。一、撥發第二十三册軍器局等處支款湘平銀三百六十六兩六分七釐。一、撥發第二十四册歲修倉庫等支款湘平銀一千五百兩。一、撥發第二十五册運餉脚價支款湘平銀一千五百三十二兩七錢四分七釐。一、撥發第二十六册會查牌博支款湘平銀二百五十五兩。一、撥發第二十七册滿營威遠隊支款湘平銀九千四兩九錢二分六釐。一、撥發第二十八册製購火藥、青鉛、皮紙支款湘平銀一萬二千五百一十五兩七錢七分七釐。一、撥發第二十九册補發各營官兵歷年欠支糧料四萬六百八十八石四斗二升三勺七抄。

以上共支湘平銀六十九萬六千三百四十四兩八錢八分九釐，内應請戶部准銷銀六十八萬七百九十六兩三錢六分七釐，應請兵部准銷運餉、運鉛脚價銀二千三百二十一兩九錢七分二釐，應請工部准銷歲修倉庫、製購軍火銀一萬三千二百二十六兩五錢五分；共支京斗糧料一十一萬八千五百六十九石五斗四升五合八勺七抄，應請戶部准銷。理合登明。一、撥發第三十册解過核銷飯食湘平銀二千一百十三兩四錢三分二釐，又撥還長任銷案兑借甘肅藩庫湘平銀四萬一千九百四十五兩一錢四分三釐。統計此案共開除湘平銀七十九萬九千一百八十九兩四錢四釐。

實在：一、存光緒十四年、十五年提存封儲銀一十萬兩。一、存新舊扣收二分減平，除撥發威遠隊及借墊正餉二款外，實存湘平銀二千九百二十二兩三分三釐。一、存新舊扣收一分平餘湘平銀九百八十四兩八釐。一、存新舊扣收將軍、領隊大臣、章京等歸還部庫借款，除借墊正餉外，實存湘平銀一千四百九十六兩五錢三釐。一、存支剩流存湘平銀一萬四千七百一十兩七錢二分一釐。以上共實存湘平銀一十二萬一百一十三兩二錢六分五釐。

一、欠收光緒二十五年第十批止應分新餉湘平銀七千九百七十七兩九分二釐。一、欠收光緒二十六年第七批止應分新餉湘平銀一萬五千六百四十八兩三錢七分七釐。一、欠收光緒二十七年第八批止應分新餉湘平銀一十四萬九千四百三十九兩八錢一分八釐。一、欠收光緒二十八年第八批止應分新餉湘平銀六萬九千八十六兩八錢七分四釐。一、欠收光緒二十九年第八批止應分新餉湘平銀五萬三十三兩一錢八分三釐。一、欠收光緒三十年第九批止應分新餉湘平銀七萬七千三百五十四兩二錢一分六釐。一、欠收屯牧、練軍經費湘平銀一千一百六十七兩六錢六分二釐。以上共欠收湘平銀四十六萬七百七兩二錢二分二釐。

一、長任銷案借用新疆藩庫除本案撥還外，尚欠未還湘平銀二十萬八千四百九十四兩四錢七釐。一、長任銷案兑借甘肅藩庫除本案撥還外，尚欠還平銀四萬八百一十七兩三錢六分。以上共借用湘平銀二十四萬九千三百一十一兩七錢六分七釐。一、本案應存京斗糧料一千五百五十三石七斗七合三勺七抄。

覽[6]。

【案】此摺原件①現藏於臺北故宮博物院，錄副②及清單③均藏於中國第一歷史檔案館，茲據校勘。

1.【奴才馬亮、廣福跪】此前銜底本缺署，茲據校補。

2.【前】底本作“均”，茲據校正。

3.【實存在庫】底本作“實在存庫”，茲據校正。

4.【湘平銀】底本脫“平”，茲據校補。

5.【京斗】底本奪“京斗”，茲據校補。

6.【覽】此御批據清單補。

一四一、酌保伊犁四載邊防出力員弁摺

光緒三十一年十一月二十七日（1905年12月23日）

奴才馬亮、廣福跪[1]奏，爲遵旨酌保伊犁四載邊防出力文武員弁，分別勞績等次，繕具清單，懇恩獎敘，以示鼓勵，恭摺仰祈聖鑒事。

竊奴才等前因東省日俄搆釁，伊犁防務加嚴，自光緒二十八年前將軍長（庚）將防戍出力人員奏請給獎之後復已四年，於三十一年七月二十一日奏懇天恩，將邊防出力員弁分別獎勵，本年十一月初八日，准兵部遞回原摺，光緒三十一年九月初九日，奉硃批：著准其分別保酌數員，毋許冒濫。欽此。仰見我皇太后、皇上維繫邊軍，慎重名器。跪聆之下，欽惕莫名！

查光緒十九年九月初八日吏、兵兩部奏定各省勞績請獎章程摺內聲明：凡奉旨准其分別酌保數員之案，每案文武各計至多不得過十員。倘所保已逾十員之數，即將名次開列在後[2]之員隨案撤銷。又，二十八年[3]兵部奏定章程內開：除軍營戰功外，其各項異常如有保至三四十員者，不得概照異常請獎。又，各省邊防保獎員數，應令各省督撫、將軍於保獎時聲明

① 臺北故宮博物院藏：《軍機及宮中檔》，文獻編號：408004182.

② 中國第一歷史檔案館藏：《錄副奏摺》，檔號：03－6172－069.

③ 中國第一歷史檔案館藏：《單》，檔號：03－6172－070.

防營若干，向章五百人爲一營，每營祇准保五員，各等語。吏部章程於邊防保奬[4]之案未經議定每案文職准保若干員數，良以用人本難一律，若必限定員數，非虞濫芋，即有向隅。因查前將軍長（庚）於光緒二十八年請保防戍出力人員案內奏保文職共係九十[5]餘員，奏保武職共係一百七十餘員，咨保武職共係八百餘員。

此次伊犁辦理邊防業已四年之久，雖比[6]光緒二十年請奬之案年限較少，然正值新軍改練之時、邊疆多事之日，前此東省有事，伊犁緊與俄鄰，風鶴頻驚，防務較前更重，加以時艱餉絀，俸餉減成，當其裁減餉額之時，竊慮人多觖望，無非縻以好爵[7]，俾文武員弁咸思奮勉，以待恩賚優加。今[8]幸上叨聖主福庇，數年來沿邊一帶得以安堵無驚者，無非藉資群力，遂於辦理交涉、緝捕盜匪、籌撥餉糈、整頓屯牧以及練軍、巡卡，辦理一切皆能不辭勞瘁，協力同心，毫無遺誤。雖係該員等職分所宜盡，然辦事既各有專責，褒榮即宜令均沾，在朝廷定例酬庸，有功必賞，惟奴才等平日未敢瑣瀆陳請，原擬隨時存記，一俟三載考績可爲彙入邊防，同膺懋賞，祇以前摺未經聲明防營人數，遂似應保員弁無多，欽奉硃批准其分別酌保數員。若在緘然不爲詳細陳明，不獨該員弁不得共邀曠典，即奴才等亦殊失信屬僚，況奴才等疆寄謬膺，事繁任重，沿邊相距數千里，分途辦事，實非數員所能勝。現在俄屬內變，俄邊環居回哈時虞擾我邊疆，密為籌防，在在需員佐理。西陲極苦，得人甚難，賞不偏施，固無以奬其前勞，即無以勉[9]其後效。籌思再四，與其奬勵難以公允，不足以固將士之心，莫若再懇天恩，重申前奏之未明，著定勞績之應奬。

茲謹擇其勤勞最著者，文職則按上案所保員數約減一半，酌保四十三員；武職則按兵部定章每五百人准奬五人之數，於所轄伊犁各營七千餘人內奏保四十三員，咨保三十二員[10]，均未敢稍涉冒濫，以仰副聖慈諄諄告誡之至意。所保文武員弁，仍分別尤爲出力、其次出力，查明定章准保層次，酌擬請奬，繕具清單，恭呈御覽。合無仰懇天恩俯准如擬給奬，以示鼓勵，出自高厚鴻施。除將擬請咨奬弁兵開單咨送兵部核辦，並飭取文武各員履歷分咨吏部、兵部查核外，所有遵旨酌保伊犁四載邊防出力文武各員[11]緣由，是否有當？理合恭摺具陳。伏乞皇太后、皇上聖鑒訓示。謹奏。光緒三十一年十一月二十七日發。

光緒三十二年三月二十六日接到，正月二十九日[12]，奉硃批：該部議奏，單四件、片二件併發。欽此。

☆呈在事尤為出力文職各員清單

謹將酌保伊犁四載邊防在事尤爲出力文職各員，繕具清單，恭呈御覽。

計開：不論雙單月選用知州曹維周、馬枝瀚、花翎不論雙單月選用知州賀著謙。以上三員，均擬請免選知州，以直隸州知州遇缺即選。

花翎員外郎銜即選主事伊犁印務章京伯奇善，擬請免選主事，以直隸州知州遇缺即選。

內閣候補[13]中書祺源，擬請免補中書，以同知遇缺即選。

補用筆帖式鍾福，擬請免補筆帖式，以通判遇缺即選。

分省試用州判楊恒祥，擬請免補州判，以知縣仍分省補用。

分省試用縣丞曾一鶚、金震春、徐炳堃、賀家梁、王際昭。以上五員，均擬請免補縣丞，以知縣仍分省候補。

不論雙單月選用縣丞李治江、文建猷、雙月選用縣丞王祥炳。以上三員，均擬請免選縣丞，以知縣不論雙單月選用。

指分陝西試用縣丞陳永平，擬請免補本班，以知縣仍留原省補用。

六品頂戴選用主簿文炳章、選用主簿韓昌熾。以上二員，均擬請免選主簿，以州判遇缺即選。

府經歷職銜廖焱，擬請以府經歷不論雙單月，遇缺即選。

俊秀王杰、苗殿富。以上二員，均擬請以巡檢不論雙單月，遇缺即選。①

覽[14]。

☆呈在事其次出力文職各員清單

謹將酌保伊犁四載邊防在事其次出力文職各員，繕具清單，恭呈御覽。

計開：花翎知府銜分省補用同知黃樹棻，擬請俟補同知後以知府用。

藍翎分省試用州判徐兆荃，擬請俟補州判後，以知縣歸候補班補用。

不論雙單月選用縣丞黃熙正、何士董。以上二員，均擬請俟補缺後以知縣用。

---

① 中國第一歷史檔案館藏：《單》，檔號：03-5454-136.

府經歷職銜賀家模、王進德。以上二員，均擬請以府經歷不論雙單月，遇缺即選。

縣丞職銜姜富學，擬請以縣丞不論雙單月[15]即選。

鹽大使職銜黄森懋，擬請以鹽大使歸部即選[16]。

附生高杞年、王佐廷，均擬請縣丞歸部即選。

伊犁印務章京吏部筆帖式榮聊、伊犁駝馬章京户部筆帖式聊奎、舊滿營即補經制筆帖式奎亮。以上三員，均擬請賞加五品銜。監生鍾釗，擬請以筆帖式即選。

選用未入流王宗瀚，擬請賞加六品銜[17]。

俊秀蕭永華、王遐齡、張遇澤、郭振家、沈曜鎔、蕭泰階、王履謙。以上七員，均請以從九品歸部，不論雙單月選用。①

覽[18]。

☆呈在事尤為出力武職各員清單

謹將酌保伊犁四載邊防在事尤爲出力武職各員，繕具清單，恭呈御覽。

計開：花翎補用總管錫伯營副總管愛新泰，擬請賞加副都統銜。

花翎補用協領舊滿營鑲白旗[19]佐領布音多爾濟、花翎補用協領新滿營正白旗佐領世襲雲騎尉郭勒明阿。以上二員，均擬請賞加二品銜。

藍翎補副總管後補用總管錫伯營鑲藍旗佐領訥墨春，擬請賞加二品頂戴。

新疆儘先補用游擊准補伊犁甯遠營中軍守備世襲雲騎尉王金樞，擬請賞戴花翎，加副將銜。

花翎補缺後補用佐領伊犁糧餉章京卓錦，請賞加三品銜。

藍翎補用防禦伊犁糧餉章京富里善、藍翎補用防禦伊犁駝馬章京豐紳泰。以上二員，擬請免補防禦[20]，以佐領補用。

花翎都司用[21]即補守備軍標左營[22]分防兼後旗左哨把總魏德勝，擬請免補守備，以都司補用。

藍翎都司銜拔補千總萬禧、藍翎守備銜拔補千總朱貴、藍翎守備銜拔補千總劉成宗。以上三員[23]，均請免補千總，以守備補用[24]。

---

① 中國第一歷史檔案館藏：《單》，檔號：03－5970－040.

吉林打牲烏拉總管衙門採珠鑲白旗翼領下珠軒達桂麟，擬請以驍騎校即補。①

覽[25]。

☆呈在事其次出力武職各員清單

謹將酌保伊犁四載邊防在事其次出力武職各員，繕具清單，恭呈御覽。

計開：花翎補協領後加副都統銜新滿營正紅旗佐領伊勒噶春，擬請先換副都統銜頂戴。花翎補用協領新滿營鑲白旗佐領札隆阿、藍翎總管銜索倫營副總管福善、察哈爾營左翼總管鄂玉泰、察哈爾營右翼總管索扎依、額魯特營右翼總管綽依敦、額魯特營左翼副總管庫克、花翎借備伊犁軍標中軍分防守備補用游擊周壽山。以上七員，均擬請賞加二品頂戴。

補副總管後補用總管錫伯營鑲白旗佐領額勒登泰、藍翎補副總管後補用總管錫伯營正白旗佐領霍敏。以上二員，擬請先換總管頂戴[26]。

花翎三品頂戴盡先補用都司段祝三，擬請俟補用都司後，以游擊補用。

舊滿營鑲黃旗佐領烏勒西蘇、舊滿營正紅旗藍翎世襲騎都尉[27]景秀、錫伯營佐領巴西里、花翎索倫營正藍旗佐領業車本。以上四員，均擬請賞加三品銜。

花翎補用都司軍標左營分防守備馬高陞，擬請俟補都司後，以游擊補用。

游擊用即補都司軍標左營右哨把總李萬年，擬請先換游擊頂戴。

花翎升用都司補用守備軍標中軍兼前旗左哨千總張兆杰，擬請賞加三品頂戴。

藍翎准補[28]伊犁霍爾果斯[29]營守備張得勝，擬請以都司即補。

藍翎新滿營鑲黃旗防禦伊棉布，擬請以佐領即補。

花翎儘先補用守備臧永順、補用守備儘先拔補千總施占元。以上二員，均[30]擬請賞加都司銜。

補用防禦索倫營鑲紅旗驍騎校業陳泰，擬請賞加佐領銜。

守備銜拔補千總軍標中軍兼前旗馬隊右哨把總夏錫宣、守備銜伊犁鎮

① 中國第一歷史檔案館藏：《單》，檔號：03－5970－039.

標右營經制外委補缺後拔補千總王宏福、守備銜補缺後拔補千總伊犁軍標中軍兼前旗巡查經制外委劉傳征，補用[31]千總軍標中軍分防兼右旗佐領把總阮光福。以上四員，均擬請以守備補用。

藍翎補把總後補用千總軍標中軍分防兼右旗右哨外委余敔發、藍翎守備銜補缺後千總儘先拔補把總張啓森。以上二員，均擬請俟補千總後，以守備補用。

花翎防禦職銜錫伯營鑲紅旗空藍翎伊林扎布，擬請以防禦即補。

新滿營正藍旗驍騎校舒里春，擬請賞加防禦銜。①

覽[32]。

【案】此摺原件②藏於臺北故宮博物院，錄副③及清單④均藏於中國第一歷史檔案館，茲據校正。

1.【奴才馬亮、廣福跪】底本無此前銜，茲據校補。

2.【在後】底本奪“在”，茲據校補。

3.【二十八年】底本誤作“三十八年”，茲據校正。

4.【保奬】底本奪“保”，茲據校補。

5.【九十】底本誤作“九千”，茲據校正。

6.【雖比】此處底本衍“當”，茲據原件刪除。

7.【縻以好爵】底本誤作“糜以多爵”，茲據原件校正。

8.【今】底本作“如今”，衍“如”。茲據校正。

9.【免】底本誤作“免”，茲據校正。

10.【三十二員】底本作“三十一員”，茲據校正。

11.【各員】底本作“弁員”，茲據校正。

12.【正月二十九日】底本作“正月二十日”，錄副作“光緒三十二年正月二十九日”，茲據校正。

13.【候補】底本誤作“後補”，茲據原清單校正。

14.【覽】此御批據清單補。

15.【不論雙單月】底本脫“不論雙單月”，茲據校補。

---

① 中國第一歷史檔案館藏：《單》，檔號：03－5970－038.

② 臺北故宮博物院藏：《軍機及宮中檔》，文獻編號：408004183.

③ 中國第一歷史檔案館藏：《錄副奏摺》，檔號：03－5970－037.

④ 為方便起見，茲將四份清單逐加腳注。

16.【歸部即選】底本奪“即選”，兹據校補。
17.【六品銜】底本脱“銜”，兹據校補。
18.【覽】此御批據原清單補
19.【鑲白旗】底本脱“白”，兹據校補。
20.【防禦】底本脱“防”，兹據校補。
21.【用】底本奪“用”，兹據校補。
22.【左营】底本作“佐营”，顯誤。兹據校正。
23.【以上三員】底本作“以上之三員”，衍“之”。兹據校正。
24.【以守備補用】底本作“而以守備補用”，衍“而”，兹據校正。
25.【覽】此御批據原清單補。
26.【頂戴】底本誤作“頂帶”，兹據原單校正。
27.【騎都尉】底本奪“騎”，兹據校補。
28.【准補】底本作“補”，奪“准”，兹據校補。
29.【霍爾果斯】底本作“霍爾果新”，顯誤。兹據校正。
30.【均】底本奪“均”，兹據校補。
31.【補用】底本奪“補”，兹據校補。
32.【覽】此御批據原單補。

一四二、奏請獎勵防戍出力人員緣由片

光緒三十一年十一月二十七日（1905年12月23日）

再，查光緒二十八年前將軍長（庚）奏請將伊犁歷年防戍出力人員分别獎勵，業經部臣分别准駁行查，奏奉諭旨咨行奴才等覆奏，並將行查各員捐照咨送吏部查驗在案。旋准吏部咨覆：查明各員内有捐案核准日期在保案奉旨交議之後、核與尋常勞績章程不符者，有捐案到部尚未核准者，均令毋庸置議。旋據該員等呈懇復爲奏請，因礙於定章，未敢瑣瀆。現除已經卸差各員未敢復行聲請外，其仍在伊犁供差人員，内有雙月選用府經歷安履泰一員，係由保舉選缺後補用縣主薄遇缺儘先前即選從九品，在新疆各官報效股票銀兩，按照新海防例請獎第三次案内捐銀，請以府經歷雙月選用，因[1]新疆藩庫未給印收呈繳，以致捐案未邀[2]核准。今復在伊

犁出力四年，兩案並計，實屬異常出力，擬請將該員安履泰免選府經歷，以知縣即選。又，鹽大使職銜惠雲漢、譚嶽琳、黃錫慶，均由後秀在新疆勸辦陝西賑捐請奬案内捐銀，請作監生，給予鹽大使職銜。又，縣丞職銜陸繼昌係由俊秀在新疆勸辦陝西賑捐請奬案内捐銀，請作監生，給予縣丞職銜。

該員等上兑報捐本在保案未經出奏兩年之前，因新疆省造報捐案遲延，致戶部核准已在保案奉旨交議之後，均奉駁删，未得同膺懋賞。今復在伊犁供差四年，均屬異常出力，兩案並計，擬請將鹽大使職銜惠雲漢、譚嶽琳、黃錫慶三員均以鹽大使不論雙月單月即選，縣丞職銜陸繼昌以縣丞不論雙單月即選[3]，俾[4]資鼓勵，恩賚均沾。除飭取該員等履歷送部查核外，理合附片陳請。伏乞聖鑒訓示。謹奏。

同日[5]，奉硃批：覽。欽此。

【案】此片原件①現藏於臺北故宫博物院，錄副②藏於中國第一歷史檔案館，兹據校勘。

1.【因】底本奪“因”，兹據校補。

2.【邀】底本誤作“繳”，兹據校正。

3.【即選】底本作“即”，奪“選”，兹據校補。

4.【俾】底本脱“俾”，兹據校補。

5.【同日】錄副作“光緒三十二年正月二十九日”。

一四三、奏請奬勵餉所出力各員緣由片

光緒三十一年十一月二十七日（1905年12月23日）

再，伊犁地方極苦，百物昂貴，所有文武各官弁及兵勇俸餉，自減成支領後，本已時形支絀，復以各省歷年協餉積欠至四十餘萬兩之多，遂致計授所需更形困乏。奴才等利權不屬，無術點金，全賴新省撫臣、藩司及

① 臺北故宫博物院藏：《軍機及宫中檔》，文獻編號：408004183－0－B.

② 中國第一歷史檔案館藏：《錄副奏片》，檔號：03－5970－041.

餉所諸員先行借墊。數年來，每遇新省庫儲告竭，餉所辦事委員極力羅掘，時為代假商款以應急需，俾奴才等辦事從容，得免遺誤，實屬該員[1]等不分畛域，顧全邊疆。從前歷屆邊防所有餉所出力人員，均係彙入伊犁文職單內酌保，迭經仰邀聖恩獎叙。本屆論功行賞，既經欽奉論旨[2]飭令分別酌保，自應欽遵另案籲懇恩施。現經奴才等咨請新疆撫臣將出力人員咨送前來。

所有尤爲出力之儘先選用直隸州知州車玉衡，擬請免選直隸州知州，以知府儘先選用。其次出力之三品銜新疆候補知府甘曜湘，擬請俟補知府後，以道員用。鹽提舉銜新疆候補通判朱瑞墀，擬請俟得缺後，以同知補用。補缺後補用知縣蕭學琛，擬請俟補知縣後，以直隸州知州補用。均出自逾格鴻施。除飭取履歷送部外，理合附片陳請。伏乞聖鑒訓示。謹奏。

同日[3]，奉硃批：覽。欽此。

【案】此片原件①現藏於臺北故宮博物院，錄副②藏於中國第一歷史檔案館，茲據校勘。

1.【該員】底本奪“該”，茲據校補。

2.【論旨】底本作“旨論”，茲據校正。

3.【同日】錄副作“光緒三十二年正月二十九日”。

一四四、揀選伊犁索倫營防禦等缺摺

光緒三十一年十一月二十七日（1905 年 12 月 23 日）

奴才馬（亮）、廣（福）跪奏，為循例揀選伊犁索倫營防禦等缺，擬定正、陪，恭摺具陳，仰祈聖鑒事。

竊奴才等准兼署索倫營領隊大臣博貴咨呈：索倫營鑲紅旗防禦額勒吉春於光緒三十一年八月十四日因病出缺，所遺防禦等缺，應請揀員補放，以資辦理旗務，等因。咨呈前來。

---

① 臺北故宮博物院藏：《軍機及宮中檔》，文獻編號：408004183－0－A.

② 中國第一歷史檔案館藏：《錄副奏片》，檔號：03－5970－042.

奴才等當於該營應升人員内逐加考驗，額勒吉春遺出防禦一缺，揀選得鑲黃旗驍騎校慶壽堪以擬正，鑲紅旗驍騎校業陳泰堪以擬陪。遞遺驍騎校一缺，揀選得正藍旗委官賽沙春堪以擬正，正白旗委官巴圖鄂齊爾堪以擬陪。謹將該員等履歷另繕清單[1]，恭呈御覽，伏候欽定。所有揀選伊犁索倫營防禦等缺擬定正、陪緣由，理合恭摺具陳。伏乞皇太后、皇上聖鑒訓示。謹奏。光緒三十一年十一月二十七日。

光緒三十二年三月二十六日接到，正月二十九日，奉硃批：均著擬正之員補授，該衙門知道，單併發。欽此。

☆**呈揀選伊犁索倫營防禦等缺清單**

謹將揀選伊犁索倫營防禦等缺擬定正陪人員，繕具清單，恭呈御覽。

索倫營額勒吉春所出防禦員缺。擬正之索倫營鑲黃旗驍騎校慶壽，食俸餉三十七年，前在庫爾喀喇烏蘇軍營當差。光緒三十一年，補放驍騎校，現年五十六歲。錫伯葛濟勒氏[2]馬步箭平等。

擬陪之索倫營鑲紅旗驍騎校業陳泰，食俸餉當差二十二年。光緒二十七年，補放驍騎校，揀選防禦擬陪一次，現年四十四歲。錫伯瓜勒佳氏，馬步箭平等。

擬補防禦遞遺驍騎校員缺。擬正之索倫營正藍旗委官賽沙春，食錢糧當差三十五年。光緒二十八年，由領催補放委官，現年五十三歲。達呼爾鄂諾恩氏，馬步箭平等。

擬陪之索倫營正白旗委官巴圖鄂齊爾，食錢糧當差二十九年。光緒二十四年，由前鋒補放委官，現年四十四歲。達呼爾鄂諾恩氏，馬步箭平等。

覽[3]。

【案】此摺原件①藏於臺北故宫博物院，錄副②及清單③均藏於中國第一歷史檔案館，茲據校正。

1.【清單】底本奪“單”，茲據原單校補。

① 臺北故宫博物院藏：《軍機及宫中檔》，文獻編號：408004184.

② 中國第一歷史檔案館藏：《錄副奏摺》，檔號：03－5454－134．又，此錄副具奏日期未確，茲據原件校正。

③ 中國第一歷史檔案館藏：《單》，檔號：03－5473－078.

2.【葛濟勒氏】底本作“濟勒氏噶”，兹據校正。

3.【覽】此御批據清單補

一四五、奏陳守備馬高陞接事日期片

光緒三十一年十一月二十七日（1905年12月23日）

再，查伊犁軍標左營分防守備兼代後旗馬隊員缺，前經奴才奏請以花翎補用都司留新疆補用守備馬高陞補授，旋經兵部議准發給劄付，當即飭令該守備赴任，以專責成。兹據軍標副將周玉魁具報[1]，該守備已於本年十月初九日接事前來。除咨部外，理合附片具奏。伏乞聖鑒。謹奏。

同日[2]，奉硃批：兵部知道。欽此。

【案】此片原件①現藏於臺北故宫博物院，録副②藏於中國第一歷史檔案館，兹據校勘。

1.【具報】底本誤作“其報”，兹據校正。

2.【同日】録副作“光緒三十二年正月二十九日”，與底本一致。

一四六、代奏領隊大臣恩祥因賞謝恩摺

光緒三十一年十二月二十八日（1906年1月22日）

奴才馬（亮）跪奏，爲恭摺代奏叩謝天恩，仰祈聖鑒事。

竊奴才准伊犁察哈爾營領隊大臣恩（祥）咨呈：承准兵部咨：本部第七次彙奏給予蔭生一摺，光緒三十一年三月初五，奉旨：依議。欽此。計單内開：伊犁察哈爾營領隊大臣恩祥，滿洲正紅旗人，長子德存，年二十一歲，應給予二品蔭生，等因。承准此，當即恭設香案，望闕叩謝天

① 臺北故宫博物院藏：《軍機及宫中檔》，文獻編號：408004184－0－A.

② 中國第一歷史檔案館藏：《録副奏片》，檔號：03－5454－135.

恩，訖。

伏思恩祥滿洲世僕，知識庸愚，荷蒙聖恩洊擢今職，愧官箴之忝竊，慚家學之無傳！茲復仰懇恩綸，榮及後裔，惟有訓誡長子勉力當差，務抒忠悃，以期仰答高厚鴻慈於萬一。所有感激下忱叩謝天恩緣由[1]，呈請代奏。伏乞皇太后、皇上聖鑒。謹奏。光緒三十一年十二月二十八日。

光緒三十二年四月二十日接到，光緒三十二年二月二十九日[2]，奉硃批：知道了。欽此。

【案】此摺原件①現藏於臺北故宮博物院，錄副②藏於中國第一歷史檔案館，茲據校勘。

1.【緣由】底本誤作“原由”，茲據校正。

2.【光緒三十二年二月二十九日】底本作“二月三十日”，茲據錄副校正。

一四七、奏報盤查伊塔道庫無虧片

光緒三十一年十二月二十八日（1906年1月22日）

再，查光緒十四、十五兩年，前將軍色楞（額）任內應行封儲伊塔道庫湘平銀十萬兩，經前將軍長（庚）追催足數，於光緒二十三年六月初九日奏明封儲惠遠城糧餉處銀庫，不准擅動，每年年底由將軍、副都統會同盤查、具奏報結一次，以昭慎重，業於光緒三十年底將盤查無虧緣由奏報在案。茲届三十一年盤查之期，據伊犁糧餉章京嵩林等出具印結具報前來。

奴才等即於十二月二十七日親赴該庫查驗，所有前項封儲湘平銀一十萬兩，均係實存在庫，並無虧短。除將印、加各結送部查核外，理合附片陳明。伏乞聖鑒。謹奏。

同日[1]，奉硃批：戶部知道。欽此。

① 臺北故宮博物院藏：《軍機及宮中檔》，文獻編號：408004188.

② 中國第一歷史檔案館藏：《錄副奏摺》，檔號：03－5970－120.

【案】此片原件①現藏於臺北故宮博物院，錄副②藏於中國第一歷史檔案館，茲據校勘。

1.【同日】錄副及《隨手檔》③ 均作"光緒三十二年二月二十九日"。

一四八、代奏俄領事裴多羅福謝賞寶星片

光緒三十一年十二月二十八日（1906年1月22日）

再，查光緒三十一年七月，奴才附奏駐伊俄領事官辦理通商、交涉、稅務一切得力，仰懇天恩賞給二等第二寶星一片，光緒三十一年九月初九日，奉硃批：外務部議奏。欽此。旋准外務部製造二等第二寶星一座、佩帶一根，並繕就執照一張，咨送前來。奴才當即發交伊塔道慶秀送俄領事官斐多羅福祇領佩帶去後。茲據伊塔道詳：據該領事官斐多羅福敬謹祇領，呈懇代謝天恩前來。理合具陳。伏乞聖鑒。謹奏。

同日[1]，奉硃批：知道了。欽此。

【案】此片原件④現藏於臺北故宮博物院，茲據校勘。

1.【同日】《隨手檔》⑤ 作"光緒三十二年二月二十九日"。

一四九、監生孝昌請留伊犁差遣緣由片

光緒三十一年十二月二十八日（1906年1月22日）

再，前伊犁將軍錫倫之次子監生孝昌，年二十二歲，係正藍旂滿洲頭

① 臺北故宮博物院藏：《軍機及宮中檔》，文獻編號：408004187－0－A.

② 中國第一歷史檔案館藏：《錄副奏片》，檔號：03－6587－050.

③ 中國第一歷史檔案館藏：《軍機處隨手登記檔》，檔案編號：03－0322－1－1232－054.

④ 臺北故宮博物院藏：《軍機及宮中檔》，文獻編號：408004188－0－A.

⑤ 中國第一歷史檔案館藏：《軍機處隨手登記檔》，檔案編號：03－0322－1－1232－054.

甲喇英魁佐領下人。當錫綸病故時，該監生年甫三齡，隨柩回旗，尚未當差。因其生母靈柩在伊，該監生去年跟隨貢馬回差來伊省墓，因行期迫促，未及報明本旗。到伊後[1]，奴才察其年力精壯，有志向上，挑入養正學堂肄業[2]。半年以來，頗知自愛，實爲可造之才。據該監生呈請，情願在伊當差[3]。查已故大員子弟在京、在外同一效力，擬即留於伊犁差遣。除咨[4]部、旗外，理合附片陳明。伏乞聖鑒。謹奏。

同日[5]，奉硃批：該衙門知道。欽此。

【案】此片原件①現藏於臺北故宫博物院，錄副②藏於中國第一歷史檔案館，兹據校勘。

1.【到伊後】底本作“伊犁後”，兹據校正。

2.【肄業】底本奪“業”，兹據校補。

3.【在伊當差】底本作“在伊犁當差”，衍“犁”，兹據校正。

4.【咨】底本作“咨明”，疑衍“明”，兹據校正。

5.【同日】錄副及《隨手檔》③均作“光緒三十二年二月二十九日”。

一五〇、密陳俄情並密為設防情形片

光緒三十一年十二月二十八日（1906年1月22日）

再，伊犁一帶沿途數千里，緊與俄國毗連，回、哈、布魯特環繞而居，獷悍成性。平時俄國官兵能以鈐制約束，尤復時出搶劫，擾我邊界。自東省日俄搆釁，俄國兵力不能西顧，該處匪徒聲勢漸大。奴才堅持中立，在在設防幸，兩年以來每遇小醜，登時獲辦。

本年日俄和義已成，俄屬兵民因傷亡衆多，加以苛派各費過重，怨謗群興，以致激而生變，鄰伊一帶風鶴頻驚。奴才當即督率各營將弁密為嚴

① 臺北故宫博物院藏：《軍機及宫中檔》，文獻編號：408004186－0－A.

② 中國第一歷史檔案館藏：《錄副奏片》，檔號：03－5970－118.

③ 中國第一歷史檔案館藏：《軍機處隨手登記檔》，檔案編號：03－0322－1－1232－054.

防，因恐遠道謠傳上煩慈廑，曾經先後電請軍機大臣及外務部等代奏，欽奉諭旨：著隨時妥籌防範，以靖邊疆。欽此。旋即一面派員前赴俄國之阿拉穆圖，借查出洋肄業學生之名，探其虛實；一面會索倫營領隊大臣志鋭，巡閱索倫邊界卡倫，並勘設圍場，圍獵數日，親訪該國邊地情形。適有俄國殷實商民偉里聞信，渡河來營請見。奴才如禮接待，詢悉該國兵士各立黨羽，約計人心悲怨，思圖革命者居多。該商住薩瑪爾地方，相距俄都較遠，因電報臺車近多阻隔，衹聞森彼堡已有官兵在莫斯科克瓦開仗，互有傷亡，究亦未得確實。旋據委赴偵探之索倫營副總管福善由俄國回，據稱該員前抵阿拉穆圖，查看學堂之肄業學生功課，均尚發憤有進；會晤該國官長，查詢民變情形，各皆含糊對答。惟在外探訪及往來中途察看情形，實有民不畏官、兵不畏將之勢，大都因苛斂刻扣、積怨使無[1]，等語。

奴才伏思鄰邦多故，邊防宜嚴，庶免彼匪竄擾。第當此庫款奇絀，不能加餉增兵，惟有就近有各營酌量抽撥，於臨邊要隘密爲設防。幸數月以來鄰匪尚無擾越，地方民心均各安堵如常，差堪上慰宸廑。理合附片密陳。伏乞聖鑒。謹奏。

同日[2]，奉旨：留中。欽此。

【案】此奏片原件、錄副均查無下落，茲據理校。

1.【積怨使無】此句令人費解，待考。

2.【同日】此片奉旨日期應為“光緒三十二年二月二十九日”。

一五一、密陳伊犁各營領隊大臣考語摺

光緒三十一年十二月二十八日（1906年1月22日）

奴才馬亮跪[1]奏爲循例密陳伊犁各營領隊大臣考語，繕具清單，恭摺仰祈聖鑒事。

竊查伊犁及塔爾巴哈臺各營領隊大臣，向例應由伊犁將軍出具考語密奏一次，光緒三十年，業經奴才遵例開單奏陳在案。茲屆三十一年[2]考核之期，奴才查伊犁錫伯、索倫、察哈爾、額魯特、塔爾巴哈臺，僻處西塞，緊逼強鄰，巡卡防邊，以及撫綏部眾，在在需人相助為理。近年政治

更新，洋務尤重，交涉一切，因應愈難。

奴才與伊犁副都統廣福及塔城參贊大臣並各營領隊大臣，相機妥籌，幸各營領隊大臣皆能和衷共事，督率將士，力勤職守，邊境賴以乂安，洵堪仰慰聖念。謹就奴才管見所及，加具切實考語，繕就清單，循例具陳。伏乞皇太后、皇上聖鑒。謹奏。光緒三十一年十二月二十八日。

光緒三十二年四月二十日接到，二月二十九日[3]，奉硃批：知道了，單留中[4]。欽此。

☆呈伊犁各領隊大臣考語清單

謹將伊犁各營領隊大臣出具考語，繕具清單，恭呈御覽。

計開：伊犁錫伯營領隊大臣希賢，到任未滿三月，例不出考。伊犁索倫營領隊大臣志鋭，伊犁察哈爾營領隊大臣恩祥，署伊犁額魯特營領隊大臣錫濟爾琿，伊犁塔爾巴哈臺領隊大臣札拉豐阿。

【案】此摺原件①現藏於臺北故宮博物院，錄副②藏於中國第一歷史檔案館，茲據校勘。再，此摺隨附考語清單查無下落，待考。

1.【奴才馬亮跪】底本無此前銜，茲據原件校補。

2.【三十一年】底本誤作“三十年”，茲據校正。

3.【二月二十九日】錄副及《隨手檔》③均作“光緒三十二年二月二十九日”。

4.【單留中】底本缺署，茲據原件、錄副校正。

一五二、奏陳署領隊大臣交卸日期片

光緒三十一年十二月二十八日（1906年1月22日）

再，查伊犁錫伯營領隊大臣色普西賢前因老病乞休，新授錫伯營領隊

---

① 臺北故宮博物院藏：《軍機及宮中檔》，文獻編號：408004186.

② 中國第一歷史檔案館藏：《錄副奏摺》，檔號：03－5970－117.

③ 中國第一歷史檔案館藏：《軍機處隨手登記檔》，檔案編號：03－0322－1－1232－054.

大臣希賢到任尚需時日，當以營務緊要，曾經奴才奏派索倫營領隊大臣志銳署理錫伯營領隊大臣，以舊滿營左翼協領博貴兼署索倫營領隊大臣在案。現在新任錫伯營領隊大臣希賢①到任，業已另摺奏報在案[1]。茲准志銳咨呈：已於光緒三十一年十一月二十七日將錫伯營領隊大臣圖記一顆，派員送交希賢[2]接收，訖。准兼署領隊大臣博貴同日派員將索倫營領隊大臣圖記移送前來。領隊即於是日仍回本任視事，呈請奏報，等因。並准博貴呈明交卸署任前來。理合附片陳明。伏乞聖鑒。謹奏。

同日[3]，奉硃批：知道了。欽此。

【案】此片原件②現藏於臺北故宮博物院，錄副③藏於中國第一歷史檔案館，茲據校勘。

1.【案】光緒三十一年十二月二十八日，伊犁將軍馬亮代奏希賢謝恩，曰：

奴才馬亮跪奏，為恭摺代奏叩謝天恩，仰祈聖鑒事。

竊奴才准新授伊犁錫伯營領隊大臣希賢咨呈：光緒三十年九月二十七日，奉上諭：希賢著賞給二等侍衛，作為錫伯營領隊大臣，照例馳驛前往。欽此。欽遵當即恭摺叩謝天恩請訓，仰蒙召見一次。陛辭後，於三十一年三月初三日由京起程，因沿途風雨阻滯，至十一月二十七日行抵伊犁。同日，准署錫伯營領隊大臣志銳派委筆帖式永謙，將錫伯營領隊大臣圖記一顆並案卷一併移交前來。當即恭設香案，望闕叩頭，祗領任事，訖。

伏思希賢蒙古世僕，一介庸愚，毫無知識，茲蒙聖恩簡授新缺，聞命自天，感激無地！查伊犁錫伯營地當西南要衝，近鄰俄界，巡防守卡，在在均關緊要。希賢惟有矢慎矢勤，勉圖報稱，稍贖前愆，以冀仰答高厚生成於萬一。所有感激下忱叩謝天恩緣由，呈請代奏前

① 希賢（1850－?），伍彌特氏，正黃旗蒙古恩恒佐領下人，一品蔭生。光緒二年（1876），補刑部員外郎。十年（1884），升掌安徽司印鑰。十三年（1887），調掌貴州司印。十五年（1889），放奉天錦州府知府。十七年（1891），署山海關道。二十七年（1901），遷廣西按察使。同年，署廣西布政使。二十九年（1903），經兩廣總督岑春煊奏參革職。三十年（1904），賞給二等侍衛，作為伊犁錫伯營領隊大臣。三十一年（1905），授伊犁錫伯營領隊大臣。宣統二年（1910），補授伊犁副都統。

② 臺北故宮博物院藏：《軍機及宮中檔》，文獻編號：408004187－B.

③ 中國第一歷史檔案館藏：《錄副奏片》，檔號：03－5970－119.

來。奴才理合恭摺代奏。伏乞皇太后、皇上聖鑒。謹奏。

光緒三十二年二月二十九日，奉硃批：知道了。欽此。①

2.【希賢】底本誤作“西賢”，茲據校正。

3.【同日】錄副及《隨手檔》② 均作“光緒三十二年二月二十九日”。

一五三、代遞領隊大臣奏摺片

光緒三十一年十二月二十八日（1906年1月22日）

再，准伊犁索倫營領隊大臣志銳齊到奏事摺一封[1]，懇請附入夾板轉遞前來。即應敬謹代遞，理合附片陳明。伏乞聖鑒。謹奏。

同日[2]，奉硃批：知道了。欽此。

【案】此片原件③現藏於臺北故宮博物院，錄副④藏於中國第一歷史檔案館，茲據校勘。

1.【案】光緒三十一年十二月二十四日，志銳以身患疾病具摺奏請開缺回籍，曰：

奴才志銳跪奏，為叩懇天恩俯准開缺回旗修墓，就便調治病軀，恭摺仰祈聖鑒事。

竊奴才自光緒二十年蒙恩簡放烏里雅蘇臺參贊。二十五年，又調任伊犁索倫營領隊大臣，北徼西陲，瞬過十載。奴才出京時因奴才之妻李氏蒙皇太后恩施，不時進宮當差，未能隨任，京寓皆其料理。自李氏物故，二十六年又逢拳匪之變，京寓乏人，受禍尤烈，墳塋則蹂躪殆遍，室家則搶掠一空，實係家無立錐，墓多宿草。每一思及，徬徨終夜！且奴才在烏里雅蘇臺時，雪窖冰天，嚴寒侵骨，乘虛而入，

① 臺北故宮博物院藏：《軍機及宮中檔》，文獻編號：408004187．又，中國第一歷史檔案館藏：《錄副奏摺》，檔號：03－5970－121．

② 中國第一歷史檔案館藏：《軍機處隨手登記檔》，檔案編號：03－0322－1－1232－054．

③ 臺北故宮博物院藏：《軍機及宮中檔》，文獻編號：408004187－0－C．

④ 中國第一歷史檔案館藏：《錄副奏片》，檔號：03－5970－119．

受病已深。去年又奉命往喀什噶爾，辦理中俄交涉，炎天烈日之中，奔馳萬有餘里，寒暑交侵，疾病遂作，動輒氣喘，手足不仁。現在挽弓不能用強，馳馬未堪行遠，守邊職要，貽誤堪虞。左右思維，惟有仰乞天恩俯准開缺回旗修墓，就便調治病軀。

現值時事多艱，奴才年甫五十有二，倘邀福庇，幸獲安痊，報國之日方長，何敢遽萌退志！屆時必當泥首宮門，靜候鞭策，斷不敢自耽安逸，有外生成。所有奴才叩懇天恩俯准開缺各下情，理合繕摺循例封交伊犁將軍，藉差轉奏，仰候恩施。伏乞皇太后、皇上聖鑒。謹奏。光緒三十一年十二月二十四日。

（硃批）：著賞假兩箇月，毋庸開缺。[①]

2.【同日】錄副及《隨手檔》[②] 均作“光緒三十二年二月二十九日”。

一五四、請准希賢全支養廉緣由片

光緒三十一年十二月二十八日（1906 年 1 月 22 日）

再，伊犁僻在西陲，距京一萬餘里，各營領隊大臣奉旨補授後，挈眷西行，因遠道川資無出，不得不向部庫挪借廉銀，以資成行，中途用費不敷，又不能不節節支借，所虧之款全指到任支得養廉分期扣還。其實各領隊大臣每員每歲原額養廉七百兩，加增養廉二百兩，共祇得銀九百兩。遇有賞給副都統銜補放者，每年將京職俸廉隨甲移任，關支極力撙節，尚可免困乏之虞。若由革職效力人員初次録用賞給侍衛，其馬錢及本任養廉均祇准減半支領者。在伊犁食用，百物昂貴，歷任領隊大臣即無論如何清儉自矢，終不免饔飧莫繼，况今昔情形迥異，俸餉減成，半廉之中復有核扣，每歲領款謹祇三百餘金，更屬支絀難堪！

奴才前以伊犁四愛曼每營均有總管、副總管督率佐領人等辦理營務，擬將領隊大臣一缺奏請作爲裁缺以節冗員，而省各領隊大臣遠來苦累，祇

① 臺北故宮博物院藏：《軍機及宮中檔》，文獻編號：408004185.

② 中國第一歷史檔案館藏：《軍機處隨手登記檔》，檔案編號：03－0322－1－1232－054.

以奴才奉命交卸有期，未及辦理。此次伊犁錫伯營領隊大臣希賢欽奉諭旨，賞給二等侍衛，起用來伊。據糧餉章京等援引定例，呈請核示該大臣支款前來。

奴才查該大臣希賢係革職人員，初次賞銜録用，若照定例僅支領本任半廉減成銀三百兩餘，不獨無以辦公，亦且難資養贍，擬懇天恩俯准，敕部准其全支養廉、馬錢。如蒙俞允，嗣後如有革職人員初次賞銜派往伊犁[1]之各領隊大臣，可否一律均准全支養廉以示體恤之處，出自逾格鴻施。除咨戶部外，理合附片具奏。伏乞聖鑒訓示。謹奏。

同日[2]，奉硃批：戶部議奏。欽此。

【案】此片原件①現藏於臺北故宮博物院，茲據校勘。

1.【派往伊犁】底本作“派伊犁往”，顯係錯亂。茲據校正。

2.【同日】《隨手檔》② 作“光緒三十二年二月二十九日”。

① 臺北故宮博物院藏：《軍機及宮中檔》，文獻編號：408004188 – B.

② 中國第一歷史檔案館藏：《軍機處隨手登記檔》，檔案編號：03 – 0322 – 1 – 1232 – 054.

卷五，光緒三十二年（1906）

一五五、謝賞福字荷包等項摺

光緒三十二年四月初三日（1906年4月26日）

奴才馬亮、廣福跪[1]奏，為恭摺叩謝天恩，仰祈聖鑒事。

竊奴才等於光緒三十二年二月三十日承准軍機處咨開：由內交出恩賞伊犁將軍、大臣等福字荷包、銀錢、銀錁、食物等項，由驛齎送前來。除將新授伊犁將軍長（庚）、額魯特營領隊大臣榮（昌）[2]應得恩賞敬謹收存，俟該將軍、大臣到任分別齎交外，奴才馬（亮）並准暫護烏里雅蘇臺將軍奎[3]（順）將恩賞奴才馬（亮）福字荷包等件咨送到伊。奴才等當即恭設香案，望闕叩頭謝恩祗領，訖。

伏念奴才等渥蒙聖恩，同膺重任，自維知識譾陋，莫克報效涓埃，正悚惕之不遑，感優容之深厚！茲蒙溫綸下錫，賞齎榮施，拜寵於九天，尤抱慚於五夜！奴才等惟有將邊疆營務暨所管之部落一切事宜，和衷商辦，斷不敢稍涉疎懈，以期仰答高厚鴻慈於萬一。所有奴才等感激下忱，謹恭摺叩謝天恩。伏乞皇太后、皇上聖鑒。謹奏。光緒三十二年四月初三日。調補烏里雅蘇臺將軍伊犁將軍奴才马（亮），伊犂副都統奴才廣（福），錫伯營領隊大臣奴才希賢，索倫營領隊大臣奴才志銳。

光緒三十二年五月初九日，奉硃批：知道了。欽此[4]。

【案】此摺原件[①]現藏於臺北故宫博物院，錄副[②]藏於中國第一歷史檔案館，茲據校勘。

1.【奴才馬亮、廣福跪】底本無此前銜，茲據校補。

2.【榮】即榮昌，底本空名諱“昌”，茲據補，以下同。

3.【奎】即奎順[③]，底本空名諱“順”，茲據補，以下同。底本誤作“金”，茲據校正。

4.【光緒三十二年五月初九日，奉硃批：知道了。欽此】此硃批日期與內容，據錄副補。

一五六、奏為恩賞福字壽字謝恩摺

光緒三十二年四月初三日（1906 年 4 月 26 日）

奴才馬（亮）跪奏，為恭摺叩謝天恩，仰祈聖鑒事。

竊奴才於光緒三十二年三月初八日准兵部火票遞到軍機處交出特賞烏里雅蘇臺將軍馬（亮）“福、壽”字各一方，由驛齎送前來。奴才當即恭設香案，望闕叩謝天恩祇領，訖。伏念奴才漢軍世僕，吉省庸材，蒙聖主特達殊恩，畀奴才疆寄重任，權篆五載，未立寸功。上年仰沐鴻恩調授烏里雅蘇臺將軍，羈遲尚未赴任，乃荷特賞優頒，叩領之餘，感慙交集，戴高厚生成之大德，非捐糜頂踵所能酬！

奴才惟有益殫血誠，勉盡心力，務整軍經武之實濟，佐安內和外之聖謨，將應辦事宜虛衷體察，隨時振興，以期仰答高厚鴻慈於萬一。所有奴才感激下忱，謹恭摺叩謝天恩。伏乞皇太后、皇上聖鑒。謹奏。光緒三十

---

① 臺北故宫博物院藏：《軍機及宫中檔》，文獻編號：408004193.

② 中國第一歷史檔案館藏：《錄副奏摺》，檔號：03－5460－064.

③ 奎順（1846－?），滿洲正藍旗人，監生，捐納貢生。同治九年（1870），再捐筆帖式。次年，保主事、員外郎。十二年（1873），籤分戶部員外郎。光緒元年（1875），監修普祥峪工程。三年（1877），補戶部員外郎，加四品銜。五年（1879），升補戶部郎中。九年（1883），充捐納房幫辦，調戶部江南司郎中。十一年（1885），放甘肅甘凉道。十三年（1887），署西甯辦事大臣。十八年（1892），遷西甯辦事大臣，加副都統銜。二十五年（1899），任正黄旗漢軍副都統、馬蘭鎮總兵官兼總管內務府大臣。次年，調鑲白旗漢軍副都統。同年，授察哈爾都統。三十年（1904），補烏里雅蘇臺將軍。三十一年（1905），調補正藍旗漢軍都統。

二年四月初三日。

光緒三十二年八月二十七日，奉到硃批：知道了。欽此。

光緒三十二年五月初九日，奉硃批：知道了。欽此[1]。

【案】此摺原件①現藏於臺北故宮博物院，錄副②藏於中國第一歷史檔案館，茲據校勘。

1.【光緒三十二年五月初九日，奉硃批：知道了。欽此】此硃批日期與內容，據錄副補。

一五七、揀選伊犁舊滿營佐領員缺摺

光緒三十二年四月初三日（1906年4月26日）

奴才馬（亮）、廣（福）跪奏，為循例揀選伊犁舊滿營佐領員缺，擬定正、陪，恭摺仰祈聖鑒事。

竊查舊滿營左翼正藍旗佐領烏勒本，前因年老患病呈請原品休致，經奴才等附片奏奉硃批：著照所請，兵部知道。欽此。欽遵恭錄行知在案。茲據滿營檔房呈請將烏勒本所以佐領員缺另行揀員補放，以資辦理旗務，等情。前來。奴才等當於該營應升人員內逐加考驗，烏勒本遺出正藍旗佐領一缺，揀選得正白旗花翎儘先即補協領德克吉本堪以擬正，鑲紅旗防禦塔奇本堪以擬陪。謹將該員等履歷另繕清單，恭呈御覽，伏候欽定。

其請補佐領，一俟遇有差便，再行給咨送部補行帶領引見，以符定制。所有揀選伊犁舊滿營佐領員缺、擬定正、陪緣由，理合恭摺具陳。伏乞皇太后、皇上聖鑒訓示。謹奏。光緒三十二年四月初三日[1]。

光緒三十二年六月二十日接到，閏四月十九日，奉硃批：著擬正之員補授，該衙門知道，單併發。欽此。

---

① 臺北故宮博物院藏：《軍機及宮中檔》，文獻編號：408004192.

② 中國第一歷史檔案館藏：《錄副奏摺》，檔號：03－5971－135.

☆呈揀選舊滿營佐領員缺清單

惠遠城舊滿營烏勒本所出佐領員缺。擬正之惠遠城舊滿營正白旗花翎儘先即補協領德克吉本，食俸餉三十五年，光緒三年，投入湘軍軍營，效力當差。四年克復南路西四城、七年新疆五次剿平邊寇、十年新疆底定搜捕餘匪、十八年新疆防戍各案內均屬奮勉出力，疊經前督辦新疆軍務大臣左宗（棠）等奏保儘先即補協領，並賞戴花翎，補缺後加二品頂戴。十六年，經前護甘肅新疆巡撫魏光（燾）奏補古城滿營蒙古旗佐領。二十四年，經前甘肅新疆巡撫饒應（祺）奏護古城城守尉。二十八年，交卸護篆。是年，呈蒙奏請開缺，仍回伊犁原營當差，現年六十歲。舊滿洲伊爾根覺羅氏，馬步箭平等。

擬陪之惠遠城舊滿營鑲紅旗防禦塔奇本，食俸餉二十九年，前在庫爾喀喇烏蘇軍營當差。光緒二年克復瑪納斯南北兩城、六年剿辦陝回、二十年收還巴爾魯克山各案內均屬奮勉出力，疊經前將軍金（順）等奏保儘先即補佐領，並賞戴花翎。二十三年，補放驍騎校。二十七年，補放防禦，護送貢馬赴京四次，揀選佐領擬陪二次，現年四十九歲。舊滿洲白佳氏，馬步箭平等。①

【案】此摺原件②現藏於臺北故宮博物院，錄副③藏於中國第一歷史檔案館，茲據校勘。

1.【光緒三十二年四月初三日】此具奏日期據原件校補。

一五八、章京榮聯請敕部選用緣由片

光緒三十二年四月初三日（1906 年 4 月 26 日）

再，據伊犁印務章京榮聯呈稱：竊章京由吏部筆帖式經吏部帶領引

① 此情單原件查無下落，待考。

② 臺北故宮博物院藏：《軍機及宮中檔》，文獻編號：408004189.

③ 中國第一歷史檔案館藏：《錄副奏摺》，檔號：03－5971－094.

見，奉旨：伊犁印務章京著榮聯去。欽此。遵即領照起程，於光緒二十八年五月十二日行抵伊犁，接辦印房事務。二十九年八月二十四日，聞訃[1]丁父憂，出署差缺。三十年八月，接奉行知，准吏部咨覆：伊犁至京遙遠，往返不易，差缺未便久署，令其毋庸回旗，百日孝滿後，仍回差所任事。俟扣滿年限，再行更換回京，等因。遵於十年八月初四日仍回差所任事，前後接計，連閏扣至三十二年三月二十二日止，三年期滿，呈請照例更換，等情。前來。

查定例：新疆章京專用京員之缺，由各衙門現任筆帖式帶領引見，作為委署主事，其筆帖式毋庸開缺。到任後三年期滿，如果得力出色，經該處大臣奏明咨部以主簿歸部即選者，歸於奉旨即用班內升用。遇有主事缺出，照例具題補授，即照升任食俸升轉，其兵差原缺另行奏請更換，仍俟新任人員更替到日交代清楚，再將年滿之員給咨回京，補行帶領引見。如係平等之員，咨回原衙門供職，等語。茲據該章京呈報年滿，所遺伊犁印務京員章京一缺，相應請旨簡放，以重職守。

查該章京榮聯，係由吏部筆帖式奉旨補授伊犁印務章京，到任以來已歷三載，辦事勤慎，毫無貽誤，可否仰懇天恩敕部照例選用之處，出自高厚鴻施。除俟更替之員到日再行給咨送部帶領引見外，理合附片具陳。伏乞聖鑒訓示。謹奏。

同日[2]，奉硃批：吏部知道。欽此。

【案】此片原件①現藏於臺北故宮博物院，錄副②藏於中國第一歷史檔案館，茲據校勘。

1.【聞訃】底本誤作“聞父”，茲據校正。

2.【同日】錄副作“光緒三十二年閏四月十九日”，與底本一致。

① 臺北故宮博物院藏：《軍機及宮中檔》，文獻編號：408004189－0－B.

② 中國第一歷史檔案館藏：《錄副奏片》，檔號：03－5971－092.

一五九、章京嵩林請敕部選用緣由片

光緒三十二年四月初三日（1906年4月26日）

再，據伊犁糧餉處章京嵩林①呈稱：竊章京前由廢員奉旨起用，經軍機大臣榮[1]（祿）等奏請給予員外郎職銜，咨赴伊犁坐補糧餉章京，光緒二十八年四月十三日，奉旨：依議。欽此。遵即領照起程，於光緒二十九年三月二十一日行抵伊犁接辦糧餉事務起，扣至三十二年三月二十一日止，三年期滿，呈請照例更換，等情。前來。

查吏部奏定章程：糧餉京員章京一缺，先由在京筆帖式補放一次，由吏部知照軍機處於在京廢員補放一次，各按底缺更換。又[2]，廢員賞給主事、小京官等職銜派往者，三年期滿，該管大臣專摺具奏，吏部無論從前公私情罪，將該員革職原案詳敘事由，帶領引見，恭候欽定。如奉旨照例用者，按照所給職銜，歸於不論雙單月五缺之後選用，不准先行分部行走，各等語。茲據該章京呈報期滿，所遺伊犁糧餉京員章京一缺，相應請旨簡派，以重職守。

查該章京嵩林係由廢員記名賞給員外郎職銜，充補伊犁糧餉處章京，到任三載，辦事勤勉，毫無貽悞，可否仰懇天恩敕部照例選用之處，出自高厚鴻慈。除給咨送部帶領引見外，理合附片具陳。伏乞聖鑒訓示。謹奏。

同日[3]，奉硃批：吏部知道。欽此。

【案】此片原件②現藏於臺北故宮博物院，錄副③藏於中國第一歷史檔案館，茲據校勘。

---

① 嵩林，生卒年未詳，字中崖，號峻卿，滿洲鑲黃旗人，廕生。同治年間，任戶部郎中。光緒元年（1875），補湖廣道監察御史。八年（1882），升兵科給事中。次年，放熱河承德府。十年（1884），護理熱河道篆務。十二年（1886），兼護熱河道。同年，被參革職。二十八年（1902），補伊犁糧餉處章京。

② 臺北故宮博物院藏：《軍機及宮中檔》，文獻編號：408004189－0－A.

③ 中國第一歷史檔案館藏：《錄副奏片》，檔號：03－5971－093.

1.【榮】即榮祿①，底本空名諱“祿”，茲據補，以下同。

2.【又】底本誤作“之”，茲據校正。

3.【同日】錄副作“光緒三十二年閏四月十九日”，與底本一致。

一六〇、造報光緒三十一年收支銀糧數目摺

光緒三十二年四月初三日（1906年4月26日）

奴才馬亮、廣福跪[1]奏，為伊犁糧餉處造報光緒三十一年收支銀糧數目，繕具清單，籲懇天恩勅部准銷，恭摺仰祈聖鑒事。

竊查伊犁歷年收支銀糧，業經截至光緒三十年底止造報在案。所有光緒三十一年分收支銀糧數目，現飭令糧餉處造冊呈齎前來。

奴才等覆加查核，計舊管項下，共存各款湘平銀一十二萬一百一十三兩二錢六分五釐，京斗糧一千五百五十三石七斗七合三勺七抄，其欠收、借用各數均與光緒三十年底止册報實在數目相符。

新收項下，共收各款湘平銀三十六萬八千八百一十四兩一錢二分八

① 榮祿（1836－1903），字仲華，號略園，滿洲正白旗人。咸豐二年（1852），封騎都尉，兼雲騎尉。八年（1858），充工部主事，轉員外郎。次年，任戶部銀庫員外郎。十年（1860），補道員。十一年（1861），任神機營大臣。次年，補文案處翼長。同治三年（1864），拔營翼長。次年，授神機健銳兩營馬隊專操大臣、神機營威遠隊專操大臣，管理健銳營事務，加副都統銜。五年（1866），署正藍旗蒙古副都統，充正藍旗專操大臣。同年，實授正藍旗蒙古副都統，轉鑲白旗滿洲副都統。七年（1868），補左翼總兵。同年，管理溝渠河道事務。十年（1871），署工部左侍郎，改工部右侍郎，兼管錢法堂事務。十二年（1873），調戶部左侍郎管理三庫事務，兼署吏部左侍郎。十三年（1874），補授正藍旗護軍統領、左翼監督、總管內務府大臣。光緒元年（1875），兼署步軍統領、鑲藍旗蒙古副都統。三年（1877），授步軍統領、鑲黃旗護軍統領。次年，充紫禁城值年大臣、都察院左都禦史。同年，遷工部尚書。十三年（1887），補鑲藍旗蒙古都統。次年，任領侍衛內大臣，兼署鑲藍旗漢軍都統。十五年（1889），任扈從鳳輿大臣、專操大臣、稽查內七倉大臣、管理右翼幼官學大臣，署鑲紅旗漢軍都統。十七年（1891），調西安將軍。二十年（1894），任步軍統領。次年，轉兵部尚書。二十二年（1896），擢協辦大學士、玉牒館副總裁。次年，任經筵講官。二十四年（1898），補文淵閣大學士，管理戶部事務。同年，署直隸總督兼辦理通商事務大臣、北洋大臣。同年，兼任軍機大臣上行走、管理兵部事務。二十五年（1899），任文淵閣領閣事，充正藍旗滿洲都統，兼崇文門正監督。次年，任內大臣，管理戶部事務。二十七年（1901），晉太子太保，升文華殿大學士。次年，兼崇文門副監督。二十九年（1903），卒於任。贈太傅，封一等男爵，謚文忠。有《武毅公事略》、《榮文忠公集》、《榮祿存札》等行世。

釐，京斗糧料三萬八千二百九十六石七升五合九勺。

開除項下，共支湘平銀三十六萬四千六百九十兩一錢五分六釐，內除歸還舊管項下借用甘肅藩庫湘平銀二萬八百三十三兩三錢二分三釐外，本案實請銷湘平銀三十四萬三千八百五十六兩八錢二分三釐，又請銷京斗糧料三萬七千四百九十三石四斗二升二合七勺，均係照額減成支放，極力樽節，祇以各省協餉愈欠愈多[2]，原欠甘、新兩庫借款未能還清，現又挪用官茶變價餘利，並借用商款以資挹注，應請俟收到欠餉陸續清還。

實在項下，共計實存湘平銀一十二萬四千二百三十七兩二錢三分七釐，實存京斗糧二千三百五十六石三斗六升五勺七抄，照章折合價銀，均經實存在庫。其歷年欠收新餉湘平銀五十三萬二千一百六十三兩三錢九分九釐，借用甘、新兩庫及商款湘平銀三十萬二百四兩六錢四分九釐，容俟收有欠餉，陸續還借，歸入下屆列報。核計本案應銷銀糧數目，均係核實支發，委無浮冒，合無仰懇天恩敕部照案准銷，以清款目。除將詳細總、散清册分別咨送戶部、兵部、工部核辦外，理合繕具清單，恭呈御覽。伏乞皇太后、皇上聖鑒訓示。謹奏。光緒三十二年四月初三日出奏。

六月二十日接到，閏四月十九日，奉硃批：該部知道。單併發。欽此。

☆呈造報光緒三十一年收支銀糧清單

謹將伊犁糧餉處造報光緒三十一年一歲收支銀糧各款請銷數目，繕具清單，恭呈御覽。

計開：上案截至光緒三十年底止。舊管：一、上案共存湘平銀一十二萬一百一十三兩二錢六分五釐。一、上案共欠收湘平銀四十六萬七百七兩二錢二分二釐。一、上案共借用甘、新藩庫湘平銀二十四萬九千三百一十一兩七錢六分七釐。一、上案共存京斗糧一千五百五十三石七斗七合三勺七抄。

新收：一、收光緒三十年新餉湘平銀三萬一千一百八十九兩七分九釐。一、收光緒三十一年新餉湘平銀二十三萬七千三百五十四兩七錢四分四釐。一、收章京等歸還部庫借款湘平銀一百三十兩。一、收本案扣回二分減平湘平銀四千七百六十六兩七錢五分三釐。一、收本案扣回一分平餘湘平銀一百二十四兩八錢一分一釐。一、收提用光緒三十一年馬租湘平銀二千六百八兩二錢。一、收借用官茶餘利湘平銀二萬九百一十四兩三錢二分六釐。一、收借用新疆藩庫湘平銀三萬五千九百二十六兩二錢一分五釐。一、收借用商款湘平銀三萬五千八百兩。以上共收湘平銀三十六萬八千八百一十四兩一錢二分八釐。一、收新疆撥發本折糧料三萬八千二百九十六石七升五合九勺。

開除：一、撥發第一册將軍、副都統、領隊大臣支款銀九千八百六十二兩九錢一分五釐，又京斗糧二百六十五石一斗八合五勺。一、撥發第二册印房等五處支款湘銀五千六百六十四兩一錢八分三釐，又京斗糧二百三石六斗二升九合三勺。一、撥發第三册蒙古汗、王公、札薩克等支款銀七千六百五十兩。一、撥發第四冊舊滿營官兵支款銀五萬三千三百六十八兩一錢一分五釐，又京斗糧料一萬五千九百九十石四斗二合六勺。一、撥發第五冊新滿營官兵支款銀五萬三千五百六十七兩七錢六分四釐，又京斗糧料一萬六千一十六石七斗五升三合七勺。一、撥發第六冊錫伯營官兵支款銀二萬五百四十一兩三錢八分三釐，又京斗糧一十六石六斗二升二合七勺。一、撥發第七冊索倫營官兵支款銀一萬八千四百七十一兩六錢三分二釐，又京斗糧料一十六石六斗二升二合七勺。一、撥發第八冊察哈爾營官兵支款銀一萬四千四百四十一兩三錢五分八釐，又京斗糧二十四石九斗三升四合一勺。一、撥發第九冊額魯特營官兵支款銀一萬四千四百三十八兩二分七釐，又京斗糧二十四石九斗三升四合一勺。一、撥發第十冊滿營世職、告休各官支款銀一千七百五十一兩八錢一分二釐，又京斗糧一百七石一斗一升三合五勺。一、撥發第十一冊滿營孀婦孤女支款銀二百三十兩三錢三分三釐，又京斗糧一百二十石六斗九升四合二勺。一、撥發第十二冊普化寺喇嘛支款銀一千五十七兩四錢六分三釐，又京斗糧四百五十九石八斗六升七合五勺。一、撥發第十三冊練軍支款銀一萬六千八百七十六兩九錢二分，又京斗糧四千二百三十石。一、撥發第十四冊軍標各官支款銀五千五百六十兩五錢七分八釐。一、撥發第十五册軍標馬、步、炮各營、旗、哨支款銀七萬一千五百五十五兩二錢九分五釐。一、撥發第十六册軍標行營各局處支款銀一萬九百六十四兩六錢六分。一、撥發第十七册軍臺支款銀一千二百八十九兩二錢八分。一、撥發第十八冊沿邊卡倫支款銀一萬六千六百九十六兩八錢九分。一、撥發第十九冊分查卡倫支款銀三百五十四兩一錢六分八釐。一、撥發第二十冊辦解貢馬支款銀五百九十五兩。一、撥發第二十一冊官醫生支款銀五十一兩，又京斗糧八石四斗二升八合四勺。一、撥發第二十二册蒙、哈、回、俄通事支款銀二百四十四兩八錢。一、撥發第二十三册軍器局等處支款銀一百七十七兩八分[3]四釐。一、撥發第二十四冊歲脩倉庫等支款銀七百五十兩。一、撥發第二十五冊運餉脚價支款銀五百九十六兩四錢。一、撥發第二十六冊製購火藥、青鉛、皮紙支款銀一萬二千七百六十五兩七錢七分五釐。一、撥發第二十七冊滿營威遠隊支款銀四千三百三十三兩九錢八分六釐。以上共支湘平銀三十四萬三千八百五十六兩八錢二分三釐，內應請戶部准銷銀三十二萬九千六百四十四兩六錢四分八釐，應請兵部准銷運餉、運船脚價銀一千三百八十五兩六錢二分五釐，應請工部准銷[4]歲修、製造等銀一萬二千七百二十六兩五錢五分。共支京斗糧料三萬七千四百九十三石四斗二升二合七勺，應請戶部准銷。理合登明。又撥還兌借甘肅藩庫湘平銀二萬八百三十三兩三錢三分三釐。

統計此册共開除湘平銀三十六萬四千六百九十兩一錢五分六釐。前件查前款內動用二分減平款銀四千三百三十三兩九錢八分六釐，又動用馬租變款銀二千六百八兩二錢。又借用官茶餘利款銀二萬九百一十四兩三錢二分六釐，又借用新疆藩庫銀三萬五千九百二十六兩二錢一分五釐，又借用商款銀三萬五千八百兩，又動用新餉銀二十六萬五千一百七兩四錢二分九釐，合符前數。理合登明。

實在：一、共存各款湘平銀一十二萬四千二百三十七兩二錢三分七釐。一、共欠收各款湘平銀五十三萬二千一百六十三兩三錢九分九釐。一共借用各款湘平銀三十萬二百四兩六錢四分九釐，一、共存京斗糧二千三百五十六石三斗六升五勺七抄。前件查前款應存銀糧，現均實存倉庫。所有欠收、借用各款，俟下屆清理，跟接造報。理合登明。

覽[5]。

【案】此摺原件①現藏於臺北故宮博物院，錄副②及清單③均藏於中國第一歷史檔案館，茲據校勘。

1.【奴才馬亮、廣福跪】底本無此前銜，茲據校補。

2.【愈欠愈多】底本作“逾欠逾多”，顯誤。茲據校正。

3.【八分】底本奪“分”，茲據校補。

---

① 臺北故宮博物院藏：《軍機及宮中檔》，文獻編號：408004191.

② 中國第一歷史檔案館藏：《錄副奏摺》，檔號：03－6174－110.

③ 中國第一歷史檔案館藏：《單》，檔號：03－6174－111.

4.【准銷】底本誤作“准脩”，玆據校正。

5.【覽】此御批據原單補。

一六一、派員迎運德製槍砲情形片

光緒三十二年四月初三日（1906年4月26日）

再，查前將軍長（庚）於光緒二十四年奏請經費，續購德國克勞司毛瑟槍一千枝、槍彈一百一十萬出、克魯伯過山快礮二尊、礮彈二千顆，假道俄境，運赴伊犁。二十六年，行至俄屬阿勒坦額拉地方，適值俄國禁止軍器出境，將前項槍礮解回庫庫烏蘇，業經長（庚）奏明在案。二十九年，禁限期滿，奴才分別咨商，令其交還，派員迎運，距料行至俄屬薩瑪爾，又值東省日俄開釁，復被俄稅局將前項槍礮阻留，致未運到

本年日俄和局已成，奴才即與俄領事官並電請出使俄國大臣胡維德與俄外、兵等部磋商，始得議允交還，當即派員於本年二月初二日運解回伊，逐一查點，惟槍彈短少五千顆，礮彈短少二十顆，詢係俄官試放。除已電知外務等部並飭造運價咨部請銷外，理合附片陳明。伏乞聖鑒。謹奏。

同日[1]，奉硃批：該部知道。欽此。

【案】此片原件①現藏於臺北故宮博物院，玆據校勘。

1.【同日】《隨手檔》② 作“光緒三十二年閏四月十九日”，與底本一致。

一六二、奏報俄屬牧夫馬匹出境日期片

光緒三十二年四月初三日（1906年4月26日）

再，奴才前於光緒三十一年十月內，據伊塔道慶秀申稱：准駐伊俄

---

① 臺北故宮博物院藏：《軍機及宮中檔》，文獻編號：40800418999－0－C.

② 中國第一歷史檔案館藏：《軍機處隨手登記檔》，檔案編號：03－0322－2－1232－133.

領事官斐多羅福照會：准俄七河巡撫照稱：俄屬阿依托伏斯克博羅斯屬下哈薩克請照上年成案，借給額魯特所轄木胡爾莫敦地方草廠牧放牲畜，當經電請外務部代奏，並照會額魯特領隊大官轉飭派員照料去後。旋據該哈薩[1]牧夫一百名，携帶氈房十頂，趕馬一萬匹，於光緒三十一年十一月十八日由那林郭勒卡倫入卡。比即點驗立約，安置牧放。兹據額魯特領隊大臣錫濟爾琿呈：據該營總管等呈報：前項牧夫、馬匹已於本年二月十八日出境，仍回俄國，人畜均屬平安，取具俄屬博羅斯收條、印據轉呈前來。

奴才伏查屬實，堪以[2]上紓宸廑。除咨明外務部外，理合附片陳明。伏乞聖鑒。謹奏。

同日[3]，奉硃批：外務部知道。欽此。

【案】此片原件①現藏於臺北故宫博物院，兹據校勘。

1.【哈薩】底本作“哈薩克”，兹據校正。

2.【堪以】底本奪“堪”，兹據校補。

3.【同日】《隨手檔》② 作“光緒三十二年閏四月十九日”，與底本一致。

【案】此片於是日咨呈外務部查照，《外交檔案》：

光緒三十二年閏四月十九日，收軍機處抄交伊犁將軍馬亮片稱：再，奴才前於光緒三十一年十月内，據伊塔道慶秀中申稱：……理合附片陳明。伏乞聖鑒。謹奏。③

一六三、領隊大臣恩祥因病出缺請旨簡放摺

光緒三十二年四月初三日（1906年4月26日）

奴才馬亮跪[1]奏，爲伊犁察哈爾營領隊大臣因病出缺，所遺員缺緊要，請旨簡放，並先行派員署理，恭摺具陳，仰祈聖鑒事。

---

① 臺北故宫博物院藏：《軍機及宫中檔》，文獻編號：40800418999 – D.

② 中國第一歷史檔案館藏：《軍機處隨手登記檔》，檔案編號：03 – 0322 – 2 – 1232 – 133.

③ 臺北“中央研究院”近史所藏：《外交檔案》，館藏號：02 – 10 – 015 – 01 – 047.

竊奴才於光緒三十二年三月二十七日，據察哈爾營領隊檔房報稱：察哈爾營領隊大臣世襲雲騎尉恩祥於本年三月二十六日偶受風寒，觸發痰症，醫治罔效，延至是日亥刻，因病出缺，等情。呈報前來。

奴才查察哈爾營緊與俄鄰，領隊大臣有督練官兵、防守邊境之責，所遺員缺關係緊要，相應請旨迅賜簡放，以重職守。至其印務未便久懸，先派員署理，俾專責成。查有記名副都統伊犁舊滿營左翼協領博貴，才猷卓著，熟悉邊情，蒙、哈語言均能通達，上年奏請署理索倫營領隊大臣，辦理一切，毫無貽誤。此次察哈爾領隊大臣遺缺，堪以派令兼署。除檄委並分咨部、旗外，謹恭摺具陳。伏乞皇太后、皇上聖鑒訓示。謹奏。光緒三十二年四月初三日。

光緒三十二年六月二十接到，閏四月十九日，奉硃批：另有旨[2]。欽此。

【案】此摺原件①現藏於臺北故宮博物院，茲據校勘。

1.【奴才馬亮跪】底本無此前銜，茲據原件校補。

2.【另有旨】光緒三十二年閏四月十九日，清廷“賞頭等侍衛峻昌副都統銜，為察哈爾領隊大臣。”②

一六四、領隊大臣色普西賢因病出缺片

光緒三十二年四月初三日（1906年4月26日）

再，准伊犁錫伯營領隊大臣希賢咨呈：據該營總管富勒祜倫等呈稱：本營食全俸原品休致頭品頂戴副都統銜領隊大臣世襲騎都尉兼一雲騎尉果勇巴圖魯色普西賢，於光緒三十二年二月二十六日咳嗽氣促，舊病復發，醫治罔效，延至三月初一日，在本旗家寓病故，等情。轉呈前來。奴才等覆查無異，除分咨部、旗外，謹附片具陳。伏乞聖鑒。謹奏。

同日[1]，奉硃批：該衙門知道。欽此。

---

① 臺北故宮博物院藏：《軍機及宮中檔》，文獻編號：40800418990.

② 《德宗景皇帝實錄（八）》，卷五百五十九，光緒三十二年閏四月，第409頁。

【案】此片原件①現藏於臺北故宮博物院錄副②藏於中國第一歷史檔案館，兹據校勘

1.【同日】《隨手檔》③ 作“光緒三十二年閏四月十九日”，與底本一致。

一六五、恭賀太后聖安摺

光緒三十二年四月初三日（1906 年 4 月 26 日）

奴才馬（亮）、廣（福）跪請，慈禧端佑康頤莊誠壽恭欽獻崇熙皇太后聖安！皇上聖躬萬安！

一六六、奏報循例呈進貢馬情形摺

光緒三十二年四月二十四日（1906 年 5 月 17 日）

奴才馬（亮）、廣（福）跪奏，為循例呈進貢馬，恭摺具陳，仰祈聖鑒事。

竊維伊犁係產馬之區，自收還以來，歷年挑選馴良馬匹呈進御用。兹屆光緒三十二年應進貢馬之期，奴才馬（亮）謹選得騸馬八匹，奴才廣（福）謹選得騸馬四匹，調習試驗，骨相雖非駿異，步驟尚屬安詳，專派防禦和林、西林泰、驍騎校庫克信、委防禦興額春[1]等帶領弁兵，於本年四月二十四日[2]由伊犁起程，照章取道草地行走，飭令携帶麩料，沿途小心牧放餧養，護送進京，呈遞上駟院驗收試騎，敬備御用。

除咨行科布多、烏里雅蘇臺將軍、參贊大臣、察哈爾都統等轉飭經過

① 臺北故宮博物院藏：《軍機及宮中檔》，文獻編號：40800418990－0－A.

② 中國第一歷史檔案館藏：《錄副奏摺》，檔號：03－5971－091.

③ 中國第一歷史檔案館藏：《軍機處隨手登記檔》，檔案編號：03－0322－2－1232－133.

地方一體照料前進、以照慎重外，謹將所有正貢、備備貢馬匹毛色、口齒、腳步另繕清單，恭呈御覽，懇恩賞收，以遂奴才等敬獻微忱。理合恭摺具陳。伏乞皇太后、皇上聖鑒訓示。謹奏。光緒三十二年四月二十四日[3]。

光緒三十二年九月初六日，奉硃批：知道了。欽此[4]。

☆呈循例呈進貢馬清單

奴才馬（亮）謹呈正貢馬四匹：黑馬[5]，小走，八歲口；
黑馬[6]，小走，八歲口；
黑鬃黃馬[7]，小走，八歲口。
黑鬃黃馬[8]，小走，八歲口。
備貢馬四匹：海騮馬[9]，小走，七歲口；
海騮馬，小走，七歲口；
海騮馬[10]，小走，七歲口；
棗騮馬[11]，小走，七歲口。
棗騮馬[12]，小走，七歲口。
奴才廣（福）謹呈正貢馬二匹：棗騮馬[13]，小走，八歲口；
棗騮馬[14]，小走，八歲口。
備貢馬二匹：四銀蹄黑馬[15]，小走，七歲口；
四銀蹄黑馬[16]，小走，七歲口。
覽[17]。

【案】此摺原件①現藏於臺北故宮博物院，錄副②及清單③均藏於中國第一歷史檔案館，茲據校勘。

1.【驍騎校庫克信、委防禦興額春】此部分文字底本脫，茲據校補。

2.【四月二十四日】底本“月、日”時間未確，茲據校補。

3.【案】此具奏日期亦未確，茲據校補。

4.【光緒三十二年九月初六日，奉硃批：知道了。欽此】此硃批日

---

① 臺北故宮博物院藏：《軍機及宮中檔》，文獻編號：408004194.

② 中國第一歷史檔案館藏：《錄副奏摺》，檔號：03－5575－007.

③ 中國第一歷史檔案館藏：《單》，檔號：03－5575－008.

期與內容，據錄副補。

5.【黑馬】底本奪“黑”，茲據校補。

6.【黑馬】底本奪“黑”，茲據校補。

7.【黑鬃黃馬】底本脫“黑鬃黃”，茲據校補。

8.【黑鬃黃馬】底本奪“黑鬃黃”，茲據校補。

9.【海騮馬】底本奪“海騮”，茲據校補。

10.【海騮馬】底本奪“海騮”，茲據校補。

11.【棗騮馬】底本脫“棗騮”，茲據校補。

12.【棗騮馬】底本脫“棗騮”，茲據校補。

13.【棗騮馬】底本脫“棗騮”，茲據校補。

14.【棗騮馬】底本脫“棗騮”，茲據校補。

15.【四銀蹄黑馬】底本奪“四銀蹄黑”，茲據校補。

16.【四銀蹄黑馬】底本奪“四銀蹄黑”，茲據校補。

17.【覽】此御批據原單補。

一六七、奏報領隊大臣隨進貢馬片

光緒三十二年四月二十四日（1906 年 5 月 17 日）

再，據錫伯營領隊大臣希賢、索倫營領隊大臣志銳各選得騸馬二匹，呈請隨同呈進前來。除飭委員防禦和林、西林泰等一體護送上駟院驗收外，謹將馬匹數目、毛色、口齒、脚步另繕清單，恭呈御覽，伏乞天恩一併賞收。所有領隊大臣遵例隨同呈進貢馬緣由，理合附片陳明。伏乞聖鑒。謹奏。

光緒三十二年九月初六日，奉硃批：知道了。欽此[1]。

☆呈領隊大臣雖進貢馬清單

奴才希賢謹呈正貢馬一匹：棗騮馬[2]，小走，七歲口。

備貢馬一匹：棗騮馬[3]，小走，七歲口。

奴才志銳謹呈正貢馬一匹：棗騮馬[4]，小走，七歲口。

備貢馬一匹：棗騮馬[5]，小走，七歲口。

覽[6]。

【案】此片原件①現藏於臺北故宫博物院，錄副②及清單③均藏於中國第一歷史檔案館，茲據校勘。

1.【光緒三十二年九月初六日，奉硃批：知道了。欽此】此硃批日期與內容，據錄副補。

2.【棗騮馬】底本脱"棗騮"，茲據校補。

3.【棗騮馬】底本脱"棗騮"，茲據校補。

4.【棗騮馬】底本脱"棗騮"，茲據校補。

5.【棗騮馬】底本脱"棗騮"，茲據校補。

6.【覽】此御批據原單補。

一六八、揀選伊犁額魯特營佐領等缺摺

光緒三十二年六月初二日（1906年7月22日）

奴才馬亮、廣福跪[1]奏，為循例揀選伊犁額魯特營佐領等缺，擬定正、陪，恭摺具陳，仰祈聖鑒事。

竊奴才等准署伊犁額魯特營領隊大臣錫濟爾（琿）咨呈：額魯特營左翼鑲黃旗二牛彔佐領朝喀於光緒三十二年四月十五日因病出缺，所遺佐領等缺，應請揀員補放，以資辦理旗務，等因。前來。奴才等當於該營應升人員內逐加考驗，朝喀遺出鑲黃旗二牛彔佐領一缺，揀選得鑲黃旗頭牛彔驍騎校諾斯圖堪以擬正，鑲黃旗二牛彔驍騎校圖魯巴圖堪以擬陪。遞遺驍騎校一缺，揀選得正白旗二牛彔委官布噶堪以擬正，正白旗頭牛彔空藍翎烏魯布濟爾堪以擬陪。謹將該員等履歷另繕清單，恭呈御覽，伏候欽定。

其請補佐領一俟遇有差便，再行給咨送部補行帶領引見，以符定制。所有揀選伊犁額魯特營佐領等缺擬定正、陪緣由，理合恭摺具陳。伏乞皇太后、皇上聖鑒訓示。謹奏。光緒三十二年六月初二日。

---

① 臺北故宫博物院藏：《軍機及宫中檔》，文獻編號：408004194－0－A.

② 中國第一歷史檔案館藏：《錄副奏片》，檔號：03－5575－009.

③ 中國第一歷史檔案館藏：《單》，檔號：03－5575－010.

光緒三十二年十月初一日接到，七月二十四日，奉硃批：均著擬正之員補授，該衙門知道，單併發。欽此。

☆呈揀選伊犁額魯特營佐領等缺清單

謹將揀選伊犁額魯特營佐領等缺擬定正、陪人員，繕具清單，恭呈御覽。

額魯特營朝喀遺出佐領員缺。擬正之額魯特營左翼鑲黃旗頭牛彔驍騎校諾斯圖，食俸餉當差三十五年。光緒十七年，搜剿竄匪案内出力，經前護將軍富勒銘（額）咨保，給予六品頂戴。光緒三十年，補放驍騎校，現年五十五歲。舊額魯特馬步箭平等。

擬陪之額魯特營左翼鑲黃旗二牛彔驍騎校圖魯巴圖，食俸餉當差二十七年。光緒三十一年，補放驍騎校，現年四十六歲。舊額魯特馬步箭手等。

擬補佐領遞驍騎校員缺。擬正之額魯特營左翼正白旗二牛彔委官布噶，食錢糧三十四年，前在庫爾喀喇烏蘇軍營當差，十七年搜剿竄匪[2]、二十八年伊犁歷年之防戍各案内均出力，經前護將軍富勒銘（額）等奏保六品頂戴，補用驍騎校。光緒二十五年，由領催補放委官，揀選驍騎校擬陪二次，現年五十二歲。舊額魯特馬步箭平等。

擬陪之額魯特營左翼正白旗頭牛彔空藍翎烏魯布濟爾，食錢糧當差二十一年。光緒二十二年，由披甲補放空藍翎，現年三十七歲。舊額魯特馬步箭平等。

覽[3]。

【案】此摺原件①現藏於臺北故宮博物院，錄副②及清單③均藏於中國第一歷史檔案館，

1.【奴才馬亮、廣福跪】底本無此前銜，兹據校補。

2.【搜剿竄匪】底本亂作“搜竄剿匪”，兹據校正。

3.【覽】此御批據原單補。

---

① 臺北故宮博物院藏：《軍機及宮中檔》，文獻編號：408004197.

② 中國第一歷史檔案館藏：《錄副奏摺》，檔號：03－5972－083.

③ 中國第一歷史檔案館藏：《單》，檔號：03－5974－133.

一六九、請將防禦精吉那開缺降補片

光緒三十二年六月初二日（1906年7月22日）

再，據伊犁舊滿營右翼協領烏淩額呈稱：正黄旗防禦精吉那糾約所屬兵丁，向該管佐領强借存公銀兩。傳詢眾兵，各供僉同。呈請懲辦前來。奴才等查該防禦精吉那糾約兵丁，强借存公銀兩，實屬有干例禁，本應奏參革職，以儆效尤，惟該防禦正當年富力强，平時辦事尚稱幹練，若因此案遽行棄置，未免可惜，相應請旨將伊犁舊滿營正黄旗防禦精吉那開缺，以驍騎校降補，稍示懲警而觀後效。理合附片具陳。伏乞聖鑒訓示。謹奏。

同日[1]，奉硃批：著照所請，該衙門知道。欽此。

【案】此片原件①現藏於臺北故宫博物院，錄副②藏於中國第一歷史檔案館，兹據校勘。

1.【同日】錄副作“光緒三十二年七月二十四日”，與底本一致。

一七〇、奏報吐爾扈特盟長赴京值年片

光緒三十二年六月初二日（1906年7月22日）

再，准舊土爾扈特南部落盟長札薩克卓哩克圖汗布彥蒙庫咨稱：竊查本年係布彥蒙庫輪值年班之期，自應及早趨赴闕廷，以遂依戀之忱，若候理藩院咨調之文，誠恐致悮限期，呈請將盟長暨札薩克印信移交伊母色哩特博勒噶丹護理，並懇發給咨文、傳牌，俾得早爲起程赴京，恭值年班，等情。當經奴才等如請覆准在案。兹准該汗呈稱，已將盟長札薩克印信於本年三月初十日移交福晋色哩特博勒噶丹護理，訖，布彥蒙庫即於十一日

---

① 臺北故宫博物院藏：《軍機及宫中檔》，文獻編號：408004197－0－C.

② 中國第一歷史檔案館藏：《錄副奏片》，檔號：03－5575－090.

由本遊牧起程赴京，等情。並准福晋色哩特博勒噶丹呈同前由。奴才等覆查無異，除咨理藩院查照外，理合附片陳明。伏乞聖鑒。謹奏。

同日[1]，奉硃批：該衙門知道。欽此。

【案】此片原件①現藏於臺北故宫博物院，錄副②藏於中國第一歷史檔案館，茲據校勘。

1.【同日】錄副作“光緒三十二年七月二十四日”，與底本一致。

一七一、暫行督管哈薩處事務緣由片

光緒三十二年六月初二日（1906年7月22日）

再，查伊犁内附哈薩克前於光緒十五年經前將軍色楞（額）奏派額魯特領隊大臣春滿管理，設立哈薩處筆帖式、毛拉、通事等承辨該處事務。春滿交卸後，經前將軍長（庚）奏派英裕接管。光緒二十八年，英裕因病開缺[1]，經奴才奏派索倫營領隊大臣志鋭兼管。

數年以來，辨理一切，深資臂助，該部哈薩人眾咸就約束。惟是生齒日眾，事務較繁，現在各營領隊大臣均到任不久，夷情尚未熟悉，此次志鋭交卸索倫營領隊大臣去任，所有哈薩處事務，暫時難得其人，擬即暫由奴才督率索倫營副總管福善、佐領業車本一手經理，以昭慎重。原定管理大臣薪津，即分給該處辦事員弁等辦公，俟長（庚）到任酌定有人，再行奏明派管。除分咨外，理合附片陳明。伏乞聖鑒。謹奏。

同日[2]，奉硃批：該衙門知道。欽此。

【案】此片原件③現藏於臺北故宫博物院，錄副④藏於中國第一歷史檔案館，茲據校勘。

1.【開缺】底本誤作“開除”，茲據校正。

---

① 臺北故宫博物院藏：《軍機及宫中檔》，文獻編號：408004197－0－E.

② 中國第一歷史檔案館藏：《錄副奏片》，檔號：03－5972－091.

③ 臺北故宫博物院藏：《軍機及宫中檔》，文獻編號：408004197－0－D.

④ 中國第一歷史檔案館藏：《錄副奏片》，檔號：03－5972－089.

2.【同日】錄副作“光緒三十二年七月二十四日”，與底本一致。

一七二、代奏領隊錫濟爾琿謝恩摺

光緒三十二年六月初二日（1906 年 7 月 22 日）

奴才馬亮跪[1]奏，為恭摺代奏叩謝天恩，仰祈聖鑒事。

竊奴才前准索倫營領隊大臣志銳咨呈，該員奏請回旗修墓，業經欽奉硃批：著賞假兩箇月，毋庸開缺。欽此。現已定期起程，呈請派員接署，等因。准此，當經才照會伊犁新滿營協領署額魯特領隊大臣錫濟爾琿兼署去後。旋准具報，於閏四月二十九日將索倫營領隊大臣圖記、案卷接收任事，訖。正奏報間，適於五月初五日准兵部咨：光緒三十二年三月十九日，奉旨：錫濟爾琿著賞給副都統銜，作爲伊犁索倫領隊大臣，即行馳赴新任。欽此。欽遵咨行到伊，又經照會該大臣欽遵在案。茲准該大臣咨呈：錫[2]（濟爾琿）承准照會，當即恭設香案，望闕叩謝天恩，訖。

伏思錫（濟爾琿）一介庸愚，毫無知識，渥蒙聖恩薦擢協領。上年署理額魯特領隊大臣，方[3]愧涓埃未效；前月奉委署理斯缺，尤懼負荷莫勝。茲承恩旨賞給副都統銜，作爲伊犁索倫領隊大臣。聞命自天，感悚無地！查索倫營地當伊犁西北，緊與俄鄰，卡倫之防守宜嚴，口戶之凋殘待恤。勤求武備，慎保邊疆，在在均關緊要。錫（濟爾琿）惟有遇事稟承將軍，勉竭駑駘，盡心整理，以期仰答高厚鴻慈於萬一。所有感激下忱，呈請代奏叩謝天恩，等情。前來。奴才理合恭摺代奏。伏乞皇太后、皇上聖鑒。謹奏。光緒三十二年六月初二日拜發。

光緒三十二年十月初一日接到，七月二十四日，奉硃批：知道了。欽此。

【案】此摺原件①現藏於臺北故宮博物院，錄副②藏於中國第一歷史檔案館，茲據校勘。

---

① 臺北故宮博物院藏：《軍機及宮中檔》，文獻編號：408004196.

② 中國第一歷史檔案館藏：《錄副奏摺》，檔號：03－5972－087.

1.【奴才馬亮跪】底本無此前銜，茲據校補。
2.【錫】即錫濟爾琿，底本空名諱“濟爾琿”，茲據補，以下同。
3.【方】底本脫“方”，茲據校補。

一七三、預估光緒三十三年新餉緣由摺

光緒三十二年六月初二日（1906年7月22日）

奴才馬亮、廣福跪[1]奏，爲預估光緒三十三年新餉，懇恩敕部准照減定成數，援案指撥的款，以濟要需，恭摺仰祈聖鑒事。

竊查伊犁滿蒙[2]標練各營官兵[3]俸餉以及一切雜支各款，歷經各前將軍奏定歲額銀四十萬兩，按年請撥在案。光緒二十九年，奴才等仰體時局艱難，開導各營官兵，將原定各款均照額支核減一成五發給，議定歲需銀三十四萬兩，奏明請撥。自此以後，所有歷年新餉均經援案奏蒙聖恩敕部議准，照章由甘省藩庫總收分發、具領供支在案。近來察看各營官兵，因俸餉減成，辦供一切均不免竭蹶從事，乃減定之數歷年未能源源解到，奴才等挪新補舊，實屬籌借無方。茲屆預估光緒三十三年新餉之期，據糧餉處呈請援案仍照上年所發成數，奏撥銀三十四萬兩以供支放，並催解舊欠[4]前來。

奴才等覆查伊犁應支一切，實已無可節裁，舊欠未清，新餉待放尤亟，合無仰懇天恩俯准，敕部將伊犁光緒三十三年新餉按照減定銀三十四萬兩之數，援案指撥的款，飭令各省關提前[5]如數協解，以濟要需。除咨明戶部外，所有預估光緒三十三年新餉銀數緣由，理合恭摺具陳。伏乞皇太后、皇上聖鑒。謹奏。光緒三十二年六月初二日[6]。

光緒三十二年十月初一日接到，七月二十四日，奉硃批：戶部知道。欽此。

【案】此摺原件①現藏於臺北故宮博物院，錄副②藏於中國第一歷史檔案館，茲據校勘。

---

① 臺北故宮博物院藏：《軍機及宮中檔》，文獻編號：408004195.
② 中國第一歷史檔案館藏：《錄副奏摺》，檔號：03－6175－048.

1.【奴才馬亮、廣福跪】底本無此前銜，玆據校補。
2.【滿蒙】底本作"蒙滿"，玆據校正。
3.【官兵】底本作"官兵兵"，衍一"兵"，玆據校正。
4.【催解舊欠】底本作"無催解舊欠"，衍"無"。玆據校正。
5.【提前】底本作"前提"，玆據校正。
6.【光緒三十二年六月初二日】此具奏日期據原件校補。

一七四、奏請獎勵督修路工各員片

光緒三十二年六月初二日（1906 年 7 月 22 日）

再，奴才前因伊犁菓子溝為新疆北路最要門戶，道路險阻，人馬難行，實與[1]行旅不便，於光緒三十一年七月附片奏明，由奴才與各官捐資，派員督工開修，欽奉硃批：知道了。欽此。欽遵在案。查該處山路綿延八十餘里，溝水迴環，急流駭目，大小橋梁共二十六道。其最險者，惟六道橋、松樹頭、紅水泉、鷍哥架、大灣各段，雪積則道路壅塞，冰化則橋梁被沖，每年脩葺，糜費耗工，而行旅往來，露宿守侯，稍不慎重，馬淹車傾。奴才因派鎮標中營遊擊陳甲福、軍標中軍都司王保清、鎮標左營外委王宏福，管帶工匠，分段興脩。自上年六月初一日起至八月底止，開山鑿石，改道填溝，竭三越月工程，將松樹頭至山南出口險徑一律開脩平坦。旋因秋深風冷，人力難施，所有六道橋地段工程，僅能廢去四道橋，將路改由西山根行走。去冬今春，察看行旅，雖無阻滯之患，而臨深履險，仍不免跋涉艱難。

本年春暖冰消，復經陳甲福、王保清、王宏福督率匠役，自四月初三日入山續脩，將二道橋之惡石懸巖，設法鑿眼，灌藥轟炸，劈山開路，借勢改溝，遂使當日之迴環曲徑，均一律改成平直坦途，不必涉水過橋，竟能驅車驟馬，並將上年所脩未竟工程挖高補低，修治寬潤，朽壞小橋從新建脩。至閏四月十五日，各工一律告成。報經奴才親往履勘，實屬料實工堅，暢行無阻。現已咨商新疆撫臣飭令鎮標派兵，分為四段駐紮，隨時整理，以善其後。從此一勞永逸。在行人既無險阻之苦，而郵遞亦免延誤之虞，實非奴才始願所能想到。

是役也，共費銀六千四百餘兩，均係奴才暨各營寅僚公同捐助，較之原估節省不少。若非督工各員實心任事，勞瘁不辭，斷難若是之成工速而省費鉅也。除捐資各員志存利濟，未便負其初心，督工之鎮標中營遊擊陳甲福，前年已經奴才專摺保以總兵記名，均不敢仰邀議敘外，所有在事督工之王保清、王宏福二員，均屬始終出力，未便沒其勤勞，且其平日留心營務，辦事幹練，謀略可取，實為邊地難得之員，可否仰懇天恩特沛，俯准將花翎副將銜補缺後副將儘先即補參將伊犁軍標中營中軍都司王保清，免補參將，以副將補用；守備銜補缺後拔補千總伊犁鎮標左營經制外委王宏福，免補把總，以[2]千總拔補，以示鼓勵之處，出自逾格鴻施。所有捐修菓子溝路工路告成，請將督工出力人員分別獎勵緣由，除咨部外，理合附片陳請。伏乞聖鑒訓示。謹奏。

同日[4]，奉硃批：該部議奏。欽此。

【案】此片原件①現藏於臺北故宮博物院，錄副②藏於中國第一歷史檔案館，茲據校勘。

1.【與】底本、原件及錄副均作“與”，據文意應作“於”，茲存疑。

2.【以】底本誤作“千”，茲據校正。

3.【同日】錄副作“光緒三十二年八月初八日”，與底本一致。

一七五、奏請添設哈薩克千戶長緣由片

光緒三十二年六月初二日（1906年7月22日）

再，查伊犁黑宰、阿勒班兩路哈薩克人衆，自光緒八年投誠內附，經將軍金（順）奏請，設立頭目三名，放爲阿哈拉克齊，並請賞戴三品頂翎。光緒九年七月二十八日，奉旨：著照所請，該衙門知道。欽此。前署將軍錫（綸）奏請，將阿哈拉克齊名目改爲千戶長名目。前護將軍富勒銘（額）奏定臺吉、千戶長歲支津貼，分別支給，以資辦公。光緒二十

① 臺北故宮博物院藏：《軍機及宮中檔》，文獻編號：408004197－0－A.

② 中國第一歷史檔案館藏：《錄副奏片》，檔號：03－7094－044.

五年，前將軍長（庚）因哈薩克生齒日繁，奏請設添[1]千戶長二名，加增歲收租馬。二十九年，奴才巡閱邊界，察看該哈薩克戶口衆多，非添設千戶長，不足以資約束，附片奏請除原有臺吉一名、千戶長五名外，添設千戶長三名、千戶長銜一名、副千戶長銜一名，分管部衆，酌定津貼，以示鼓勵[2]，欽奉硃批：著照所請，該衙門知道。欽此。欽遵在案。兹查前設千戶長銜昆布拉特所管部衆，數年以來，生齒益庶，且牧地寫遠，僅止千戶長銜一名難資鈐束。准管理哈薩事務索倫營領隊大臣志鋭咨呈：轉據該部落人衆稟請，將千戶長銜昆布拉特改爲千戶長，添設副千戶長一名，幫同料理，並請照章給予津貼，等情。前來。

奴才覆查該部落戶口既增，不能不加設頭目以資分管，惟有仰懇天恩准將昆布拉特所管游牧原設千戶長銜一名改爲千戶長，並添設副千戶長一名，責令妥爲管束，俾所屬人衆各知遵守法度。所有千戶長一名歲支津貼，按照定章歲支銀六十兩，應於原定千戶長銜銀五十兩外加銀千兩，在於歲收租馬款內支給，併案報銷。如蒙俞允，俟奉旨後即當欽遵轉飭遵照。除分咨部、院外，理合附片陳請。伏乞聖鑒訓示。謹奏。

同日[3]，奉硃批：著照所請，該衙門知道。欽此。

【案】此片原件①現藏於臺北故宫博物院，兹據校勘。

1.【添設】底本作“設添“，兹據校正。

2.【鼓勵】底本奪“勵”，兹據校補。

3.【同日】《隨手檔》② 作“光緒三十二年八月初八日”，與底本一致。

一七六、奏報甯夏副都統志鋭北上日期片

光緒三十二年六月十三日（1906 年 8 月 2 日）

再，查索倫營領隊大臣志鋭前因請假回旗修墓，奏奉硃批：著賞假兩

① 臺北故宫博物院藏：《軍機及宫中檔》，文獻編號：408004197－0－B.

② 中國第一歷史檔案館藏：《軍機處隨手登記檔》，檔案編號：03－0323－1232－239.

箇月，毋庸開缺。欽此。復蒙恩旨補授寧夏副都統。欽此。業經該大臣具奏叩謝天恩摺內聲明，定於閏四月二十八日起程，咨呈奴才派員接署索倫營領隊大臣，當經奴才照會署額魯特領隊大臣新滿營左翼協領錫濟爾琿兼署去後。志鋭旋因車輛不齊，未克如期成行。兹准具報，於閏四月二十九日交卸，五月初六日[1]起程北上。咨請代奏前來。理合附片陳明。伏乞聖鑒。謹奏。

同日[2]，奉硃批：仍著不准來京，迅赴新任。欽此。

【案】此片原件①現藏於臺北故宫博物院，録副②藏於中國第一歷史檔案館，兹據校勘。

1.【五月初六日】底本奪“五月”，兹據校補。

2.【同日】録副作“光緒三十二年七月二十四日”。

一七七、領隊希賢接充學堂堂事官片

光緒三十二年六月十三日（1906年8月2日）

再，奴才前光緒二十九年奏請設立養正學堂，派索倫營領隊大臣志鋭兼充總理堂事官[1]，布置一切，隨時考察。近來各學生功課較初入學堂稍有進步，赴俄肄業[2]各生亦覺成效可睹。現在志鋭交卸去任，所有養正學堂總理堂事官，已照會錫伯營領隊大臣希賢接充，並函知長（庚）由關內選調教習前來，以資化導。除咨明學部外，理合附片陳明。伏乞聖鑒。謹奏。

同日[3]，奉硃批：學部知道。欽此。

【案】此片原件③現藏於臺北故宫博物院，兹據校勘。

1.【堂事官】底本誤作“常事官”，兹據校正。

---

① 臺北故宫博物院藏：《軍機及宫中檔》，文獻編號：408004198－0－B.

② 中國第一歷史檔案館藏：《録副奏片》，檔號：03－5972－088.

③ 臺北故宫博物院藏：《軍機及宫中檔》，文獻編號：408004198－0－A.

2.【赴俄肄業】底本作“赴俄之肄業”，茲據校正。

3.【同日】此硃批日期亦應為“光緒三十一年七月二十四日”。

一七八、揀員調署協領員缺緣由片

光緒三十二年六月十三日（1906 年 8 月 2 日）

再，伊犁新滿營左翼協領錫濟爾琿蒙恩簡放索倫營領隊大臣，遵旨已赴新任。所遺協領員缺爲新滿營八旗領袖，亟應揀員署理，俾專責成[1]。查有[2]新滿營右翼協領諾呢春，老成穩慎，熟悉旗務，堪以調署。其調遺右翼協領一缺，查有正藍旗佐領蒙庫泰，辦事幹練，熟悉旗務，堪以委署。除恭摺具奏請旨揀放，並檄飭遵照外，理合附片陳明。伏乞聖鑒。謹奏。

同日[3]，奉硃批：該衙門知道。欽此。

【案】此片原件①現藏於臺北故宮博物院，錄副②藏於中國第一歷史檔案館，茲據校勘。

1.【俾專責成】底本亂作“俾責專成”，茲據校正。

2.【查有】底本奪“有”，茲據校補。

3.【同日】錄副署為“光緒三十一年七月二十四日”，與底本一致。

一七九、察哈爾營總管鄂裕泰等革職查辦片

光緒三十二年六月十三日（1906 年 8 月 2 日）

再，奴才前准察哈爾領隊大臣恩祥咨呈：據察哈爾左翼總管鄂裕泰[1]與該營正白旗頭牛彔佐領巴吐那遜[2]辦事不睦，互相訐控，呈請究辦，等

① 臺北故宮博物院藏：《軍機及宮中檔》，文獻編號：408004198－0－C.

② 中國第一歷史檔案館藏：《錄副奏片》，檔號：03－5972－084.

情。當經（奴才）批飭該大臣查辦去後。正傳訊間，恩祥因病出缺，署察哈爾領隊大臣博貴到任，適據總管鄂裕泰呈報：正白旗佐領巴圖那遜與正白旗頭牛彔驍騎校車伯克達什聚衆鬬毆，致有傷人情事。隨即飭令總管鄂玉泰將滋事人等解案候訊，乃該總管並不遵照傳交。訪聞驍騎校車伯克達什，係受總管鄂裕泰暗中主使滋事。呈請革職歸案訊辦前來。

奴才查鄂裕泰身爲總管，應如何整躬率屬，乃既不能約束部衆，致被控告，又復主使屬員聚眾互鬥；佐領巴圖那遜、驍騎校車伯克達什均有管理旗務之責，並不知衷辦事，輒敢聚衆互毆[3]，滋生事端，均屬不稱職守，應請一併暫行革職，歸案訊辦，俟查訊明確應如何[4]辦理，另行議擬，奏請聖裁。除將察哈爾左翼總管一缺檄委該營鑲白旗頭牛彔佐領薩三兼署，正白旗頭牛錄佐領一缺檄委鑲黃旗二牛彔驍騎校都岱兼署，正白旗頭牛彔驍騎校一缺檄委該旗空藍翎圖依滚署理，並分咨戶部、兵部外，理合附片具奏。伏乞聖鑒。謹奏。

同日[5]，奉硃批：著照所請，該衙門知道。欽此。

【案】此片原件①現藏於臺北故宮博物院，錄副②藏於中國第一歷史檔案館，兹據校勘。

1.【鄂裕泰】底本作“鄂玉泰”，兹據校正。
2.【巴圖那遜】底本作“巴吐那遜”，兹據校正。
3.【聚眾互毆】底本作“聚眾互鬥”，兹據校正。
4.【如何】底本奪“何”，兹據校補。
5.【同日】錄副署為“光緒三十一年七月二十四日”，與底本一致。

一八〇、請賞還花沙布原官銜翎緣由片

光緒三十二年六月十三日（1906 年 8 月 2 日）

再，查已革塔城新滿營左翼協領花沙布原屬伊犁新滿營佐領，前塔城

① 臺北故宮博物院藏：《軍機及宮中檔》，文獻編號：408004200－0－A.
② 中國第一歷史檔案館藏：《錄副奏片》，檔號：03－5972－085.

參贊大臣伊犁副都統春滿因其人才可用，調往塔城差遣，以資臂助，洊升協領。光緒三十年，春滿病重，時適有哈薩克侵佔滿營地水，與滿營兵丁聚衆鬥毆，經春滿將其奏參革職，勒令仍回伊犁原旗。光緒三十年十月初六日，欽奉硃批：著照所請，該衙門知道。欽此。欽遵在案。該革員被參回旗之後，奴才察看該革員清、漢文理均優，邊地人才難得，派委[1]充當養正學堂教習。兩年以來，該革員勤奮供差，頗知愧悔[2]，且核其被參原奏，係訪聞有暗中唆使、欲激衆怒情事，當時[3]既稱並無實據，又稱非彈壓不力即約束不嚴等語，似未免以莫須有[4]之詞文致其罪，況當時奴才派員前赴塔城探視春滿病情，業已精神恍惚，言語不清，是該革員之被參尚未必出於春滿本意，實不免於屈抑。

惟現在春滿業已因病出缺，而當日辦事之營務處雷銘三亦已病故，無從追求。現經奴才察看，該革員才堪造就，未便聽其弃置可惜，合無仰懇天恩俯准將已革塔城新滿營左翼協領花沙布賞還原官銜翎，給予披甲錢糧[5]，令其當差，以觀後效，如能始終奮勉，再由長（庚）奏請恩施錄用。奴才為邊地旗營人才難得起見，理合附片陳請。伏乞聖鑒訓示。謹奏。

同日[6]，奉硃批：著照所請，該衙門知道。欽此。

【案】此片原件①現藏於臺北故宮博物院，錄副②藏於中國第一歷史檔案館，茲據校勘。

1.【派委】底本奪“委”，茲據校補。

2.【愧悔】底本作“愧愧悔”，衍一“愧”字。茲據校正。

3.【當時】底本作“而當時”，衍“而”。茲據校正。

4.【莫須有】原件、錄副均作“沒須有”，欠妥。茲仍以底本為是。

5.【錢糧】底本奪“糧”，茲據校補。

6.【同日】錄副署為“光緒三十一年七月二十四日”，與底本一致。

---

① 臺北故宮博物院藏：《軍機及宮中檔》，文獻編號：408004200－0－B.

② 中國第一歷史檔案館藏：《錄副奏片》，檔號：03－5972－086.

一八一、揀選伊犁新滿營協領等缺摺

光緒三十二年六月十三日（1906年8月2日）

奴才馬亮、廣福跪[1]奏，為循例揀選伊犁新滿營協領等缺，擬定正、陪，恭摺具陳，仰祈聖鑒事。

竊查伊犁新滿營左翼協領錫濟爾琿蒙恩簡放索倫營領隊大臣，遵旨已赴新任。茲據辦理伊犁滿營事務檔房呈稱：錫濟爾琿升遺新滿營左翼協領員缺，應請揀員補放，以資辦理營務，等情。前來。奴才等伏查新滿營左翼協領一缺爲八旗領袖，當於該營應升人員內逐加考驗，揀選得花翎二品頂戴右翼協領諾呢春堪以調補。諾呢春調遺右翼協領一缺，揀選得花翎副都統銜正藍旗佐領蒙庫泰堪以擬正，正黃旗佐領賽沙春堪以擬陪。遞遺佐領一缺，揀選得正紅旗防禦額勒德春堪以擬正，鑲黃旗防禦伊綿布堪以擬陪。遞遺防禦一缺，揀選得鑲藍旗驍騎校國西春堪以擬正，鑲藍旗驍騎校音德蘇堪以擬陪。遞遺驍騎校一缺，揀選得駝馬處[2]經制筆帖式尚阿春堪以擬正，年滿委筆帖式西喇布堪以擬陪。謹將該員等履歷另繕清單，恭呈御覽，伏候欽定。

其請補協領、佐領，一俟遇有差便，給咨送部補行帶領引見，以符定制。所有揀選伊犁新滿營協領等缺擬定正、陪緣由，理合恭摺具奏。伏乞皇太后、皇上聖鑒訓示。謹奏。光緒三十二年六月十三日。

光緒三十二年十月初九日接到，八月初八日，奉硃批：均著擬正之員補授，該衙門知道，單併發。欽此。

☆呈揀選伊犁新滿營協領等缺清單

謹將揀選伊犁新滿營協領等缺擬定正、陪人員，繕具清單，恭呈御覽。

惠遠城新滿營錫濟爾琿升遺左翼協領員缺。擬調之新滿營右翼協領諾呢春，食俸餉四十五年，前在塔爾巴哈臺軍營當差，光緒二年克復瑪納斯南北兩城、六年剿辦陝回、八年收復伊犁、十七年搜剿竄匪各案內均屬奮勉出力，疊經前將軍金（順）等奏保補協領後加二品頂戴，並賞戴花翎。

七年，由經制筆帖式補放驍騎校。十年，補授佐領。二十二年，補授協領，現年六十四歲。錫伯杭阿哩氏，馬步箭平等。

擬調左翼協領遞遺右翼協領員缺。擬正之新滿營正藍旗佐領蒙庫泰，食俸餉三十八年，前在塔爾巴塔臺軍營當差，光緒二年克復瑪納斯南北兩城、六年剿辦陝回、八年收復伊犁、十七年搜剿竄匪、二十二年新疆各軍防剿西甯竄匪獲勝、關外肅清各案内均屬奮勉出力[3]，疊經前將軍全（順）等奏保儘先即補協領，加副都統銜，並賞戴花翎。八年，由經制筆帖式補授佐領，揀選協領擬陪一次，現年五十六歲。錫伯赫葉勒氏，馬步箭平等。

擬陪之新滿營正黃旗佐領賽沙春，食俸餉四十四年，前在塔爾巴哈臺軍營當差，光緒二年克復瑪納斯南城、七年屯種軍糧、二十八年伊犁歷年防戍各案内均屬奮勉出力，疊經前將軍金（順）等奏保協領銜，並賞戴花翎。八年，補授佐領。赴京護送貢馬六次，現年六十五歲。錫伯富察氏，馬步箭平等。

擬補協領遞遺佐領員缺。擬正之新滿營正紅旗防禦額勒德春，食俸餉四十二年，前在塔爾巴哈臺軍營當差，光緒二十年克復瑪納斯南北二城、五年、六年兩屆屯種軍糧、八年收復伊犁、二十八年伊犁歷年防戍各案内均屬奮勉出力，疊經前將軍金（順）等奏保補用佐領，並賞戴藍翎，赴京護送貢馬一次、戰馬一次。十一年，補授防禦，現年六十三歲。錫伯瓜勒佳氏，馬步箭平等。

擬陪之新滿營鑲黃旗防禦伊綿布，食俸餉當差三十七年。光緒八年收復伊犁、二十八年伊犁歷年防戍案内奮勉出力，經前將軍金（順）等奏保補用防禦，並賞戴藍翎。十一年，補放驍騎校。三十年，補授防禦，現年五十八歲。錫伯胡西哈哩氏，馬步箭平等。

擬補佐領遞遺防禦員缺。擬正之新滿營鑲藍旗驍騎校國西春，食俸餉當差二十四年。光緒十七年搜剿竄匪、二十八年伊犁歷年防戍案内均屬奮勉出力，經前護[4]將軍富勒銘（額）等奏保補用防禦。二十七年，補放驍騎校，揀選防禦擬陪一次，現年四十一歲。錫伯鄂托氏，馬步箭平等。

擬陪之新滿營鑲黃騎驍騎校音德蘇，食俸餉二十二年，前在塔爾巴哈臺軍營當差，光緒元年克復烏魯本齊各城、二年克復瑪納斯南城案内出力[5]，經前將軍金（順）奏保儘先即補防禦，並賞戴花翎，赴京護送貢馬三次。二十五年，補放驍騎校，現年五十歲。錫伯伊爾根覺羅氏，馬步箭平等。

擬補防禦遞遺驍騎校員缺。擬正之伊犁駝馬處經制筆帖式尚阿春，食俸餉當差二十五年，光緒八年收復伊犁、十七年搜剿竄匪、二十八年伊犁歷年防戍各案內均屬奮勉出力，疊經前將軍金（順）等奏保補用驍騎校，並賞戴藍翎。十四年，補放委筆帖式。二十二年，補放經制筆帖式，現年四十一歲。錫伯杭阿哩氏，馬步箭平等。

擬陪之伊犁滿營檔房年滿委筆帖式西喇布，食錢糧當差十七年，光緒十七年搜剿竄匪、二十八年伊犁歷年防戍各案內出力，經前護將軍富勒銘（額）等奏保補用驍騎校。二十四年，補放委筆帖式，二十九年期滿，現年三十八歲。錫伯瓜勒佳氏，馬步箭平等。

覽[5]。

【案】此摺原件①現藏於臺北故宮博物院，錄副②及清單③均藏於中國第一歷史檔案館，茲據校勘。

1.【奴才馬亮、廣福跪】底本無此前銜，茲據校補。

2.【駝馬處】底本作“驍騎校”，茲據校改。

3.【出力】底本誤作“也力”，茲據校正。

4.【護】底本脫“護”，茲據校補。

5.【出力】底本奪“力”，茲據校補。

6.【覽】此御批據原單補。

一八二、核辦東省防務出力文職各員摺

光緒三十二年六月十三日（1906年8月2日）

奴才馬亮、廣福跪[1]奏，爲遵旨另覈辨理東省防務文職出力各員，籲懇天恩俯准如請給獎，以示鼓勵，恭摺仰祈聖鑒事。

---

① 臺北故宮博物院藏：《軍機及宮中檔》，文獻編號：408004200.

② 中國第一歷史檔案館藏：《錄副奏摺》，檔號：03－5972－117.

③ 中國第一歷史檔案館藏：《單》，檔號：03－5972－118.

竊奴才等於光緒三十二年閏四月二十七日准吏部咨開：所有遵議伊犁奏保四載邊防出力員弁員數過多、駁回另覈一摺，於光緒三十二年四月初三日具奏，奉旨：依議。欽此。鈔錄原奏咨行到伊。奴才等查吏部原奏，內稱准兵部以馬（亮）奏咨各案覈與年限不符，一併議駁，於本月初六日奏奉諭旨依議，等因。知照前來。

伏查西北邊防請獎成案，歷經前任各巡撫、參贊暨將軍等先後奏定，新疆限七年，塔爾巴哈臺限九年，獨伊犁限十二年。良以該處收回未久，風氣較晚，既需爵賞以爲招徠，復需歲時以資磨練。立法之初，原有深意。惟同一邊防，同一出力，而年限遠近不同，各將士株守邊陲，既以相形見絀，又以近年俸餉減成，防務加重，不無觖望[2]。該將軍所陳各節，亦尚係實在情形，幸而日俄構釁以來地方安靖無事。上年九月，馬（亮）因以可否獎勵奏請立案，奉有硃批准其酌保數員，毋許冒濫。無如該將軍此次開單列保仍與歷屆邊防一例，謂無冒濫，實所難信，故兵部徑行議駁。查定章：奉旨准保數員之案，文武併計，本不得過十員。嗣稍寬其格，定為各保十員。其分別酌保之員，亦不得概請異常勞績，等語。伊犁此次請獎既非年例應獎之案，又不恪遵前旨辦理，臣部礙難覈覆，應請將文職各單片一律駁回，令該將軍另覈具奏，以杜競進而免紛岐，等語。具見部臣慎重名器，激勵邊軍，兼顧統籌，務求悉當。

惟奴才等伏查伊犁邊防，從前並未奏定年限，有屆滿五年而一請者，有時逾十年而併保者，是以前因日俄構釁，伊犁沿邊一帶緊逼強鄰，時有交涉棘手事件。該將士等日夜籌防，使邊釁無由而生，地方安堵無擾，洵爲異常出力，奏懇天恩特隆懋賞，以示獎勵，欽奉硃批：准其分別酌保數員，毋許冒濫。欽此。請獎時因將四年之中存記有功弁員一併覈計，若照章請保十員，則其中不無屈抑，欲爲朝廷作興士氣，俾得曠典均沾，故不得不於原摺[3]重申前奏之未明，籲懇殊恩之逾格。

今吏部既以年例不符駁令另覈具奏，奴才等遵即覆加查核，除將原保存記四載邊防出力各員删除，俟年限屆滿另案請獎外，擬請將前次擬保尤爲出力之即選主事伊犁印務章京伯奇善，免選本班，以直隸州知州遇缺即選；補用筆帖式鍾福，免補筆帖式，以通判遇缺即選；分省試用州判楊恒祥、分省試用縣丞曾一鶚、金震春，均免補本班，以知縣仍分省候補；俊秀王杰，以巡撿不論雙單月遇缺即選。其次出力之不論雙單月選用縣丞李治江，俟選缺後以知縣補用；府經歷職銜廖焱、賀家模[4]，均請以府經歷不論雙單月選用；縣丞職銜姜富學，以縣丞不論雙單月選用。以上十員，均係遵旨按照定章，分別酌保，並無冒濫，合無仰懇天恩俯准，如請給獎，敕部註册，以示鼓勵。除該員等履歷前已造册咨送吏部外，所有另覈辦理東省防務文職出力各員請獎緣由，理合恭摺具陳。伏乞皇太后、皇上聖鑒訓示。謹奏。光緒三十二年六月十三日出奏[5]。

十月初九日接到，八月初八日，奉硃批：該部議奏，片二件併發。欽此。

【案】此摺原件①現藏於臺北故宫博物院，錄副②藏於中國第一歷史檔案館，茲據校勘。

1.【奴才馬亮、廣福跪】底本無此前銜，茲據錄副校補。

2.【觖望】底本作"缺望"，茲據校正。

3.【原摺】底本作"原摺中"，衍"中"，茲據校正。

4.【廖焱、賀家模】底本作"賀家模、廖焱"，茲據校正。

5.【出奏】此二字僅存於底本。

一八三、請核獎辦理防務武職緣由片

光緒三十二年六月十三日（1906年8月2日）

再，奴才等前次開單奏保伊犁四載邊防出力武職員弁，業經聲明伊犁地近強鄰，防務喫重，餉不足額，勸賞無資。計歷載之勤勞，求併案之獎勵。原冀隆恩特沛，俾得曠典均沾，今准吏部鈔咨遵議駁回另核文職摺内，有兵部核與年限不符、一併議駁等語。現在兵部原奏尚未鈔咨到伊，究竟伊犁邊防限以幾年一保，何年奏定章程，實屬無從查考。惟奴才等前因日俄搆釁，伊犁與俄緊鄰，該將士日夜籌防，得保邊疆安靖，有功必錄，奏請給獎，已經欽奉硃批准其分別酌保數員，毋許冒濫，是以開單請獎，方期籲懇殊恩，而兵部議覆，乃請收回成命。邊疆將士聞之，未免寒

① 臺北故宫博物院藏：《軍機及宫中檔》，文獻編號：408004199.

② 中國第一歷史檔案館藏：《錄副奏摺》，檔號：03－6040－069.

心。現在文職各員既蒙天恩准照吏部奏請，由奴才等遵照定章另核請獎十員。其前次奏咨請獎武職各員，事同一律[2]，自應照章另核請獎，俾免向隅。

除將歷年存記各員一律删除，俟年限滿日另行請獎外，擬請將前次擬保尤爲出力之花翎補用協領伊犁奮滿營鑲白旗佐領布音多爾濟，賞加二品銜；新疆儘先補用遊擊准補伊犁甯遠營中軍守備世襲雲騎尉王金樞，賞戴花翎，加副將銜；花翎補缺後補用佐領[3]伊犁糧餉章京卓錦，賞加三品銜。藍翎補用防禦伊犁糧餉章京富里善、藍翎補用防禦伊犁駝馬章京豐紳泰，均免補防禦，以佐領補用。藍翎都司銜拔補千總萬禧、藍翎守備銜拔補千總朱貴，均免補千總，以守備補用[4]；五品軍功崔光孝，以把總儘先拔補；其次出力之花翎補用都司軍標左營分防守備馬高陞，俟補都司後，以遊擊補用；守備銜拔補千總軍標中營中軍兼前旗馬隊右哨把總夏錫宣，俟補千總後，以守備補用。

以上十員，均係恪遵前旨，按照定章分别[5]酌保，並無冒濫。惟有仰懇天恩俯准如請給獎，敕部註册，以示鼓勵。除該員等履歷前已造冊咨送兵部外，所有奴才等另核辦理東省防務武職出力各員請獎緣由，理合附片陳請。伏乞聖鑒訓示。謹奏。

同日[6]，奉硃批：覽。欽此。

【案】此片原件①現藏於臺北故宫博物院，錄副②藏於中國第一歷史檔案館，兹據校勘。

1.【案内】底本奪“案内”，兹據校補。

2.【事同一律】底本作“同事一律”，兹據校正。

3.【案】劃線部分底本作“補缺後補用佐領花翎”，兹據校正。

4.【案】劃線部分底本缺署，兹據校補。

5.【分别】底本奪“分别”，兹據校補。

6.【同日】底本作“光緒三十二年八月初八日”，與底本一致。

---

① 臺北故宫博物院藏：《軍機及宫中檔》，文獻編號：408004199－0－B.

② 中國第一歷史檔案館藏：《錄副奏片》，檔號：03－6040－071.

一八四、請獎辦理防務文職各員片

光緒三十二年六月十三日（1906年8月2日）

再，奴才前於光緒三十一年十一月二十七日奏保伊犁四載邊防出力文武員弁案內，附奏請將光緒二十八年邊防案內核刪之安履泰等五員仍照前案給獎，又附奏請將新疆省餉所出力之車玉衡等四員分別酌保，各在案。茲准吏部議覆，請將片保各員一併駁回另核。除前次單開各員業已遵照定章刪除，奏懇天恩勅部照准外，其另片請獎之安履奉等五員，本係上案應保之員，祇以各員捐案爲戶部核覆遲延所誤，未得同膺懋賞。現又在伊出力數年，實與年限未滿者有別，仍擬按尋常勞績，請將雙月選用府經歷安履泰，俟得缺後以知縣補用；鹽大使職銜惠雲漢、譚嶽琳、黃錫慶三員，均以鹽大使不論雙單月即選；縣丞職銜陸繼昌[1]，以縣丞不論雙單月即選。

其另片請獎之車王衡等四員，本非伊犁差遣人員，惟隔省代籌，不分畛域，若不聲明勞績請獎，奴才等心實難安，後此遇有緩急，亦難策其群力。惟現在章程既嚴，未便多保，除將原請四員核刪二員外，其餘二員亦擬改照尋常勞績，請將儘先選用直隸州知州車王衡，俟選缺後以知府選用；三品銜新疆候補知府甘曜湘，俟補知府後以道員用。可否仰懇天恩俯如所請，勅部核准，以昭激勸之處，出自逾格鴻施。除該員等履歷前已咨送吏部外，理合附片陳請。伏乞聖鑒訓示。謹奏。

同日[2]，奉硃批：覽。欽此。

【案】此片原件①現藏於臺北故宮博物院，錄副②藏於中國第一歷史檔案館，茲據校勘。

1.【陸繼昌】底本奪“案內”，茲據校補。

---

① 臺北故宮博物院藏：《軍機及宮中檔》，文獻編號：408004199－0－A.

② 中國第一歷史檔案館藏：《錄副奏片》，檔號：03－6040－070.

2.【同日】底本作“光緒三十二年八月初八日”，與底本一致。

一八五、代奏領隊大臣希賢謝恩摺

光緒三十二年六月十三日（1906年8月2日）

奴才馬亮跪[1]奏，為恭摺代奏叩謝天恩事。

竊前奴才前因錫伯營領隊大臣希賢初次起用，奉旨賞給二等待衛，作為錫伯營領隊大臣，照例半支養廉、馬錢，不足以資辦公，奏懇天恩勑部准其全支養廉、馬錢，以示體恤，欽奉硃批：該部議奏。欽此。茲准戶部咨：前案議准，於光緒三十二年四月初四日覆奏，奉旨：依議。欽此。欽遵咨行到伊。奴才當即恭錄照會去後。茲准該大臣希賢咨呈：接到照會，當即恭設香案，望闕叩謝天恩，訖。

伏念希賢一介庸愚，毫無知識，荷蒙聖命賞給二等待衛，作爲錫伯營領隊大臣。到任至今，愧無報稱。茲荷殊恩逾格，准食全廉，俾辦公之有資，實感激於無極！希賢惟有清廉自矢，黽勉從公，以期仰答高厚鴻慈於萬一。所有感激下忱，呈請代奏叩謝天恩，等情。前來。理合恭摺代奏。伏乞皇太后、皇上聖鑒。謹奏。

光緒三十二年十月初九日接到，八月初八日，奉硃批：知道了。欽此。

【案】此摺原件①現藏於臺北故宮博物院，錄副②藏於中國第一歷史檔案館，茲據校勘。

1.【奴才馬亮跪】底本無此前銜，茲據校補。

① 臺北故宮博物院藏：《軍機及宮中檔》，文獻編號：408004198.

② 中國第一歷史檔案館藏：《錄副奏摺》，檔號：03-5972-116.

一八六、揀選伊犁察哈爾營佐領等缺摺

光緒三十二年九月二十五日（1906 年 11 月 11 日）

奴才馬亮、廣福跪[1]奏，為循例揀選伊犁察哈爾營佐領等缺，擬定正、陪，恭摺仰祈聖鑒事。

竊奴才前經奏請規復察哈爾營前裁鑲白等旗四牛彔旗佐，奉硃批：該部議奏。欽此。旋經兵部會同戶部議准，奉旨依議。欽此。欽遵恭錄知照前來，當經行知遵照在案。茲准署理該營領隊大臣博貴咨呈，規復四牛彔、佐領等缺。又，鑲白旗頭牛彔驍騎校碩依泰，於光緒三十二年八月初六日因病出缺。所遺之缺，應請一併揀員補放，以資辦理旗務，等因。前來。

奴才等當於該營應升人員內逐加考驗，規復左翼鑲白旗二牛彔佐領一缺，揀選得鑲黃旗頭牛彔驍騎校碩布蓋堪以擬正，鑲黃旗二牛彔驍騎校都岱堪以擬陪。遞遺驍騎校一缺，揀選得正白旗二牛彔領催頗古堪以擬正，正白旗二牛彔委官克柯泰堪以擬陪。

規復鑲白旗二牛彔驍騎校一缺，揀選得鑲白旗頭牛彔空藍翎鄂瑪堪以擬正，鑲黃旗頭牛彔空藍翎德雷堪以擬陪。

規復正藍旗二牛彔佐領一缺，揀選得正藍旗頭牛彔驍騎校巴圖爾堪以擬正，正白旗二牛彔驍騎校阿玉西堪以擬陪。遞遺驍騎校一缺，揀選得正白旗二牛彔領催拜泰堪以擬正，鑲黃旗二牛彔委官畢木巴堪以擬陪。

規復正藍旗二牛彔驍騎校一缺，揀選得正藍旗頭牛彔空藍翎圖依滾堪以擬正，鑲黃旗頭牛彔委官車林堪以擬陪。

規復右翼鑲紅旗二牛彔佐領一缺，揀選得鑲藍旗頭牛彔驍騎校察克達爾堪以擬正，正紅旗頭牛彔驍騎校烏圖那遜堪以擬陪。遞遺驍騎校一缺，揀選得正黃旗頭牛彔空藍翎巴圖那遜堪以擬正，正紅旗二牛彔委官鄂奇爾巴圖堪以擬陪。

規復鑲紅旗二牛彔驍騎校一缺，揀選得鑲藍頭牛彔空藍翎璧里克圖堪以擬正，正紅旗頭牛彔委官薩那木爾堪以擬陪。

規復鑲藍旗二牛彔佐領一缺，揀選得鑲紅旗頭牛彔驍騎校吉克米特堪以擬正，正黃旗頭牛彔驍騎校莫固察幹堪以擬陪。遞遺驍騎校一缺，揀選

得鑲紅旗頭牛彔委官阿拉西堪以擬正，鑲藍旗頭牛彔委官薩木坦堪以擬陪。

規復鑲藍旗二牛彔驍騎校一缺，揀選得前裁鑲藍旗二牛彔委官德克吉祐堪以擬正，正黃旗二牛彔委官蒙庫博羅特堪以擬陪。病故鑲白旗頭牛彔驍騎校[2]碩依泰遺缺，揀選得鑲白旗頭牛彔[3]即補驍騎校策伯克堪以擬正，正藍旗頭牛彔委官車林堪以擬陪。謹將該員等履歷另繕清單，恭呈御覽，伏候欽定。

其請補佐領一俟遇有差便，給咨送部補行引見，以符定制。所有揀選伊犁察哈爾營佐領等缺、擬定正、陪緣由，理合恭摺具陳。伏乞皇太后、皇上聖鑒訓示。謹奏。光緒三十二年九月二十五日[4]。

光緒三十三年二月初一日接到，三十二年十一月二十八日，奉硃批：均著擬正之員補授，該衙門知道，單併發。欽此。

☆呈揀選察哈爾營佐領等缺清單

謹將揀選伊犁察哈爾營佐領等缺擬定正、陪人員，繕具清單，恭呈御覽。

規復察哈爾左翼鑲白旗二牛彔佐領員缺。擬正之察哈爾鑲黃旗頭牛彔驍騎校碩布蓋，食俸餉當差二十一年。光緒三十一年，由空藍翎補放驍騎校，現年三十一歲。察哈爾蒙古馬步箭平等。

擬陪之察哈爾左翼鑲黃旗二牛彔驍騎校都岱，食俸餉三十年，前在庫爾喀喇烏蘇軍營當差。光緒二年克復瑪納斯南北兩城[5]案內出力，經前將軍金（順）奏保，賞戴六品藍翎。十九年，補放驍騎校，揀選佐領擬陪一次，現年五十二歲。察哈爾蒙古馬步箭平等。

擬補放佐領遞遺驍騎校員缺。擬正之察哈爾正白旗二牛彔領催頗古，食錢糧當差三十一年。光緒十七年搜剿竄匪案內出力，經前護將軍富勒銘（額）咨保六品頂戴。二十七年，補放領催，現年四十六歲。察哈爾蒙古馬步箭平等。

擬陪之察哈爾正白旗二牛彔委官克柯泰，食錢糧當差四十三年。光緒十七年，補放委官，揀選驍騎校擬陪一次，現年六十一歲。察哈爾蒙古馬步箭平等。

規復察哈爾鑲白旗二牛彔驍騎校員缺。擬正之察哈爾鑲白旗頭牛彔空藍翎鄂瑪，食錢糧當差二十三年。光緒二十五年，補放空藍翎，現年三十九歲。察哈爾蒙古馬步箭平等。擬陪之察哈爾鑲黃旗頭牛彔空藍翎德雷，食錢糧當差十二年[6]。光緒二十八年伊犁歷年防戍案內出力，經前將軍金

（順）咨保六品頂戴。三十一年，補放空藍翎，現年二十七歲。察哈爾蒙古馬步箭平等。

規復察哈爾正藍旗二牛彔佐領員缺。擬正之察哈爾正藍旗頭牛彔驍騎校巴圖爾，食俸餉當差二十三年。光緒二十二年，由空藍翎補放驍騎校，揀選佐領擬陪三次，現年三十六歲。察哈爾蒙古馬步箭平等。

擬陪之察哈爾正白旗二牛彔驍騎校阿玉西，食俸餉當差二十二年。光緒八年收復伊犁案内出力，經前將軍金（順）奏保，賞戴藍翎。二十八年，由領催補驍騎校，現年三十九歲。察哈爾蒙古馬步箭平等。

擬補佐領遞遺驍騎校員缺。擬正之察哈爾正白旗二牛彔翎催拜泰，食錢糧當差三十三年，光緒十七年搜剿匪案内出力，經前護將軍當勒銘（額）咨保六品頂戴。三十一年，補放翎催，現年四十七歲。察哈爾蒙古馬步箭平等。

擬陪之察哈爾鑲黄旗二牛彔委官畢木巴，食錢糧當差三十三年。光緒二十一年，補放委官，現年五十二歲。察哈爾蒙古馬步箭平等。

規復察哈爾正藍旗二牛彔驍騎校員缺。擬正之察哈爾正藍旗頭牛彔空藍翎國依滾，食錢糧當差二十七年。光緒二十七年，補放空藍翎，揀選驍騎校[7]擬陪一次，現年四十一歲[8]。察哈爾蒙古馬步箭平等。

擬陪之察哈爾鑲黄旗頭牛彔委官[8]車林，食錢糧當差四十四年。光緒二十年，補放委官，現年五十七年歲。察哈爾蒙古馬步箭平等。

規復察哈爾右翼鑲紅旗二牛彔佐領員缺。擬正之察哈爾鑲藍旗頭牛彔驍騎校察克達爾，食俸餉二十八年，前在庫爾喀喇烏蘇軍營當差。光緒二年克復瑪納斯南北兩城案内出力，經前將軍金（順）奏保，賞戴五品花翎。十二年，補放驍騎校，揀選佐領擬陪一次，現年五十七歲。察哈爾蒙古馬步箭平等。

擬陪之察哈爾正紅旗頭牛彔驍騎校烏圖那遜，食俸餉當差二十三年。光緒三十年，由委筆帖式補放驍騎校[10]，現年三十九歲[11]。察哈爾蒙古馬步箭平等。

擬補佐領遞遺驍騎校員缺。擬正之察哈爾正黄旗頭牛彔空藍翎巴圖那遜，食錢糧當差二十一年。光緒二十八年伊犁歷年防戍案内出力，經前將軍長（庚）咨保六品頂戴。是年補放空藍翎，現年三十七歲。察哈爾蒙古馬步箭平等。

擬陪之察哈爾正紅旗二牛彔委官鄂奇爾巴圖，食錢糧當差三十八年。

光緒二十六年，補放委官，現年五十五歲。察哈爾蒙古馬步箭平等。

規復察哈爾鑲紅旗二牛彔驍騎校員缺。擬正之察哈爾鑲藍旗頭牛彔空藍翎璧里克圖，食錢糧當差十五年。光緒二十六伊犁歷年防戍案內出力，經前將軍金（順）咨保六品頂戴。二十九年，補放空藍翎，現年三十三歲。察哈爾蒙古馬步箭平等。

擬陪之察哈爾正紅旗頭牛彔委官薩那木爾，食錢糧二十五年，前在庫爾喀喇烏蘇軍營當差。光緒六年屯種軍糧案內出力，經前將軍金（順）咨保六品頂戴。二十七年，補放委官，現年四十五歲。察哈爾蒙古馬步箭平等。

規復察哈爾鑲藍旗二牛彔佐領員缺。擬正之察哈爾鑲紅旗頭牛彔驍騎校吉克米特，食俸餉當差二十四年。光緒二十九年，由空藍翎補放驍騎校，揀選佐領擬陪二次，現年三十二歲。察哈爾蒙古馬步箭平等。

擬陪之察哈爾正黃旗頭牛彔驍騎校莫固察幹，食俸餉當差二十一年。光緒二十八年，由空藍翎補放驍騎校，現年四十一歲，察哈爾蒙古馬步箭平等。

擬補佐領遞遺驍騎校員缺。擬正之察哈爾鑲紅旗頭牛彔委官何拉西，食錢糧當差三十年。光緒二十九年，補放委官，現年四十九歲[12]。察哈爾蒙古馬步箭平等。

擬陪之察哈爾鑲藍旗頭牛彔委官薩木坦，食錢糧當差三十七年。光緒三十二年，補放委官，現年五十歲。察哈爾蒙古馬步箭平等。

規復察哈爾鑲藍旗二牛彔驍騎校員缺。擬正之察哈爾前裁鑲蓝旗二牛彔委官德克吉祐，食錢糧當差二十七年。光緒十七年搜剿竄匪案內出力，經前護將軍富勒銘額咨保六品頂戴，現年五十二歲。察哈爾蒙古馬步箭平等[13]。

擬陪之察哈爾正黃旗二牛彔委官蒙庫博羅特，食錢糧二十六年，前在庫爾喀喇烏蘇軍營當差。光緒六年屯種軍糧案內出力，經前將軍金（順）咨保六品頂戴。二十九年，補放委官，現年四十六歲。察哈爾蒙古馬步箭平等。

察哈爾碩依泰所遺驍騎校員缺。擬正之察哈爾鑲白旗頭牛彔儘先即補驍騎校策伯克，食錢糧三十年，前在庫爾喀喇烏蘇軍營當差。光緒二年克復瑪納斯南北兩城[14]、五年屯種軍糧各案內均屬奮勉出力，經前將軍金（順）奏保儘先即補驍騎校，揀選驍騎校擬陪一次，現年四十八歲。察哈爾蒙古馬步箭平等。

擬陪之察哈爾正藍旗頭牛彔委官車林，食錢糧三十五年，前在庫爾喀喇烏蘇軍營當差。光緒二年克復瑪納斯南北兩城[15]案內出力，經前將軍金（順）奏保，賞戴六品藍翎。二十二年，補放委官，現年五十一歲。察哈爾蒙古馬步箭平等。

覽[16]。

【案】此摺原件①現藏於臺北故宮博物院，錄副②及清單③均藏於中國第一歷史檔案館，茲據校勘。

1.【奴才馬亮、廣福跪】底本無此前銜，茲據校補。

2.【驍騎校】底本奪“校”，茲據校補。

3.【頭牛彔】底本作“頭彔”脫“牛”，茲據校補。

4.【二十五日】底本僅署年月，具體日期未確，茲據校正。

5.【兩城】底本作“二城”，茲據原單校正。

6.【十二年】底本作“十有二年”，茲據校正。

7.【驍騎校】底本奪“騎”，茲據校補。

8.【四十一歲】底本作“四十歲”，茲據校正。

9.【委官】底本誤為“委定”，茲據校正。

10.【驍騎校】底本奪“校”，茲據校補。

11.【三十九歲】底本作“三十九年”，茲據校正。

12.【四十九歲】底本作“四十八歲”，茲據校正。

13.【案】劃線部分底本缺，茲據原單校補。

14.【兩城】底本作“二城”，茲據校正。

15.【兩城】底本作“二城”，茲據校正。

16.【覽】此御批據原單補。

一八七、奏陳酌定就武陞途章程片

光緒三十二年九月二十五日（1906 年 11 月 11 日）

再，查伊犁印務、糧餉、駝馬等處額設章京七年期滿，有力赴京者，

---

① 臺北故宮博物院藏：《軍機及宮中檔》，文獻編號：408004203.

② 中國第一歷史檔案館藏：《錄副奏摺》，檔號：03－5973－194.

③ 中國第一歷史檔案館藏：《單》，檔號：03－5973－195.

歸部以主事即選；無力者，歸旗就武，以防禦補用。額設經制筆帖式三年期滿，以本處章京陞用；就武者，以驍騎校補用。額設委筆帖式五年期滿，以本處經制筆帖式陞用；就武者，亦以驍騎校補用。此定例也。伊犁兵燹之後，人才難得，陞途不寬，本處章京有七年期滿再留[1]三年者。經制筆帖式、委筆帖式等亦有三年、五年期滿再留三年者，甚至有一留之後辦事乏人又復請留三年者，當差不無微勞，升途宜分差等。

吏部則例載：本處駐防筆帖式內如有才具可以造就者，遇有相當缺出，准各該處大臣保奏，請旨賞給主事職銜，辦理章京事務，七年期滿，送部引見，如奉旨照例用者，照先進士之例分部行走，三年期滿甄別，奏留以本衙門主事補用。如七年期滿之員，又經該處大臣以辦事得力奏請作爲額外主事再留三年者，俟留辦期滿，果能始終奮勉，再行送部引見，請補主事實缺，其奏留年分准其抵免分部行走、學習年分，等語。是留辦年分，就文職者已可抵免分部行走年分，就武職者例內並無分別，未免一事兩岐，況經制筆帖式與委筆帖式勞績、資格迥不相同，定例委筆帖式就武職既以驍騎校補用，經制筆帖式就武亦以驍騎校補用，亦覺無所區別。現據各處章京、筆帖式等呈請酌定就武升途章程前來。

奴才等擬請嗣後伊犁本處章京、經制筆帖式各員，或初次期滿，或留辦期滿，有力赴京引見願就文職者，及初次期滿並未留辦，無論就文就武者，均仍各照定例辦理外，其無力赴京情願就武[2]者，如果留辦三年期滿，當差始終勤慎[3]，本處章京准以佐領擬正，經制筆帖式准以[4]防禦擬正，委筆帖式准以驍騎校擬正，分別請補，庶足以示鼓勵而收得人之效。除咨吏、兵部外，理合附片陳明。伏乞聖鑒。謹奏。

同日[5]，奉硃批：該部知道。欽此。

【案】此片原件①現藏於臺北故宮博物院，錄副②藏於中國第一歷史檔案館，茲據校勘。

1.【再留】底本誤作“在留”，茲據校正。

2.【就武】底本奪“就”，茲據校補。

3.【勤慎】底本作“勤奮”，茲據校正。

---

① 臺北故宮博物院藏：《軍機及宮中檔》，文獻編號：408004201－0－C.

② 中國第一歷史檔案館藏：《錄副奏片》，檔號：03－5973－196.

4.【准以】底本誤作“進以”，茲據校正。

5.【同日】錄副作“光緒三十二年十一月二十八日”，與底本一致。

一八八、總管索托依請假修墓緣由片

光緒三十二年九月二十五日（1906年11月11日）

再，准署察哈爾營領隊大臣博貴咨呈：據該營右翼總管索托依呈稱，該員祖塋在西甯安都地方，因回匪之變，年久失修，懇請給假[1]，俾得前往修理，等因。奴才覆查該總管因祖塋失修呈請給假修理，自應照准，以遂孝思。除批准將總管關防事務派委該翼副總管巴哲依暫行署理外，謹附片具陳。伏乞聖鑒。謹奏。

同日[2]，奉硃批：該衙門知道。欽此。

【案】此片原件①現藏於臺北故宮博物院，錄副②藏於中國第一歷史檔案館，茲據校勘。

1.【給假】底本誤作“給托”，茲據校正。

2.【同日】錄副作“光緒三十二年十一月二十八日”，與底本一致。

一八九、揀選伊犁索倫營驍騎校員缺摺

光緒三十二年九月二十五日（1906年11月11日）

奴才馬亮、廣福跪[1]奏，為循例揀選伊犁索倫營驍騎校員缺，擬定正、陪，恭摺仰祈聖鑒事。

竊奴才等准索倫營領隊大臣錫濟爾（琿）咨呈：本營正紅旗驍騎校伊勒噶蘇，於光緒三十二年七月二十二日因病出缺，所遺驍騎校員缺，亟

---

① 臺北故宮博物院藏：《軍機及宮中檔》，文獻編號：408004202－0－B.

② 中國第一歷史檔案館藏：《錄副奏片》，檔號：03－5973－197.

應揀員補放，以資辦理旗務，等因。前來。奴才等當於該營應升人員內逐加考驗，伊勒噶蘇遺出驍騎校之缺，揀選得鑲白旗前鋒校伊富春堪以擬正，正紅旗空藍翎阿敏巴圖堪以擬陪。謹將該員履歷另繕清單，恭呈御覽，伏候欽定。所有揀選伊犁索倫營驍騎校員缺，擬定正、陪緣由，理合恭摺具陳。伏乞皇太后、皇上聖鑒訓示。謹奏。光緒三十二年九月二十五日[2]。

光緒三十三年二月初一日接到，三十二年十一月二十八日，奉硃批：著擬正之員補授，該衙門知道，單併發。欽此。

☆呈揀選索倫營驍騎校員缺清單

謹將揀選伊犁索倫營驍騎校員缺擬定正、陪人員，繕具清單，恭呈御覽。

索倫營伊勒噶蘇[3]所遺驍騎校員缺。擬正之索倫營鑲白旗前鋒校伊富春，食錢糧當差二十三年。光緒十七年搜剿竄匪案內，經前護將軍富勒銘（額）咨保六品頂戴。十八年，補放前鋒校，現年三十七歲，錫伯兀札拉氏，馬步箭平等。

擬陪之索倫營正紅旗空藍翎阿敏巴圖，食錢糧當差二十八年。光緒三十年，補放空藍翎，現年四十九歲。錫伯蘇穆爾氏，馬步箭平等。

覽[4]。

【案】此摺原件①現藏於臺北故宮博物院，錄副②及清單③均藏於中國第一歷史檔案館，茲據校勘。

1.【奴才馬亮、廣福跪】底本無此前銜，茲據校補。

2.【九月二十五日】底本僅署月日，具奏日期未確，茲據校補。

3.【伊勒噶蘇】底本作“伊噶勒蘇”，茲據校正。

4.【覽】此御批據原單補。

---

① 臺北故宮博物院藏：《軍機及宮中檔》，文獻編號：408004202.

② 中國第一歷史檔案館藏：《錄副奏摺》，檔號：03－5973－191.

③ 中國第一歷史檔案館藏：《單》，檔號：03－5973－192.

一九〇、保舉俸滿協領博貴緣由片

光緒三十二年九月二十五日（1906 年 11 月 11 日）

再，准兵部咨：各省協領等任滿並無事故者，出具考語，送部考驗，帶領引見，恭候欽定。其記名之員遇有副都統缺出，照例開列，等因。咨行遵照在案。茲據滿營檔房呈稱：協領博貴自光緒二十六年八月初五日補授伊犁舊滿營左翼協領任事起，扣至本年八月初五日止，歷俸六年期滿，造具履歷册籍，呈請咨送兵部引見前來。奴才等查該員歷俸已滿六年，任內並無降革處分，覈與送部引見之例相符。惟現值振興新政，凡整頓旗務，精練士卒，在在均關緊要。該員熟悉營務[1]，又兼學堂營務各項差使，未便遽易生手。

查該員心地明白，辦事勤能，前經奴才以該員才具開展，辦事練達，奏請以副都統記名簡放，光緒三十一年二月二十二日，奉硃批：博貴著交軍機處存記。欽此。光緒三十一年，奏署索倫營領隊大臣篆務。三十二年，奏署察哈爾領隊大臣篆務，措置均稱裕如。合無仰懇天恩俯准將伊犁舊滿營左翼協領博貴仍以副都統記名，遇有應升缺出，開列在前，請旨簡放，並准其暫緩引見之處，出自逾格鴻慈。除將履歷咨部查核外，理合附片具陳。伏乞聖鑒訓示。謹奏。

同日[2]，奉硃批：著照所請，陸軍部知道。欽此。

【案】此片原件①現藏於臺北故宫博物院，錄副②藏於中國第一歷史檔案館，茲據校勘。

1.【營務】底本誤作“勞務”，茲據校正。

2.【同日】錄副作“光緒三十二年十一月二十八日”，與底本一致。

---

① 臺北故宫博物院藏：《軍機及宫中檔》，文獻編號：408004202－0－A.

② 中國第一歷史檔案館藏：《錄副奏片》，檔號：03－5973－198.

一九一、章京豐紳泰再留三年緣由片

光緒三十二年九月二十五日（1906 年 11 月 11 日）

再，查伊犁駝馬本處章京豐紳泰，前於光緒二十九年二月初四日因七年期滿，經奴才等以該員豐紳泰在駝馬處供差有年，辦理牧廠事務深資得力，奏懇天恩准該將員再留三年，辦理駝馬事務，光緒二十九年八月二十三日，奉硃批：著照所請，該部知道。欽此。欽遵在案。茲扣至光緒三十二年八月二十三日，復屆三年期滿。據該章京呈報前來。

奴才等查伊犁孳生備差各項牲畜，全賴經理得人。該章京豐紳泰任事年久，熟悉牧務，實爲現辦駝馬必不可少之人，合無仰懇天恩俯准該章京豐紳泰再留三年，仍令辦理駝馬處事務，以資熟手。如蒙允准，俟留班期滿，再由奴才等照例辦理。除咨部外，理合附片具陳。伏乞聖鑒訓示。謹奏。

同日[1]，奉硃批：著照所請，該部知道。欽此。

【案】此片原件①現藏於臺北故宫博物院，錄副②藏於中國第一歷史檔案館，茲據校勘。

1.【同日】錄副作“光緒三十二年十一月二十八日”，與底本一致。

一九二、章京卓錦再留三年緣由片

光緒三十二年九月二十五日（1906 年 11 月 11 日）

再，查伊犁糧餉本處章京卓錦，前因在印務章京任內七年期滿，於光緒二十九年七月初六日經奴才等以操守謹廉，辦事勤慎，奏請調補糧餉本

---

① 臺北故宫博物院藏：《軍機及宫中檔》，文獻編號：408004202－0－C.

② 中國第一歷史檔案館藏：《錄副奏片》，檔號：03－5470－081.

處章京員缺，以資辦理該處事務，於是年八月二十三日奉硃批：著照請所，該部知道。欽此。欽遵在案，茲扣至光緒三十二年八月二十三日，復屆三年期滿。據該章京呈報前來。

奴才等查伊犁糧餉事務繁重，該章京自調補以來，經理款目，頗稱得力，實屬辦理糧餉不可多得之員，合無仰懇天恩俯准將該章京卓錦再留三年，仍令辦理糧餉事務，以資熟手。如蒙俞允，俟留辦期滿，再由奴才等照例辦理。除咨部外謹，附片具陳。伏乞聖鑒訓示。謹奏。

同日[1]，奉硃批：著照所請，該部知道。欽此。

【案】此片原件①現藏於臺北故宮博物院，録副②藏於中國第一歷史檔案館，茲據校勘。

1.【同日】録副作“光緒三十二年十一月二十八日”，與底本一致。

一九三、代奏領隊大臣榮昌謝恩摺

光緒三十二年九月二十五日（1906年11月11日）

奴才馬（亮）跪奏，為恭摺代奏叩謝天恩，仰祈聖鑒事。

竊奴才准新授伊犁額魯營[1]大臣榮昌咨呈：竊榮昌於光緒三十一年十月間因協領六年期滿，經綏遠城將軍貽[2]（穀）送部帶領引見，十一月初五日，奉旨：榮昌著仍交軍機處存記。欽此。當即叩謝天恩，仰蒙召見一次。十三日，欽奉諭旨：榮昌著賞給副都統銜，作爲伊犁額魯特領隊大臣，照例馳驛前往。欽此。十五日，具摺謝恩。二十六日，恭請聖訓，並請假兩箇月，復蒙召見，承勗勉之殷切，聆訓誨之周詳，並蒙特賞福字一方。跪領之下，感愧難名！遵即陛辭出都回綏，交納軍器，假滿後於三十二年閏四月二十九日由綏起程，於八月二十九日馳抵伊犁，於九月初二日准署額魯特領隊大臣錫濟爾琿派員將額魯特營領隊大

① 臺北故宮博物院藏：《軍機及宮中檔》，文獻編號：408004202－0－D.

② 中國第一歷史檔案館藏：《録副奏片》，檔號：03－5470－080.

臣圖記、卷宗移交前來。榮昌當即恭設香案，望闕叩頭，袛領任事，訖。

伏念榮昌蒙古世僕，素鮮知識，渥叨恩命之下頒，彌愧涓埃之莫報！查伊犂毗連俄界，額魯特爲西南保障，領隊有整飭營務、綏蒙部之責。如榮昌之駑鈍，深懼弗勝，惟有殫竭愚誠，遇事稟承將軍，認真辦理，斷不敢稍涉因循，以期仰答高厚生成於萬一。所有感激下忱，呈請代奏叩謝天恩。

再，榮昌此次赴任，所有沿途經過內外蒙古游牧，留心考察，本年雨水調勻，水草暢茂，雖有一二處雨水稍覺愆期，人心均尚安謐，堪以仰慰宸廑，等因。前來。奴才理合恭摺代奏。伏乞皇太后、皇上聖鑒。謹奏。光緒三十二年九月二十五日[3]。

光緒三十三年二月初一日接到，三十二年十一月二十八日，奉硃批：知道了。欽此。

【案】此摺原件①現藏於臺北故宮博物院，錄副②藏於中國第一歷史檔案館，茲據校勘。

1.【額魯特營】底本作“額魯營”，顯奪“特”，茲據校補。

2.【貽】即貽穀③，底本空名諱“穀”，茲據補，以下同。

3.【二十五日】底本具奏日期未確，茲據校補。

---

① 臺北故宮博物院藏：《軍機及宮中檔》，文獻編號：408004201.

② 中國第一歷史檔案館藏：《錄副奏摺》，檔號：03－5973－193.

③ 貽穀（？－1927），字藹，烏雅氏，滿洲鑲黄旗人。光緒元年（1875），中舉。十八年（1892），中式進士，改庶吉士。同年，充功臣館纂修編修。二十年（1894），授翰林院編修。二十一年（1895），補左贊善，歷右中允、文淵閣校理等。二十四年（1898），升侍講學士。二十五年（1899），補翰林院侍讀學士。同年，授日講起居注官。二十六年（1900），補詹事府少詹事，充軍務處提調，遷內閣學士，兼禮部侍郎銜。同年，授兵部左侍郎。二十七年（1901），補國史館副總裁、鑲藍旗蒙古副都統。二十八年（1902），加理藩部尚書銜。二十九年（1903），擢綏遠城將軍。三十四年（1908），以歸化城副都統文哲琿參奏，被撤職查辦。宣統三年（1911），發往新疆效力贖罪，後改至川邊。因辛亥革命，置於直隸易州。民國十年（1921），1921年，北洋政府爲其平反。民國十五年（1926），卒於易州。著有《綏遠奏議》、《墾務奏議》、《蒙墾續供》等行世。

一九四、奏請開復總管鄂裕泰等緣由片

光緒三十二年九月二十五日（1906 年 11 月 11 日）

再，奴才[1]前因署察哈爾領隊大臣博貴呈報，察哈爾左翼總管鄂裕泰[2]與正白旗之佐領巴吐那遜[3]互相訐控，呈請革職，歸案訊辦，等情。經奴才於光緒三十二年六月初二日附片奏請暫行革職，歸案訊辦，並一面委員署理，一面派員查訊去後。茲據署察哈爾領隊大臣博貴會同伊犁理事同知長壽[4]訊明，此案聚衆爭鬪，係正白旗之領催多恩哲依帶同兵丁往向佐領巴圖那遜清算餉帳，與[5]巴圖那遜之親舅哈沙克口角起釁爭鬪，致將哈沙克打傷。正白旗驍騎校車伯克達什從中彈厭，佐領巴圖那遜因人多未經查明，遂疑多恩哲依等爲車伯克達什所使，以致具呈控告，經署領隊大臣博貴飭今總管鄂裕泰將滋事人等解案，當經總管鄂裕泰[6]分別傳訊。因距城較遠，未能依限到齊[7]，以致游牧傳言有總管鄂裕泰主使驍騎校車伯克達什滋事情事。現在既經查訊水落石出，實屬領催[8]多恩哲依等與佐領巴圖那遜之親舅哈沙克口角起釁爭鬭。除將爭鬭[9]案犯另案辦理外，呈請暫行革職[10]之左翼總管鄂裕泰、正白旗佐領巴圖那遜、驍騎校車伯克達什，隨案開復前來。

奴才覆傳該總管查訊，據稱平日在營，與左領、驍騎校車等辦事無不和衷，此次實因領催[11]多恩哲依等與兵丁清算賬目，口角爭鬭，驟不及防。佐領巴圖那遜與驍騎校車伯克達什遂啟猜疑，致相呈控。現在帳項業已結清，滋事人等已蒙究辦，咸知悔過，乞恩寬宥，等情。質之巴圖那遜、車伯克達什，供亦相同。奴才查此案業經訊明既非車伯克達什聚衆互鬥，該總管秦鄂裕泰並非主使屬員聚鬬，巴圖那遜亦無欠餉情事。除飭將爭鬬案件另行完結外，擬請將暫行革職[12]之察哈爾左翼總管鄂裕泰、察哈爾正白旗頭牛彔佐領巴圖那遜、察哈爾正白旗頭牛彔驍騎校車伯克達什一併隨案開復，是否有當？除咨明戶、兵部外，理合附片陳明。伏乞聖鑒訓示。謹奏。

同日[13]，奉硃批：著照可請，該部知道。欽此。

【案】此片原件①現藏於臺北故宮博物院，錄副②藏於中國第一歷史檔案館，茲據校勘。

1.【奴才】底本奪“奴才”，茲據校補。

2.【鄂裕泰】此片底本均作“鄂玉泰”，茲均據原件一律校正。

3.【巴圖那遜】底本作“巴吐那遜”，茲據校正。

4.【長壽】底本脫“長”，茲據校補。

5.【與】底本奪“與”，茲據校補。

6.【鄂裕泰】底本奪“鄂裕泰”，茲據校補。

7.【到齊】底本誤作“到期”，茲據校正。

8.【領催】底本作“催領”，誤。茲據校正。

9.【案】劃線部分底本奪之，茲據校補。

10.【暫行革職】底本奪“行”，茲據校補。

11.【領催】底本誤作“領領”

12.【暫行革職】底本作“暫革職”，奪“行”，茲據校補。

13.【同日】錄副作“光緒三十二年十一月二十八日”，與底本一致。

一九五、密陳伊犂邊界安靜情形片

光緒三十二年九月二十五日（1906年11月11日）

再，奴才前於光緒三十二年八月二十四日准外務部密電稱：聞有俄兵二千五百人駐紮瑪薩爾河，確否？希查明電覆，等因。當經派探密查，薩瑪爾[1]原駐額兵二千名，因彼處從前民變調去，現僅補舊額千餘人，並非添之兵。霍爾果斯河沿原設額兵一百餘名，現止[2]加足二百名，亦無駐紮二千五百人之多。惟該國謠傳伊犂添兵，有驅逐伊領事之說。奴才誠恐因疑生釁，督飭文武員弁，推誠示信，力顧邦交。兩國遇有操演[3]，均係互相知會，所幸駐伊領事辦事悉就範圍，兩國邊界均屬平靜，業將探明情形電覆外務部，以備聖主諮詢。惟伊犁距京萬里，誠恐道遠謠傳，因訛致

① 臺北故宮博物院藏：《軍機及宮中檔》，文獻編號：408004202－0－E.

② 中國第一歷史檔案館藏：《錄副奏片》，檔號：03－5973－199.

誤，上煩西顧之憂，不得不將近日邊地情形上陳慈聽。

查伊犁遠處極邊，境宇遼闊，原設兵額本屬不敷分布，舊定餉數連年有減無增。奴才在任衹得率由舊章，力求整飭，舉凡一切練兵、新政，亟盼長（庚）到任催齊欠餉，次第[4]舉行，幸賴天威遠播，雖新兵未能加練，而内安外戢[5]，地方悉臻乂安。現聞長（庚）已出玉關，冬間當可抵任，但願各處撥餉源源接濟，俾辦者無掣肘之虞，則邊疆軍旅可期一振。惟可慮者，在我國雖係整軍以自强，在鄰國不免聞風而生畏，將來交涉尤須因應得宜，免滋藉口。奴才去任有期，晤商長（庚）必當妥籌辦理。所有伊犁近日邊界安靜情形，除咨明外務部、練兵處外，理合附片陳明。伏乞聖鑒。謹奏。

同日[6]，奉硃批：該部知道。欽此。

【案】此片原件①現藏於臺北故宫博物院，錄副②藏於中國第一歷史檔案館，兹據校勘。

1.【案】劃線部分底本缺署，兹據校補。

2.【現止】底本作“現只”，兹據校正。

3.【操演】底本作“演操”，兹據校正。

4.【次第】底本奪“次第”，兹據校補。

5.【内安外戢】底本作“内外安戢”，兹據校正。

6.【同日】錄副作“光緒三十二年十一月二十八日”，與底本一致。

一九六、縣丞徐炳堃請革職緝辦緣由片

光緒三十二年九月二十五日（1906 年 11 月 11 日）

再，查伊犁供差分省試用縣丞徐炳堃，於光緒三十二年六月内，經奴才派送眷屬回旗，起程後，該員在途私帶貨物，圖漏釐税，遇事招搖，經奴才訪聞，電飭該員回伊，聽候查辦。詎[1]該員行抵古城，不遵電調[2]，畏罪潛逃。

---

① 臺北故宫博物院藏：《軍機及宫中檔》，文獻編號：408004201－0－A.

② 中國第一歷史檔案館藏：《錄副奏片》，檔號：03－6040－096.

查該員係湖北鄖陽縣人，於光緒二十九年在直隸川賑案内報捐監生。光緒三十一年七月二十二日，復購陝西韓城縣招信股票捐款，在戶部報捐縣丞分省試用，冒充陝西韓城原籍。察其情形，實屬狡詐，應請將分省試用縣丞徐炳堃革職緝辦，以示懲儆。除咨明湖廣總督飭追原捐執照咨銷，並分[3]咨吏部、戶部外，理合附片陳請。伏乞聖鑒。謹奏。

同日[4]，奉硃批：著照所請，該部知道。欽此。

【案】此片原件①現藏於臺北故宫博物院，錄副②藏於中國第一歷史檔案館，茲據校勘。

1.【詎】底本奪"詎"茲據校補。

2.【不遵電調】底本作"不聞遵電調"，衍"聞"，茲據校正。

3.【案】劃線部分底本缺署，茲據校補。

4.【同日】錄副作"光緒三十二年十一月二十八日"，與底本一致。

一九七、揀選伊犁舊滿營防禦等缺摺

光緒三十二年十一月十五日（1906年12月30日）

奴才馬（亮）、廣（福）跪奏，為循例揀選伊犁舊滿營防禦等缺，擬定正、陪，恭摺仰祈聖鑒事。

竊查舊滿營正黄旗防禦精吉那，前因糾約兵丁强借本旗存公銀兩，經奴才等奏請開缺以驍騎校降補，於光緒三十二年七月二十四日奉硃批：著照所請，該衙門知道。欽此。當經恭錄行知去後。茲據辦理伊犁滿營事務檔房呈稱：舊滿營降補驍騎校精吉那降遺防禦之缺，應請揀員補放，以資辦理旗務，等情。前來。

奴才等當於該營應升人員内逐加考驗，精吉那遺出防禦一缺，揀選得舊滿營鑲黄旗驍騎校珠爾杭阿堪以擬正，鑲紅旗驍騎校蘇勒春堪以擬陪。遞遺驍騎校一缺，揀選得降補驍騎校精吉那堪以擬正，正紅旗催總札拉豐

① 臺北故宫博物院藏：《軍機及宫中檔》，文獻編號：408004201－0－B.

② 中國第一歷史檔案館藏：《錄副奏片》，檔號：03－5470－082.

阿堪以擬陪。謹將該員等履歷另繕清單，恭呈御覽，伏候欽定。所有揀選舊滿營防禦等缺擬定正、陪緣由，理合恭摺具陳。伏乞皇太后、皇上聖鑒訓示。謹奏。光緒三十二年十一月十五日。

光緒三十三年正月十九日，奉硃批：均著擬正之員補授，該衙門知道，單併發。欽此[1]。

☆呈揀選舊滿營防禦等缺清單

謹將揀選伊犁舊滿營防禦等缺擬定正、陪人員，繕具清單，恭呈御覽。

惠遠城舊滿營精吉那降遺防禦員缺。擬正之舊滿營鑲黃旗驍騎校珠爾杭阿，食俸餉當差二十年。光緒二十八年，由[2]前鋒校補放驍騎校，揀選防禦擬陪一次，現年三十四歲。舊滿洲格濟勒氏，馬步箭平等。

擬陪之舊滿營鑲紅旗驍騎校蘇勒春，食俸餉三十九年，前在庫爾喀喇烏蘇軍營當差。光緒七年、九年巴爾魯克山、塔爾巴哈臺防剿竄匪、二十八年伊犁歷年防戍各案內均屬奮勉出力，疊經塔爾巴哈臺參贊大臣錫（綸）等奏保[3]，補防禦後以佐領補用，並賞戴藍翎。二十五年，補放驍騎校，現年五十七歲。舊滿洲瓜勒佳氏，馬步箭平等。

擬補防禦遞遺驍騎校一缺[4]。擬正之舊滿營降補驍騎校精吉那，食俸餉三十二年，前在庫爾喀喇烏蘇軍營當差。光緒二年克復瑪納斯南北兩城、六年剿辦陝回、七年屯種軍糧各案內均屬奮勉出力，疊經前將軍金（順）奏保補用佐領，並賞戴藍翎。二十四年，補放驍騎校。二十六年，補放防禦。三十二年，因案奏請以驍騎校降補，現年四十七歲。舊滿洲曹佳氏，馬步箭平等。

擬陪之舊滿營正紅旗催總拉札豐阿，食錢糧當差十五年。光緒二十八年伊犁歷年防戍案內出力，經前[5]將軍金長庚[6]奏保補用驍騎校。二十六年，由領催補放催總，現年三十七歲。舊滿洲瓜勒佳氏，馬步箭平等。

覽[7]。

【案】此摺原件①現藏於臺北故宮博物院，錄副②及清單③均藏於中國第一歷史檔案館，茲據校勘。

---

① 臺北故宮博物院藏：《軍機及宮中檔》，文獻編號：408004204.

② 中國第一歷史檔案館藏：《錄副奏摺》，檔號：03－5975－027.

③ 中國第一歷史檔案館藏：《單》，檔號：03－5975－028.

1.【光緒三十三年正月十九日，奉硃批：均著擬正之員補授，該衙門知道，單併發。欽此】此硃批日期與內容，據錄副校補。

2.【由】底本奪“由”，茲據原單校補。

3.【奏保】底本脫“保”，茲據校補。

4.【驍騎校一缺】底本作“驍校員缺”，茲據校正。

5.【經前】底本作“前經”，茲據校正。

6.【長庚】底本誤作“金順”，茲據校正。

7.【覽】此御批據原單補。

一九八、副將周玉魁暫緩送部引見片

光緒三十二年十一月十五日（1906年12月30日）

再，查伊犁軍標中軍副將一缺，原請作爲題缺由外揀員請補，五年俸滿，保題升用。自光緒二十五年七月，經長（庚）奏請以委署斯缺之補用副將周玉魁補授，八月二十八日，欽奉硃批：該部議奏。欽此。旋經兵部議准，於是年十月初八日具奏，奉旨：依議。欽此。計自光緒二十五年十月初八日奉旨作爲補授之日起，扣至三十一年十月初八日，業已五年俸滿。茲據該副將周玉魁呈報俸滿，並請給咨赴引前來。

奴才查該副將轉戰秦隴，歷著戰功，供職伊犁邊防得力。光緒二十九年，曾經奴才以該員才堪大用奏請以總兵記名簡放，欽奉硃批：著照所請。欽此。欽遵在案。現在長（庚）將次到任，整軍經武一切要政在在需員，可否仰懇天恩俯准將伊犁中軍副將周玉魁照五年俸滿保題升用之例，敕部註册升用、暫緩送部引見之處，出自逾格鴻施。除飭取履歷咨部外，理合附片陳請。伏乞聖鑒訓示。謹奏。

光緒三十三年正月十九日，奉硃批：陸軍部知道。欽此[1]。

【案】此片原件①現藏於臺北故宮博物院，錄副②藏於中國第一歷史

① 臺北故宮博物院藏：《軍機及宮中檔》，文獻編號：408004204－0－A.

② 中國第一歷史檔案館藏：《錄副奏片》，檔號：03－5975－029.

檔案館，茲據校勘。

1.【光緒三十三年正月十九日，奉硃批：陸軍部知道。欽此】此硃批日期與內容，據錄副校補。

一九九、揀選伊犁察哈爾營驍騎校員缺摺

光緒三十二年十一月十五日（1906年12月30日）

奴才馬（亮）、廣（福）跪奏，為循例揀選伊犁察哈爾營驍騎校員缺，擬定正、陪，恭摺具陳，仰祈聖鑒事。

竊准兼署察哈爾營領隊大臣博（貴）咨呈：察哈爾右翼正紅旗二牛彔驍騎校巴彥察幹，於本年八月初七日因病出缺。所遺驍騎校員缺，應請揀員補放，以資辦理旗務，等因。前來。奴才等當於該營應升人員內逐加考驗，巴彥察幹遺出驍騎校一缺，揀選得正紅旗二牛彔領催滿珠達西堪以擬正，鑲紅旗二牛彔委官尼瑪堪以擬陪。謹將該員等履歷另繕清單，恭呈御覽，伏候欽定。所有揀選察哈爾營驍騎校員缺擬定正、陪緣由，理合恭摺具陳。伏乞皇太后、皇上聖鑒訓示。謹奏。

光緒三十三年正月十九日，奉硃批：均著擬正之員補授，該衙門知道，單併發。欽此[1]。

☆呈揀選察哈爾營驍騎校清單

謹將揀選伊犁察哈爾營驍騎校員缺擬定正、陪人員，繕具清單，恭呈御覽。

察哈爾營巴彥察幹遺出驍騎校一缺。擬正之察哈爾營右翼正紅旗二牛彔領催滿珠達西，食錢糧當差二十一年，光緒[2]二十六年，補放領催，現年三十七歲。察哈爾蒙古馬步箭平等。

擬陪之察哈爾右翼鑲藍旗二牛彔委官尼瑪，食錢糧當差二十五年。光緒十七年搜剿竄匪案內出力，經前護將軍富勒銘（額）奏保，賞戴五品頂戴。三十二年，補放委官，現年四十三歲。察哈爾蒙古馬步箭平等。

覽[3]。

【案】此摺原件①現藏於臺北故宮博物院，錄副②及清單③均藏於中國第一歷史檔案館，茲據校勘。

1.【光緒三十三年正月十九日，奉硃批：均著擬正之員補授，該衙門知道，單併發。欽此】此硃批日期與內容，據錄副校補。

2.【光緒】底本作“當光緒”，茲據校正。

3.【覽】此御批據原單補。

二〇〇、驍騎校德勒格爾達賫原品休致片

光緒三十二年十一月十五日（1906年12月30日）

再，准署察哈爾領隊大臣博貴咨呈：竊據本營正黃旂二牛彔驍騎校德勒格爾達賫呈稱：竊驍騎校現年六十三歲，前在庫爾喀喇烏蘇軍營當差，身受潮濕。雖時愈時發，尚能勉力當差。現在年逾六旬，舊病復發，致患腰骽疼痛之症，步履維艱，實難辦理旗務。若不呈明告退，誠恐貽誤公差，等情。轉呈前來。

奴才等覆查無異，合無仰懇天恩俯准將察哈爾營驍騎校德勒格爾達賫開去驍騎校之缺以原品休致之處，出自高厚鴻慈。除飭取該員履歷清册咨部查覈外，謹附片具陳。伏乞聖鑒訓示。謹奏。

光緒三十三年正月十九日，奉硃批：著照所請，該衙門知道。欽此[1]。

【案】此片原件④現藏於臺北故宮博物院，錄副⑤藏於中國第一歷史檔案館，茲據校勘。

1.【光緒三十三年正月十九日，奉硃批：著照所請，該衙門知道。欽此】此硃批日期與內容，據錄副校補。

---

① 臺北故宮博物院藏：《軍機及宮中檔》，文獻編號：408004205.

② 中國第一歷史檔案館藏：《錄副奏摺》，檔號：03－5975－030.

③ 中國第一歷史檔案館藏：《單》，檔號：03－5975－031.

④ 臺北故宮博物院藏：《軍機及宮中檔》，文獻編號：408004205－0－A.

⑤ 中國第一歷史檔案館藏：《錄副奏片》，檔號：03－5975－032.

二〇一、奏報交卸將軍篆務日期摺

光緒三十二年十一月二十八日（1907年1月12日）

奴才馬（亮）跪奏，為恭報奴才交卸伊犁將軍篆務日期，恭摺仰祈聖鑒事。

竊奴才前准兵部咨：光緒三十一年六月初八日，奉上諭：奎順著留京當差，烏里雅蘇臺將軍著馬（亮）補授。欽此。同日，又奉上諭：伊犁將軍著長（庚）補授。欽此。欽遵恭錄咨行前來。奴才當經具摺叩謝天恩，並請入都陛見，欽奉硃批：著來見。欽此。欽遵在案。現准新授伊犁將軍長（庚）咨稱：在甘肅肅州途次，附奏伊犁將軍篆務請飭伊犁副都統廣（福）暫行兼署並刊用關防一片[1]，於本年十一月初一日在新疆吐魯番途次，接到兵部火票遞回原片，九月十八日，欽奉硃批：著照所請。欽此。欽遵咨行到伊。

奴才即於光緒三十二年十一月二十八日派委印務章京榮聯、軍標中軍副將周玉魁，將伊犁將軍印信、令箭賫送兼署將軍伊犁副都統廣（福）接收任事[2]，並飭承辦各員將各項文案[3]、卷宗、官兵花名册籍、倉庫銀糧分別移交[4]。奴才即於是日交卸清楚[5]，擬俟任內經管一切與廣（福）會商妥善，即行起程北上，馳赴闕廷，跪聆聖訓，以遂奴才依戀之忱！所有交卸伊犁將軍篆務日期，理合恭摺具陳。伏乞皇太后、皇上聖鑒。謹奏。光緒三十二年十一月二十八日[6]。

光緒三十三年二月初九日，奉硃批：知道了。欽此[7]。

【案】此摺原件查無下落，錄副①現藏於中國第一歷史檔案館，茲據校勘。

1.【案】光緒三十二年八月二十七日，新授伊犁將軍長庚附片奏請准令伊犁副都統廣福暫署伊犁將軍篆務，並刊刻木質關防，曰：

再，疊准烏里雅蘇臺將軍馬亮函電，切盼奴才到伊，以便交卸北

① 中國第一歷史檔案館藏：《錄副奏片》，檔號：03－5476－097.

上。而奴才經戶部奏奉諭旨飭令盤查新疆庫款，必先清查甘肅底案。前在蘭州以稽時日，嗣因沿途預籌應辦各事臚陳一切，又於肅州耽擱至今，屈計程途，尚須月餘始抵新疆省城。自維馳驅駑鈍，已覺惶悚難安，而欽承恩命，節制新疆地方文武及兵餉一切事務，尚有應與撫臣聯魁會商籌餉練兵、整飭地方等事，並盤查司庫，均非旦夕所能竣事，實難一抵省城即行徑赴伊犁。如由馬亮送印到省，則本署公事必須包封遞送，而伊犁距省千數百里，往返程遙，誠恐不無遲誤，可否仰懇天恩准令伊犂副都統廣福暫行兼署，奴才一將新省公事辦竣，立即馳赴伊犁，接印任事。

惟在省城應行奏咨事件既多，而到任後猶擬親赴南北各城暨沿邊各卡，周歷查看，校閱營伍，考察吏治，以及布置農、工、商、牧等事，若攜印前往，遇有本署公事，副都統向未頒有印信，無以鈐用。倘不帶印信，奴才途次辦公，隨處借印，亦多不便。查伊犁將軍印信，文曰"總統伊犁等處將軍之印"。擬請刊刻木質關防一顆，文曰"兵部尚書銜總統伊犂等處將軍節制新疆地方文武兼理兵餉事務之關防"，以昭信守。如蒙俞允，遵即奏明開用。是否有當？理合附片陳明。伏乞聖鑒訓示。謹奏。光緒三十二年九月十八日，奉硃批：著照所請。欽此。①

2.【案】光緒三十二年十二月初八日，署伊犁將軍廣福具報兼署將軍日期並謝恩，曰：

奴才廣福跪奏，為恭報奴才接署將軍篆務任事日期並感激下忱，叩謝天恩，恭摺仰祈聖鑒事。

竊奴才於光緒三十二年十一月二十四日，准新授伊犁將軍長庚咨開：本年八月二十七日在甘肅肅州途次，附奏伊犁將軍篆務請飭伊犂副都統廣福暫行兼署並刊用關防一片，於本年十一月初一日在新疆吐魯番途次，接到兵部火票遞回原片，本年九月十八日，奉硃批：著照所請。欽此。欽遵恭錄咨行前來。旋於十一月二十八日准前任伊犁將軍調補烏里雅蘇臺將軍馬亮派委伊犁印務章京榮聯、軍標中軍副將周玉魁等，將同字第十四號總統伊犁等處將軍銀印一顆、令箭十二枚暨

① 中國第一歷史檔案館藏：《硃批奏片》，檔號：04－01－01－1077－054.《錄副奏片》，檔號：03－5467－021.

文案、糧餉卷宗一併齎送前來。當即恭設香案，望闕叩頭，祗領任事，訖。

伏念奴才蒙古世僕，智識庸愚，前蒙補授伊犁副都統，任事五年，毫無報稱，撫躬循省，正切悚惶！茲復仰荷天恩准令兼署將軍篆務，受恩愈重，圖報愈難！查伊犁地處西陲，緊鄰俄境，幅員遼闊，種類繁多，當茲時局孔艱，一切新政均待舉辦。將軍責任綦重，舉凡整軍經武、用人理財，外固邦交，內綏藩部，在在均關緊要。如奴才檮昧，深懼弗勝，惟有隨時隨事，矢慎矢勤，竭盡駑駘，力圖興辦，斷不敢以暫時兼署稍涉因循。遇有重要事件，仍當電商長庚詳慎辦理，以期仰答高厚鴻慈於萬一。所有奴才接署伊犁將軍篆務任事日期，並感激下忱叩謝天恩緣由，理合恭摺具陳。伏乞皇太后、皇上聖鑒。謹奏。光緒三十二年十二月初八日。① 光緒三十三年二月初九日，奉硃批：知道了。欽此②。

3.【將各項文案】底本作“各將文案”，茲據校正。

4.【移交】底本作“移交清楚”，疑衍“清楚”。茲據校正。

5.【交卸清楚】底本疑奪“清楚”，茲據校補。

6.【光緒三十二年十一月二十八日】此具奏日期底本作“光緒三十二年十二月初八日”，誤。而錄副作“光緒三十二年十一月二十八日”，確。茲據校正。

7.【光緒三十三年二月初九日，奉硃批：知道了。欽此】此硃批日期與內容，據錄副補。

---

① 中國第一歷史檔案館藏：《硃批奏摺》，檔號：04－01－16－0291－076.

② 中國第一歷史檔案館藏：《錄副奏摺》，檔號：03－5476－100.

附　　錄

馬亮列傳

馬亮，馬佳氏，滿洲正白旗人，原隸吉林烏鎗營漢軍正白旗。同治元年，調征甘肅回匪。二年，隨攻蘇家溝、渭城灣出力，敘六品頂戴，並賞藍翎。三年，攻克西大峪，保五品銜，並換花翎。五年，克復寧夏，保驍騎校。八年，陝回大股竄入甘肅，截擊，破之。保加佐領銜。九年，攻破蘇家燒坊賊巢，晉防禦，並加三品頂戴。十年，攻毀王疃賊巢，升佐領。十二年，以剿辦寧夏西岸回匪功，擢協領，加副都統銜，並給哈豐阿巴圖魯名號。十三年，官軍克肅州，關內肅清，詔以副都統記名簡放。

光緒元年，署巴里坤領隊大臣。五年，克復瑪納斯南城，賞給頭品頂戴。七年，補防禦。十月，補甯古塔佐領。十一年，副都統萬陞所部兵變，回匪乘機搆煽，馬亮率隊躡追，急告新疆巡撫劉錦棠、署烏魯木齊副都統升泰、塔爾巴哈參贊大臣錫綸，使速為備。匪股分竄至松樹頭三台，裹脅放馬弁勇二十餘人，為綏靖營官詹恩科截擊。適馬亮追至，前後夾攻，賊敗遁。其竄乾河子者，亦為馬亮等追擊，斬獲甚眾。餘匪入山，悉捕殲焉。

十四年，俄屬纏回與竄匪句結，殺掠橫行。馬亮先後生獲郭瑞等誅之，匪遂斂迹，尋調補拉林佐領。十六年，戶部發錫綸咨封得職員馬瑞麟揭呈馬亮侵吞軍餉等情，有旨交伊犂將軍色楞額、護理新疆巡撫魏光燾查奏，按驗不實，亦無馬瑞麟其人。二十一年，署伊犂鎮總兵。二十四年，綏來回判，密遣匪黨謠言煽動伊犂回族。馬亮捕誅其首，眾心以定。二十六年五月，上命馬亮來京當差，行抵陝西，適兩宮西幸。十二月，補授密雲副都統，並敕暫留行在。二十七年，補授伊犂將軍。二十八年，命與甘肅新疆巡撫饒應祺、潘效蘇確查安插逃哈情形，詳細妥籌，和衷商辦，以重邊務。二十九年，以伊犂所屬黑宰、阿勒班兩部哈薩克生齒日繁，請添設千戶長、千戶長銜、副千戶長銜各一名，並於每千戶長屬下各設百戶長、五十戶長等頭目，藉資管束，得旨允行。

三十一年五月，馬亮以伊犂邊瘠，商務未立，蒙、哈所收皮毛外商多以茶、布、雜貨互易，重利盤剝，時受欺蒙，奏請官商集股立皮毛公司，設局收買，如法選製，發商民販運，將來收穫盈餘，除各股攤分并開支局費外，概儲備本處緩急之用，在蒙哈既免奸商之剝削，論商務並無碍督撫之權利，報聞。六月，調補烏里雅蘇台將軍。三十三年九月，入覲。十月，命在紫禁城內騎馬。十二月，馬亮以久在軍營，原籍無家可歸，呈由正白旗滿洲都統援案奏請改隸京旗，允之。三十四年四月，補鑲黃旗漢軍都統。七月，奏請裁併新疆文武員缺、旗、漢兵額，節出餉銀，改練新軍，並酌量就地籌款。得旨：會議政務處會同伊犂將軍、陝甘總督、新疆巡撫，迅即議奏。八月，授成都將軍。

宣統元年，卒。諭曰：成都將軍馬亮由行伍隨同多隆阿等轉戰陝甘、新疆等處，卓著戰功。旋經簡授密雲副都統，洊擢將軍，宣力有年，克勤厥職。兹聞溘逝，悼惜殊深！加恩著照將軍例賜卹，任內一切處分悉予開復；應得卹典，該衙門查例具奏。靈柩回旗時，沿途地方官妥為照料。伊子候選同知廣榮，著以知府分省補用，用示篤念藎臣至意。尋賜祭葬，予謚勇僖。宣統三年，伊犂將軍廣福據伊犂官紳察哈爾營領隊大臣博貴等呈述，馬亮先後在伊犂二十餘年，外捍強鄰，內修邊政，詰姦禁暴，遺愛在民，奏懇在伊犂建立專祠，並將事蹟宣付史館立傳，以彰忠藎而順輿情，允之。

子廣榮，特用知府；廣杭，候選通盤；廣孝、廣膺，均頭品廕生；廣怡，閑散。①

① 《清國史·列傳·新辦大臣》，嘉業堂鈔本，第11冊，北京：中華書局，1993年版，第498－499頁。

跋

本書材料的收集、購買、整理與研究，閱時三年。在此期間，山東大學儒學高等研究院教授、博士生導師杜澤遜先生，中央民族大學圖書館古籍部李婷教授，國家圖書館陳秉松先生，臺北故宮博物院王威華先生，始終殷殷鼓勵，鼎力贊襄；

北京大學教授、博士生導師、兼任石河子大學副校長、鄉賢夏文斌先生，新疆兵團屯墾戍邊研究中心主任萬朝林教授，為本書的出版大力推介，助克蔵功；西北大學文學院學術委員會主任、博士生導師、恩師趙小剛教授，對本書的編寫與出版鼓勵有加，並欣然賜序；

中國社會科學出版社編審郭鵬先生為本書的順利出版，勞瘁不辭，克盡厥職。此外，石河子大學歷史系曾敏、鄭峰同學為本書的整理與研究亦付出了辛勤的勞動，謹此一併致謝。

由於本人學識淺陋，紕謬之處，實所難免，敬祈海內外方家不吝賜正。

杜宏春

參考文獻

一　館藏檔案

[001] 臺北故宮博物院藏:《軍機及宮中檔》，文獻編號：408004100。
[002] 臺北故宮博物院藏:《軍機及宮中檔》，文獻編號：174311。
[003] 臺北故宮博物院藏:《軍機及宮中檔》，文獻編號：408004099。
[004] 臺北故宮博物院藏:《軍機及宮中檔》，文獻編號：148679。
[005] 臺北故宮博物院藏:《軍機及宮中檔》，文獻編號：408004101。
[006] 臺北故宮博物院藏:《軍機及宮中檔》，文獻編號：151488。
[007] 臺北故宮博物院藏:《軍機及宮中檔》，文獻編號：408004101。
[008] 臺北故宮博物院藏:《軍機及宮中檔》，文獻編號：151489。
[009] 中國第一歷史檔案館藏:《硃批奏摺》，檔號：04-01-01-0951-015。
[010] 中國第一歷史檔案館藏:《錄副奏摺》，檔號：03-5830-035。
[011] 中國第一歷史檔案館藏:《錄副奏片》，檔號：03-5885-065。
[012] 臺北故宮博物院藏:《軍機及宮中檔》，文獻編號：408004102。
[013] 臺北故宮博物院藏:《軍機及宮中檔》，文獻編號：153122。
[014] 臺北故宮博物院藏:《軍機及宮中檔》，文獻編號：408004103。
[015] 臺北故宮博物院藏:《軍機及宮中檔》，文獻編號：153124。
[016] 臺北故宮博物院藏:《軍機及宮中檔》，文獻編號：408004103。
[017] 臺北故宮博物院藏:《軍機及宮中檔》，文獻編號：153125。
[018] 臺北故宮博物院藏:《軍機及宮中檔》，文獻編號：408004104。
[019] 中國第一歷史檔案館藏:《錄副奏摺》，檔號：03-5419-002。
[020] 臺北故宮博物院藏:《軍機及宮中檔》，文獻編號：408004105。
[021] 臺北故宮博物院藏:《軍機及宮中檔》，文獻編號：153302。
[022] 臺北故宮博物院藏:《軍機及宮中檔》，文獻編號：153302-0-A。

[023] 臺北故宮博物院藏:《軍機及宮中檔》,文獻編號:408004109。
[024] 中國第一歷史檔案館藏:《錄副奏摺》,檔號:03-5957-004。
[025] 中國第一歷史檔案館藏:《單》,檔號:03-5957-005。
[026] 臺北故宮博物院藏:《軍機及宮中檔》,文獻編號:408004108。
[027] 中國第一歷史檔案館藏:《錄副奏摺》,檔號:03-5957-006。
[028] 中國第一歷史檔案館藏:《單》,檔號:03-5957-007。
[029] 臺北故宮博物院藏:《軍機及宮中檔》,文獻編號:408004107。
[030] 中國第一歷史檔案館藏:《錄副奏摺》,檔號:03-5957-009。
[031] 中國第一歷史檔案館藏:《單》,檔號:03-5957-008。
[032] 臺北故宮博物院藏:《軍機及宮中檔》,文獻編號:408004107-0-C。
[033] 中國第一歷史檔案館藏:《錄副奏片》,檔號:03-6166-001。
[034] 臺北故宮博物院藏:《軍機及宮中檔》,文獻編號:408004107-0-A。
[035] 臺北故宮博物院藏:《軍機及宮中檔》,文獻編號:408004107-0-B。
[036] 臺北故宮博物院藏:《軍機及宮中檔》,文獻編號:408004106。
[037] 臺北故宮博物院藏:《軍機及宮中檔》,文獻編號:154069。
[038] 中國第一歷史檔案館藏:《硃批奏摺》,檔號:04-01-23-0217-011。
[039] 中國第一歷史檔案館藏:《錄副奏摺》,檔號:03-6731-051。
[040] 中國第一歷史檔案館藏:《單》,檔號:03-6731-052。
[041] 臺北故宮博物院藏:《軍機及宮中檔》,文獻編號:408004106-0-A。
[042] 臺北故宮博物院藏:《軍機及宮中檔》,文獻編號:154071。
[043] 中國第一歷史檔案館藏:《硃批奏片》,檔號:04-01-36-0840-049。
[044] 臺北故宮博物院藏:《軍機及宮中檔》,文獻編號:408004113。
[045] 臺北故宮博物院藏:《軍機及宮中檔》,文獻編號:155001。
[046] 臺北故宮博物院藏:《軍機及宮中檔》,文獻編號:408004112。
[047] 臺北故宮博物院藏:《軍機及宮中檔》,文獻編號:155003。
[048] 臺北故宮博物院藏:《軍機及宮中檔》,文獻編號:155003-A。
[049] 臺北故宮博物院藏:《軍機及宮中檔》,文獻編號:408004112-0-A。
[050] 臺北故宮博物院藏:《軍機及宮中檔》,文獻編號:154991。
[051] 中國第一歷史檔案館藏:《硃批奏摺》,檔號:04-01-03-0176-007。
[052] 中國第一歷史檔案館藏:《錄副奏摺》,檔號:03-9421-048。
[053] 臺北故宮博物院藏:《軍機及宮中檔》,文獻編號:408004114。
[054] 臺北故宮博物院藏:《軍機及宮中檔》,文獻編號:155006。

[055] 中國第一歷史檔案館藏:《硃批奏摺》,檔號:04－01－18－0054－042。
[056] 中國第一歷史檔案館藏:《錄副奏摺》,檔號:03－6152－061。
[057] 臺北故宮博物院藏:《軍機及宮中檔》,文獻編號:408004111。
[058] 臺北故宮博物院藏:《軍機及宮中檔》,文獻編號:155000。
[059] 臺北故宮博物院藏:《軍機及宮中檔》,文獻編號:155000－0－A。
[060] 中國第一歷史檔案館藏:《硃批奏摺》,檔號:04－01－03－0176－006。
[061] 中國第一歷史檔案館藏:《錄副奏摺》,檔號:03－6026－050。
[062] 臺北故宮博物院藏:《軍機及宮中檔》,文獻編號:408004111－0－B。
[063] 臺北故宮博物院藏:《軍機及宮中檔》,文獻編號:154992。
[064] 臺北故宮博物院藏:《軍機及宮中檔》,文獻編號:408004111－0－A。
[065] 臺北故宮博物院藏:《軍機及宮中檔》,文獻編號:155004。
[066] 臺北故宮博物院藏:《軍機及宮中檔》,文獻編號:408004115。
[067] 中國第一歷史檔案館藏:《錄副奏摺》,檔號:03－5957－032。
[068] 臺北故宮博物院藏:《軍機及宮中檔》,文獻編號:408004116。
[069] 中國第一歷史檔案館藏:《錄副奏摺》,檔號:03－5957－030。
[070] 臺北故宮博物院藏:《軍機及宮中檔》,文獻編號:408004117。
[071] 中國第一歷史檔案館藏:《錄副奏摺》,檔號:03－5957－025。
[072] 中國第一歷史檔案館藏:《單》,檔號:03－5957－011。
[073] 臺北故宮博物院藏:《軍機及宮中檔》,文獻編號:408004119。
[074] 中國第一歷史檔案館藏:《錄副奏摺》,檔號:03－5957－022。
[075] 中國第一歷史檔案館藏:《單》,檔號:03－5957－024。
[076] 臺北故宮博物院藏:《軍機及宮中檔》,文獻編號:408004118。
[077] 中國第一歷史檔案館藏:《錄副奏摺》,檔號:03－5957－026。
[078] 中國第一歷史檔案館藏:《單》,檔號:03－5957－023。
[079] 臺北故宮博物院藏:《軍機及宮中檔》,文獻編號:408004118。
[080] 臺北故宮博物院藏:《軍機及宮中檔》,文獻編號:156435。
[081] 中國第一歷史檔案館藏:《錄副奏片》,檔號:03－5950－054。
[082] 臺北故宮博物院藏:《軍機及宮中檔》,文獻編號:408004118－0－A。
[083] 臺北故宮博物院藏:《軍機及宮中檔》,文獻編號:157795。
[084] 臺北故宮博物院藏:《軍機及宮中檔》,文獻編號:149819。
[085] 臺北故宮博物院藏:《軍機及宮中檔》,文獻編號:408004118－0－C。
[086] 臺北故宮博物院藏:《軍機及宮中檔》,文獻編號:156437。

[087] 臺北故宮博物院藏：《軍機及宮中檔》，文獻編號：408004120。
[088] 中國第一歷史檔案館藏：《錄副奏摺》，檔號：03 - 5569 - 050。
[089] 中國第一歷史檔案館藏：《單》，檔號：03 - 5569 - 051。
[090] 中國第一歷史檔案館藏：《軍機處隨手登記檔》，檔案編號：03 - 0317 - 1 - 1229 - 269。
[091] 臺北故宮博物院藏：《軍機及宮中檔》，文獻編號：408004120 - 0 - A。
[092] 中國第一歷史檔案館藏：《錄副奏片》，檔號：03 - 5742 - 041。
[093] 中國第一歷史檔案館藏：《軍機處隨手登記檔》，檔案編號：03 - 0317 - 1 - 1229 - 269。
[094] 臺北故宮博物院藏：《軍機及宮中檔》，文獻編號：408004125。
[095] 中國第一歷史檔案館藏：《錄副奏摺》，檔號：03 - 5957 - 042。
[096] 中國第一歷史檔案館藏：《單》，檔號：03 - 5957 - 010。
[097] 臺北故宮博物院藏：《軍機及宮中檔》，文獻編號：408004125 - 0 - B。
[098] 臺北故宮博物院藏：《軍機及宮中檔》，文獻編號：408004125 - 0 - C。
[099] 中國第一歷史檔案館藏：《錄副奏片》，檔號：03 - 5957 - 043。
[100] 臺北故宮博物院藏：《軍機及宮中檔》，文獻編號：408004125 - 0 - A。
[101] 中國第一歷史檔案館藏：《錄副奏片》，檔號：03 - 5957 - 044。
[102] 臺北故宮博物院藏：《軍機及宮中檔》，文獻編號：408004124。
[103] 臺北故宮博物院藏：《軍機及宮中檔》，文獻編號：157796。
[104] 臺北故宮博物院藏：《軍機及宮中檔》，文獻編號：157796 - 0 - A。
[105] 臺北故宮博物院藏：《軍機及宮中檔》，文獻編號：408004123。
[106] 臺北故宮博物院藏：《軍機及宮中檔》，文獻編號：157781。
[107] 臺北故宮博物院藏：《軍機及宮中檔》，文獻編號：408004121。
[108] 臺北故宮博物院藏：《軍機及宮中檔》，文獻編號：157782。
[109] 臺北故宮博物院藏：《軍機及宮中檔》，文獻編號：408004122。
[110] 臺北故宮博物院藏：《軍機及宮中檔》，文獻編號：157783。
[111] 臺北故宮博物院藏：《軍機及宮中檔》，文獻編號：408004126。
[112] 中國第一歷史檔案館藏：《錄副奏摺》，檔號：03 - 5422 - 050。
[113] 中國第一歷史檔案館藏：《硃批奏摺》，檔號：04 - 01 - 12 - 0544 - 108。
[114] 中國第一歷史檔案館藏：《錄副奏摺》，檔號：03 - 5241 - 074。
[115] 中國第一歷史檔案館藏：《硃批奏摺》，檔號：04 - 01 - 12 - 0602 - 021。
[116] 中國第一歷史檔案館藏：《錄副奏摺》，檔號：03 - 6162 - 049。

[117] 臺北故宮博物院藏:《軍機及宫中檔》,文獻編號:408004126 - 0 - A。
[118] 中國第一歷史檔案館藏:《錄副奏片》,檔號:03 - 5422 - 051。
[119] 中國第一歷史檔案館藏:《硃批奏摺》,檔號:04 - 01 - 12 - 0574 - 001。
[120] 中國第一歷史檔案館藏:《錄副奏摺》,檔號:03 - 5342 - 010。
[121] 臺北故宮博物院藏:《軍機及宫中檔》,文獻編號:408004127。
[122] 中國第一歷史檔案館藏:《錄副奏片》,檔號:03 - 6166 - 040。
[123] 臺北故宮博物院藏:《軍機及宫中檔》,文獻編號:408004127 - 0 - B。
[124] 中國第一歷史檔案館藏:《錄副奏片》,檔號:03 - 6657 - 090。
[125] 臺北故宮博物院藏:《軍機及宫中檔》,文獻編號:408004127 - 0 - A。
[126] 中國第一歷史檔案館藏:《錄副奏片》,檔號:03 - 7224 - 015。
[127] 臺北故宮博物院藏:《軍機及宫中檔》,文獻編號:408004128。
[128] 中國第一歷史檔案館藏:《錄副奏片》,檔號:03 - 6038 - 031。
[129] 中國第一歷史檔案館藏:《硃批奏片》,檔號:04 - 01 - 37 - 0144 - 034。
[130] 中國第一歷史檔案館藏:《錄副奏片》,檔號:03 - 7164 - 041。
[131] 中國第一歷史檔案館藏:《軍機處隨手登記檔》,檔案編號:03 - 0317 - 1 - 1229 - 270。
[132] 臺北故宮博物院藏:《軍機及宫中檔》,文獻編號:408004130 - 0 - A。
[133] 中國第一歷史檔案館藏:《錄副奏片》,檔號:03 - 5958 - 077。
[134] 臺北故宮博物院藏:《軍機及宫中檔》,文獻編號:408004128 - 0 - A。
[135] 中國第一歷史檔案館藏:《軍機處隨手登記檔》,檔案編號:03 - 0317 - 1 - 1229 - 270。
[136] 臺北故宮博物院藏:《軍機及宫中檔》,文獻編號:408004130。
[137] 中國第一歷史檔案館藏:《錄副奏片》,檔號:03 - 5958 - 078。
[138] 中國第一歷史檔案館藏:《單》,檔號:03 - 5958 - 079。
[139] 中國第一歷史檔案館藏:《單》,檔號:03 - 5958 - 060。
[140] 中國第一歷史檔案館藏:《硃批奏摺》,檔號:04 - 01 - 16 - 0274 - 033。
[141] 臺北故宮博物院藏:《軍機及宫中檔》,文獻編號:150181。
[142] 臺北故宮博物院藏:《軍機及宫中檔》,文獻編號:408004129。
[143] 中國第一歷史檔案館藏:《軍機處隨手登記檔》,檔案編號:03 - 0317 - 1 - 1229 - 270。
[144] 臺北故宮博物院藏:《軍機及宫中檔》,文獻編號:408004129 - 0 - A。
[145] 中國第一歷史檔案館藏:《軍機處隨手登記檔》,檔案編號:03 -

0317 - 1 - 1229 - 270。
[146] 臺北故宮博物院藏:《軍機及宮中檔》, 文獻編號: 408004133。
[147] 中國第一歷史檔案館藏:《錄副奏摺》, 檔號: 03 - 5960 - 038。
[148] 中國第一歷史檔案館藏:《單》, 檔號: 03 - 5960 - 042。
[149] 臺北故宮博物院藏:《軍機及宮中檔》, 文獻編號: 408004131。
[150] 中國第一歷史檔案館藏:《錄副奏摺》, 檔號: 03 - 5960 - 038。
[151] 中國第一歷史檔案館藏:《單》, 檔號: 03 - 5959 - 036。
[152] 臺北故宮博物院藏:《軍機及宮中檔》, 文獻編號: 408004135 - 0 - A。
[153] 中國第一歷史檔案館藏:《錄副奏摺》, 檔號: 03 - 5960 - 048。
[154] 臺北故宮博物院藏:《軍機及宮中檔》, 文獻編號: 408004132 - 0 - A。
[155] 中國第一歷史檔案館藏:《錄副奏摺》, 檔號: 03 - 5426 - 101。
[156] 臺北故宮博物院藏:《軍機及宮中檔》, 文獻編號: 408004132。
[157] 中國第一歷史檔案館藏:《錄副奏摺》, 檔號: 03 - 5960 - 043。
[158] 中國第一歷史檔案館藏:《單》, 檔號: 03 - 5960 - 046。
[159] 臺北故宮博物院藏:《軍機及宮中檔》, 文獻編號: 408004135。
[160] 中國第一歷史檔案館藏:《錄副奏摺》, 檔號: 03 - 5960 - 041。
[161] 中國第一歷史檔案館藏:《單》, 檔號: 03 - 5960 - 044。
[162] 臺北故宮博物院藏:《軍機及宮中檔》, 文獻編號: 408004132 - 0 - B。
[163] 中國第一歷史檔案館藏:《錄副奏摺》, 檔號: 03 - 7205 - 126。
[164] 臺北故宮博物院藏:《軍機及宮中檔》, 文獻編號: 408004135 - 0 - B。
[165] 中國第一歷史檔案館藏:《錄副奏摺》, 檔號: 03 - 5960 - 047。
[166] 臺北故宮博物院藏:《軍機及宮中檔》, 文獻編號: 408004134。
[167] 中國第一歷史檔案館藏:《錄副奏摺》, 檔號: 03 - 5960 - 113。
[168] 中國第一歷史檔案館藏:《單》, 檔號: 03 - 5426 - 114。
[169] 臺北故宮博物院藏:《軍機及宮中檔》, 文獻編號: 408004134 - 0 - A。
[170] 中國第一歷史檔案館藏:《錄副奏摺》, 檔號: 03 - 5960 - 039。
[171] 中國第一歷史檔案館藏:《單》, 檔號: 03 - 5426 - 115。
[172] 臺北故宮博物院藏:《軍機及宮中檔》, 文獻編號: 408004138。
[173] 臺北故宮博物院藏:《軍機及宮中檔》, 文獻編號: 158965。
[174] 臺北故宮博物院藏:《軍機及宮中檔》, 文獻編號: 158965 - 0 - A。
[175] 臺北故宮博物院藏:《軍機及宮中檔》, 文獻編號: 408004138 - 0 - C。
[176] 臺北故宮博物院藏:《軍機及宮中檔》, 文獻編號: 158951。

[177] 臺北故宮博物院藏:《軍機及宮中檔》,文獻編號:408004138 -0 - B。
[178] 臺北故宮博物院藏:《軍機及宮中檔》,文獻編號:158944。
[179] 臺北故宮博物院藏:《軍機及宮中檔》,文獻編號:408004137。
[180] 臺北故宮博物院藏:《軍機及宮中檔》,文獻編號:158963。
[181] 臺北故宮博物院藏:《軍機及宮中檔》,文獻編號:408004137 -0 - A。
[182] 臺北故宮博物院藏:《軍機及宮中檔》,文獻編號:158961。
[183] 臺北故宮博物院藏:《軍機及宮中檔》,文獻編號:408004137 -0 - B。
[184] 臺北故宮博物院藏:《軍機及宮中檔》,文獻編號:158946。
[185] 臺北故宮博物院藏:《軍機及宮中檔》,文獻編號:408004138 -0 - A。
[186] 臺北故宮博物院藏:《軍機及宮中檔》,文獻編號:158953。
[187] 臺北故宮博物院藏:《軍機及宮中檔》,文獻編號:408004139。
[188] 臺北故宮博物院藏:《軍機及宮中檔》,文獻編號:160487。
[189] 臺北故宮博物院藏:《軍機及宮中檔》,文獻編號:408004139 -0 - A。
[190] 臺北故宮博物院藏:《軍機及宮中檔》,文獻編號:160501。
[191] 臺北故宮博物院藏:《軍機及宮中檔》,文獻編號:408004141。
[192] 中國第一歷史檔案館藏:《錄副奏摺》,檔號:03 -5962 -085。
[193] 中國第一歷史檔案館藏:《單》,檔號:03 -5962 -086。
[194] 臺北故宮博物院藏:《軍機及宮中檔》,文獻編號:408004140。
[195] 中國第一歷史檔案館藏:《錄副奏摺》,檔號:03 -5962 -084。
[196] 中國第一歷史檔案館藏:《單》,檔號:03 -5964 -026。
[197] 臺北故宮博物院藏:《軍機及宮中檔》,文獻編號:408004140 -0 - A。
[198] 中國第一歷史檔案館藏:《錄副奏摺》,檔號:03 -5962 -083。
[199] 臺北故宮博物院藏:《軍機及宮中檔》,文獻編號:408004142。
[200] 臺北故宮博物院藏:《軍機及宮中檔》,文獻編號:163529。
[201] 臺北故宮博物院藏:《軍機及宮中檔》,文獻編號:163529 - A。
[202] 臺北故宮博物院藏:《軍機及宮中檔》,文獻編號:408004142 -0 - A。
[203] 臺北故宮博物院藏:《軍機及宮中檔》,文獻編號:163530。
[204] 臺北故宮博物院藏:《軍機及宮中檔》,文獻編號:163530 -0 - A。
[205] 臺北故宮博物院藏:《軍機及宮中檔》,文獻編號:408004143。
[206] 臺北故宮博物院藏:《軍機及宮中檔》,文獻編號:408004144。
[207] 中國第一歷史檔案館藏:《錄副奏摺》,檔號:03 -5962 -100。
[208] 臺北故宮博物院藏:《軍機及宮中檔》,文獻編號:408004146。

[209] 中國第一歷史檔案館藏:《錄副奏摺》,檔號:03－5962－112。
[210] 中國第一歷史檔案館藏:《單》,檔號:03－5962－113。
[211] 臺北故宮博物院藏:《軍機及宮中檔》,文獻編號:408004146－0－A。
[212] 臺北故宮博物院藏:《軍機及宮中檔》,文獻編號:162163。
[213] 臺北故宮博物院藏:《軍機及宮中檔》,文獻編號:408004146－0－A。
[214] 臺北故宮博物院藏:《軍機及宮中檔》,文獻編號:162158。
[215] 臺北故宮博物院藏:《軍機及宮中檔》,文獻編號:408004145。
[216] 臺北故宮博物院藏:《軍機及宮中檔》,文獻編號:162174。
[217] 臺北故宮博物院藏:《軍機及宮中檔》,文獻編號:408004145－0－A。
[218] 臺北故宮博物院藏:《軍機及宮中檔》,文獻編號:162166。
[219] 臺北故宮博物院藏:《軍機及宮中檔》,文獻編號:408004145－0－C。
[220] 臺北故宮博物院藏:《軍機及宮中檔》,文獻編號:162157。
[221] 臺北故宮博物院藏:《軍機及宮中檔》,文獻編號:408004145－0－B。
[222] 臺北故宮博物院藏:《軍機及宮中檔》,文獻編號:162155。
[223] 臺北故宮博物院藏:《軍機及宮中檔》,文獻編號:408004147。
[224] 中國第一歷史檔案館藏:《錄副奏摺》,檔號:03－5571－023。
[225] 臺北故宮博物院藏:《軍機及宮中檔》,文獻編號:408004150。
[226] 臺北故宮博物院藏:《軍機及宮中檔》,文獻編號:163788。
[227] 臺北故宮博物院藏:《軍機及宮中檔》,文獻編號:408004150－0－A。
[228] 臺北故宮博物院藏:《軍機及宮中檔》,文獻編號:163793。
[229] 臺北故宮博物院藏:《軍機及宮中檔》,文獻編號:408004149－0－A。
[230] 臺北故宮博物院藏:《軍機及宮中檔》,文獻編號:163789。
[231] 臺北故宮博物院藏:《軍機及宮中檔》,文獻編號:408004149。
[232] 臺北故宮博物院藏:《軍機及宮中檔》,文獻編號:163801。
[233] 臺北故宮博物院藏:《軍機及宮中檔》,文獻編號:408004149－0－A。
[234] 臺北故宮博物院藏:《軍機及宮中檔》,文獻編號:163803。
[235] 臺北故宮博物院藏:《軍機及宮中檔》,文獻編號:408004151。
[236] 中國第一歷史檔案館藏:《錄副奏摺》,檔號:03－5963－026。
[237] 中國第一歷史檔案館藏:《單》,檔號:03－5963－050。
[238] 臺北故宮博物院藏:《軍機及宮中檔》,文獻編號:408004148。
[239] 中國第一歷史檔案館藏:《錄副奏摺》,檔號:03－5963－023。
[240] 中國第一歷史檔案館藏:《單》,檔號:03－5964－131。

[241] 臺北故宫博物院藏:《軍機及宫中檔》,文獻編號:408004148 -0 - A。
[242] 中國第一歷史檔案館藏:《錄副奏摺》,檔號:03 -7166 -003。
[243] 中國第一歷史檔案館藏:《錄副奏片》,檔號:03 -6018 -040。
[244] 臺北故宫博物院藏:《軍機及宫中檔》,文獻編號:408004148 -0 - C。
[245] 中國第一歷史檔案館藏:《錄副奏摺》,檔號:03 -5963 -024。
[246] 臺北故宫博物院藏:《軍機及宫中檔》,文獻編號:408004148 -0 - B。
[247] 中國第一歷史檔案館藏:《錄副奏摺》,檔號:03 -5763 -131。
[248] 臺北故宫博物院藏:《軍機及宫中檔》,文獻編號:408004152。
[249] 中國第一歷史檔案館藏:《錄副奏摺》,檔號:03 -6039 -020。
[250] 臺北故宫博物院藏:《軍機及宫中檔》,文獻編號:160177。
[251] 臺北故宫博物院藏:《軍機及宫中檔》,文獻編號:408004152 -0 - A。
[252] 中國第一歷史檔案館藏:《錄副奏摺》,檔號:03 -6039 -021。
[253] 臺北故宫博物院藏:《軍機及宫中檔》,文獻編號:408004154。
[254] 中國第一歷史檔案館藏:《錄副奏摺》,檔號:03 -5964 -101。
[255] 臺北故宫博物院藏:《軍機及宫中檔》,文獻編號:408004153。
[256] 中國第一歷史檔案館藏:《錄副奏摺》,檔號:03 -5964 -100。
[257] 臺北故宫博物院藏:《軍機及宫中檔》,文獻編號:408004155。
[258] 中國第一歷史檔案館藏:《錄副奏摺》,檔號:03 -6001 -022。
[259] 中國第一歷史檔案館藏:《單》,檔號:03 -6002 -066。
[260] 臺北故宫博物院藏:《軍機及宫中檔》,文獻編號:408004161。
[261] 中國第一歷史檔案館藏:《錄副奏摺》,檔號:03 -5966 -001。
[262] 中國第一歷史檔案館藏:《單》,檔號:03 -5966 -002。
[263] 臺北故宫博物院藏:《軍機及宫中檔》,文獻編號:408004161 -0 - D。
[264] 中國第一歷史檔案館藏:《錄副奏摺》,檔號:03 -5966 -003。
[265] 臺北故宫博物院藏:《軍機及宫中檔》,文獻編號:408004161 -0 - E。
[266] 中國第一歷史檔案館藏:《錄副奏摺》,檔號:03 -5966 -004。
[267] 臺北故宫博物院藏:《軍機及宫中檔》,文獻編號:408004161 -0 - F。
[268] 中國第一歷史檔案館藏:《錄副奏摺》,檔號:03 -5966 -005。
[269] 臺北故宫博物院藏:《軍機及宫中檔》,文獻編號:408004162。
[270] 中國第一歷史檔案館藏:《錄副奏摺》,檔號:03 -5966 -052。
[271] 臺北故宫博物院藏:《軍機及宫中檔》,文獻編號:408004164。
[272] 中國第一歷史檔案館藏:《錄副奏摺》,檔號:03 -5966 -056。

[273] 中國第一歷史檔案館藏：《單》，檔號：03－5966－057。
[274] 臺北故宮博物院藏：《軍機及宮中檔》，文獻編號：408004164－0－A。
[275] 中國第一歷史檔案館藏：《錄副奏摺》，檔號：03－5966－060。
[276] 臺北故宮博物院藏：《軍機及宮中檔》，文獻編號：408004164－0－B。
[277] 臺北故宮博物院藏：《軍機及宮中檔》，文獻編號：408004163。
[278] 中國第一歷史檔案館藏：《錄副奏摺》，檔號：03－5966－058。
[279] 中國第一歷史檔案館藏：《單》，檔號：03－5966－059。
[280] 臺北故宮博物院藏：《軍機及宮中檔》，文獻編號：408004163－0－A。
[281] 中國第一歷史檔案館藏：《錄副奏摺》，檔號：03－6515－046。
[282] 臺北故宮博物院藏：《軍機及宮中檔》，文獻編號：408004163－0－0－B。
[283] 中國第一歷史檔案館藏：《錄副奏摺》，檔號：03－6515－047》，03－7132－007。
[284] 中國第一歷史檔案館藏：《錄副奏摺》，檔號：03－6171－007。
[285] 臺北故宮博物院藏：《軍機及宮中檔》，文獻編號：408004165。
[286] 中國第一歷史檔案館藏：《錄副奏摺》，檔號：03－5573－032。
[287] 中國第一歷史檔案館藏：《單》，檔號：03－5573－034。
[288] 臺北故宮博物院藏：《軍機及宮中檔》，文獻編號：408004165－0－A。
[289] 中國第一歷史檔案館藏：《錄副奏片》，檔號：03－5573－033。
[290] 中國第一歷史檔案館藏：《單》，檔號：03－5573－035。
[291] 臺北故宮博物院藏：《軍機及宮中檔》，文獻編號：408004168。
[292] 中國第一歷史檔案館藏：《錄副奏摺》，檔號：03－5966－147。
[293] 臺北故宮博物院藏：《軍機及宮中檔》，文獻編號：408004166。
[294] 中國第一歷史檔案館藏：《錄副奏摺》，檔號：03－5966－147。
[295] 臺北故宮博物院藏：《軍機及宮中檔》，文獻編號：408004166。
[296] 中國第一歷史檔案館藏：《錄副奏摺》，檔號：03－5966－147。
[297] 臺北故宮博物院藏：《軍機及宮中檔》，文獻編號：408004171。
[298] 中國第一歷史檔案館藏：《錄副奏摺》，檔號：03－5967－118。
[299] 臺北故宮博物院藏：《軍機及宮中檔》，文獻編號：408004170。
[300] 中國第一歷史檔案館藏：《錄副奏摺》，檔號：03－6171－085。
[301] 臺北故宮博物院藏：《軍機及宮中檔》，文獻編號：408004172－0－A。
[302] 中國第一歷史檔案館藏：《錄副奏片》，檔號：03－7169－047。

[303] 中國第一歷史檔案館藏:《錄副奏摺》, 檔號: 03 - 7081 - 027。
[304] 臺北故宫博物院藏:《軍機及宫中檔》, 文獻編號: 408004172 - 0 - B。
[305] 中國第一歷史檔案館藏:《錄副奏片》, 檔號: 03 - 5967 - 119。
[306] 中國第一歷史檔案館藏:《硃批奏摺》, 檔號: 04 - 01 - 16 - 0281 - 022。
[307] 中國第一歷史檔案館藏:《硃批奏摺》, 檔號: 04 - 01 - 16 - 0283 - 071。
[308] 臺北故宫博物院藏:《軍機及宫中檔》, 文獻編號: 408004174。
[309] 中國第一歷史檔案館藏:《錄副奏片》, 檔號: 03 - 5967 - 096。
[310] 臺北故宫博物院藏:《軍機及宫中檔》, 文獻編號: 408004173。
[311] 中國第一歷史檔案館藏:《錄副奏片》, 檔號: 03 - 5967 - 095。
[312] 中國第一歷史檔案館藏:《錄副奏片》, 檔號: 03 - 5969 - 118。
[313] 中國第一歷史檔案館藏:《軍機處隨手登記檔》, 檔案編號: 03 - 0321 - 1 - 1231 - 224。
[314] 臺北故宫博物院藏:《軍機及宫中檔》, 文獻編號: 408004175。
[315] 中國第一歷史檔案館藏:《錄副奏摺》, 檔號: 03 - 5968 - 037。
[316] 中國第一歷史檔案館藏:《單》, 檔號: 03 - 5968 - 038。
[317] 臺北故宫博物院藏:《軍機及宫中檔》, 文獻編號: 408004177。
[318] 臺北故宫博物院藏:《軍機及宫中檔》, 文獻編號: 408004177 - 0 - A。
[319] 中國第一歷史檔案館藏:《軍機處隨手登記檔》, 檔案編號: 03 - 0321 - 1 - 1231 - 243。
[320] 臺北故宫博物院藏:《軍機及宫中檔》, 文獻編號: 408004176。
[321] 中國第一歷史檔案館藏:《錄副奏摺》, 檔號: 03 - 5968 - 039。
[322] 臺北故宫博物院藏:《軍機及宫中檔》, 文獻編號: 408004175。
[323] 中國第一歷史檔案館藏:《錄副奏片》, 檔號: 03 - 5968 - 040。
[324] 臺北故宫博物院藏:《軍機及宫中檔》, 文獻編號: 408004181。
[325] 中國第一歷史檔案館藏:《錄副奏摺》, 檔號: 03 - 6172 - 071。
[326] 中國第一歷史檔案館藏:《單》, 檔號: 03 - 6172 - 072。
[327] 臺北故宫博物院藏:《軍機及宫中檔》, 文獻編號: 408004179。
[328] 中國第一歷史檔案館藏:《錄副奏摺》, 檔號: 03 - 5968 - 186。
[329] 中國第一歷史檔案館藏:《單》, 檔號: 03 - 5969 - 113。
[330] 臺北故宫博物院藏:《軍機及宫中檔》, 文獻編號: 408004178 - 0 - A。
[331] 中國第一歷史檔案館藏:《錄副奏片》, 檔號: 03 - 5573 - 102。
[332] 臺北故宫博物院藏:《軍機及宫中檔》, 文獻編號: 408004180。

[333] 中國第一歷史檔案館藏:《錄副奏摺》,檔號:03－6053－106。
[334] 中國第一歷史檔案館藏:《錄副奏摺》,檔號:03－1704－025。
[335] 臺北故宫博物院藏:《軍機及宫中檔》,文獻編號:408004178。
[336] 中國第一歷史檔案館藏:《錄副奏摺》,檔號:03－5968－185。
[337] 中國第一歷史檔案館藏:《單》,檔號:03－5969－114。
[338] 臺北故宫博物院藏:《軍機及宫中檔》,文獻編號:408004178－0－A。
[339] 中國第一歷史檔案館藏:《錄副奏片》,檔號:03－5968－187。
[340] 臺北故宫博物院藏:《軍機及宫中檔》,文獻編號:408004182。
[341] 中國第一歷史檔案館藏:《錄副奏摺》,檔號:03－6172－069。
[342] 中國第一歷史檔案館藏:《單》,檔號:03－6172－070。
[343] 中國第一歷史檔案館藏:《單》,檔號:03－5454－136。
[344] 中國第一歷史檔案館藏:《單》,檔號:03－5970－040。
[345] 中國第一歷史檔案館藏:《單》,檔號:03－5970－039。
[346] 中國第一歷史檔案館藏:《單》,檔號:03－5970－038。
[347] 臺北故宫博物院藏:《軍機及宫中檔》,文獻編號:408004183。
[348] 中國第一歷史檔案館藏:《錄副奏摺》,檔號:03－5970－037。
[349] 臺北故宫博物院藏:《軍機及宫中檔》,文獻編號:408004183－0－B。
[350] 中國第一歷史檔案館藏:《錄副奏片》,檔號:03－5970－041。
[351] 臺北故宫博物院藏:《軍機及宫中檔》,文獻編號:408004183－0－A。
[352] 中國第一歷史檔案館藏:《錄副奏片》,檔號:03－5970－042。
[353] 臺北故宫博物院藏:《軍機及宫中檔》,文獻編號:408004184。
[354] 中國第一歷史檔案館藏:《錄副奏摺》,檔號:03－5454－134。
[355] 中國第一歷史檔案館藏:《單》,檔號:03－5473－078。
[356] 臺北故宫博物院藏:《軍機及宫中檔》,文獻編號:408004184－0－A。
[357] 中國第一歷史檔案館藏:《錄副奏片》,檔號:03－5454－135。
[358] 臺北故宫博物院藏:《軍機及宫中檔》,文獻編號:408004188。
[359] 中國第一歷史檔案館藏:《錄副奏摺》,檔號:03－5970－120。
[360] 臺北故宫博物院藏:《軍機及宫中檔》,文獻編號:408004187－0－A。
[361] 中國第一歷史檔案館藏:《錄副奏片》,檔號:03－6587－050。
[362] 中國第一歷史檔案館藏:《軍機處隨手登記檔》,檔案編號:03－0322－1－1232－054。
[363] 臺北故宫博物院藏:《軍機及宫中檔》,文獻編號:408004188－0－A。

[364] 中國第一歷史檔案館藏：《軍機處隨手登記檔》，檔案編號：03－0322－1－1232－054。
[365] 臺北故宮博物院藏：《軍機及宮中檔》，文獻編號：408004186－0－A。
[366] 中國第一歷史檔案館藏：《錄副奏片》，檔號：03－5970－118。
[367] 中國第一歷史檔案館藏：《軍機處隨手登記檔》，檔案編號：03－0322－1－1232－054。
[368] 臺北故宮博物院藏：《軍機及宮中檔》，文獻編號：408004186。
[369] 中國第一歷史檔案館藏：《錄副奏摺》，檔號：03－5970－117。
[370] 中國第一歷史檔案館藏：《軍機處隨手登記檔》，檔案編號：03－0322－1－1232－054。
[371] 臺北故宮博物院藏：《軍機及宮中檔》，文獻編號：408004187－0－B。
[372] 中國第一歷史檔案館藏：《錄副奏片》，檔號：03－5970－119。
[373] 臺北故宮博物院藏：《軍機及宮中檔》，文獻編號：408004187。
[374] 中國第一歷史檔案館藏：《錄副奏摺》，檔號：03－5970－121。
[375] 中國第一歷史檔案館藏：《軍機處隨手登記檔》，檔案編號：03－0322－1－1232－054。
[376] 臺北故宮博物院藏：《軍機及宮中檔》，文獻編號：408004187－0－C。
[377] 中國第一歷史檔案館藏：《錄副奏片》，檔號：03－5970－119。
[378] 臺北故宮博物院藏：《軍機及宮中檔》，文獻編號：408004185。
[379] 中國第一歷史檔案館藏：《軍機處隨手登記檔》，檔案編號：03－0322－1－1232－054。
[380] 臺北故宮博物院藏：《軍機及宮中檔》，文獻編號：408004188－0－B。
[381] 中國第一歷史檔案館藏：《軍機處隨手登記檔》，檔案編號：03－0322－1－1232－054。
[382] 臺北故宮博物院藏：《軍機及宮中檔》，文獻編號：408004193。
[383] 中國第一歷史檔案館藏：《錄副奏摺》，檔號：03－5460－064。
[384] 臺北故宮博物院藏：《軍機及宮中檔》，文獻編號：408004192。
[385] 中國第一歷史檔案館藏：《錄副奏摺》，檔號：03－5971－135。
[386] 臺北故宮博物院藏：《軍機及宮中檔》，文獻編號：408004189。
[387] 中國第一歷史檔案館藏：《錄副奏摺》，檔號：03－5971－094。
[388] 臺北故宮博物院藏：《軍機及宮中檔》，文獻編號：408004189－0－B。
[389] 中國第一歷史檔案館藏：《錄副奏片》，檔號：03－5971－092。

[390] 臺北故宫博物院藏:《軍機及宫中檔》,文獻編號:408004189 - 0 - A。
[391] 中國第一歷史檔案館藏:《録副奏片》,檔號:03 - 5971 - 093。
[392] 臺北故宫博物院藏:《軍機及宫中檔》,文獻編號:408004191。
[393] 中國第一歷史檔案館藏:《録副奏摺》,檔號:03 - 6174 - 110。
[394] 中國第一歷史檔案館藏:《單》,檔號:03 - 6174 - 111。
[395] 臺北故宫博物院藏:《軍機及宫中檔》,文獻編號:40800418999 - 0 - C。
[396] 中國第一歷史檔案館藏:《軍機處隨手登記檔》,檔案編號:03 - 0322 - 2 - 1232 - 133。
[397] 臺北故宫博物院藏:《軍機及宫中檔》,文獻編號:40800418999 - 0 - D。
[398] 中國第一歷史檔案館藏:《軍機處隨手登記檔》,檔案編號:03 - 0322 - 2 - 1232 - 133。
[399] 臺北故宫博物院藏:《軍機及宫中檔》,文獻編號:40800418990。
[400] 臺北故宫博物院藏:《軍機及宫中檔》,文獻編號:40800418990 - 0 - A。
[401] 中國第一歷史檔案館藏:《録副奏摺》,檔號:03 - 5971 - 091。
[402] 中國第一歷史檔案館藏:《軍機處隨手登記檔》,檔案編號:03 - 0322 - 2 - 1232 - 133。
[403] 臺北故宫博物院藏:《軍機及宫中檔》,文獻編號:408004194。
[404] 中國第一歷史檔案館藏:《録副奏摺》,檔號:03 - 5575 - 007。
[405] 中國第一歷史檔案館藏:《單》,檔號:03 - 5575 - 008。
[406] 臺北故宫博物院藏:《軍機及宫中檔》,文獻編號:408004194 - 0 - A。
[407] 中國第一歷史檔案館藏:《録副奏片》,檔號:03 - 5575 - 009。
[408] 中國第一歷史檔案館藏:《單》,檔號:03 - 5575 - 010。
[409] 臺北故宫博物院藏:《軍機及宫中檔》,文獻編號:408004197。
[410] 中國第一歷史檔案館藏:《録副奏摺》,檔號:03 - 5972 - 083。
[411] 中國第一歷史檔案館藏:《單》,檔號:03 - 5974 - 133。
[412] 臺北故宫博物院藏:《軍機及宫中檔》,文獻編號:408004197 - 0 - C。
[413] 中國第一歷史檔案館藏:《録副奏片》,檔號:03 - 5575 - 090。
[414] 臺北故宫博物院藏:《軍機及宫中檔》,文獻編號:408004197 - 0 - E。
[415] 中國第一歷史檔案館藏:《録副奏片》,檔號:03 - 5972 - 091。

[416] 臺北故宮博物院藏:《軍機及宮中檔》, 文獻編號: 408004197 -0 -D。
[417] 中國第一歷史檔案館藏:《錄副奏片》, 檔號: 03 -5972 -089。
[418] 臺北故宮博物院藏:《軍機及宮中檔》, 文獻編號: 408004196。
[419] 中國第一歷史檔案館藏:《錄副奏摺》, 檔號: 03 -5972 -087。
[420] 臺北故宮博物院藏:《軍機及宮中檔》, 文獻編號: 408004195。
[421] 中國第一歷史檔案館藏:《錄副奏摺》, 檔號: 03 -6175 -048。
[422] 臺北故宮博物院藏:《軍機及宮中檔》, 文獻編號: 408004197 -0 -A。
[423] 中國第一歷史檔案館藏:《錄副奏片》, 檔號: 03 -7094 -044。
[424] 臺北故宮博物院藏:《軍機及宮中檔》, 文獻編號: 408004197 -0 -B。
[425] 中國第一歷史檔案館藏:《軍機處隨手登記檔》, 檔案編號: 03 -0323 -1232 -239。
[426] 臺北故宮博物院藏:《軍機及宮中檔》, 文獻編號: 408004198 -0 -B。
[427] 中國第一歷史檔案館藏:《錄副奏片》, 檔號: 03 -5972 -088。
[428] 臺北故宮博物院藏:《軍機及宮中檔》, 文獻編號: 408004198 -0 -A。
[429] 臺北故宮博物院藏:《軍機及宮中檔》, 文獻編號: 408004198 -0 -C。
[430] 中國第一歷史檔案館藏:《錄副奏片》, 檔號: 03 -5972 -084。
[431] 臺北故宮博物院藏:《軍機及宮中檔》, 文獻編號: 408004200 -0 -A。
[432] 中國第一歷史檔案館藏:《錄副奏片》, 檔號: 03 -5972 -085。
[433] 臺北故宮博物院藏:《軍機及宮中檔》, 文獻編號: 408004200 -0 -B。
[434] 中國第一歷史檔案館藏:《錄副奏片》, 檔號: 03 -5972 -086。
[435] 臺北故宮博物院藏:《軍機及宮中檔》, 文獻編號: 408004200。
[436] 中國第一歷史檔案館藏:《錄副奏摺》, 檔號: 03 -5972 -117。
[437] 中國第一歷史檔案館藏:《單》, 檔號: 03 -5972 -118。
[438] 臺北故宮博物院藏:《軍機及宮中檔》, 文獻編號: 408004199。
[439] 中國第一歷史檔案館藏:《錄副奏摺》, 檔號: 03 -6040 -069。
[440] 臺北故宮博物院藏:《軍機及宮中檔》, 文獻編號: 408004199 -0 -B。
[441] 中國第一歷史檔案館藏:《錄副奏片》, 檔號: 03 -6040 -071。
[442] 臺北故宮博物院藏:《軍機及宮中檔》, 文獻編號: 408004199 -0 -A。
[443] 中國第一歷史檔案館藏:《錄副奏片》, 檔號: 03 -6040 -070。
[444] 臺北故宮博物院藏:《軍機及宮中檔》, 文獻編號: 408004198。
[445] 中國第一歷史檔案館藏:《錄副奏摺》, 檔號: 03 -5972 -116。
[446] 臺北故宮博物院藏:《軍機及宮中檔》, 文獻編號: 408004203。

[447] 中國第一歷史檔案館藏:《錄副奏摺》,檔號:03-5973-194。
[448] 中國第一歷史檔案館藏:《單》,檔號:03-5973-195。
[449] 臺北故宮博物院藏:《軍機及宮中檔》,文獻編號:408004201-0-C。
[450] 中國第一歷史檔案館藏:《錄副奏片》,檔號:03-5973-196。
[451] 臺北故宮博物院藏:《軍機及宮中檔》,文獻編號:408004202-0-B。
[452] 中國第一歷史檔案館藏:《錄副奏片》,檔號:03-5973-197。
[453] 臺北故宮博物院藏:《軍機及宮中檔》,文獻編號:408004202。
[454] 中國第一歷史檔案館藏:《錄副奏摺》,檔號:03-5973-191。
[455] 中國第一歷史檔案館藏:《單》,檔號:03-5973-192。
[456] 臺北故宮博物院藏:《軍機及宮中檔》,文獻編號:408004202-0-A。
[457] 中國第一歷史檔案館藏:《錄副奏片》,檔號:03-5973-198。
[458] 臺北故宮博物院藏:《軍機及宮中檔》,文獻編號:408004202-0-C。
[459] 中國第一歷史檔案館藏:《錄副奏片》,檔號:03-5470-081。
[460] 臺北故宮博物院藏:《軍機及宮中檔》,文獻編號:408004202-0-D。
[461] 中國第一歷史檔案館藏:《錄副奏片》,檔號:03-5470-080。
[462] 臺北故宮博物院藏:《軍機及宮中檔》,文獻編號:408004201。
[463] 中國第一歷史檔案館藏:《錄副奏摺》,檔號:03-5973-193。
[464] 臺北故宮博物院藏:《軍機及宮中檔》,文獻編號:408004202-0-E。
[465] 中國第一歷史檔案館藏:《錄副奏片》,檔號:03-5973-199。
[466] 臺北故宮博物院藏:《軍機及宮中檔》,文獻編號:408004201-0-A。
[467] 中國第一歷史檔案館藏:《錄副奏片》,檔號:03-6040-096。
[468] 臺北故宮博物院藏:《軍機及宮中檔》,文獻編號:408004201-0-B。
[469] 中國第一歷史檔案館藏:《錄副奏片》,檔號:03-5470-082。
[470] 臺北故宮博物院藏:《軍機及宮中檔》,文獻編號:408004204。
[471] 中國第一歷史檔案館藏:《錄副奏摺》,檔號:03-5975-027。
[472] 中國第一歷史檔案館藏:《單》,檔號:03-5975-028。
[473] 臺北故宮博物院藏:《軍機及宮中檔》,文獻編號:408004204-0-A。
[474] 中國第一歷史檔案館藏:《錄副奏片》,檔號:03-5975-029。
[475] 臺北故宮博物院藏:《軍機及宮中檔》,文獻編號:408004205。
[476] 中國第一歷史檔案館藏:《錄副奏摺》,檔號:03-5975-030。
[477] 中國第一歷史檔案館藏:《單》,檔號:03-5975-031。
[478] 臺北故宮博物院藏:《軍機及宮中檔》,文獻編號:408004205-0-A。

[479] 中國第一歷史檔案館藏:《錄副奏片》, 檔號: 03 - 5975 - 032。
[480] 中國第一歷史檔案館藏:《錄副奏片》, 檔號: 03 - 5476 - 097。
[481] 中國第一歷史檔案館藏:《硃批奏片》, 檔號: 04 - 01 - 01 - 1077 - 054。
[482] 中國第一歷史檔案館藏:《錄副奏片》, 檔號: 03 - 5467 - 021。
[483] 中國第一歷史檔案館藏:《硃批奏摺》, 檔號: 04 - 01 - 16 - 0291 - 076。
[484] 中國第一歷史檔案館藏:《錄副奏摺》, 檔號: 03 - 5476 - 100。

二 典籍

[01] 中國第一歷史檔案館編:《乾隆朝上諭檔》, 廣西師範大學出版社 1999 年版。
[02] 中國第一歷史檔案館編:《嘉慶朝上諭檔》, 廣西師範大學出版社 1998 年版。
[03] 中國第一歷史檔案館編:《道光朝上諭檔》, 廣西師範大學出版社 1999 年版。
[04] 中國第一歷史檔案館編:《咸豐朝上諭檔》, 廣西師範大學出版社 1998 年版。
[05] 中國第一歷史檔案館編:《同治朝上諭檔》, 廣西師範大學出版社 1998 年版。
[06] 中國第一歷史檔案館編:《光緒朝上諭檔》, 廣西師範大學出版社 1996 年版。
[07] 中華書局影印:《清實錄·仁宗睿皇帝(嘉慶)實錄》, 中華書局 1986 年版。
[08] 中華書局影印:《清實錄·宣宗成皇帝(道光)實錄》, 中華書局 1986 年版。
[09] 中華書局影印:《清實錄·文宗顯皇帝(咸豐)實錄》, 中華書局 1986 年版。
[10] 中華書局影印:《清實錄·穆宗毅皇帝(同治)實錄》, 中華書局 1987 年版。
[11] 中華書局影印:《清實錄·德宗景皇帝(光緒)實錄》, 中華書局 1987 年版。
[12] 中國第一歷史檔案館編:《光緒朝硃批奏摺》, 中華書局 1995 年版。
[13] 秦國經主編:《清代官員履歷檔案全編》, 華東師範大學出版社

2008 年版。
[14] 清高宗敕撰:《清朝文獻通考》，浙江古籍出版社 1988 年版。
[15] 劉錦藻:《清朝續文獻通考》，浙江古籍出版社 1988 年版。
[16] 中國第一歷史檔案館，福建師大歷史系編:《清末教案》，中華書局 1996 年版。
[17] 臺北"中央研究院"近代史所編:《教務教案檔》，"中央研究院"近代史所 1974 年版。
[18] 顧廷龍主編:《清代朱卷集成》，成文出版社 1992 年版。
[19] 中央民族大學圖書館藏:《欽定平定陝甘新疆回匪方略》。

三 著作

[01] 曾國藩:《曾文正公全集》，光緒二年秋傅中書局刊。
[02] 李翰章編纂，李鴻章校勘:《足本曾文正公全集》，吉林人民出版社 1995 年版。
[03] 左宗棠:《左宗棠全集》，奏稿，上海書店 1986 年版。
[04]《左文襄公全集》，上海書店出版社 1986 年版。
[05] 沈雲龍主編，譚寶箴等編:《譚文勤公（鍾麟）奏稿》，文海出版社 1966 年版。
[06] 沈雲龍主編:《曾惠敏公（劼剛）遺集》，台北文海出版社 1966 年版。
[07] 沈雲龍主編:《曾惠敏公（劼剛）遺集》，文海出版社 1966 年版。
[08] 沈雲龍主編，蕭榮爵編:《曾忠襄公（國荃）奏議》，文海出版社 1966 年版。
[09] 沈雲龍主編，崇實著:《惕庵年譜》，文海出版社 1966 年版。
[10] 沈雲龍主編，魯一同著:《通甫類稿》，文海出版社 1996 年版。
[11] 沈雲龍主編，劉岳昭著:《滇黔奏議》，文海出版社 1966 年版。
[12] 沈雲龍主編，岑毓英著:《岑襄勳公遺集》，文海出版社 1966 年版。
[13] 沈雲龍主編，唐炯著:《成山老人自訂年譜》，文海出版社 1966 年版。
[14] 沈雲龍主編，寶鋆等修:《籌辦夷務始末》，文海出版社 1966 年版。
[15] 沈雲龍主編，黎成禮編:《黎文肅公（培敬）遺書》，文海出版社 1966 年版。

[16] 沈雲龍主編，蔡冠洛纂：《清代七百名人傳》，文海出版社 1971 年版。
[17] 朱壽朋：《光緒朝東華錄》，中華書局 1958 年版。
[18] 王先謙等：《東華續錄·同治朝》，光緒戊戌年文瀾書局石印本。
[19] 蔣良騏：《東華錄》，中華書局 1980 年版。
[20] 黄盛陸等標點：《岑毓英奏稿》，廣西人民出版社 1989 年版。
[21] 貴州大學歷史系近代史教研室點校：《平黔紀略》，貴州人出版社 1988 年版。
[22] 王延熙，王樹敏：《皇清道成同光奏議》，文海出版社 1969 年版。
[23] 清史編委會：《清代人物傳稿》，遼甯人民出版社 1990 年版。
[24] 戚其章，王如繪編：《晚清教案紀事》，東方出版社 1990 年版。
[25] 汪兆鏞：《碑傳集三編》，文海出版社 1980 年版。
[26] 郭嵩燾：《郭嵩燾日記》，湖南人民出版社 1982 年版。
[27] 李慈銘：《越縵堂讀書記》，上海書店出版社 2000 年版。
[28] 李慈銘：《越縵堂文集》，文海出版社 1971 年版。
[29] 李慈銘：《越縵堂日記》，線裝書局 2003 年版。
[30] 郭廷以，尹仲容等：《郭嵩燾先生年譜》，"中央研究院"近代史研究所，1971 年版。
[31] 翁同龢著，陳義傑整理：《翁同龢日記》，中華書局 1993 年版。
[32] 竇宗一：《李鴻章年譜》，文海出版社 1977 年版。
[33] 吳洪均，吳汝綸：《李肅毅伯（鴻章）奏疏》，文海出版社 1968 年版。
[34] 歐陽輔之：《劉忠誠公（坤一）遺集：書牘》，文海出版社 1968 年版。
[35] 蔡冠洛：《清代七百名人傳》，文海出版社 1971 年版。
[36] 金梁：《近世人物志》，文海出版社 1977 年版。
[37] 裘毓麟：《清代軼聞》，華文書局 1932 年版。
[38] 費行簡：《近代名人小傳》，文海出版社 1967 年版。
[39] 沈桐生：《光緒政要》，文海出版社 1971 年版。
[40] 王樹楞：《張文襄公之洞全集》，文海出版社 1970 年版。
[41] 來新夏：《近三百年人物年譜知見錄》，上海人民出版社 1983 年版。
[42] 蘇樹蕃：《清朝御史題名錄》，文海出版社 1967 年版。

[43] 湯志鈞:《戊戌變法人物傳稿》，中華書局 1982 年版。
[44] 李林年，楊忠:《清人別集總目》，安徽教育出版社 2000 年版。
[45] 章伯鋒，顧亞:《近代稗海》，四川人民出版社 1989 年版。
[46] 鄧雲生校點:《左宗棠全集·札件》，嶽麓書社 1986 年版。
[47] 邸永君著:《清代翰林院制度》，社會科學文獻出版社 2002 年版。
[48] 商衍鎏著:《清代科舉考試述錄》，生活·讀書·新知三聯書店 1958 年版。
[49] 李世愉著:《清代科舉制度考辨》，中央廣播電視大學出版社 1999 年版。
[50] 王德昭著:《清代科舉制度研究》，中華書局 1984 年版。
[51] 趙爾巽等:《清史稿》，中華書局 1976 年版。
[52] 王鍾翰點校:《清史列傳》，中華書局 1987 年版。
[53] 蔡冠洛:《清代七百人物傳》，中國書店 1984 年版。
[54] 中國社會科學院近代史研究所編:《曾國藩未刊往來函稿》，嶽麓書社 1986 年版。
[55] 曾麟書等撰；王澧華等整理:《曾氏三代家書》，嶽麓書社 2002 年版。
[56] 王彥威、王亮、王敬立編:《清季外交史料》（全五冊）》，書目文獻出版社 1987 年版。
[57] 李侃等:《中國近代史》，中華書局 2004 年版。
[58] 朱玉泉:《李鴻章全書》，吉林人民出版社 1999 年版。
[59] 顧廷龍，戴逸主編:《李鴻章全集》，安徽出版集團 2008 年版。
[60] 湖南《左宗堂全集》整理組編:《左宗棠未刊奏摺》，嶽麓書社 1987 年版。
[61] 湖南省地方誌編纂委員會編:《湖南省志·人物志》，湖南出版社 1992 年版。
[62] 丁鳳麟，王欣之編:《福成選集》，海人民出版社 1987 年版。
[63] 沈雲龍主編，許景澄著:《許文肅公（景澄）遺集》，文海出版社 1966 年版。
[64] 北京大學圖書館館編輯:《北京大學圖書館藏稿本叢書》，天津古籍出版社 1991 年版。
[65] 新疆維吾爾自治區檔案局，中國社會科學院邊疆史地研究中心《新

疆通史》編委會編：《近代新疆蒙古歷史檔案》，新疆人民出版社 2008 年版。

[66] 馬大正，吳豐培等編：《清代新疆稀見奏牘彙編·同治、光緒、宣統朝卷》，新疆人民出版社 1996 年版。